肌肉健美
训练图解

LA METHODE
DELAVIER
DE MUSCLATION

（第六版）

［法］弗雷德里克·德拉威尔　著
李斯吟　译

山东科学技术出版社
·济南·

Originally published in French by Éditions Vigot, Paris, France under the title:
Guide des mouvements de musculation 6th edition ©Éditions Vigot 2021
Simplified Chinese edition ©2024 by Shandong Science and Technology Press Co., Ltd.
ALL RIGHTS RESERVED
图字：15-2022-023

图书在版编目（CIP）数据

肌肉健美训练图解：第六版 /（法）弗雷德里克·德拉威尔著；李斯吟译 . -- 济南：山东科学技术出版社，2024.7

ISBN 978-7-5723-1470-4

Ⅰ . ①肌… Ⅱ . ①弗… ②李… Ⅲ . ①健美运动 - 图解 Ⅳ . ① G883-64

中国国家版本馆 CIP 数据核字 (2023) 第 249497 号

肌肉健美训练图解（第六版）

JIROU JIANMEI XUNLIAN TUJIE（DI-LIU BAN）

责任编辑：张丽炜

装帧设计：孙　佳

主管单位：	山东出版传媒股份有限公司
出 版 者：	山东科学技术出版社
	地址：济南市市中区舜耕路 517 号
	邮编：250003　电话：（0531）82098088
	网址：www.lkj.com.cn
	电子邮件：sdkj@sdcbcm.com
发 行 者：	山东科学技术出版社
	地址：济南市市中区舜耕路 517 号
	邮编：250003　电话：（0531）82098067
印 刷 者：	济南新先锋彩印有限公司
	地址：济南市工业北路 188-6 号
	邮编：250101　电话：（0531）88615699

规格：16 开（170mm×240mm）

印张：15.75　字数：420 千

版次：2024 年 7 月第 1 版　印次：2024 年 7 月第 1 次印刷

定价：79.00 元

目　录

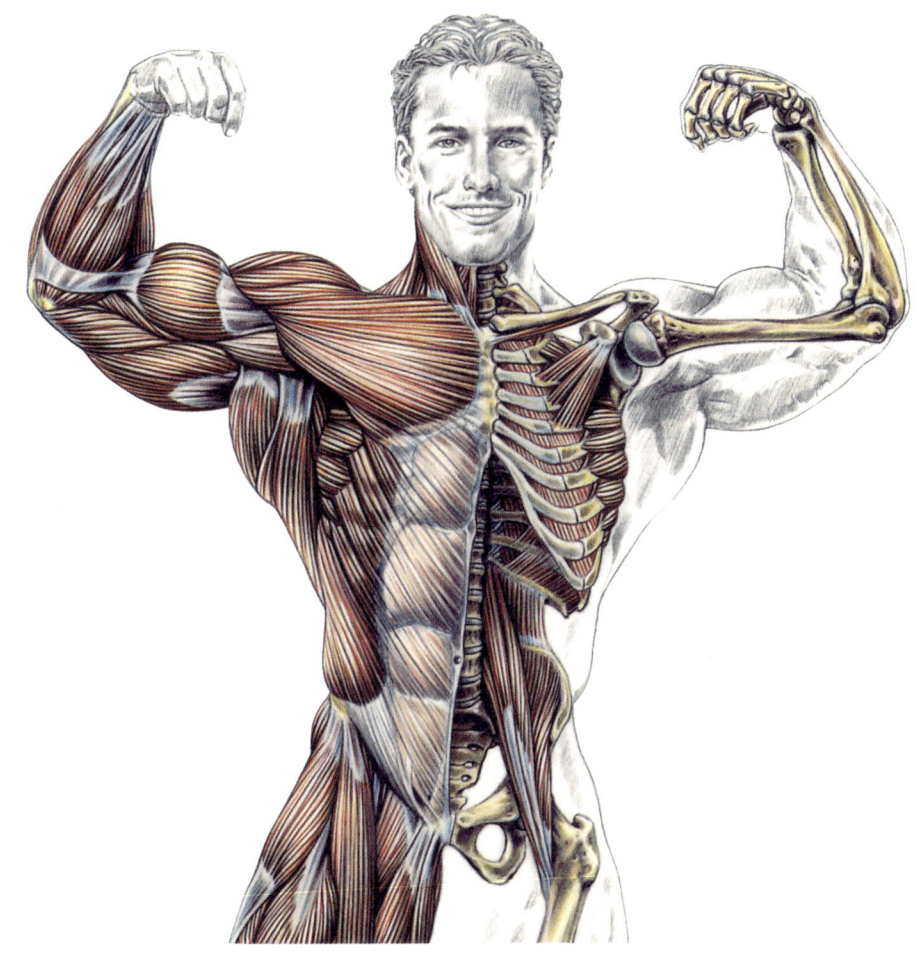

01	臂部训练	1
02	肩部训练	43
03	胸部训练	75
04	背部训练	107
05	腿部训练	157
06	臀部训练	203
07	腹部训练	223

01 臂部训练

01 / 坐姿哑铃交替弯举 3
02 / 俯身交替弯举 4
长肌和短肌 5
03 / 上斜哑铃弯举 7
理解肱二头肌长头的脆弱性 8
肱二头肌长头磨损与断裂 9
04 / 站姿哑铃锤式弯举 11
理解旋前和旋后 12
05 / 低位滑轮绳索交替弯举 13
06 / 高位滑轮绳索弯举 14
07 / 杠铃弯举 15
肘部的骨形态对训练的影响 16
08 / 器械牧师凳弯举 17
09 / 牧师凳杠铃弯举 18
10 / 站姿杠铃腕弯举（摩托车手动作）... 19
11 / 坐姿正握腕弯举 20
12 / 坐姿反握腕弯举 21
13 / 站姿杠铃指弯举 22
手的进化 23

人类与大猩猩上肢比较 24
14 / 正握杠铃弯举 25
前臂肌肉拉伸 26
15 / 正握高位下拉 27
16 / 反握高位下拉 28
17 / 单手反握高位下拉 29
18 / 绳索高位下拉 30
19 / 反向绳索高位下拉 31
20 / 坐姿滑轮下拉 32
21 / 仰卧杠铃臂屈伸 33
肱三头肌与肘部疾病 34
22 / 仰卧哑铃臂屈伸 35
23 / 单臂哑铃颈后屈伸 36
24 / 俯身哑铃臂屈伸 37
25 / 坐姿哑铃颈后臂屈伸 38
26 / 坐姿曲杠颈后屈伸 39
27 / 徒手臂曲伸 40
肱三头肌拉伸 41

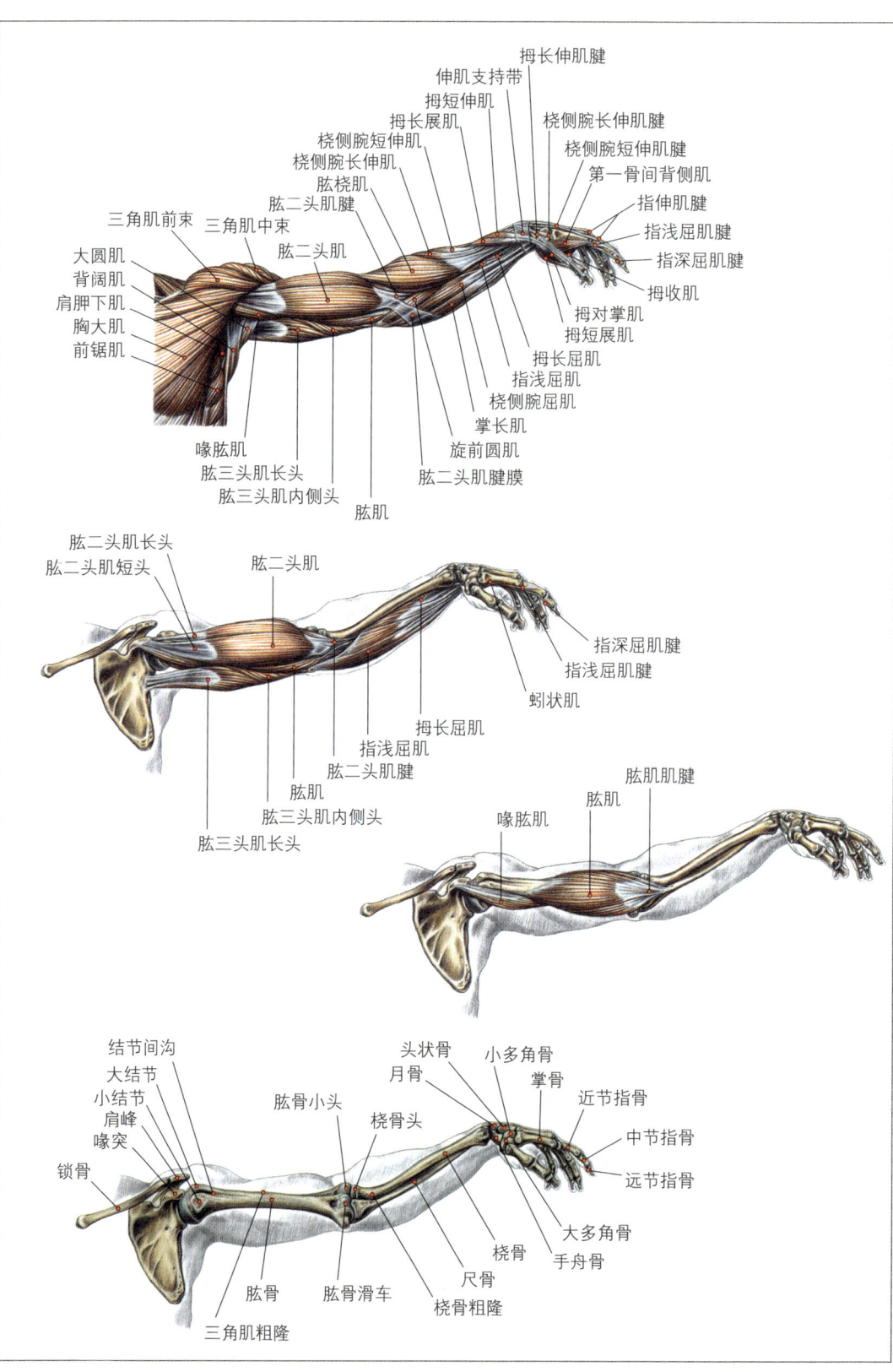

坐姿哑铃交替弯举 01

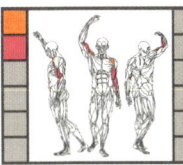

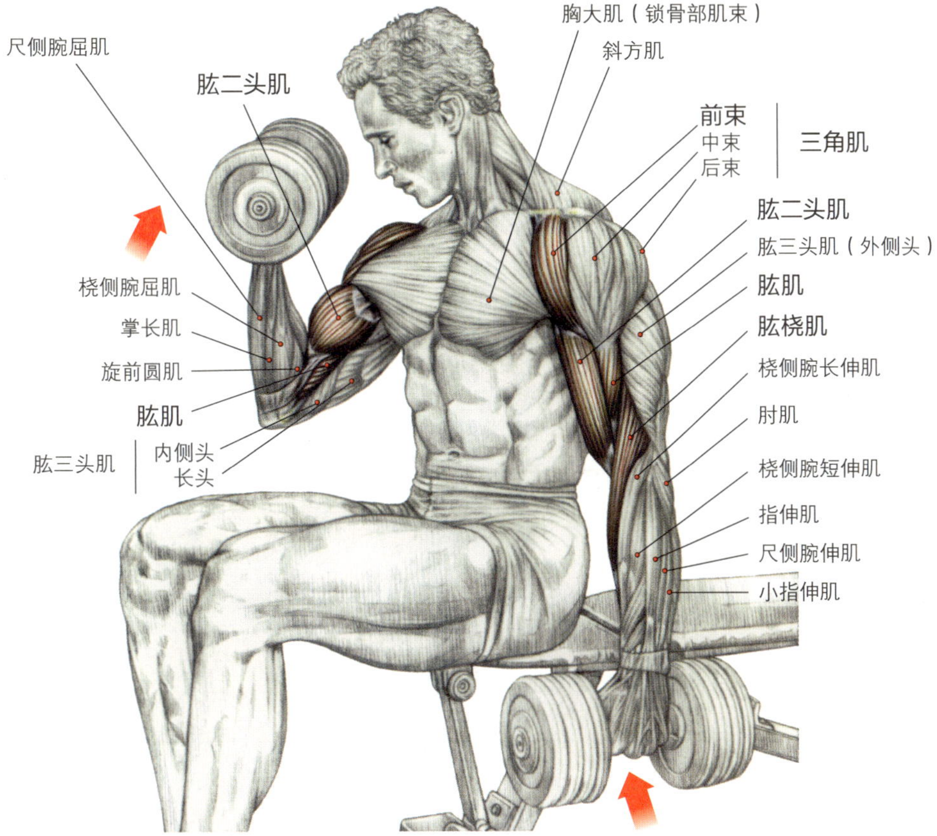

肌肉标注（左侧）： 尺侧腕屈肌、肱二头肌、桡侧腕屈肌、掌长肌、旋前圆肌、肱肌、肱三头肌（内侧头、长头）

肌肉标注（右侧）： 胸大肌（锁骨部肌束）、斜方肌、三角肌（前束、中束、后束）、肱二头肌、肱三头肌（外侧头）、肱肌、肱桡肌、桡侧腕长伸肌、肘肌、桡侧腕短伸肌、指伸肌、尺侧腕伸肌、小指伸肌

坐姿，双手各持一哑铃，手臂半内旋：
- 吸气，屈前臂，同时向外转动手腕，直到前臂屈至水平位置；
- 继续抬高手肘完成屈臂，结束动作时呼气。两臂交替练习。

此项练习能锻炼肱桡肌、肱肌、肱二头肌和三角肌前束，并使喙肱肌和胸大肌的锁骨部肌束得到一定程度锻炼。

弯举哑铃的三种方式

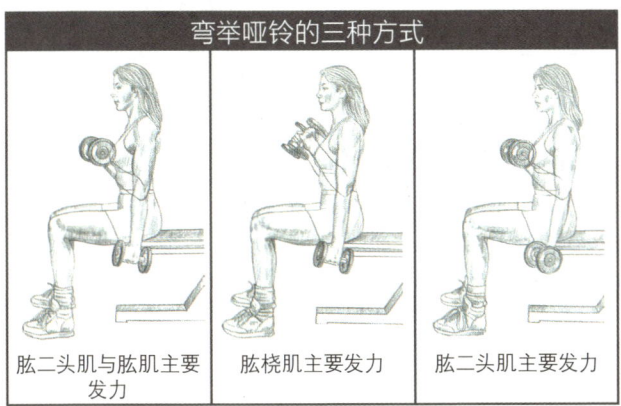

肱二头肌与肱肌主要发力 | 肱桡肌主要发力 | 肱二头肌主要发力

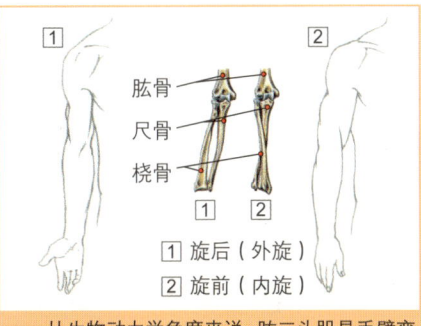

肱骨、尺骨、桡骨

1 旋后（外旋）
2 旋前（内旋）

从生物动力学角度来说，肱二头肌是手臂弯曲、前抬的重要肌肉，也是最有力的旋后肌。此项练习能够让肱二头肌充分发挥自身的全部功能。

02 俯身交替弯举

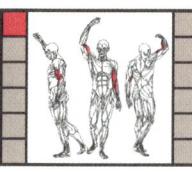

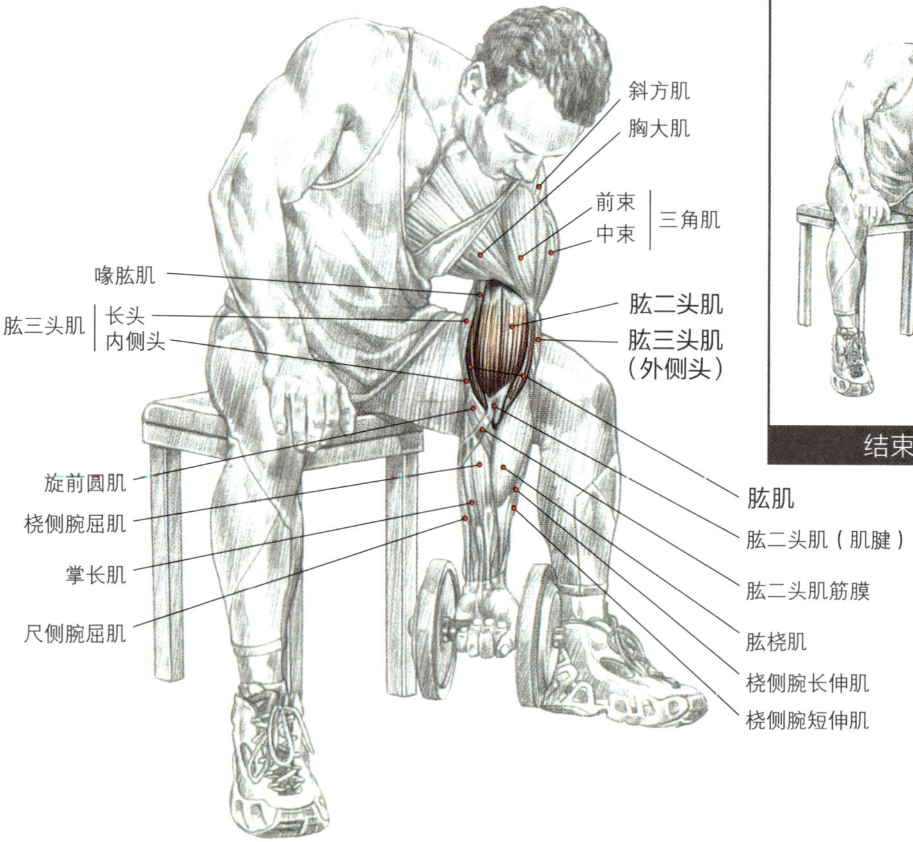

主要标注：
- 斜方肌
- 胸大肌
- 三角肌（前束、中束）
- 肱二头肌
- 肱三头肌（外侧头）
- 喙肱肌
- 肱三头肌（长头、内侧头）
- 旋前圆肌
- 桡侧腕屈肌
- 掌长肌
- 尺侧腕屈肌
- 肱肌
- 肱二头肌（肌腱）
- 肱二头肌筋膜
- 肱桡肌
- 桡侧腕长伸肌
- 桡侧腕短伸肌

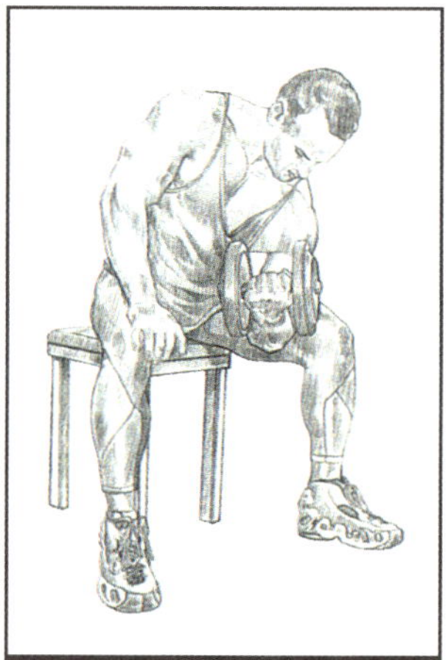

结束动作

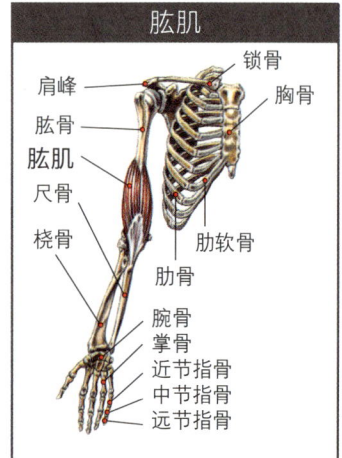

肱肌：肩峰、锁骨、胸骨、肱骨、肱肌、尺骨、桡骨、肋软骨、肋骨、腕骨、掌骨、近节指骨、中节指骨、远节指骨

坐姿，一手持哑铃外旋，手肘以大腿内侧为支撑：
- 吸气并弯曲前臂；
- 呼气放松，结束动作。

进行此单项练习时，可以自行控制运动幅度、速度和手臂曲直程度。该练习主要锻炼肱二头肌和肱肌。

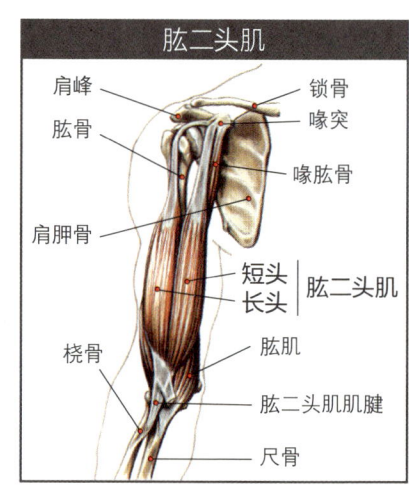

肱二头肌：肩峰、锁骨、肱骨、喙突、喙肱骨、肩胛骨、短头、长头（肱二头肌）、桡骨、肱肌、肱二头肌肌腱、尺骨

长肌和短肌

长肌、短肌与杠杆原理

举起同一重物,杠杆臂越长,完成该动作所需的肌肉力量越小,肌肉也就相对更弱;肌肉越长收缩范围越大,举起同样重物的速度就会越慢。

① 短肌
② 长肌

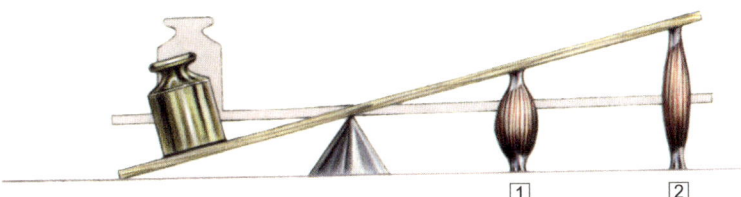

肱二头肌短头,近肘关节的远端肌腱附着

- 肱二头肌短头
- 近肘关节的远端肌腱附着

标注:指浅屈肌、尺侧腕伸肌、桡侧腕屈肌、掌长肌、桡侧腕屈肌、肱二头肌腱膜、旋前圆肌、肱三头肌内侧头、肱肌、肱二头肌短头、肱桡肌、三角肌、喙肱肌、大圆肌、肩胛下肌、胸大肌、背阔肌、前锯肌、腹外斜肌、肱三头肌长头

肱二头肌长头,远肘关节的远端肌腱附着

- 肱二头肌长头
- 远肘关节的远端肌腱附着

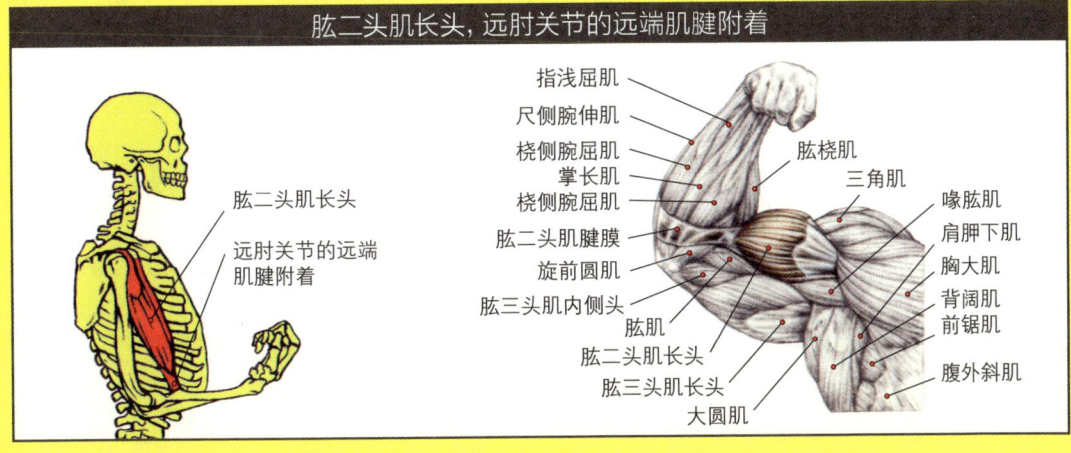

标注:指浅屈肌、尺侧腕伸肌、桡侧腕屈肌、掌长肌、桡侧腕屈肌、肱二头肌腱膜、旋前圆肌、肱三头肌内侧头、肱肌、肱二头肌长头、肱三头肌长头、大圆肌、肱桡肌、三角肌、喙肱肌、肩胛下肌、胸大肌、背阔肌、前锯肌、腹外斜肌

关节活动幅度对肌肉长度的影响

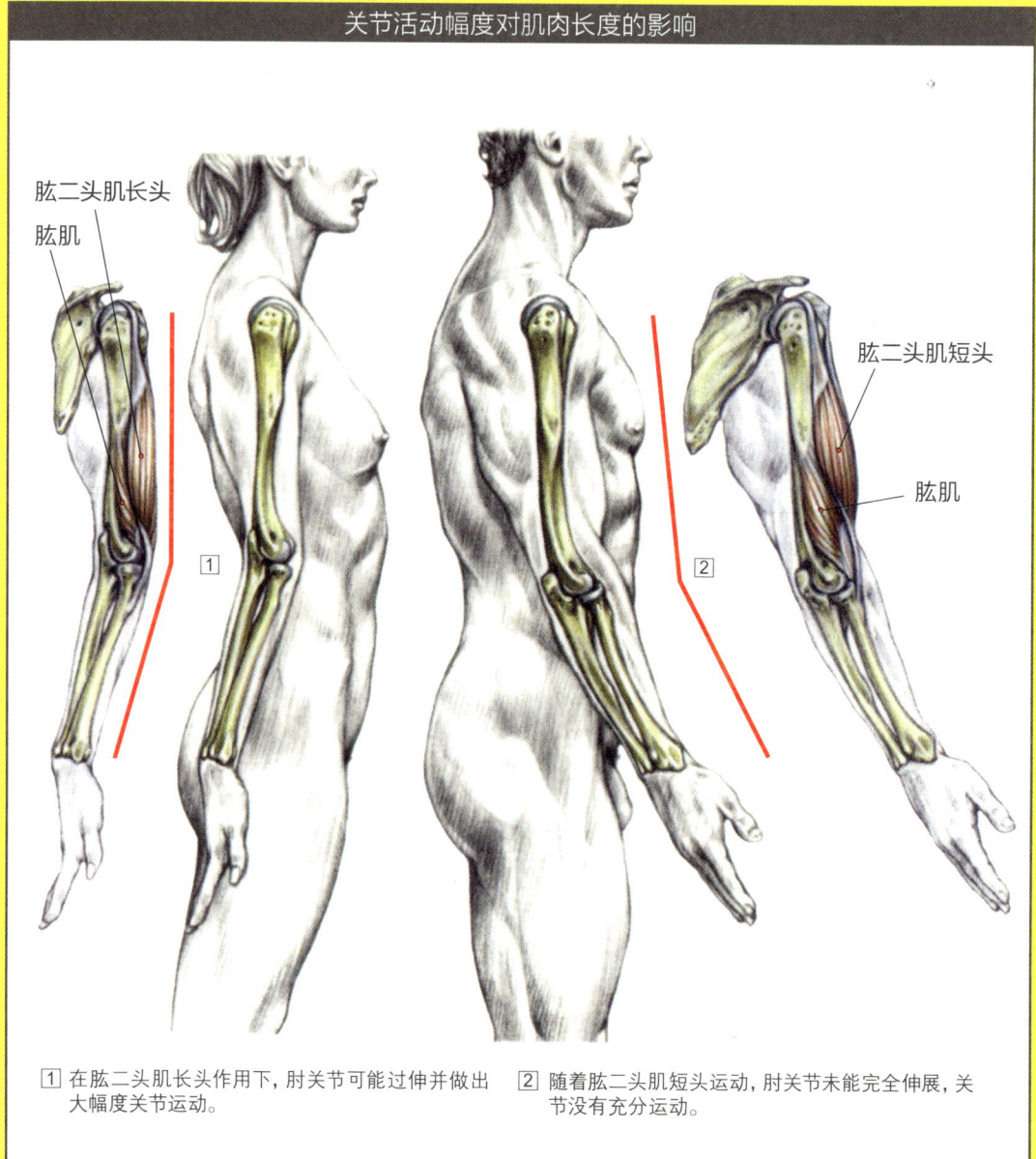

① 在肱二头肌长头作用下，肘关节可能过伸并做出大幅度关节运动。

② 随着肱二头肌短头运动，肘关节未能完全伸展，关节没有充分运动。

想要锻炼肌肉增大肌肉体积，不需要做最大幅度的运动。虽然负重练习有利于增肌，但为了避免肌肉撕裂和肌腱拉伤，当负重很重时，在拉伸阶段需要减小运动幅度。同时，为了保持关节灵活度，要在练习的最开始先使用较轻的负重进行锻炼。随着时间推移，关节如果没有全幅度地运动开，可能就会丧失灵活度，从而导致不可逆转的肌肉萎缩并由肌腱取代，这就是我们所说的纤维性痉挛，这也是老年人和残疾人身体看起来干瘪的原因。要训练和发展肌肉并保持关节灵活度，就需要先做幅度大负重小的轻度运动，随后随着负重增加逐步减小运动幅度。

上斜哑铃弯举 03

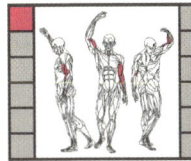

肱二头肌

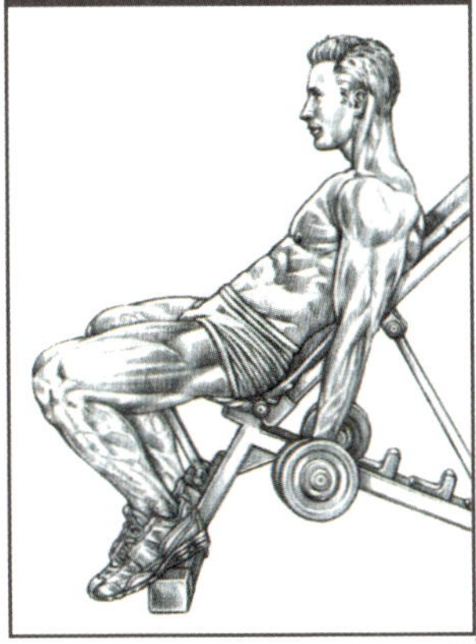

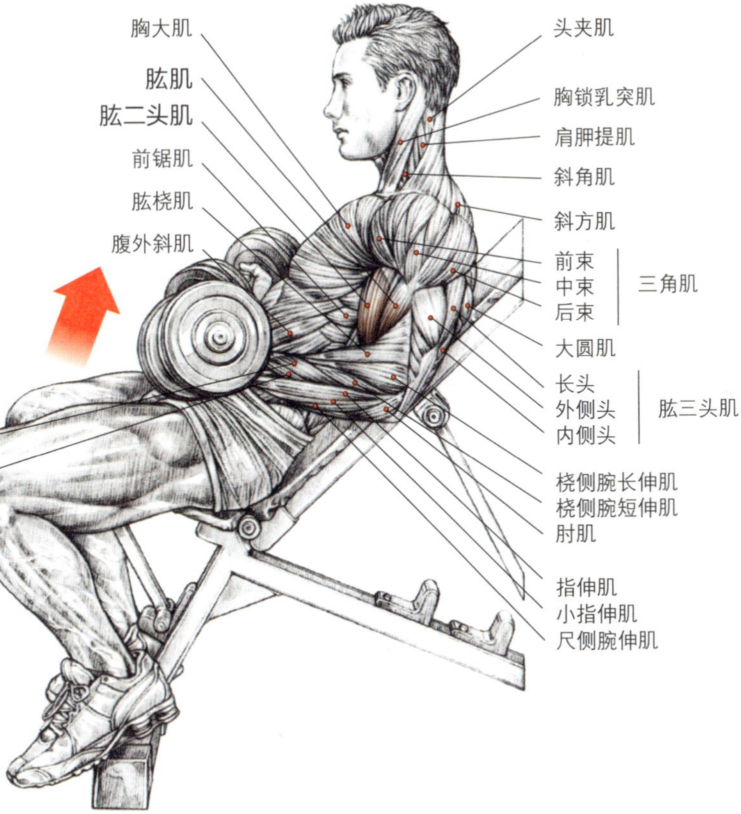

标注（从左至右）：胸大肌、肱肌、肱二头肌、前锯肌、肱桡肌、腹外斜肌、拇长展肌、拇短伸肌；头夹肌、胸锁乳突肌、肩胛提肌、斜角肌、斜方肌、前束/中束/后束（三角肌）、大圆肌、长头/外侧头/内侧头（肱三头肌）、桡侧腕长伸肌、桡侧腕短伸肌、肘肌、指伸肌、小指伸肌、尺侧腕伸肌

坐在上斜凳上，后背紧靠椅背，手腕半内旋，每只手各握一个哑铃：

• 吸气，屈臂并向外旋转前臂，直到前臂到达水平位置，手呈旋后位置（拇指向外）；

• 动作结束时呼气。

该练习特别针对肱二头肌长头。上半身保持倾斜，前臂开始弯曲有利于肱二头肌长头拉伸。

该动作也锻炼了肱桡肌和肱肌。

变化动作

可以交替弯曲前臂进行练习，也可以从旋后位开始动作来强化肱二头肌。

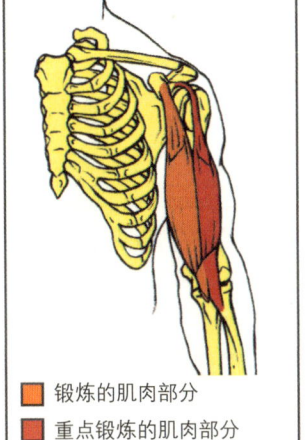

- 锻炼的肌肉部分
- 重点锻炼的肌肉部分

⚠ 建议根据不同个体的肩部灵活度来调整练习椅的倾斜度。如果手臂抬得太靠后，肱二头肌长头的肌腱就会在肱骨的结节间沟中过度摩擦，这可能会导致肌腱过度磨损和炎症。

理解肱二头肌长头的脆弱性

偶发两足的黑猩猩与完全两足的人类的上肢上部比较

无论是在树上还是在地上移动，黑猩猩的手臂都是垂直于身体的。因此，黑猩猩肱二头肌长头的肌腱很少受到摩擦力约束。黑猩猩的肌腱如人的肌腱一般，却很少会患磨损性疾病。

作为完全两足动物，人的双臂总是沿着身体下垂。因此，肱二头肌长头与肱骨总是相互摩擦。虽然肌腱与骨头的接触面覆盖有软骨来减少磨损和撕裂，但这也使得肌腱更容易受到拉伸力影响。

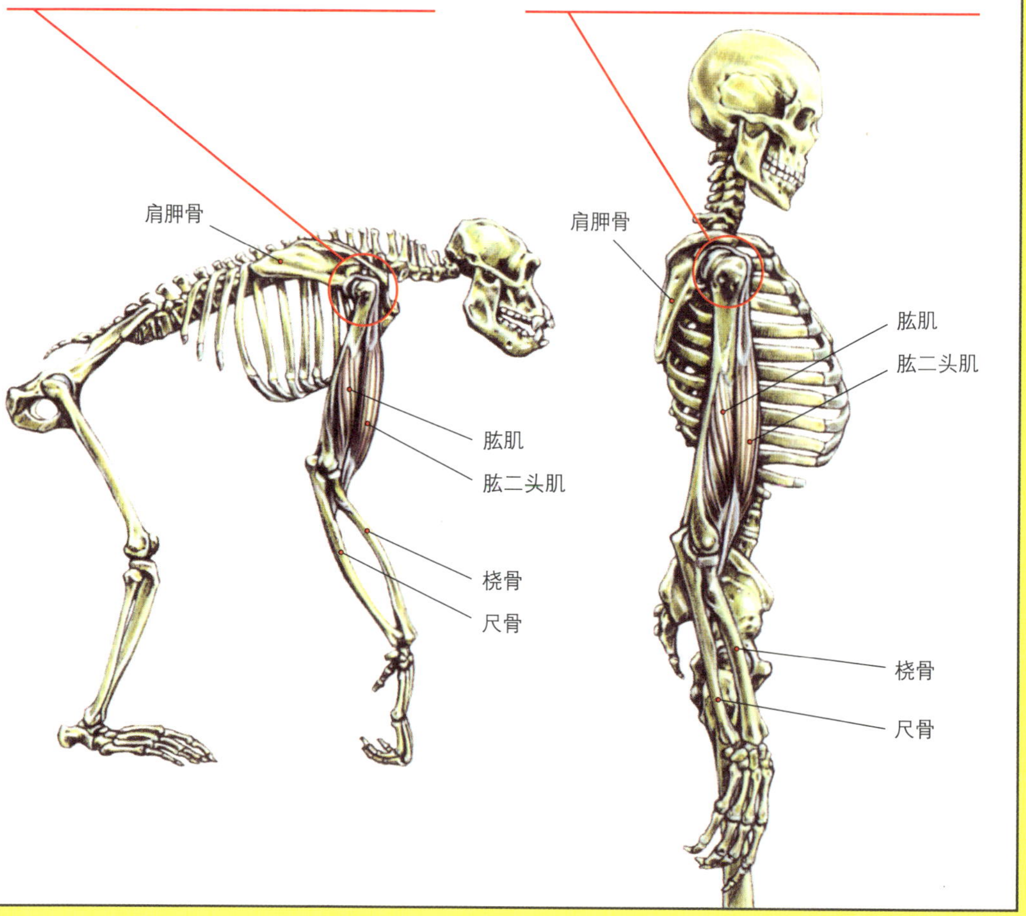

肱二头肌长头之所以如此脆弱，且经常产生磨损性炎症的病灶，是因为在进化的过程中，我们祖先的移动方式完全改变了。肱二头肌长头肌腱已经完全适应了祖先们四足行走的模式，快速过渡到两足行走模式阻碍了原本肌肉的运动轨迹，使得长头肌腱采取曲折的运动轨迹。这增加了摩擦力，且随着时间的推移可能引发从肌腱炎症到肌腱完全断裂等程度不等的磨损性病症。

臂部训练

肱二头肌长头磨损与断裂

肱二头肌长头易出现磨损性病症肌腱示意图

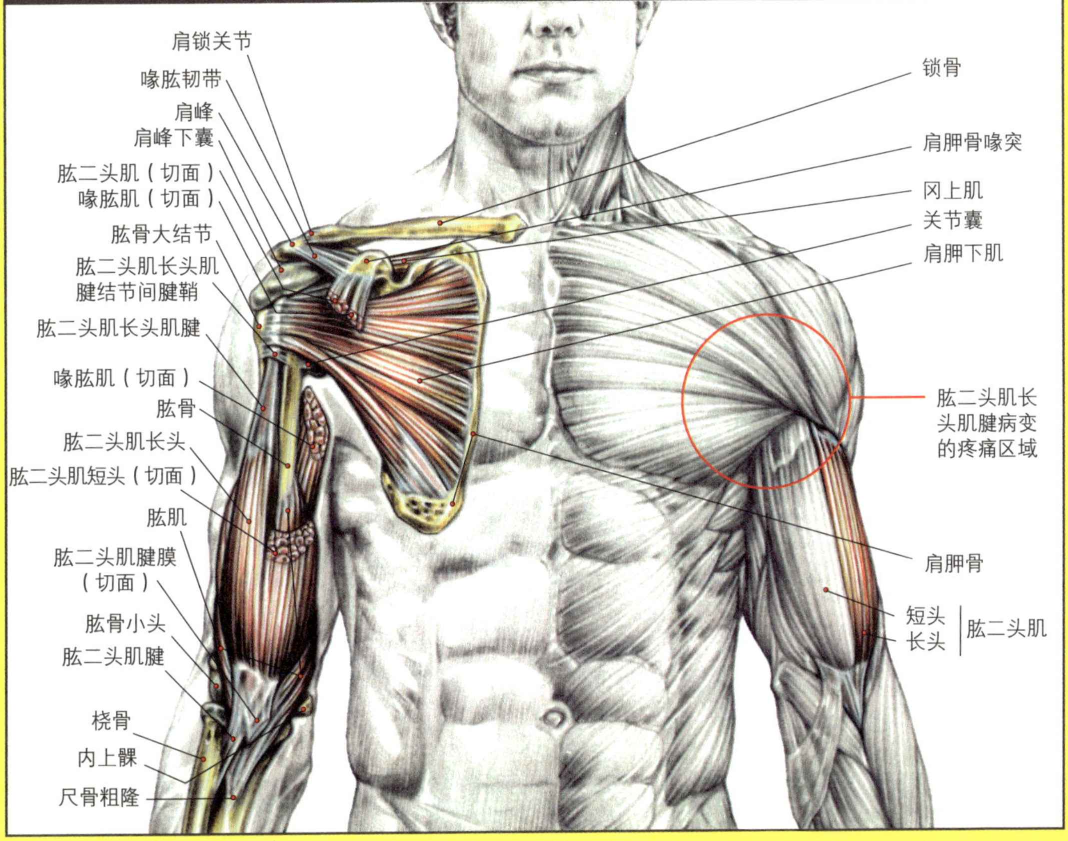

- 肩锁关节
- 喙肱韧带
- 肩峰
- 肩峰下囊
- 肱二头肌（切面）
- 喙肱肌（切面）
- 肱骨大结节
- 肱二头肌长头肌腱结节间腱鞘
- 肱二头肌长头肌腱
- 喙肱肌（切面）
- 肱骨
- 肱二头肌长头
- 肱二头肌短头（切面）
- 肱肌
- 肱二头肌腱膜（切面）
- 肱骨小头
- 肱二头肌腱
- 桡骨
- 内上髁
- 尺骨粗隆
- 锁骨
- 肩胛骨喙突
- 冈上肌
- 关节囊
- 肩胛下肌
- 肱二头肌长头肌腱病变的疼痛区域
- 肩胛骨
- 短头｜肱二头肌
- 长头｜

在肌肉训练中，肱二头肌长头上部是一个特别脆弱的区域，由于反复运动容易出现磨损病变，程度从简单的肌腱炎症到肌腱完全断裂不等。

肱二头肌长头病变通常伴随着疼痛。在进行肩部、胸部运动和肱二头肌的一些特定运动（如上斜哑铃弯举）时能够感受病灶疼痛。

肱二头肌长头的肌腱从三角肌前部下方穿过，因此肱二头肌长头的病变常常与三角肌前部纤维的病变相混淆。在解剖学上，肱二头肌长头的肌腱穿过名为肱骨结节间沟的深骨沟，该结节间沟上覆盖着肱二头肌长头肌腱结节间腱鞘和肩胛下肌肌腱。这样的结构能防止肱二头肌滑出骨沟。

从骨沟上部出发，肱二头肌长头穿过肩肱关节形成弯曲，附着于肩胛骨和肩关节盂唇。肱二头肌长头穿过肩关节的这种弯曲结构使得它在手臂运动时不仅会受到拉伸力约束，而且与肱骨接触的底面也会受到摩擦力的阻碍。

因此，在进行诸如卧推、双杠臂屈伸、哑铃臂屈伸等动作时，肱二头肌长头会紧紧贴住结节间沟和肱骨头形成的弯曲结构，这增加了摩擦强度并且可能会导致肌腱炎症、过早磨损，有时甚至随着时间推移而发生断裂。

不过，肱二头肌长头与肱骨接触的肌腱部

分被能够减小摩擦力伤害的软骨覆盖,这样的结构特征使其能够适应摩擦力和压力,从而减少磨损。

这种抗摩擦力的特性使得肱二头肌长头肌腱灵活度远不如其他大部分肌腱。随着年龄增长,肱二头肌长头更容易在过快运动或是搬运重物时受到剧烈拉伤,这也是该肌腱断裂的原因之一,最常见于四十岁以上人群。

为了减少肱二头肌长头肌腱的磨损,在该肌腱因炎症而疼痛时,避免所有会造成不适和疼痛的动作,同时寻找不会造成任何不适的练习,练习的运动幅度和角度是十分重要的。此外,建议在一段时间内避免肱骨向后运动,如哑铃臂屈伸等,因为这会加大肱二头肌长头在结节间沟中的摩擦。这种摩擦会导致肱二头肌长头炎症,长此以往可能会导致肌腱断裂。

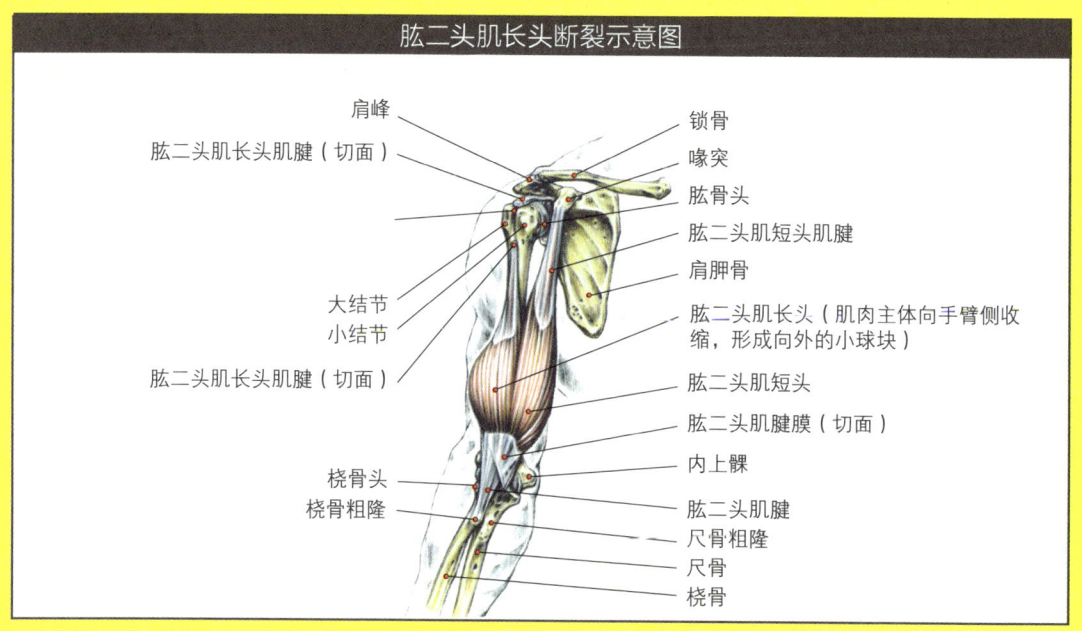

肱二头肌长头断裂示意图

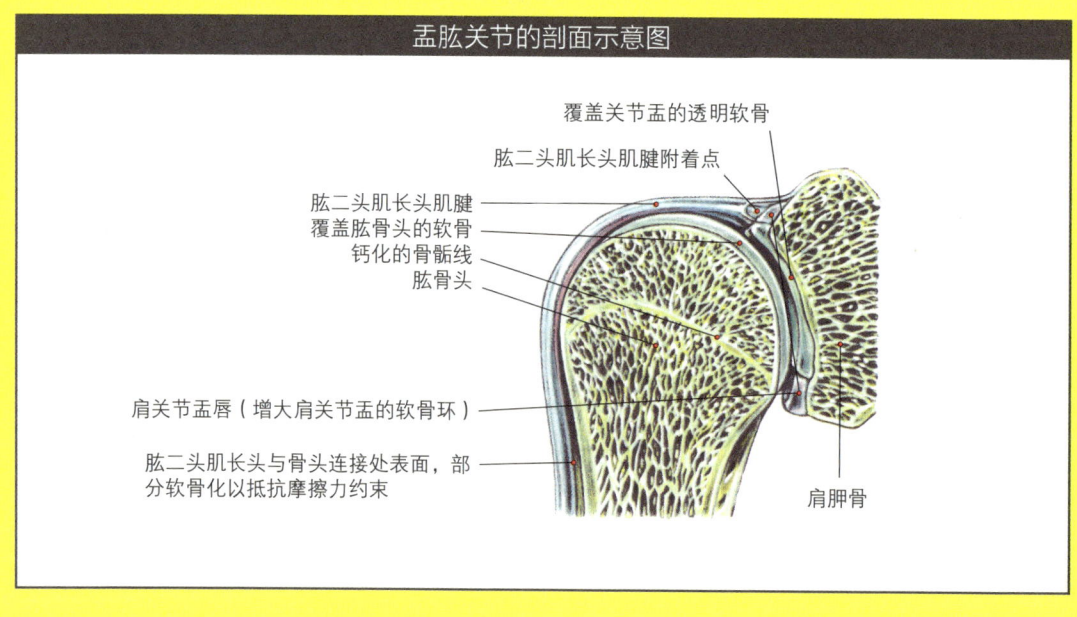

盂肱关节的剖面示意图

臂部训练

站姿哑铃锤式弯举　04

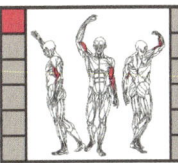

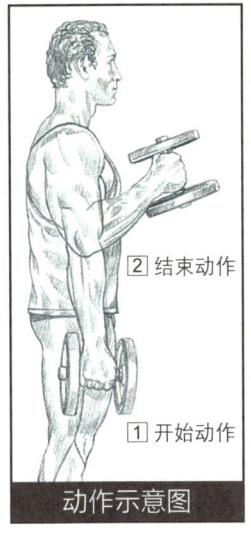

动作示意图

① 开始动作
② 结束动作

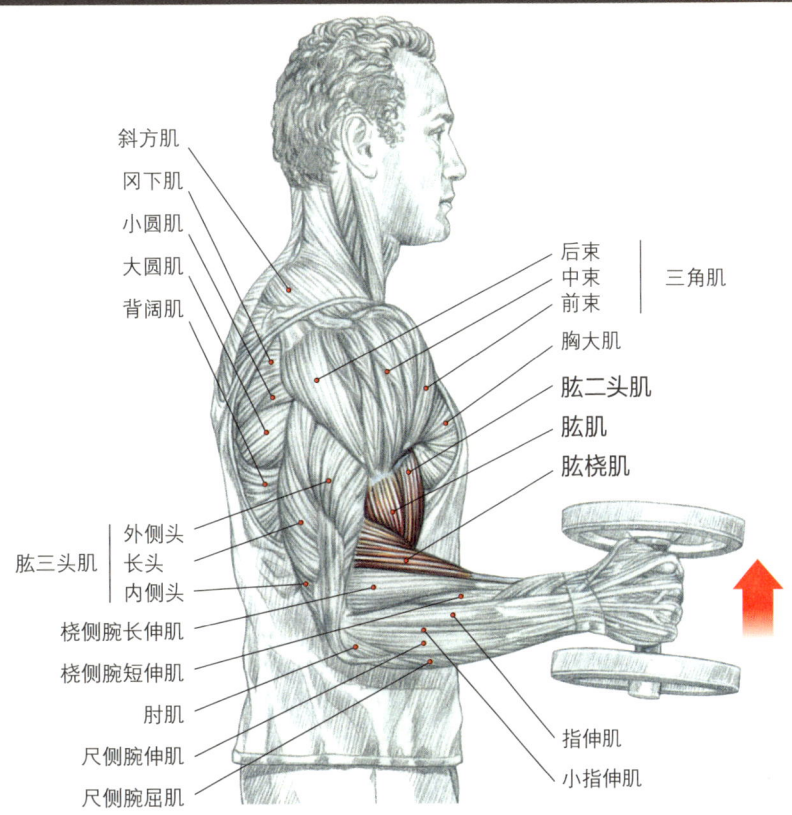

斜方肌
冈下肌
小圆肌
大圆肌
背阔肌
肱三头肌
　外侧头
　长头
　内侧头
桡侧腕长伸肌
桡侧腕短伸肌
肘肌
尺侧腕伸肌
尺侧腕屈肌

三角肌
　后束
　中束
　前束
胸大肌
肱二头肌
肱肌
肱桡肌
指伸肌
小指伸肌

直立或坐姿均可，双手各持一哑铃，手臂半内旋：
- 吸气并弯曲前臂，可双手同时屈臂，或交替屈臂；
- 动作结束时呼气。

这是锻炼肱桡肌的最佳练习。该动作也锻炼了肱肌、肱二头肌，同时对桡侧腕短伸肌与桡侧腕长伸肌也起到了一定的锻炼作用。

肱桡肌

肩胛骨
锁骨
肋软骨
胸骨
肱桡机
桡骨
肱骨
尺骨
腕骨
掌骨
近节指骨
中节指骨
远节指骨

最小努力原则

肌肉纤维分布图（根据特征）

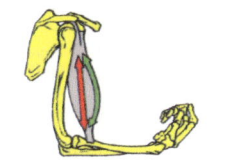

■ 距离短的深层肌肉纤维最常被使用
■ 距离长的浅层肌肉纤维，当力度加强时会被使用

- 为了节约能量，在第一次进行某个动作训练时，肌肉会使用距离最短的纤维，也就是位于肌肉深层的最接近直线的纤维。
- 动作强度越增加，肌肉就越会调动浅层肌肉纤维完成动作。
- 固有观点认为做动作越用力，就越能锻炼深层肌肉，但事实截然相反，越用力就越会调动更多浅层肌肉纤维。
- 另外，与更长更弯曲的外侧纤维相比，虽然笔直的深层纤维收缩更慢，但对重复性发力的耐受性更强。

理解旋前和旋后

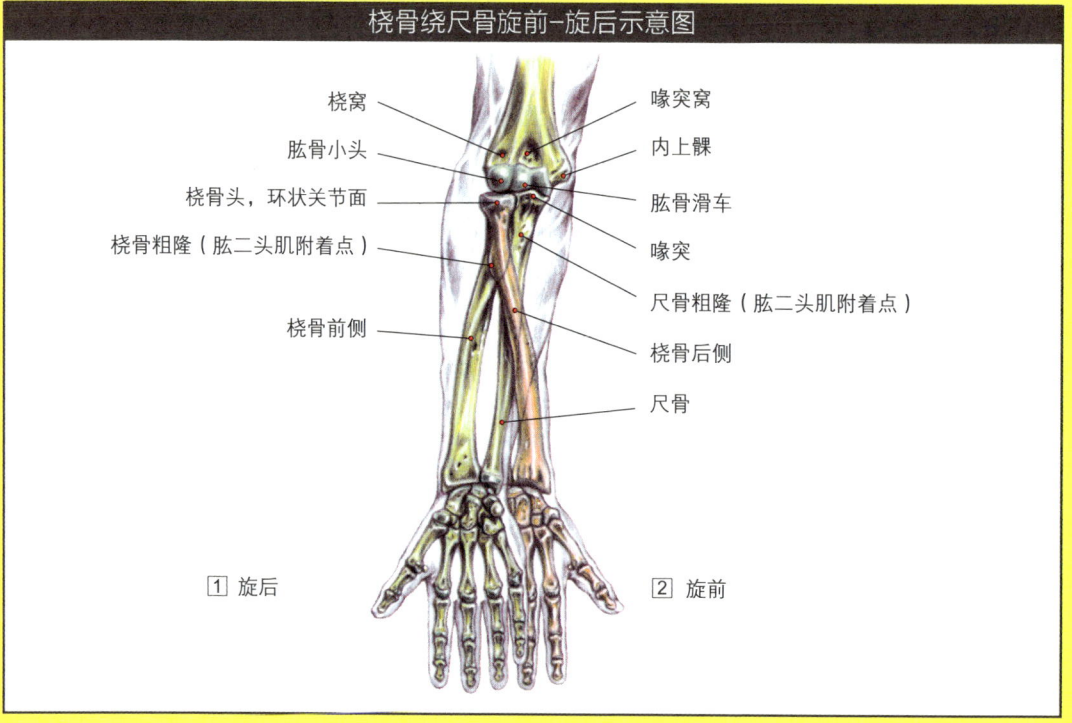

桡骨绕尺骨旋前-旋后示意图

- 桡窝
- 肱骨小头
- 桡骨头，环状关节面
- 桡骨粗隆（肱二头肌附着点）
- 桡骨前侧
- 喙突窝
- 内上髁
- 肱骨滑车
- 喙突
- 尺骨粗隆（肱二头肌附着点）
- 桡骨后侧
- 尺骨

① 旋后　　② 旋前

旋前-旋后的实际运用：为什么要从左向右旋转？

旋前-旋后肌肉示意图

① 前臂旋前　　② 前臂旋后

- 肱二头肌
- 外上髁
- 环状关节面
- 肱骨小头
- 肱骨滑车
- 收缩的旋前圆肌
- 旋后肌
- 收缩的旋前方肌
- 尺骨
- 尺骨头
- 桡骨
- 桡骨茎突
- 收缩的肱二头肌
- 内上髁
- 桡骨粗隆
- 收缩的旋后肌
- 旋前圆肌
- 旋前方肌

比起旋前运动我们更善于做旋后运动，只有对于左撇子来说，旋前运动才更为容易。当我们要拧下螺丝时，很容易感受到旋前动作力量较弱。

之所以会产生这样的差异，主要是由于前臂旋后肌深处强有力的肱二头肌起作用。而旋前动作主要是由更小的肌肉（旋前圆肌、旋前方肌）实现的。要注意当手在旋后位或旋前位时，肱桡肌带动手臂回中立位。

肱桡肌螺旋结构示意图

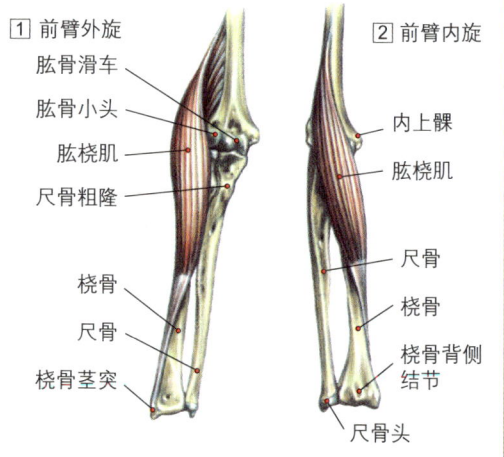

① 前臂外旋　　② 前臂内旋

- 肱骨滑车
- 肱骨小头
- 肱桡肌
- 尺骨粗隆
- 桡骨
- 尺骨
- 桡骨茎突
- 内上髁
- 肱桡肌
- 尺骨
- 桡骨
- 桡骨背侧结节
- 尺骨头

肱桡肌带动前臂从旋后位至中立位，从旋前位至中立位。因此肱桡肌既是旋前肌又是旋后肌。

臂部训练

05 低位滑轮绳索交替弯举

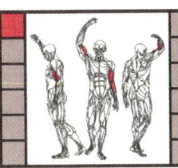

动作示意图

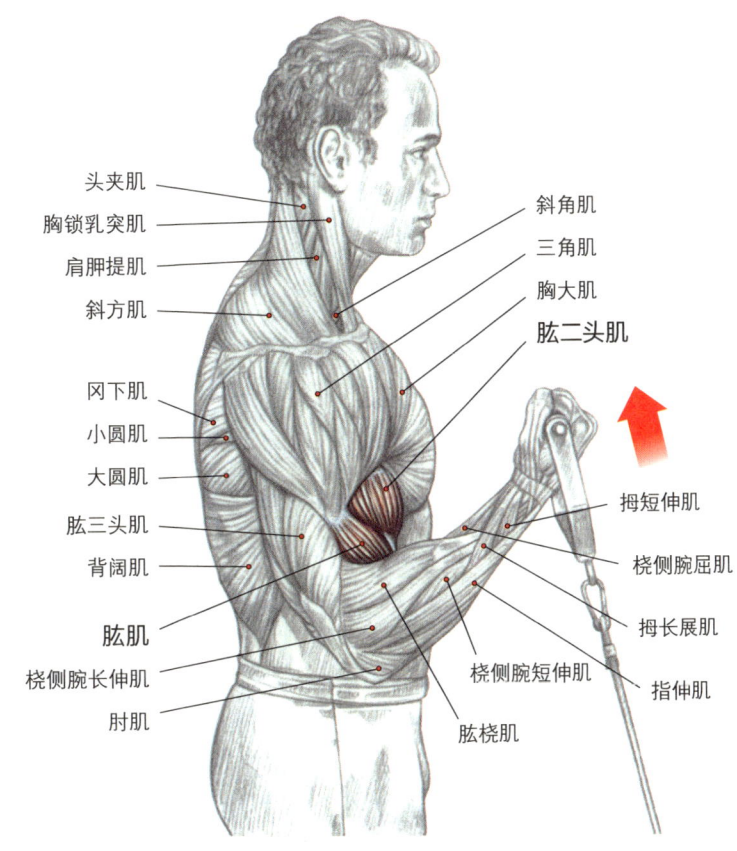

标注：头夹肌、胸锁乳突肌、肩胛提肌、斜方肌、冈下肌、小圆肌、大圆肌、肱三头肌、背阔肌、肱肌、桡侧腕长伸肌、肘肌、斜角肌、三角肌、胸大肌、**肱二头肌**、拇短伸肌、桡侧腕屈肌、拇长展肌、桡侧腕短伸肌、指伸肌、肱桡肌

直立，面向飞鸟机，手外旋反手握住拉力器：
- 吸气并弯曲前臂；
- 动作结束时呼气。

该练习能集中锻炼肱二头肌，能强有力地挤压肌肉。

变化动作
双臂低位拉力器练习

单关节肌与多关节肌

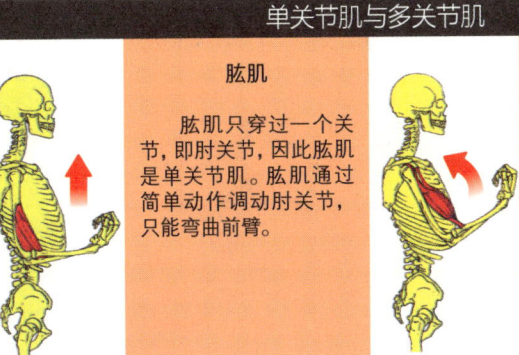

肱肌

肱肌只穿过一个关节，即肘关节，因此肱肌是单关节肌。肱肌通过简单动作调动肘关节，只能弯曲前臂。

肱二头肌

肱二头肌穿过肘关节和肩关节，因此肱二头肌是多关节肌，它可以调动多个关节，能实现的动作更为复杂。肱二头肌可以实现弯曲前臂、抬肘、将手臂靠近胸部、使前臂保持旋后位等复杂动作。

06 高位滑轮绳索弯举

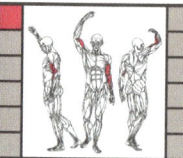

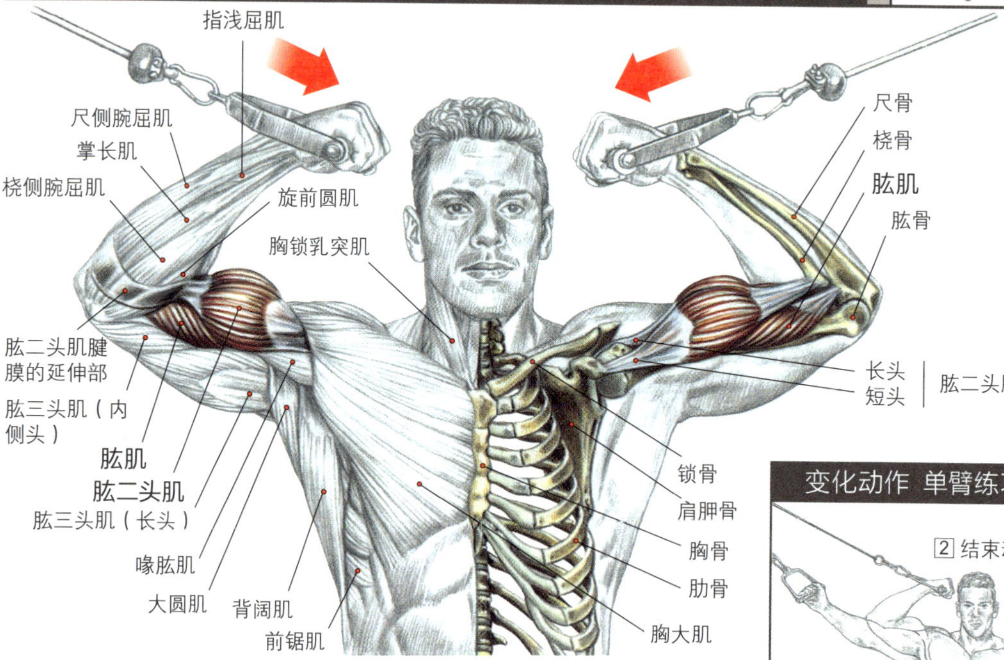

站在两滑轮之间,打开双臂,手外旋反手握住高位拉力器手柄:
- 吸气并弯曲前臂;
- 动作结束时呼气。

该练习经常作为臂部训练的收尾动作。它能够锻炼肱二头肌,主要针对肱二头肌短头,因为手臂处于十字位时,短头会先受到拉伸而紧绷。同时也能锻炼到作为肘部单关节屈肌的肱肌。

做该练习时不适合较大强度,主要目的是集中精力体会肱二头肌内侧部位的收缩。进行长时间组合练习能带来最好的效果。

变化动作 单臂练习

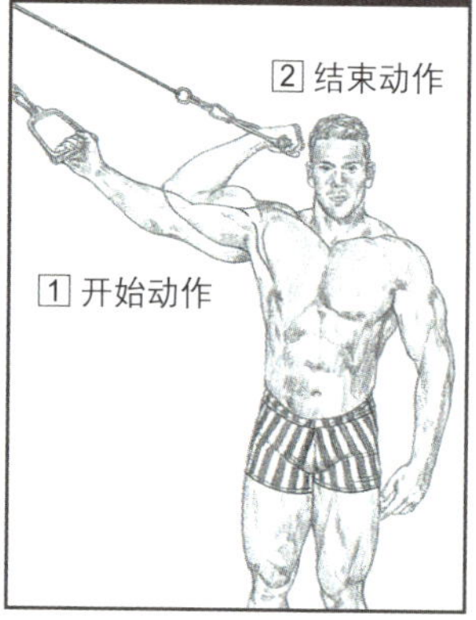

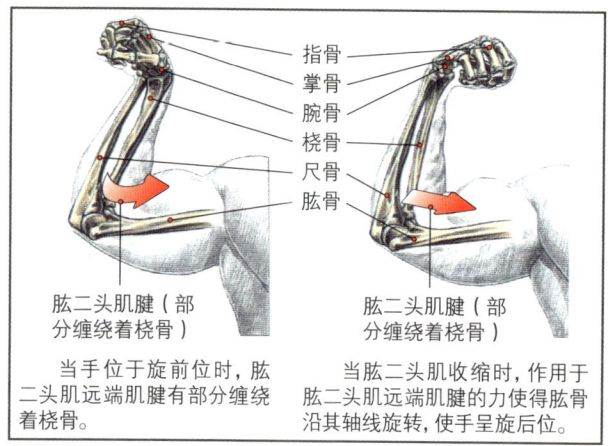

当手位于旋前位时,肱二头肌远端肌腱有部分缠绕着桡骨。

当肱二头肌收缩时,作用于肱二头肌远端肌腱的力使得肱骨沿其轴线旋转,使手呈旋后位。

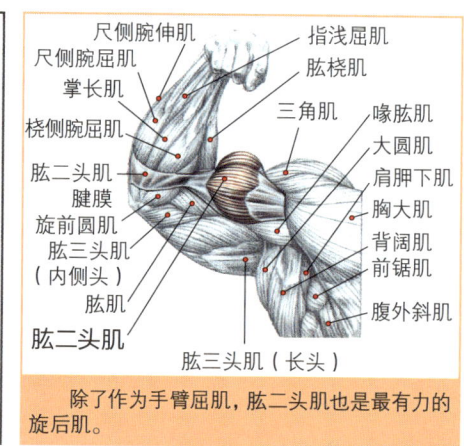

除了作为手臂屈肌,肱二头肌也是最有力的旋后肌。

杠铃弯举 07

动作示意图

杠铃弯举

窄握距

主要锻炼肱二头肌长头

宽握距

主要锻炼肱二头肌短头

肱肌

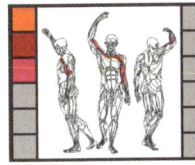

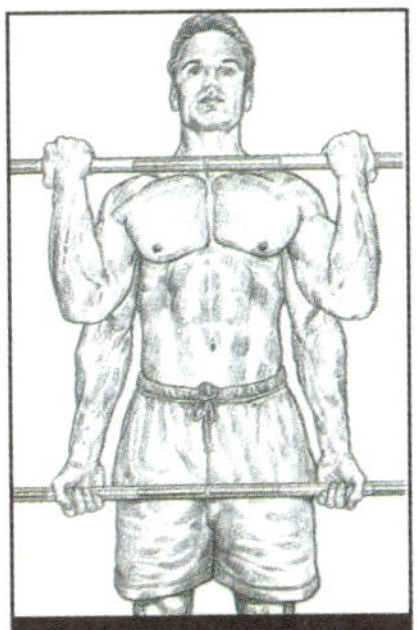

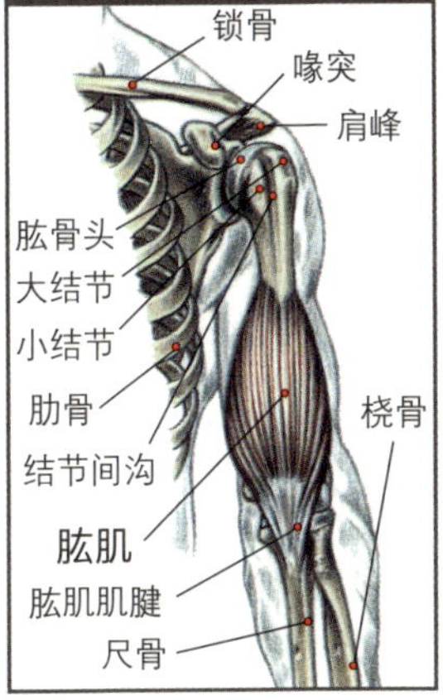

挺直背部站立，两臂分开略比肩宽，手外旋反手握住杠铃：

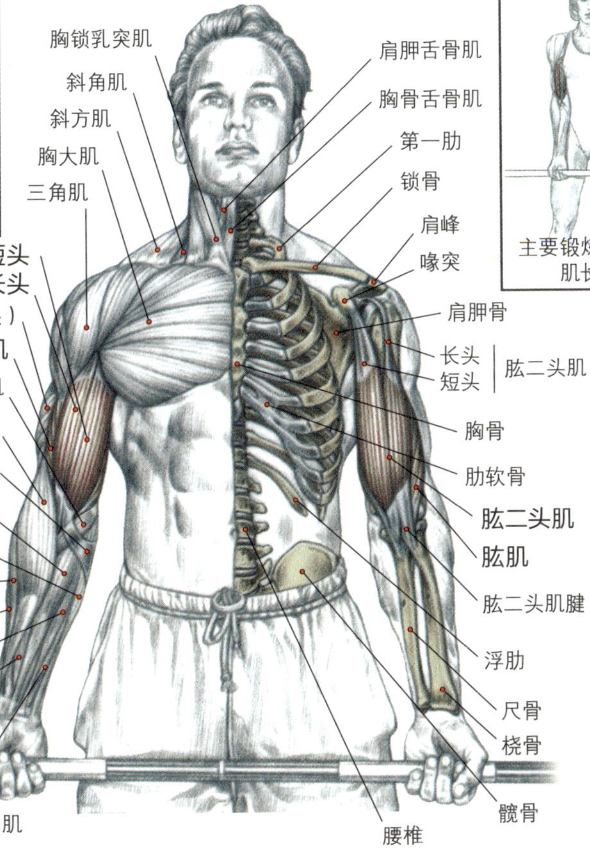

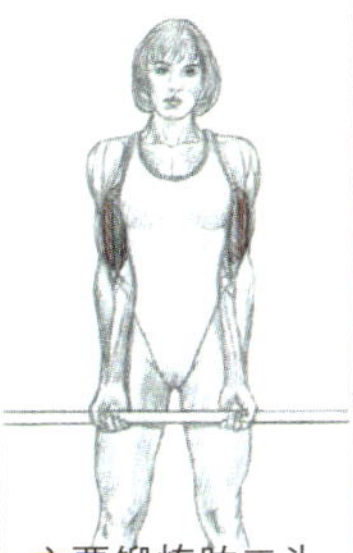

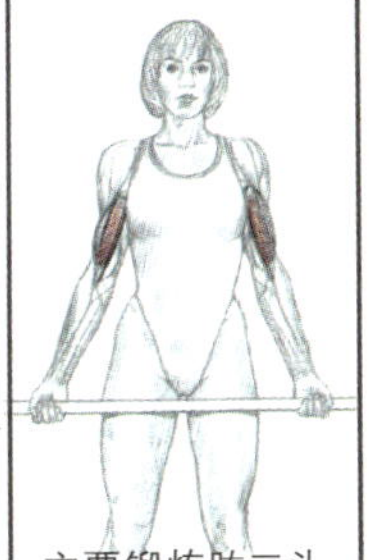

• 吸气，随后弯曲前臂，同时臀部、腹部及背部肌肉收紧，保持上半身稳定；

• 动作结束时呼气。

该练习主要锻炼了肱二头肌和肱肌，并在一定程度上锻炼了肱桡肌、旋前圆肌以及腕屈肌与指屈肌肌群。

变化动作

握距不同，侧重锻炼的肌肉也不同：

• 宽握距能增加对肱二头肌短头的锻炼；

• 窄握距能增加对肱二头肌长头的锻炼。

在结束屈臂后抬手肘，能够加强肱二头肌收缩并且锻炼到三角肌前束。要进行更严格的屈臂训练，可以让背部紧靠墙壁，使肩胛骨不向外扩张。在增加负荷练习时，可以通过身体后倾助力举起杠铃。不过，该技巧需要发达的腹肌和腰背肌支持，要谨慎使用，以免受伤。

肘部的骨形态对训练的影响

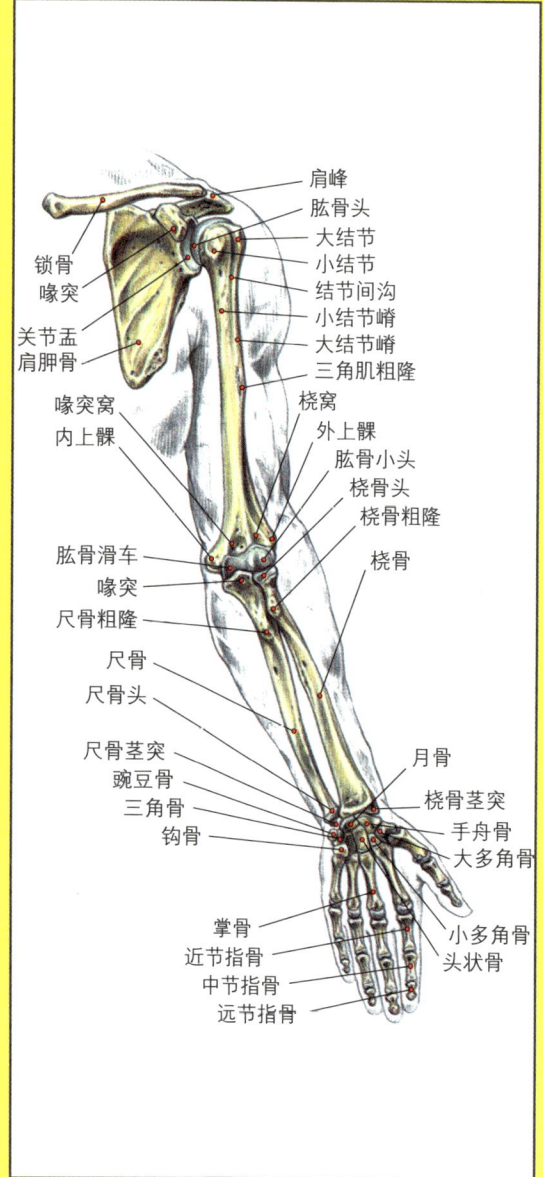

使用曲柄杠铃训练肱二头肌可以减缓腕部过度紧张。

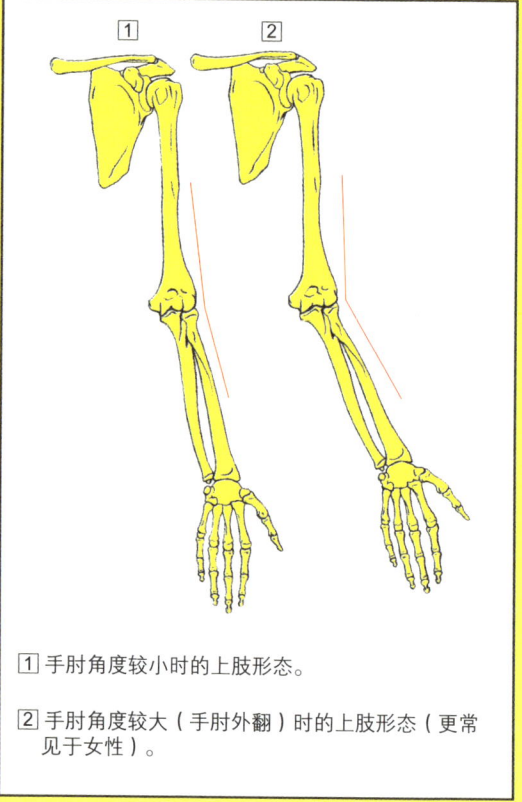

① 手肘角度较小时的上肢形态。

② 手肘角度较大（手肘外翻）时的上肢形态（更常见于女性）。

利用杠铃锻炼肱二头肌时，需要考虑每个人不同的身体结构特点。实际上，手肘打开的角度，即上臂和前臂形成的提携角因人而异。从解剖学姿势（即手臂垂于体侧，掌心朝前，拇指朝外）来看，某些人肘部的角度很大，前臂完全向外翻。在使用直杆杠铃弯举时，这种特征会使腕部向内翻，会严重损伤腕部，引起疼痛。因此，这类人群可以使用曲柄杠铃来减轻肘关节负担。

总体来说女性手肘外翻更为明显。

臂部训练

器械牧师凳弯举 08

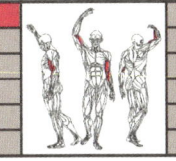

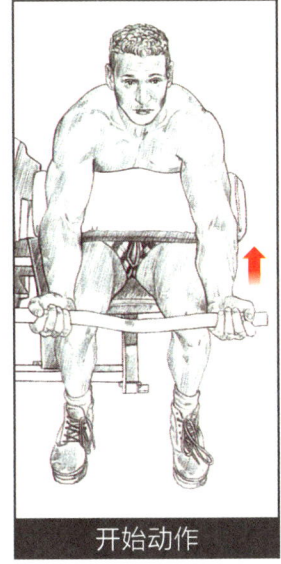

开始动作

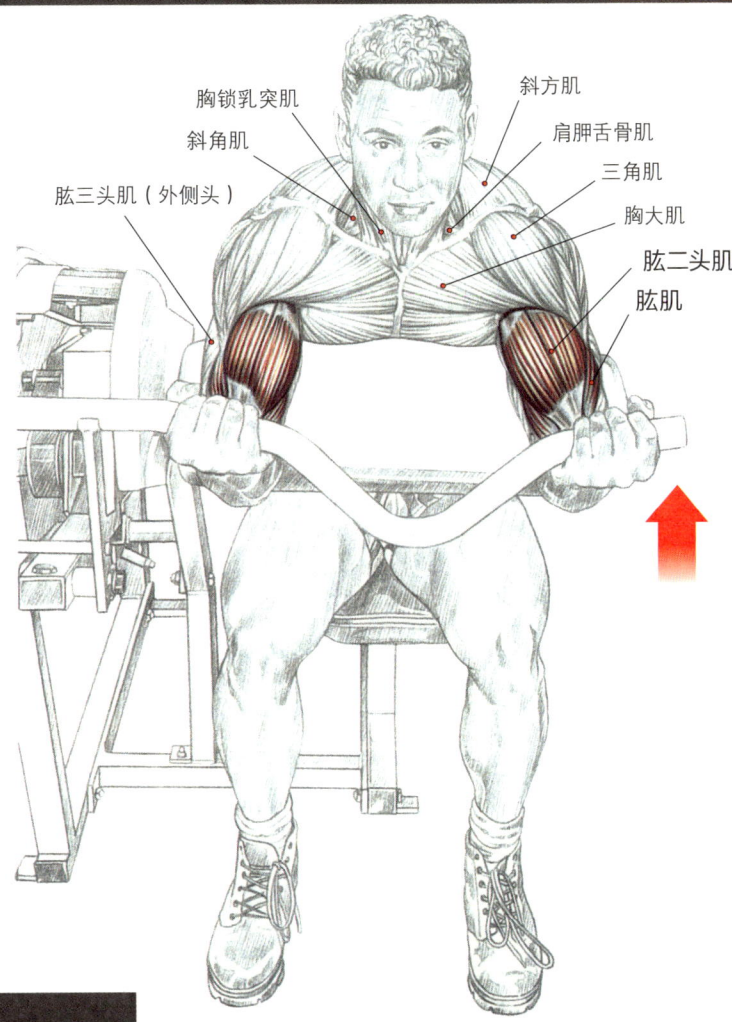

胸锁乳突肌
斜方肌
斜角肌
肩胛舌骨肌
肱三头肌（外侧头）
三角肌
胸大肌
肱二头肌
肱肌

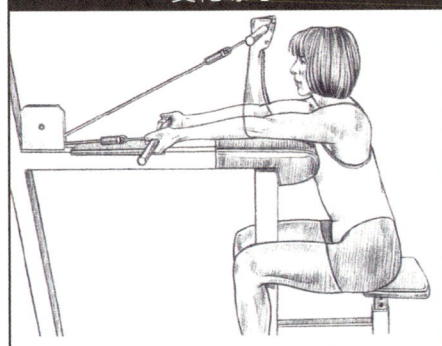

变化练习

使用拉力器弯曲前臂是很好的感受肱二头肌收缩的方式。

坐在训练机上，手臂伸展，手肘放在托架上，手外旋反握杠杆：
- 吸气并弯曲手臂；
- 动作结束时呼气。

这是感受肱二头肌发力的最好练习之一。手臂固定在支架上，可以保证肌肉持续发力。

动作起始时，肌肉张力较大，因此需要注意，先进行小负荷的热身练习并且不要完全伸直手臂，以免引起肌腱炎。

该运动也能锻炼肱肌，对肱桡肌和旋前圆肌也有一定程度的锻炼作用。

09 牧师凳杠铃弯举

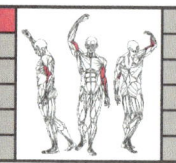

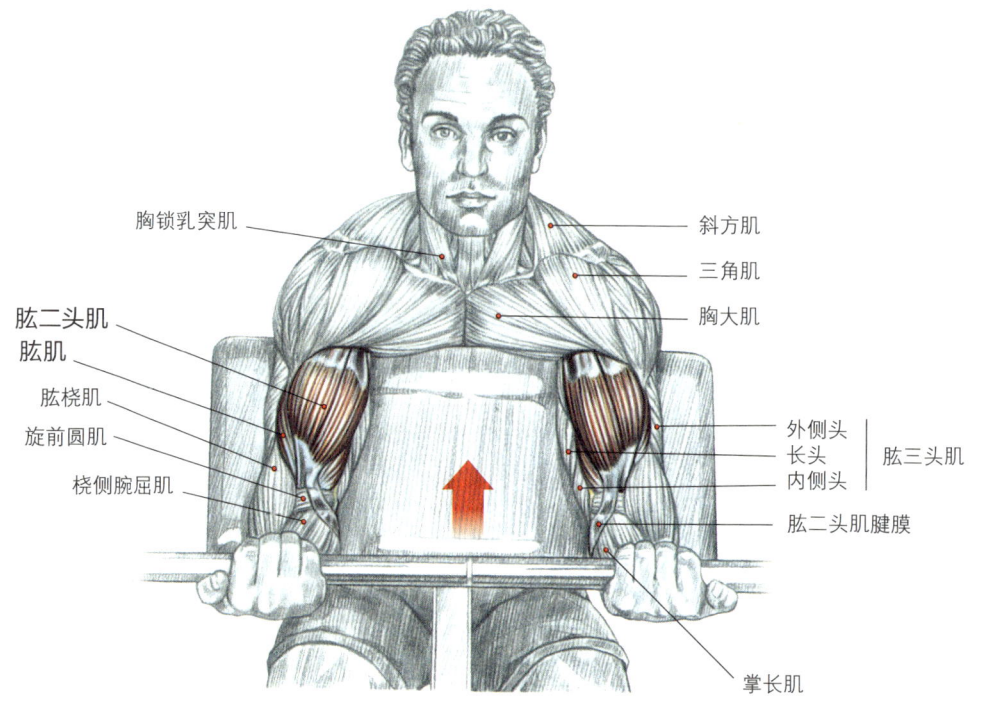

采用坐姿,手臂撑在牧师凳上:
- 吸气并弯曲前臂;
- 动作结束时呼气。

该动作是对肱二头肌进行局部锻炼的最佳方式。

> ⚠ 由于椅背有倾斜度,前臂完全展开时会产生很大的张力。因此应先进行小负荷热身运动。

肌肉解剖图

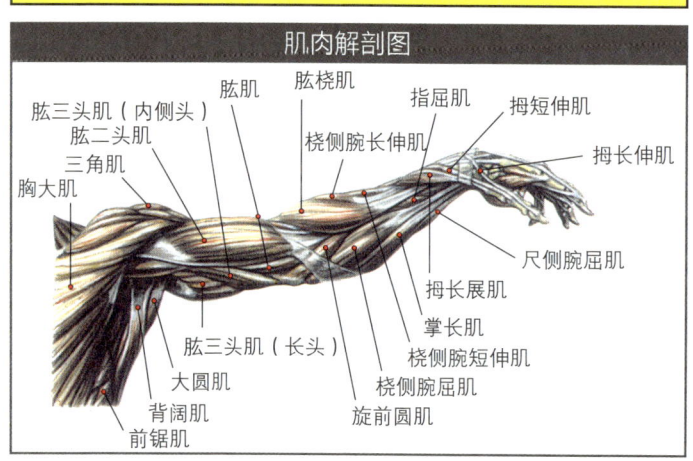

动作示意图

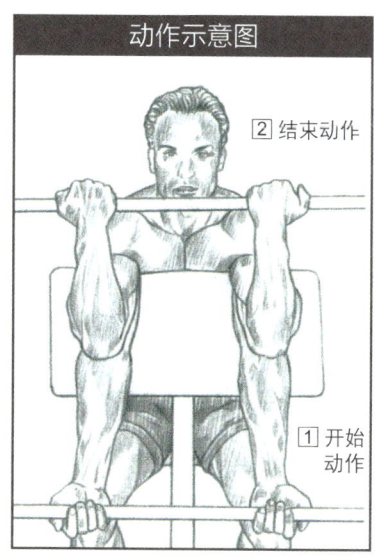

站姿杠铃腕弯举（摩托车手动作） 10

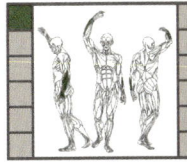

结束动作

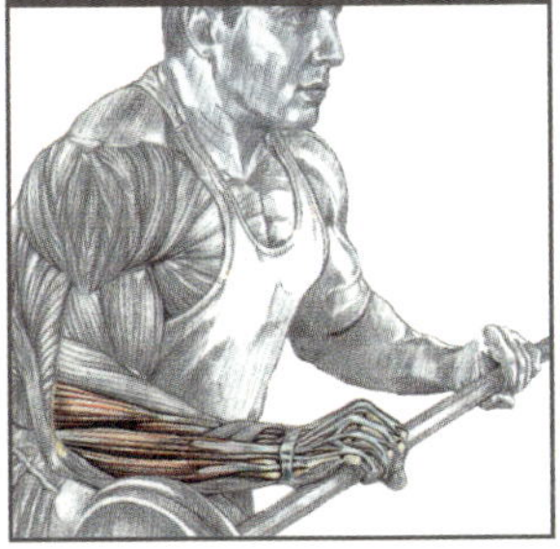

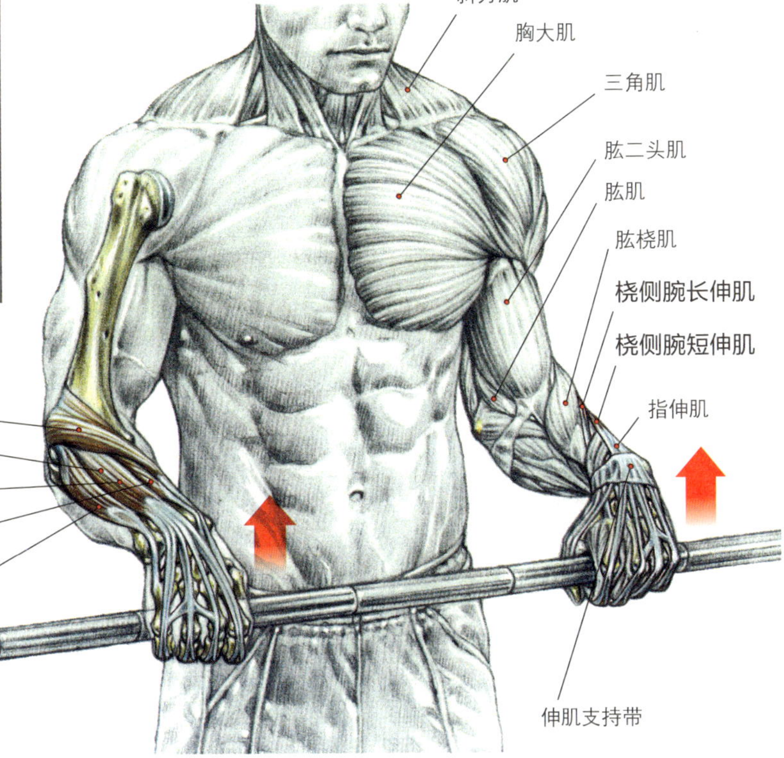

标注：斜方肌、胸大肌、三角肌、肱二头肌、肱肌、肱桡肌、桡侧腕长伸肌、桡侧腕短伸肌、指伸肌、伸肌支持带、桡侧腕长伸肌、小指伸肌、指伸肌、桡侧腕短伸肌、尺侧腕伸肌

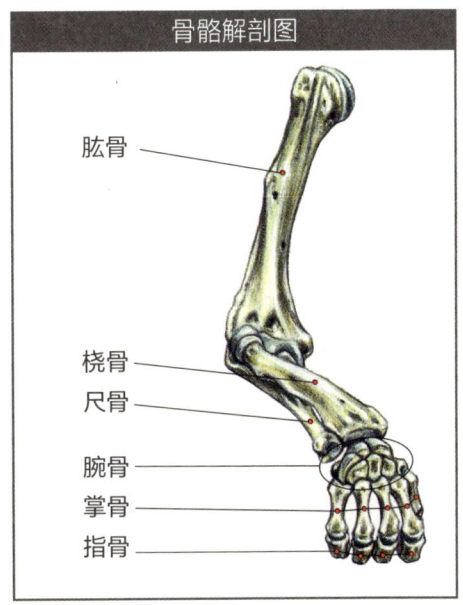

骨骼解剖图

标注：肱骨、桡骨、尺骨、腕骨、掌骨、指骨

　　站立，手内旋握杠，前臂保持水平，手腕自然弯曲：
- 伸腕，手向上抬。

　　该练习锻炼了桡侧腕长伸肌与短伸肌、指伸肌、小指伸肌以及尺侧腕伸肌。

> 该练习有利于强化腕关节。因为腕屈肌在发力时起主导作用，腕关节总是容易受伤且失去平衡。每次进行10~50次重复组合练习对加强和平衡手腕以及缓解常见的腕关节疼痛效果绝佳。

11 坐姿正握腕弯举

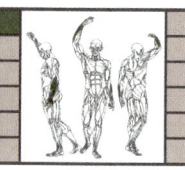

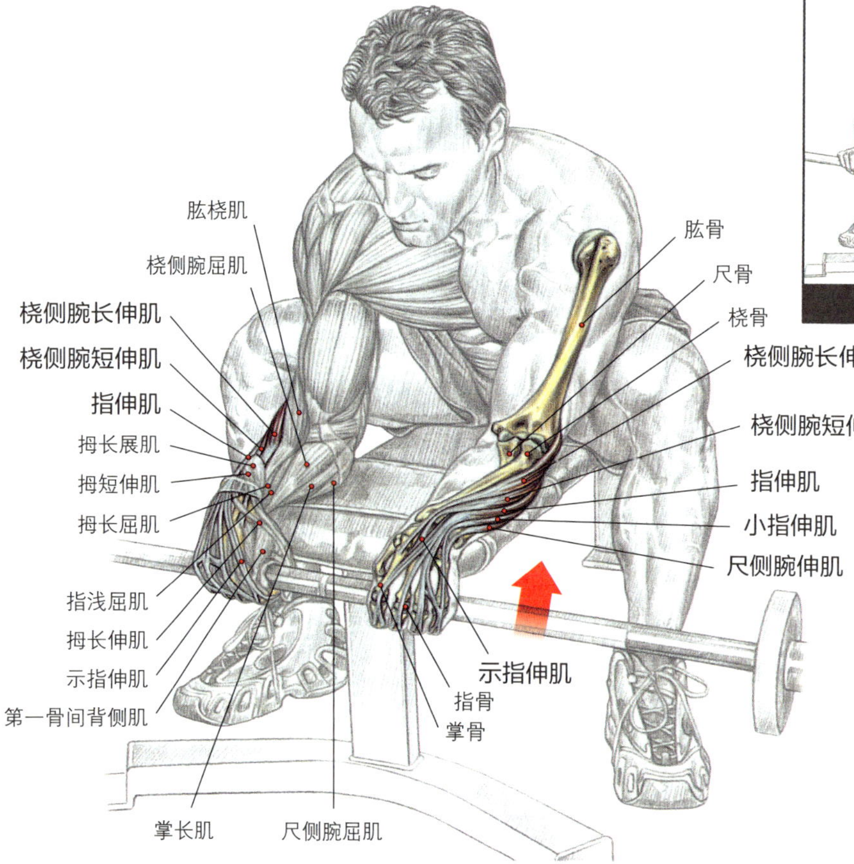

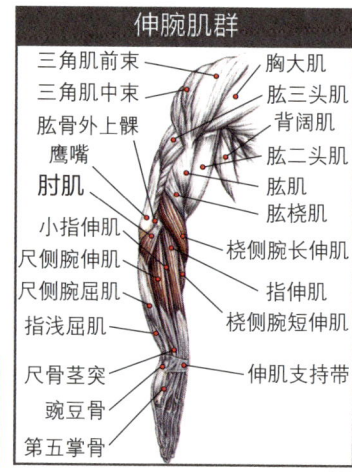

结束动作

图中标注（人体图）：
- 肱桡肌
- 桡侧腕屈肌
- **桡侧腕长伸肌**
- **桡侧腕短伸肌**
- **指伸肌**
- 拇长展肌
- 拇短伸肌
- 拇长屈肌
- 指浅屈肌
- 拇长伸肌
- 示指伸肌
- 第一骨间背侧肌
- 肱骨
- 尺骨
- 桡骨
- 桡侧腕长伸肌
- 桡侧腕短伸肌
- 指伸肌
- 小指伸肌
- 尺侧腕伸肌
- 示指伸肌
- 指骨
- 掌骨
- 掌长肌
- 尺侧腕屈肌

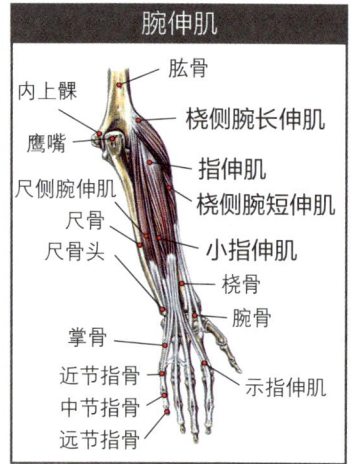

腕伸肌
- 肱骨
- 内上髁
- 鹰嘴
- 桡侧腕长伸肌
- 指伸肌
- 桡侧腕短伸肌
- 小指伸肌
- 尺侧腕伸肌
- 尺骨
- 尺骨头
- 桡骨
- 掌骨
- 腕骨
- 示指伸肌
- 近节指骨
- 中节指骨
- 远节指骨

坐在训练凳上，前臂置于大腿上或长凳上，手内旋正手握住杠铃，腕部自然弯曲：
- 伸腕，手向上抬。

此项练习锻炼了桡侧腕长伸肌和短伸肌、指伸肌、小指伸肌以及尺侧腕伸肌。

> 该动作有利于增强腕关节，由于伸肌无力，该部位非常容易受伤。

伸腕肌群
- 三角肌前束
- 三角肌中束
- 肱骨外上髁
- 鹰嘴
- 肘肌
- 小指伸肌
- 尺侧腕伸肌
- 尺侧腕屈肌
- 指浅屈肌
- 尺骨茎突
- 豌豆骨
- 第五掌骨
- 胸大肌
- 肱三头肌
- 背阔肌
- 肱二头肌
- 肱肌
- 肱桡肌
- 桡侧腕长伸肌
- 指伸肌
- 桡侧腕短伸肌
- 伸肌支持带

臂部训练

坐姿反握腕弯举 12

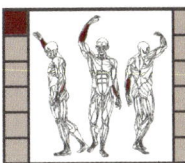

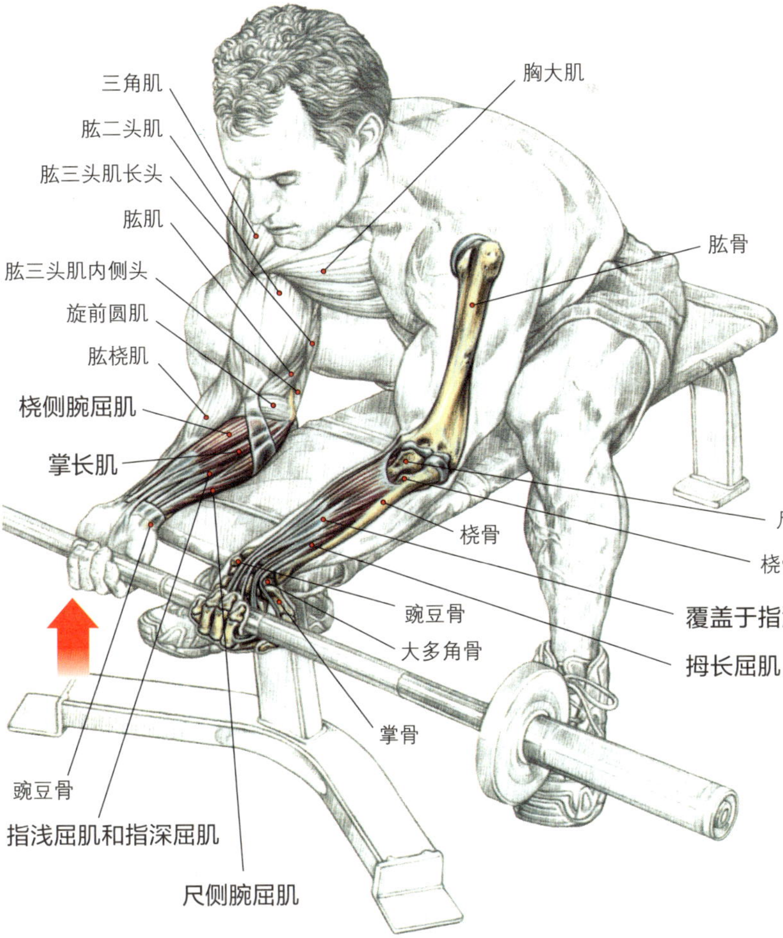

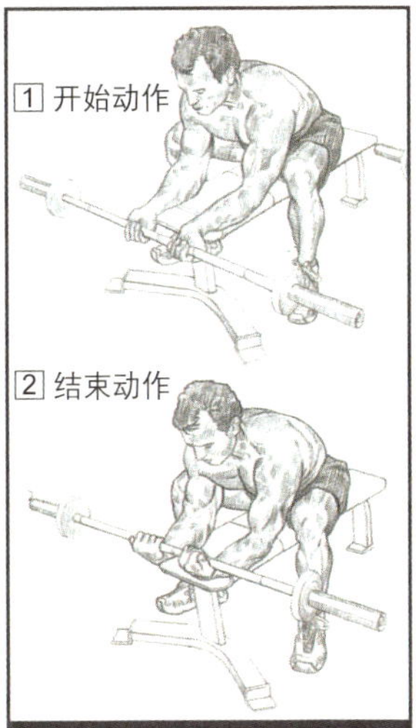

标注（人体图）：
- 三角肌
- 肱二头肌
- 肱三头肌长头
- 肱肌
- 肱三头肌内侧头
- 旋前圆肌
- 肱桡肌
- **桡侧腕屈肌**
- **掌长肌**
- 豌豆骨
- 指浅屈肌和指深屈肌
- 尺侧腕屈肌
- 胸大肌
- 肱骨
- 尺骨
- 桡骨
- 桡骨粗隆
- 覆盖于指深屈肌表面的指浅屈肌
- **拇长屈肌**
- 大多角骨
- 掌骨

动作示意图
1. 开始动作
2. 结束动作

坐在训练凳上，前臂置于大腿上或长凳上。手外旋反手握杠（即大拇指朝外），手腕自然弯曲：
- 吸气并屈起手腕，手向上抬。

该练习锻炼了桡侧腕屈肌、掌长肌、尺侧腕屈肌以及指深屈肌和指浅屈肌。

后两块肌肉尽管在腕部较深位置，却是构成屈腕肌群的主要部分。

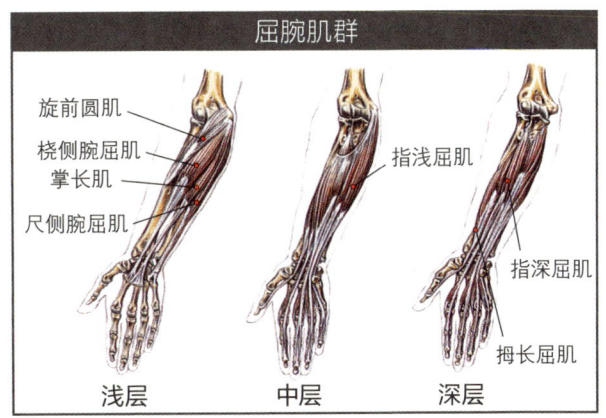

屈腕肌群

浅层：旋前圆肌、桡侧腕屈肌、掌长肌、尺侧腕屈肌

中层：指浅屈肌

深层：指深屈肌、拇长屈肌

13 站姿杠铃指弯举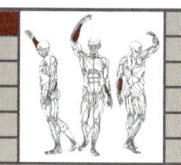

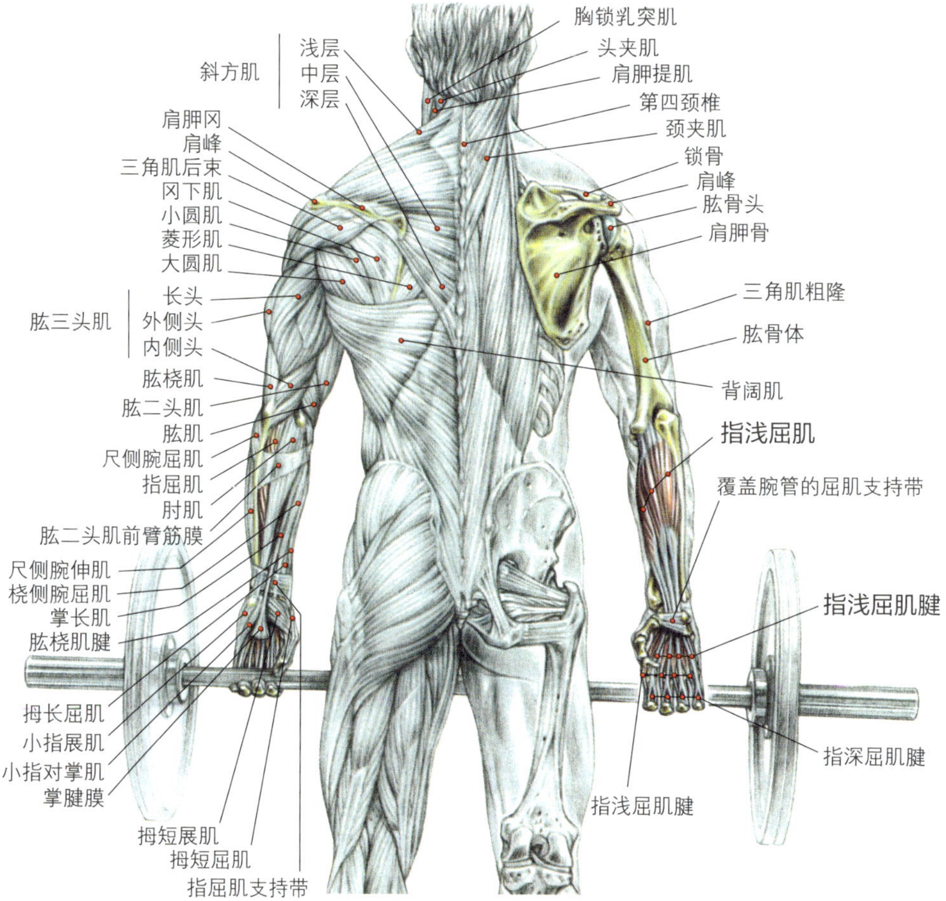

呈站姿,手内旋正手握杠:
- 将杠杆转至指尖;
- 接着弯曲指骨使杠杆回到手掌。

该练习锻炼了用于抓握物体的指深屈肌和指浅屈肌,使人拥有强大的腕力。

这对加强握力也十分有效,可以更容易抓举起大负荷的杠铃和哑铃,也有利于引体向上时更好抓握杠杆。

对于要求强腕力来抓住和拉动对手的格斗类体育运动(如柔道和摔跤)来说,也是很好的补充练习。进行10~30次重复组练习能带来绝佳效果。

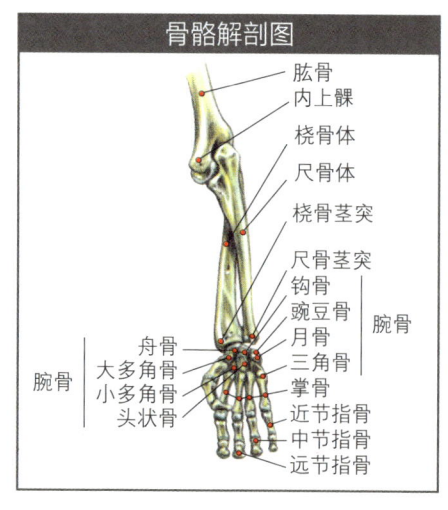

骨骼解剖图

手的进化

握杆能力的不同

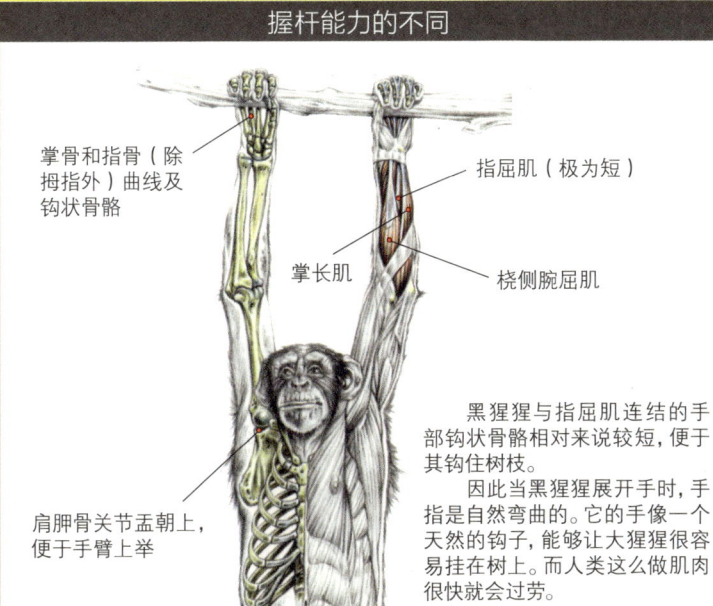

- 掌骨和指骨（除拇指外）曲线及钩状骨骼
- 指屈肌（极为短）
- 掌长肌
- 桡侧腕屈肌
- 肩胛骨关节盂朝上，便于手臂上举

黑猩猩与指屈肌连结的手部钩状骨骼相对来说较短，便于其钩住树枝。

因此当黑猩猩展开手时，手指是自然弯曲的。它的手像一个天然的钩子，能够让大猩猩很容易挂在树上。而人类这么做肌肉很快就会过劳。

人类手指不适于攀爬

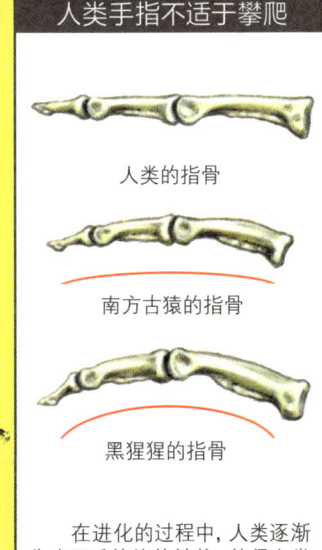

- 人类的指骨
- 南方古猿的指骨
- 黑猩猩的指骨

在进化的过程中，人类逐渐失去了手的钩状结构，使得人类难以抓住树枝并保持悬挂。

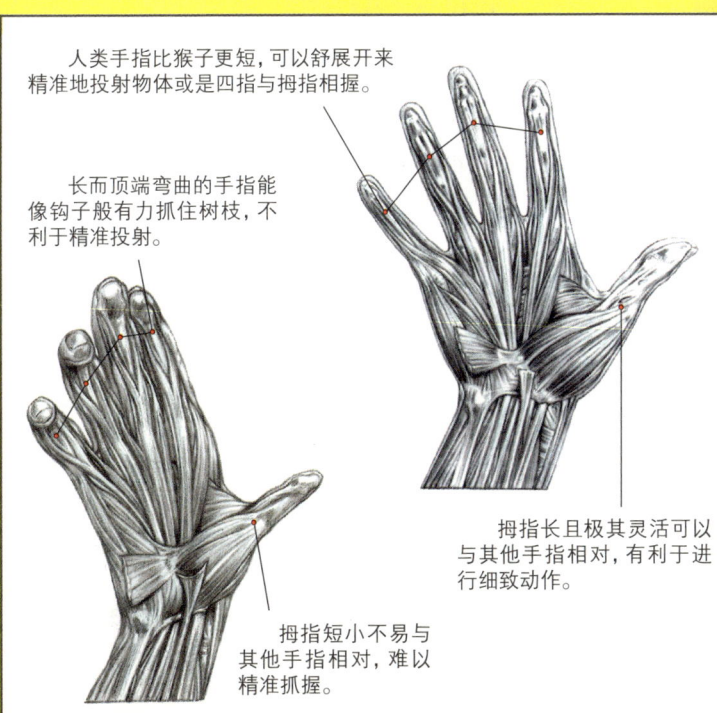

人类手指比猴子更短，可以舒展开来精准地投射物体或是四指与拇指相握。

长而顶端弯曲的手指能像钩子般有力抓住树枝，不利于精准投射。

拇指长且极其灵活可以与其他手指相对，有利于进行细致动作。

拇指短小不易与其他手指相对，难以精准抓握。

指骨处指屈肌附着示意图

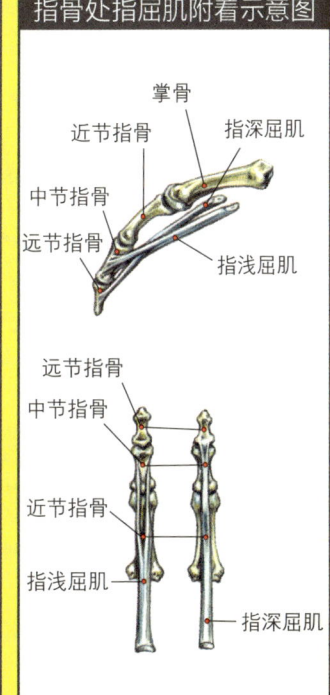

- 掌骨
- 近节指骨
- 指深屈肌
- 中节指骨
- 远节指骨
- 指浅屈肌

- 远节指骨
- 中节指骨
- 近节指骨
- 指浅屈肌
- 指深屈肌

人类与大猩猩上肢比较

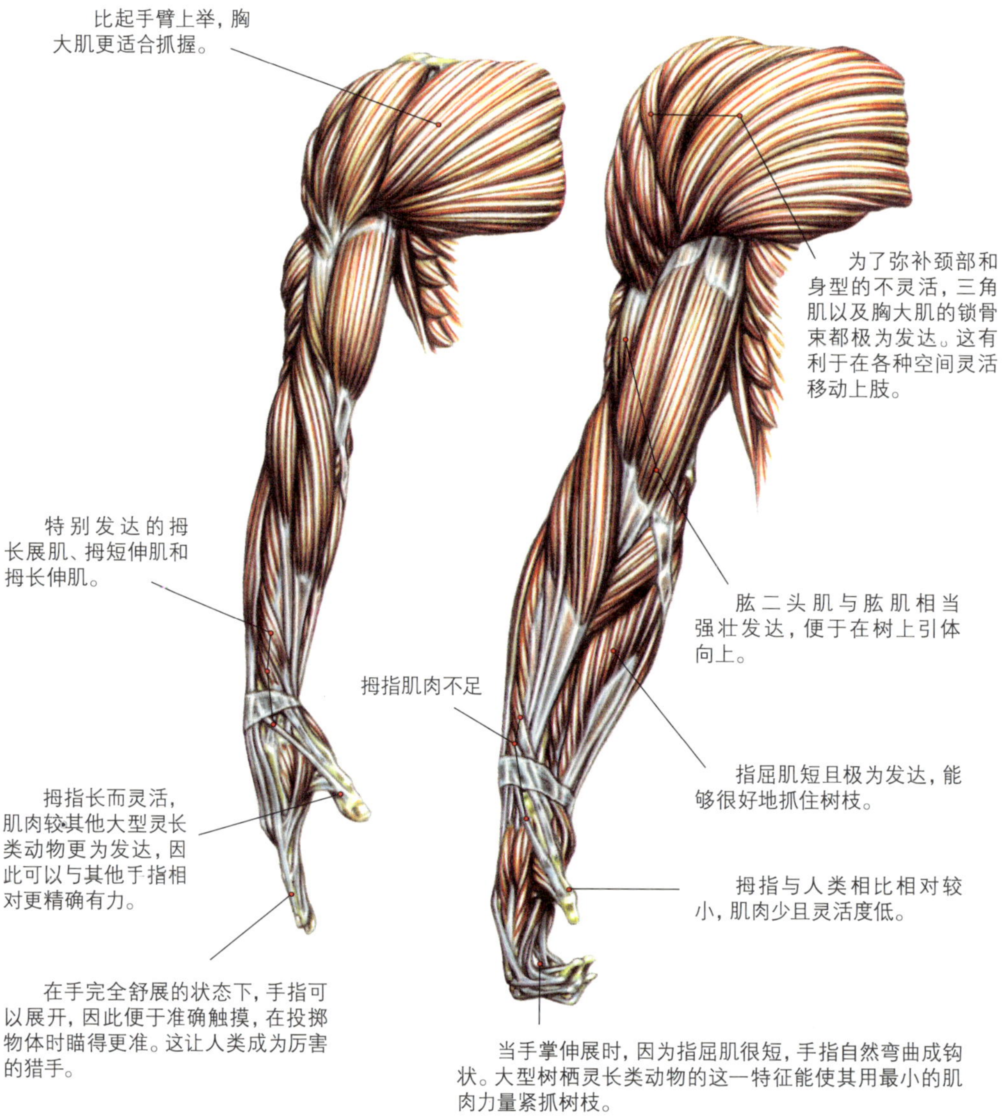

- 比起手臂上举，胸大肌更适合抓握。
- 特别发达的拇长展肌、拇短伸肌和拇长伸肌。
- 拇指肌肉不足
- 拇指长而灵活，肌肉较其他大型灵长类动物更为发达，因此可以与其他手指相对更精确有力。
- 在手完全舒展的状态下，手指可以展开，因此便于准确触摸，在投掷物体时瞄得更准。这让人类成为厉害的猎手。
- 为了弥补颈部和身型的不灵活，三角肌以及胸大肌的锁骨束都极为发达。这有利于在各种空间灵活移动上肢。
- 肱二头肌与肱肌相当强壮发达，便于在树上引体向上。
- 指屈肌短且极为发达，能够很好地抓住树枝。
- 拇指与人类相比相对较小，肌肉少且灵活度低。
- 当手掌伸展时，因为指屈肌很短，手指自然弯曲成钩状。大型树栖灵长类动物的这一特征能使其用最小的肌肉力量紧抓树枝。

臂部训练

正握杠铃弯举 14

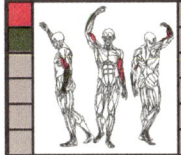

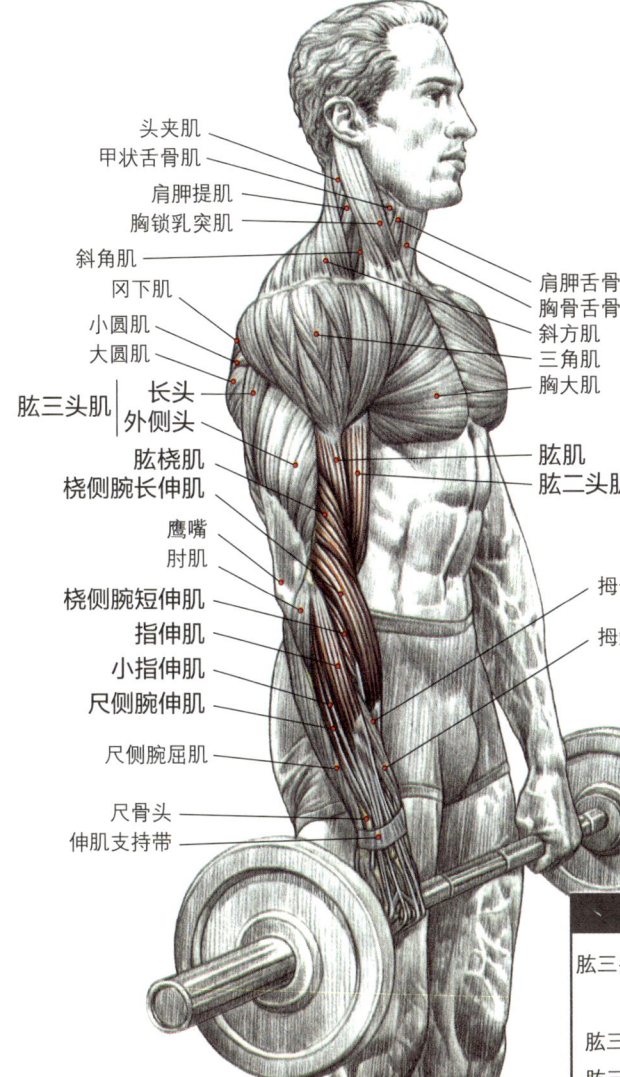

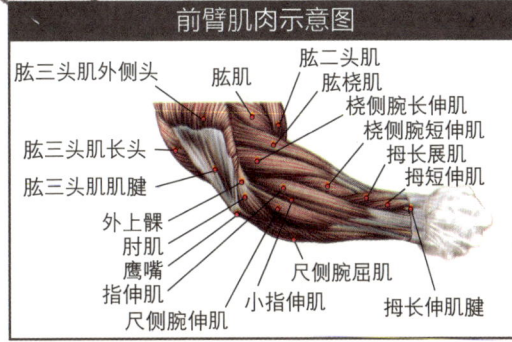

动作示意图

前臂肌肉示意图

呈站姿,双腿稍稍分开,手臂伸直,手内旋(即拇指向内):
- 吸气并弯曲前臂;
- 动作结束时呼气,控制杠铃下降回到起始位置。

该练习可以锻炼手腕的伸肌,包括桡侧腕长伸肌、桡侧腕短伸肌、指伸肌、小指伸肌以及尺侧腕伸肌。此外,该动作也锻炼了肱桡肌和肱肌,对肱二头肌也有一定程度的锻炼。

这是加强腕关节的绝佳动作。腕关节通常会因为腕屈肌较腕伸肌更占主导而变得脆弱。

因此,许多拳击手训练都会加入这个动作。诸多平板卧推冠军也会通过此项训练来防止手腕因为极端负重而颤抖。

前臂肌肉拉伸

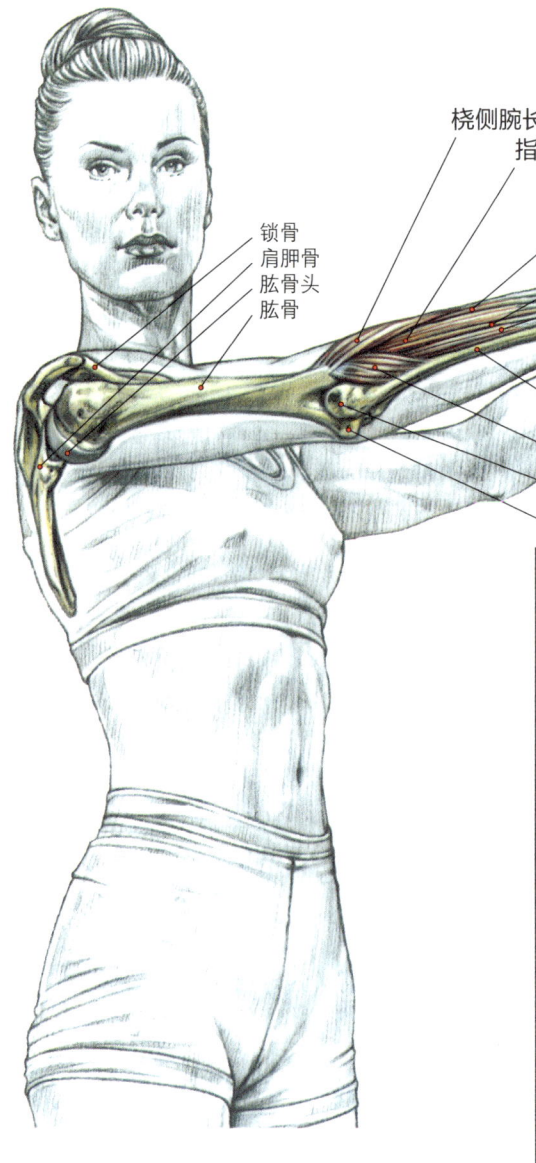

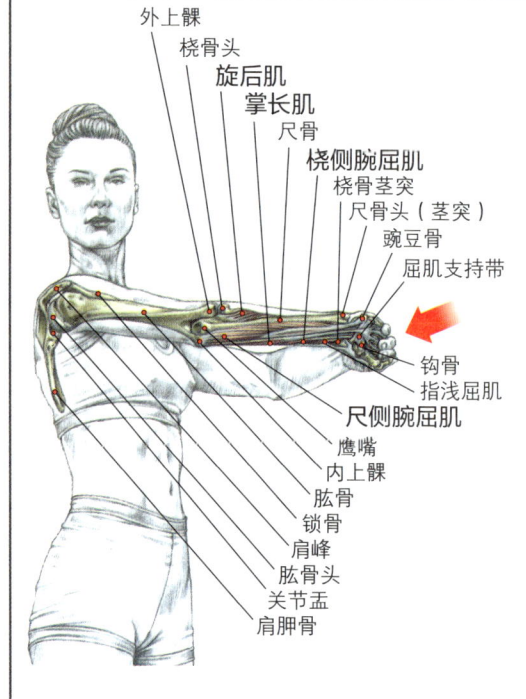

腕部伸肌拉伸

手臂抬起，不要完全伸直。手腕弯曲，用另一只手抓住该手带动手掌向手臂前侧方向缓慢拉伸，同时伸直手肘。

该练习主要拉伸了桡侧腕长伸肌、桡侧腕短伸肌、指伸肌、小指伸肌、尺侧腕伸肌以及肘肌。

腕部屈肌拉伸

一只手臂向前伸展，掌心朝外，用另一只手握住该手慢慢朝手背方向向上拉伸，同时将掌心向外推。

该练习主要拉伸了掌长肌、桡侧腕屈肌、尺侧腕屈肌、指浅屈肌、指深屈肌以及旋后肌。

正握高位下拉 15

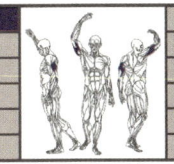

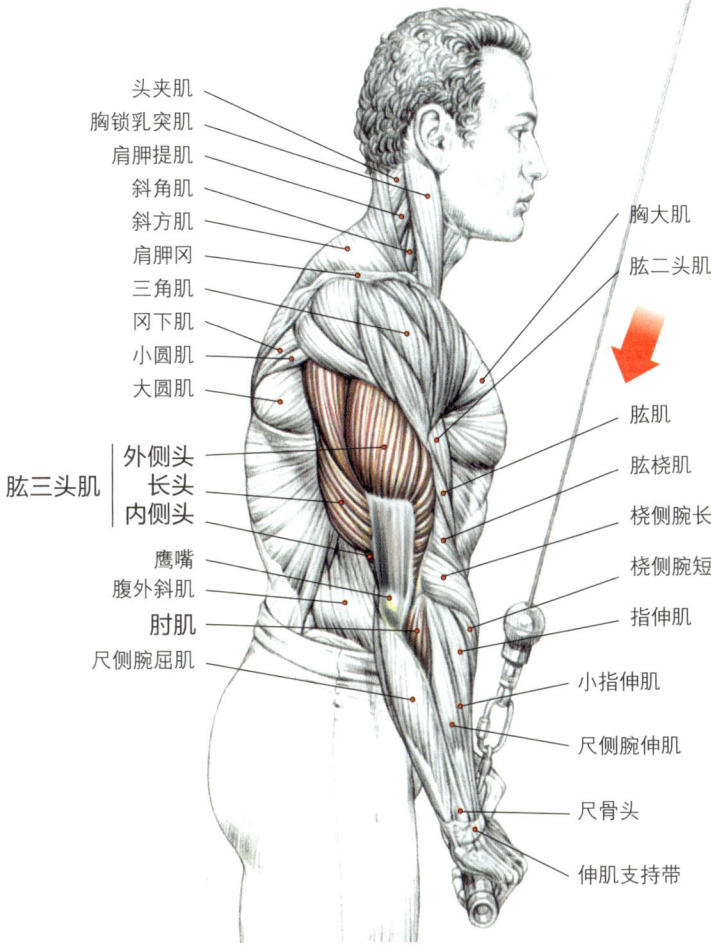

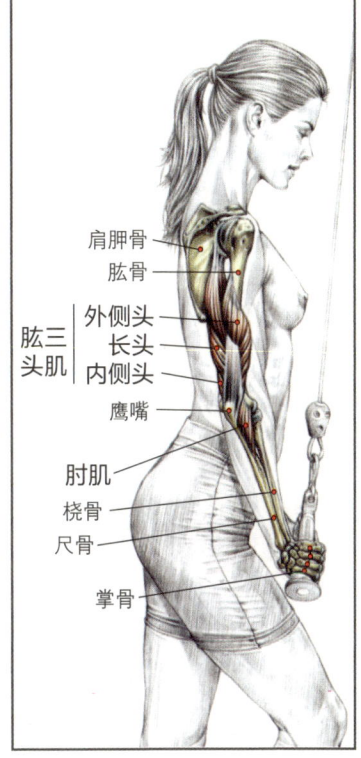

面向拉力器站立，两手握住拉力器手柄，肘部贴着身体：
- 吸气并伸直前臂下拉，注意保持肘部紧贴身体；
- 动作结束时呼气。

这一练习能锻炼肱三头肌和肘肌。用绳子代替拉力器手柄（详见30页）可以更有效地锻炼肱三头肌外侧头。反手握住拉力器时，会将一部分力作用于股内肌。动作结束后，保持1~2秒的肌肉收缩利于感受发力。如果进行大负荷练习，建议可以上半身向前倾来更好地保持稳定。初学者也可以轻松进行此项练习，从而获得足够的力量进行更复杂的训练。

16 反握高位下拉

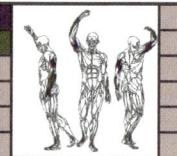

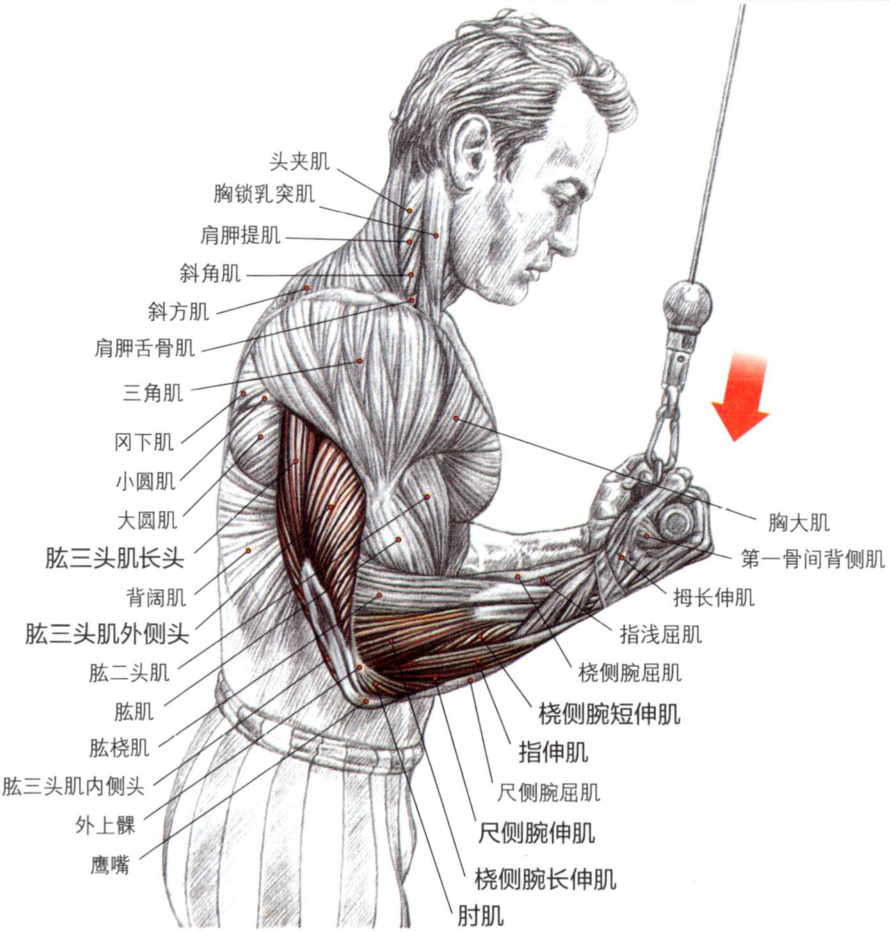

头夹肌
胸锁乳突肌
肩胛提肌
斜角肌
斜方肌
肩胛舌骨肌
三角肌
冈下肌
小圆肌
大圆肌
肱三头肌长头
背阔肌
肱三头肌外侧头
肱二头肌
肱肌
肱桡肌
肱三头肌内侧头
外上髁
鹰嘴
胸大肌
第一骨间背侧肌
拇长伸肌
指浅屈肌
桡侧腕屈肌
桡侧腕短伸肌
指伸肌
尺侧腕屈肌
尺侧腕伸肌
桡侧腕长伸肌
肘肌

面向拉力器站立，肘部弯曲，两手反握住拉力器手柄：

• 吸气并伸直前臂下拉，注意肘部不要远离身体；

• 动作结束时呼气。

反手抓握时不适宜进行大负荷练习，使用小负荷训练可以锻炼肱三头肌并且集中锻炼肱三头肌内侧头。

在伸展前臂时，肘肌和腕部伸肌也得到了锻炼。腕部伸肌（尺侧腕伸肌、指伸肌、小指伸肌、桡侧腕长伸肌、桡侧腕短伸肌）在整个运动过程中通过发力收缩使手腕保持伸直。

臂部肌肉附着

后视图
正视图
冈上肌
冈下肌
肱三头肌长头
肱三头肌外侧头
三角肌
肱肌
肱三头肌内侧头
肱骨内上髁肌
肱三头肌肌腱
肘肌
肱桡肌
肱上髁肌
胸大肌
三角肌
肱二头肌
冈上肌
喙肱肌
冈下肌
背阔肌
大圆肌
喙肱肌
肱肌
肱骨内上髁肌
桡侧腕长伸肌
肱肌

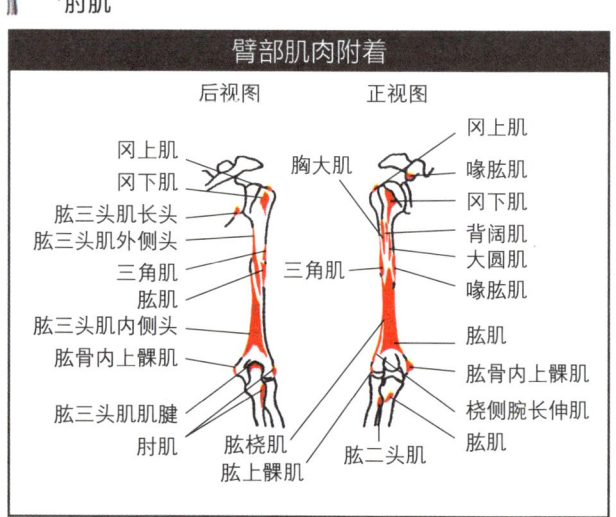

臂部训练

17 单手反握高位下拉

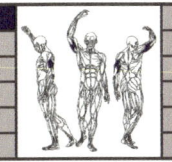

开始动作

肱三头肌
- 外侧头
- 长头
- 内侧头

标注：冈下肌、小圆肌、大圆肌、背阔肌、斜方肌、三角肌、胸大肌、肱二头肌、肱肌、肱三头肌肌腱、肱桡肌、肘肌、桡侧腕长伸肌、桡侧腕短伸肌、尺侧腕屈肌、尺侧腕伸肌、小指伸肌、指伸肌

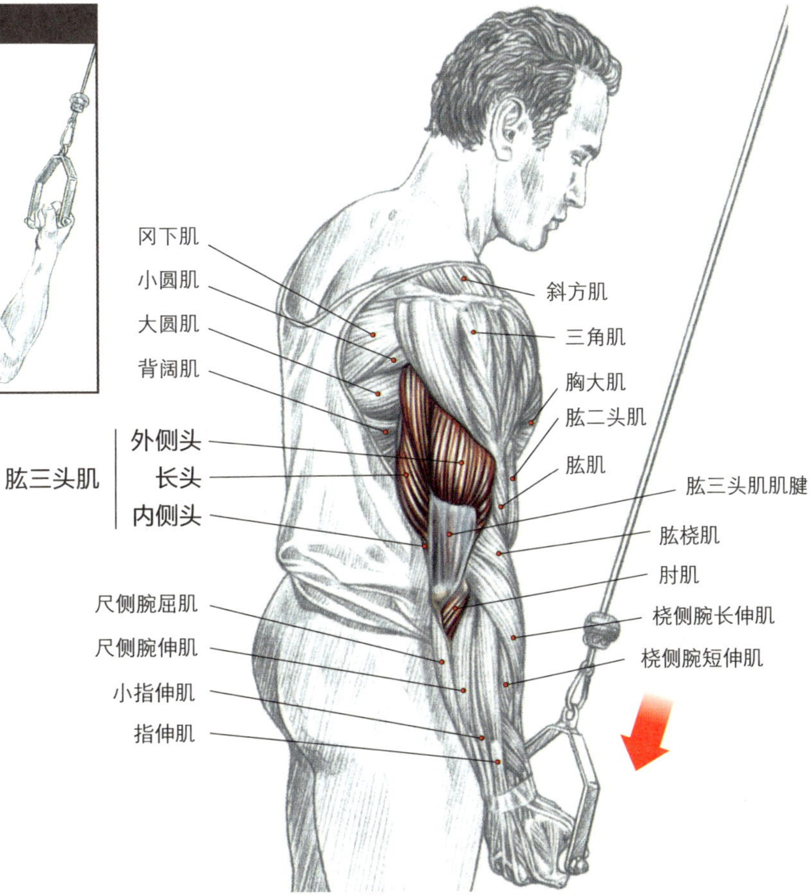

面向拉力器站立，单手反握拉力器手柄：
- 吸气并伸直前臂下拉；
- 动作结束时呼气。

该练习锻炼了肱三头肌，特别是肱三头肌内侧头和外侧头。

肱三头肌外侧头的美学重要性

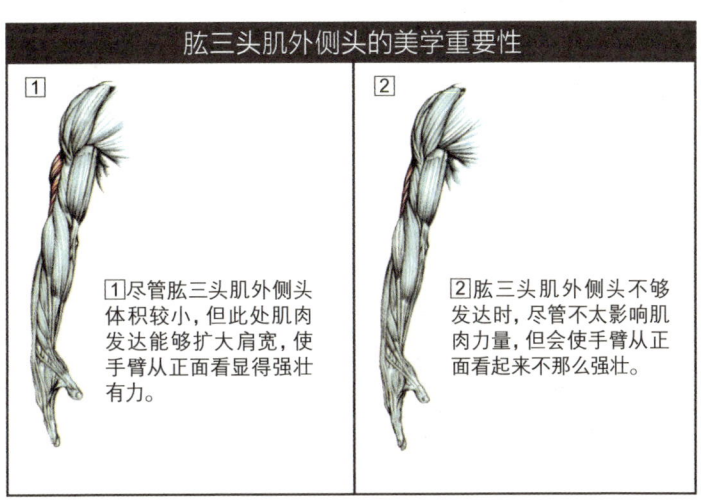

[1] 尽管肱三头肌外侧头体积较小，但此处肌肉发达能够扩大肩宽，使手臂从正面看显得强壮有力。

[2] 肱三头肌外侧头不够发达时，尽管不太影响肌肉力量，但会使手臂从正面看起来不那么强壮。

18 绳索高位下拉

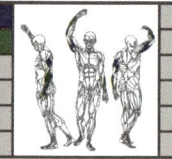

开始动作

结束动作（正面图）

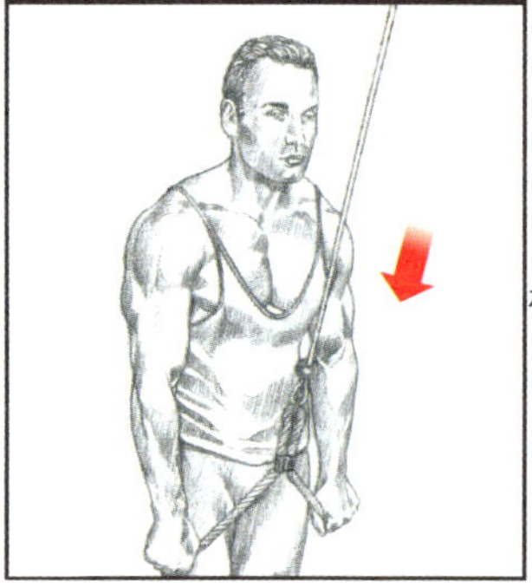

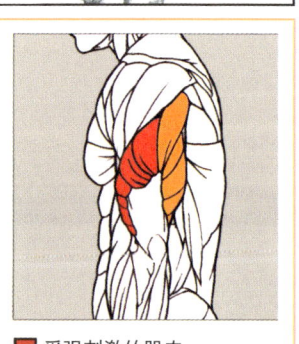

■ 受强刺激的肌肉
■ 受刺激的肌肉

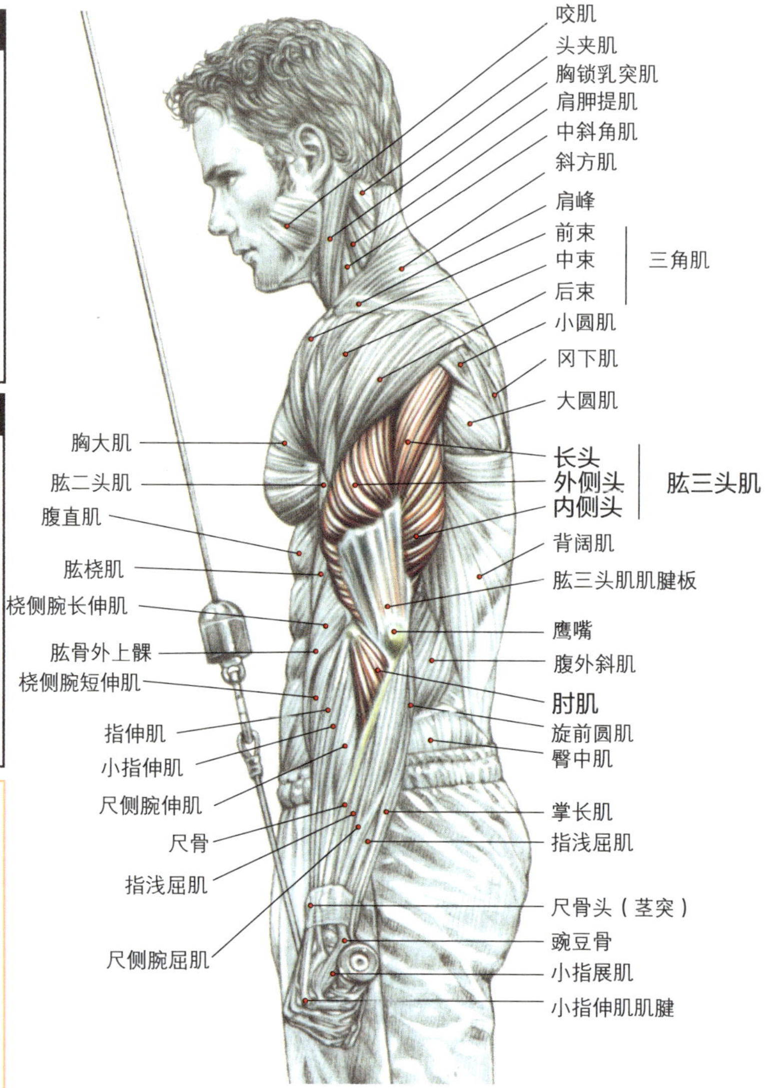

面向拉力器站立，手中立抓握绳子或拉力器手柄，肘部贴着身体：
- 吸气，在努力张开手臂的同时伸直前臂，
- 拉伸结束时呼气并回到起始姿势。

用绳子或绳索拉伸前臂能高强度训练肱三头肌外侧头。

尽管这个练习对增强手臂肌肉张力作用不大，不过锻炼肱三头肌外侧头能够使上肢从正面看起来显得强壮有力。因此高位绳索下拉是诸多健美运动员的必练项目。

长时间轻负荷练习直至肌肉有灼烧感时效果最佳。

用绳子或绳索拉伸前臂能高强度训练肱三头肌外侧头。使用绳子能让我们更好地感受肌肉发力。绳子越长，动作结束时就能将两手分得越开，也就更容易感受到肱三头肌外侧头的收缩。

图中标注肌肉：
咬肌、头夹肌、胸锁乳突肌、肩胛提肌、中斜角肌、斜方肌、肩峰、前束、中束、后束（三角肌）、小圆肌、冈下肌、大圆肌、长头、外侧头、内侧头（肱三头肌）、背阔肌、肱三头肌肌腱板、鹰嘴、腹外斜肌、肘肌、旋前圆肌、臀中肌、掌长肌、指浅屈肌、尺骨头（茎突）、豌豆骨、小指展肌、小指伸肌肌腱、胸大肌、肱二头肌、腹直肌、肱桡肌、桡侧腕长伸肌、肱骨外上髁、桡侧腕短伸肌、指伸肌、小指伸肌、尺侧腕伸肌、尺骨、指浅屈肌、尺侧腕屈肌

臂部训练

反向绳索高位下拉　19

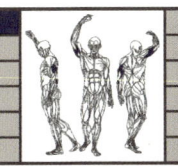

开始动作

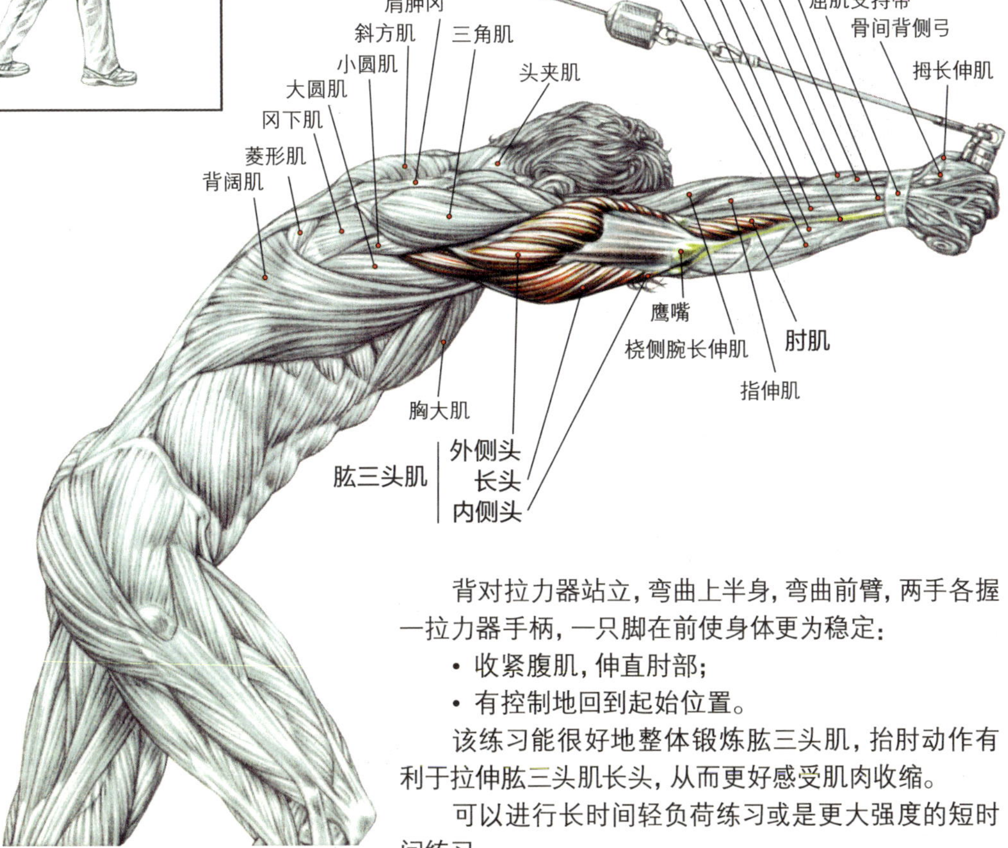

肌肉标注：尺侧腕屈肌、指浅屈肌、尺侧腕伸肌、尺骨、拇长伸肌、拇短伸肌、小指伸肌、屈肌支持带、骨间背侧弓、拇长伸肌、肩胛冈、斜方肌、三角肌、小圆肌、大圆肌、冈下肌、菱形肌、背阔肌、头夹肌、鹰嘴、桡侧腕长伸肌、肘肌、指伸肌、胸大肌、肱三头肌（外侧头、长头、内侧头）

背对拉力器站立，弯曲上半身，弯曲前臂，两手各握一拉力器手柄，一只脚在前使身体更为稳定：
- 收紧腹肌，伸直肘部；
- 有控制地回到起始位置。

该练习能很好地整体锻炼肱三头肌，抬肘动作有利于拉伸肱三头肌长头，从而更好感受肌肉收缩。

可以进行长时间轻负荷练习或是更大强度的短时间练习。

可以握住单只手柄进行练习，不过这样手腕可能不太舒服，而且需要将手肘抬得更高避免让绳索碰到头部。

> 该动作充分调动肱三头肌长头肌肉纤维，比起面向拉力器的动作能抬起更大负荷。手肘抬得越高，就越能锻炼肱三头肌长头。
> 也可以在投掷运动与撞击类格斗运动的肌肉训练中加入此练习，因为其运动方式与这些运动的上肢动作相近。

20 坐姿滑轮下拉

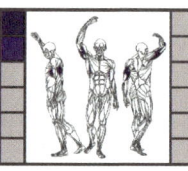

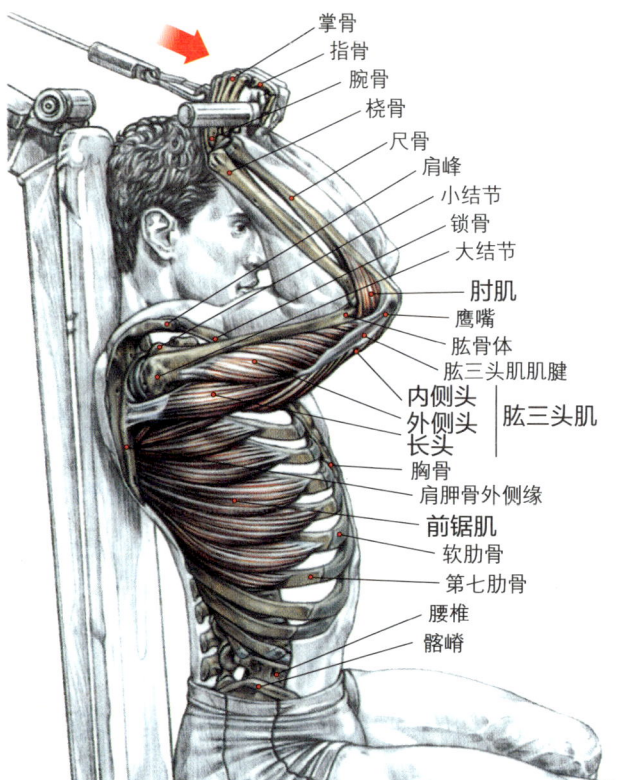

坐在训练椅上，背对滑轮，正握拉力器手柄，手臂略高于水平位置，肘部弯曲：
- 吸气并拉伸前臂，注意不要过分分开肘部；
- 动作结束时呼气。

该练习锻炼了肱三头肌、肘肌以及前锯肌。前锯肌保证整个运动过程中肩胛骨紧贴着胸廓。

需要注意在动作开始时抬高手肘拉伸肱三头肌长头，这样有助于运动中该肌肉的收缩。

> 坐姿滑轮下拉练习有助于我们更轻松地进行仰卧杠铃臂屈伸（详见33页）。

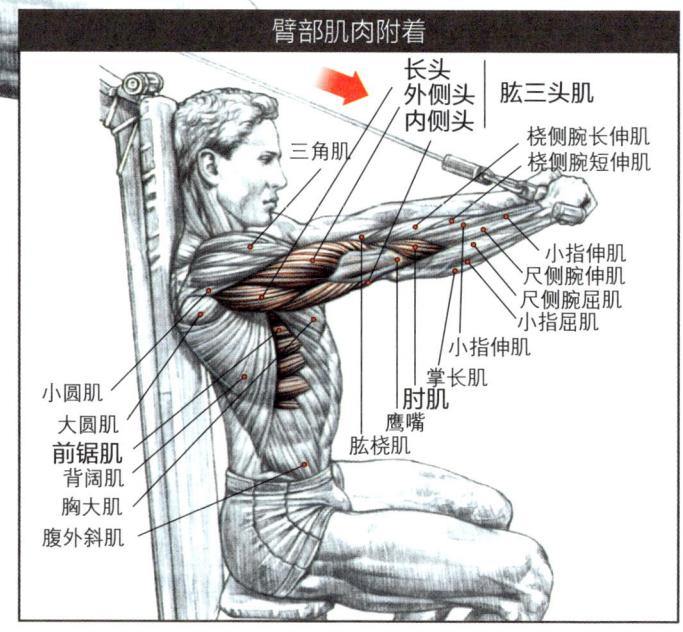

臂部肌肉附着

臂部训练

仰卧杠铃臂屈伸 21

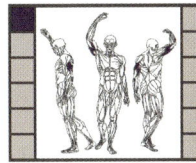

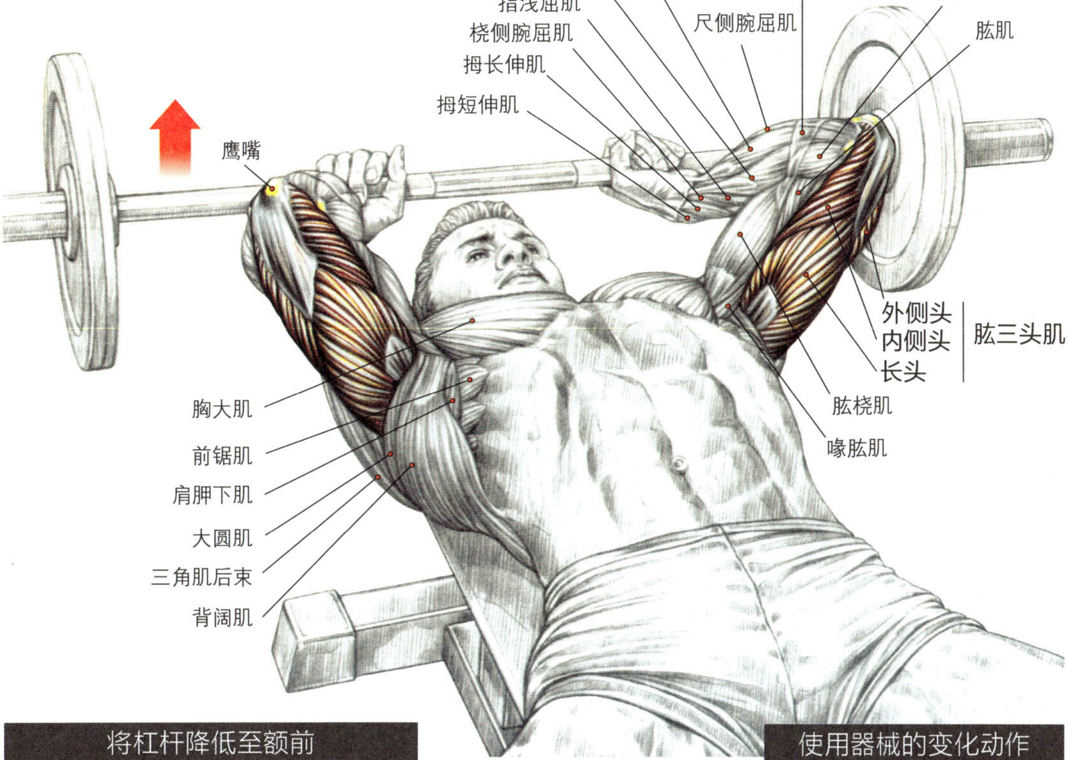

肌肉标注：拇长展肌、拇长屈肌、指浅屈肌、桡侧腕屈肌、拇长伸肌、拇短伸肌、尺侧腕屈肌、肱二头肌腱膜的延伸部、旋前圆肌、肱肌、鹰嘴、外侧头、内侧头、长头（肱三头肌）、肱桡肌、喙肱肌、胸大肌、前锯肌、肩胛下肌、大圆肌、三角肌后束、背阔肌

将杠杆降低至额前

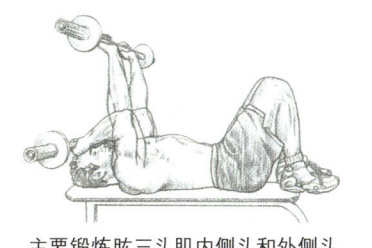

主要锻炼肱三头肌内侧头和外侧头

将杠铃降低至头后

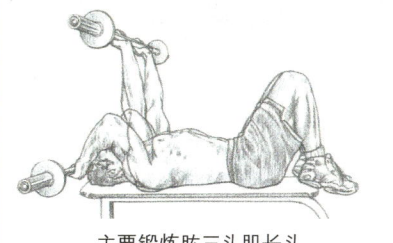

主要锻炼肱三头肌长头

仰卧于水平位长凳上，手臂垂直于地面伸直，正手抓握杠铃：
- 吸气并弯曲前臂，将杠铃降低至额前或头后，注意手肘不要分得过开；
- 回到起始位置，动作结束时呼气。

由于每个人的身体结构（肩宽、肘部外翻程度、手腕柔韧性）不同，在训练时手握距以及手肘打开程度可以根据个人情况进行调整。
使用曲柄杠铃可以防止手腕关节过度紧张。

使用器械的变化动作

使用肱三头肌训练机模拟杠铃运动动作更为简单，可以更集中锻炼肱三头肌长头。

33

肱三头肌与肘部疾病

在肌肉锻炼中，使用过重负荷反复拉伸前臂以及个人本身有患病倾向是导致肱三头肌附着处的肘部疾病最常见的原因。随着年龄增长，长期反复使用过重负荷再加上个人肱三头肌肌腱脆弱，可能导致炎症疼痛、钙质化和骨质增生。这些病症又会使得肌腱附着变得更为脆弱，增加肌腱断裂的风险。

即使有轻微的疼痛，也建议停止一段时间的肱三头肌锻炼，然后找到更适合自身身体结构的练习和训练角度。

出现疑似肱三头肌肌腱撕裂的情况（可能并不怎么疼痛），需要尽快诊断受伤位置，使肌腱重新附着在鹰嘴上。

站姿练习时，肱二头肌可能带动手臂弯曲，通过重力拉伸手臂伸直。此时可能难以立刻察觉肌腱撕裂。要确认是否受伤，需要俯卧，手臂搁在床上，屈臂然后尝试伸直手臂。如果无法伸直手臂，那么肱三头肌肌腱可能完全脱离或断裂了。

> 在日常活动中，我们克服地球重力收缩肱二头肌弯曲前臂。与此不同，肱三头肌主要在抑制前臂下落，突然用力伸直手臂，挥舞棍棒或是投掷小石子等较轻的物体时发挥作用。
> 肱三头肌长头除了参与发力将手臂收近躯干的动作以外，其他动作并不是为了拉伸手臂而存在的。过去，这块肌肉帮助我们作为猎手的祖先进行投掷性捕食活动，而反复投掷重达数公斤的物体或是做类似肌肉健美中克服强阻力反复拉伸手臂的动作都不是该肌肉本来的功能。长此以往，可能会引发肘部炎症以及肱三头肌肌腱附着处提前劳损，甚至可能导致肌腱完全断裂。

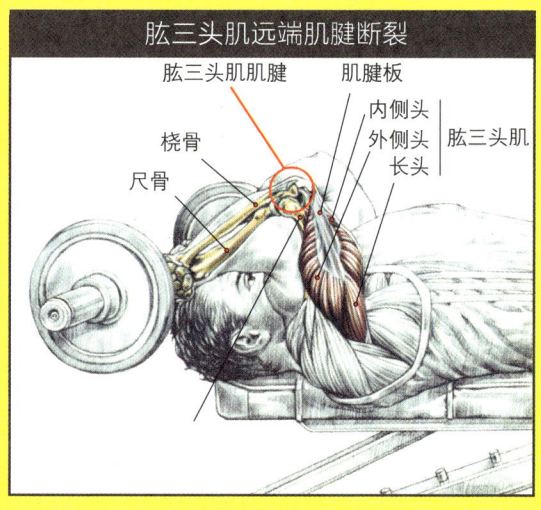

肱三头肌远端肌腱断裂

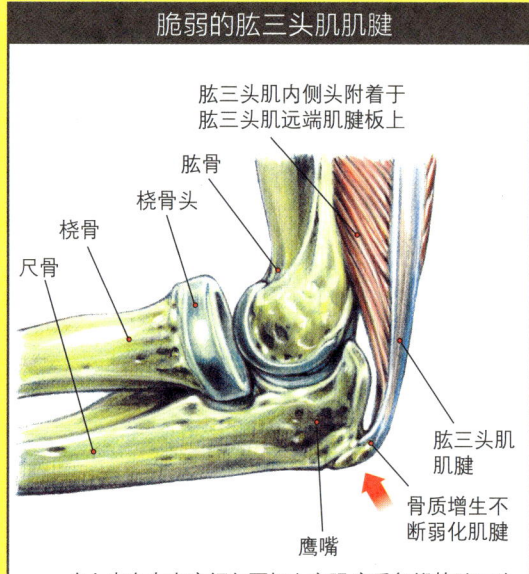

脆弱的肱三头肌肌腱

个人本身有患病倾向再加上高强度反复锻炼肱三头肌可能导致肱三头肌肌腱炎症，并伴随有骨质增生（骨头无秩序生长）。这种疾病使肌腱变得脆弱，在高强度练习时可能导致肌腱撕裂。

炎症钙化问题

个人本身有患病倾向再加上高强度反复锻炼肱三头肌可能导致肘部炎症。长此以往，可能造成鹰嘴（肘部突出的骨头）不正常生长。

臂部训练

仰卧哑铃臂屈伸 22

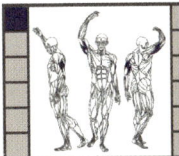

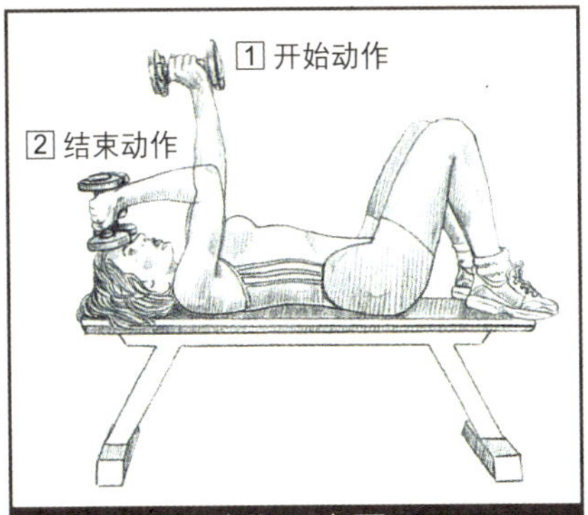

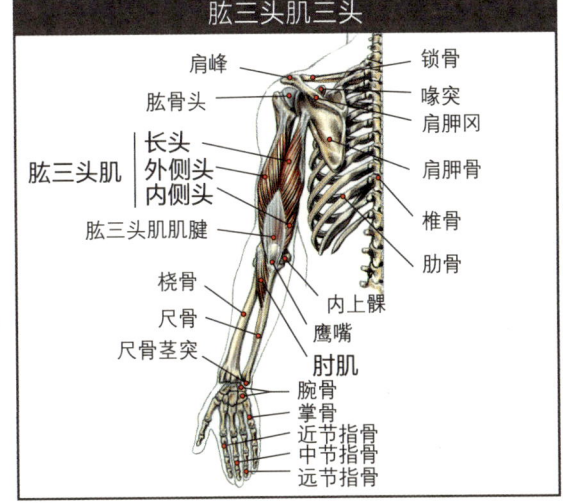

动作示意图

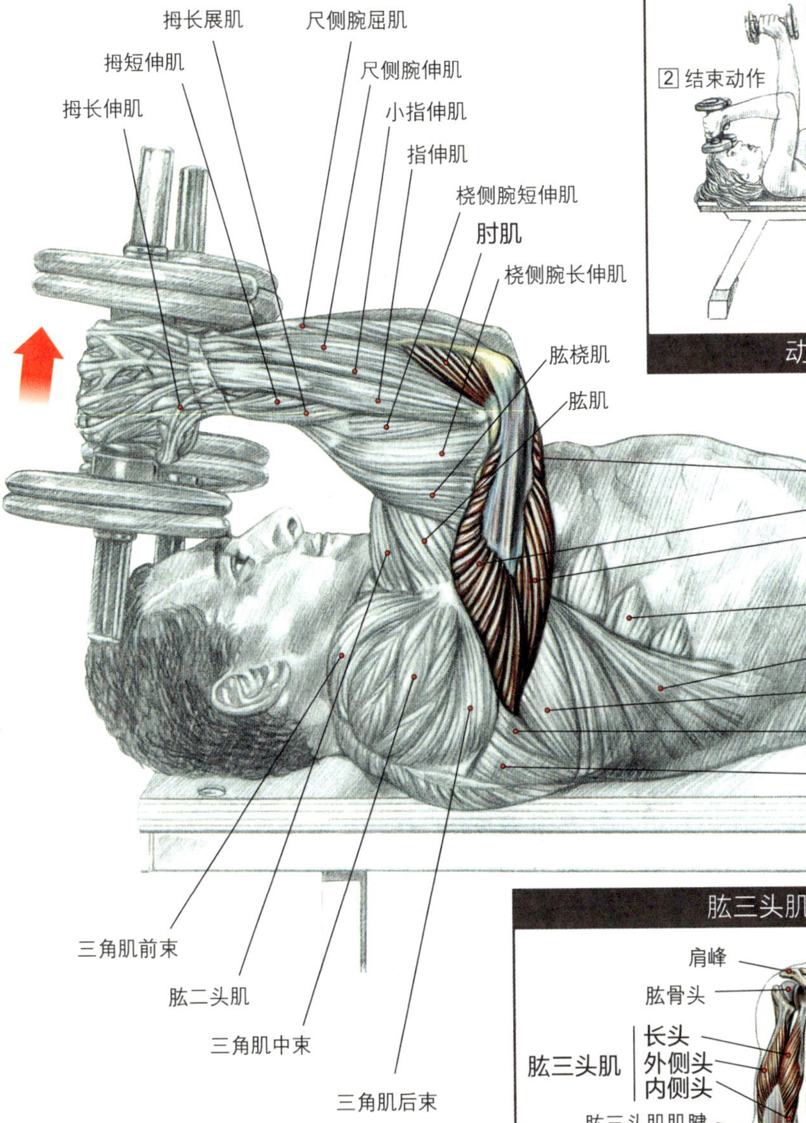

主要肌肉标注：
- 拇长展肌
- 拇短伸肌
- 拇长伸肌
- 尺侧腕屈肌
- 尺侧腕伸肌
- 小指伸肌
- 指伸肌
- 桡侧腕短伸肌
- 肘肌
- 桡侧腕长伸肌
- 肱桡肌
- 肱肌
- 内侧头 ┐
- 外侧头 ├ 肱三头肌
- 长头　 ┘
- 前锯肌
- 背阔肌
- 大圆肌
- 小圆肌
- 冈下肌
- 三角肌前束
- 肱二头肌
- 三角肌中束
- 三角肌后束

肱三头肌三头：
- 肩峰
- 肱骨头
- 肱三头肌
  - 长头
  - 外侧头
  - 内侧头
- 肱三头肌肌腱
- 桡骨
- 尺骨
- 尺骨茎突
- 锁骨
- 喙突
- 肩胛冈
- 肩胛骨
- 椎骨
- 肋骨
- 内上髁
- 鹰嘴
- 肘肌
- 腕骨
- 掌骨
- 近节指骨
- 中节指骨
- 远节指骨

仰卧于训练椅上，双手各持一哑铃，手臂向上伸展垂直于地面：
- 吸气，有控制地弯曲前臂；
- 回到起始姿势，动作结束时呼气。

该练习可均等地锻炼肱三头肌三个头。

23 单臂哑铃颈后屈伸

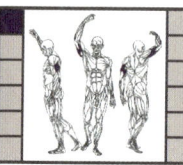

动作示意图

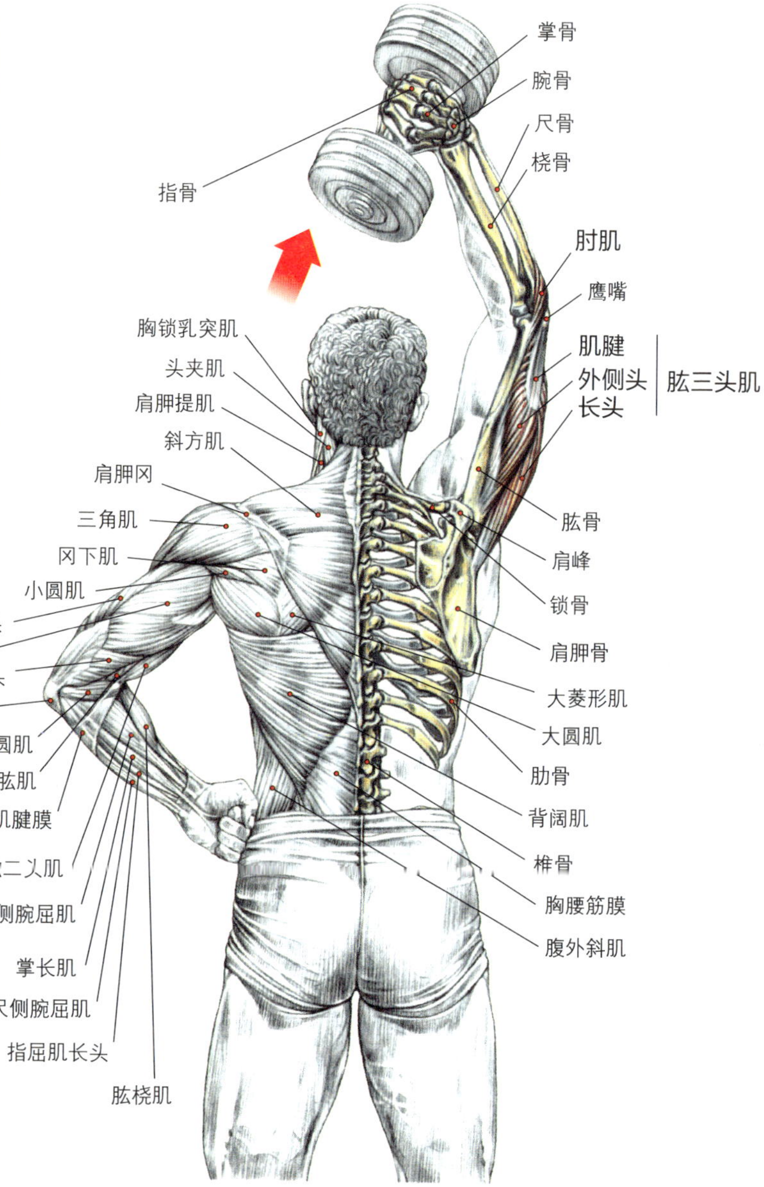

① 开始动作
② 结束动作

标注（右侧解剖图）：掌骨、腕骨、尺骨、桡骨、肘肌、鹰嘴、肌腱、外侧头、长头（肱三头肌）、肱骨、肩峰、锁骨、肩胛骨、大菱形肌、大圆肌、肋骨、背阔肌、椎骨、胸腰筋膜、腹外斜肌、指骨、胸锁乳突肌、头夹肌、肩胛提肌、斜方肌、肩胛冈、三角肌、冈下肌、小圆肌

标注（左臂）：肱三头肌（外侧头、长头、内侧头）、鹰嘴、旋前圆肌、肱肌、肱二头肌腱膜、肱二头肌、桡侧腕屈肌、掌长肌、尺侧腕屈肌、指屈肌长头、肱桡肌

呈坐姿或站直，单手握住哑铃，向上伸展手臂：
- 吸气并弯曲前臂，将哑铃降至颈后；
- 回到起始姿势，动作结束时呼气。

手臂垂直时拉伸肱三头肌长头，有利于肌肉收缩发力。

> 由于每个人的身体结构（肩宽、肘部外翻程度、手腕柔韧性）不同，在训练时手握距以及手肘打开程度可以根据个人情况进行调整。
> 使用曲柄杠铃可以防止手腕关节过度紧张。

臂部训练

俯身哑铃臂屈伸 24

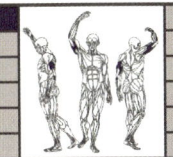

开始动作

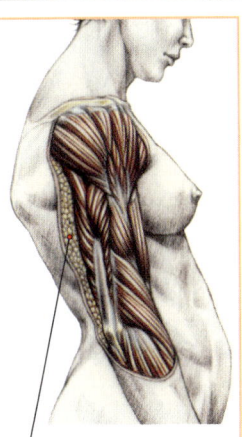

手臂后内侧脂肪区域

肱三头肌 外侧头 长头
肱桡肌
肘肌
尺侧腕屈肌
指伸肌
小指伸肌
尺侧腕伸肌
拇短伸肌
大圆肌
三角肌
肱二头肌
胸大肌
肱肌
桡侧腕长伸肌
桡侧腕短伸肌
拇长展肌

手臂后内侧经常覆盖着相对较厚的脂肪层，通常女性这部分脂肪会更厚。

该脂肪区域不仅有提供能量的作用，也保护了上肢以及手臂内侧神经和表层动脉。

饮食管理是最好的减脂方式，不过进行长时间肱三头肌训练直至产生灼热感依然能够有针对性地减少后臂脂肪。

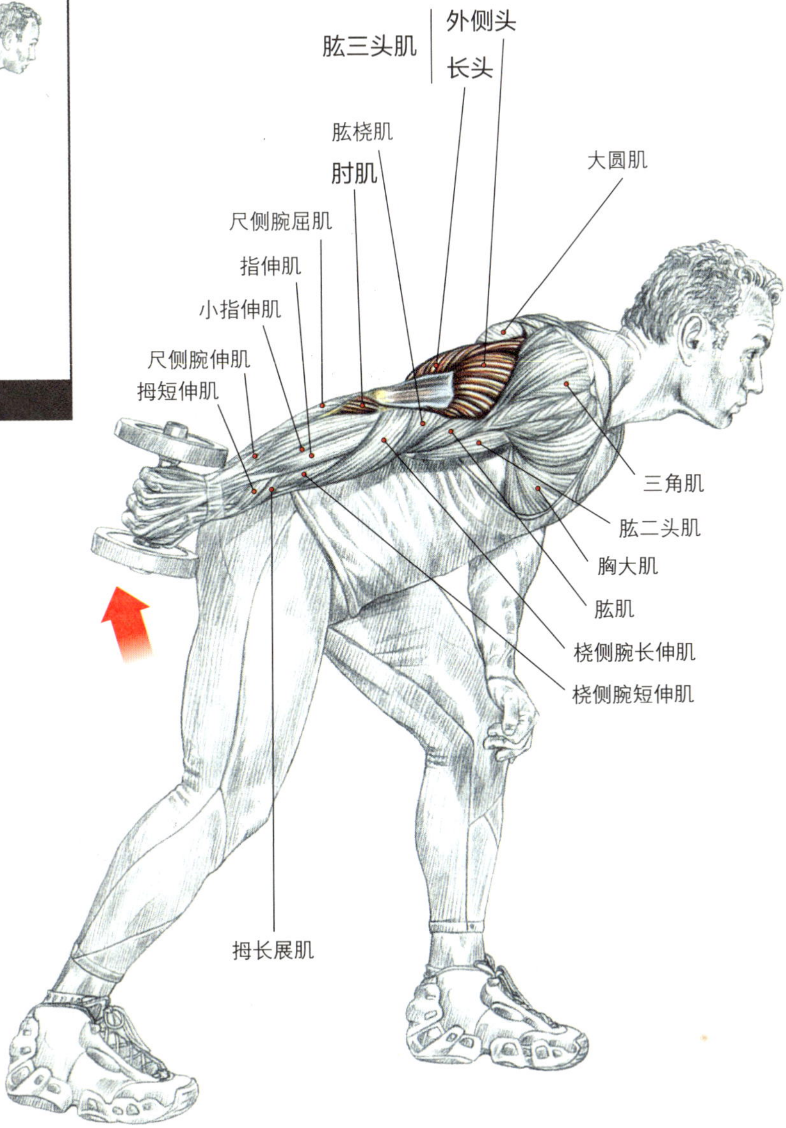

两腿略弯曲站立，上半身前倾，保持背部挺直，曲肘将手臂贴近体侧：
- 吸气并伸直前臂；
- 动作结束时呼气。

该动作对肱三头肌整体进行很好地锻炼。
进行长时间练习直至肌肉产生灼热感，锻炼效果更佳。

25 坐姿哑铃颈后臂屈伸

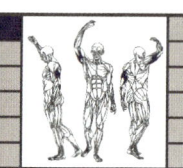

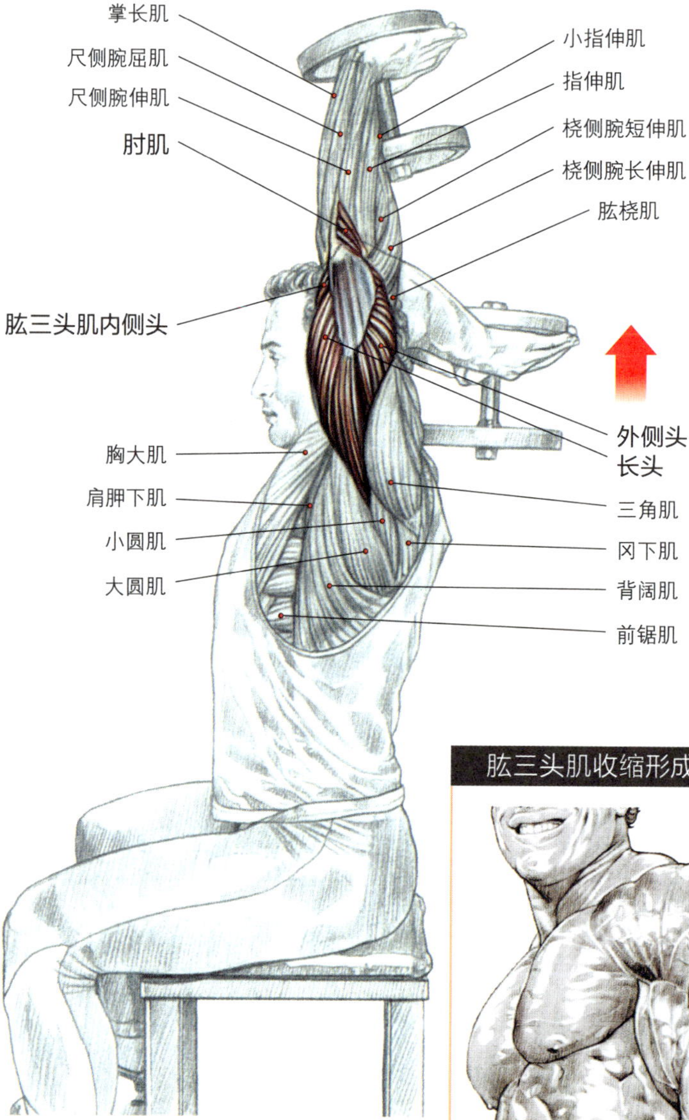

图中标注：
- 掌长肌
- 尺侧腕屈肌
- 尺侧腕伸肌
- 肘肌
- 肱三头肌内侧头
- 胸大肌
- 肩胛下肌
- 小圆肌
- 大圆肌
- 小指伸肌
- 指伸肌
- 桡侧腕短伸肌
- 桡侧腕长伸肌
- 肱桡肌
- 外侧头 / 长头 ｜肱三头肌
- 三角肌
- 冈下肌
- 背阔肌
- 前锯肌

坐在训练椅上，双手握住哑铃置于颈后：
- 吸气并伸直前臂；
- 动作结束时呼气。

手臂位于垂直位时能有力拉伸肱三头肌长头，在肌肉收缩时能够更好地刺激该区域。

要注意收缩腹肌避免过度弓背。如有条件可使用低靠背椅作为支撑。

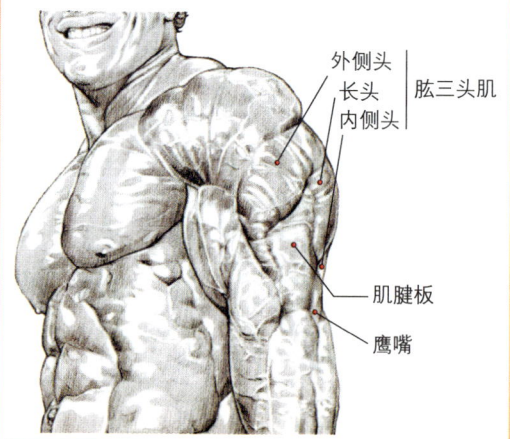

肱三头肌收缩形成典型马蹄形的示意图

标注：外侧头、长头、内侧头 ｜肱三头肌；肌腱板；鹰嘴

肱三头肌三个头的纤维都附着在肌腱和鹰嘴连结的肌腱板上。当肱三头肌收缩时，肌腱板如木板陷入黄油一般陷入肌肉。收缩的肌肉突出肌腱板，形成典型的"马蹄铁"形状。

臂部训练

坐姿曲杠颈后屈伸 26

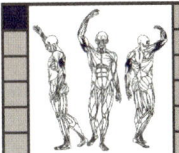

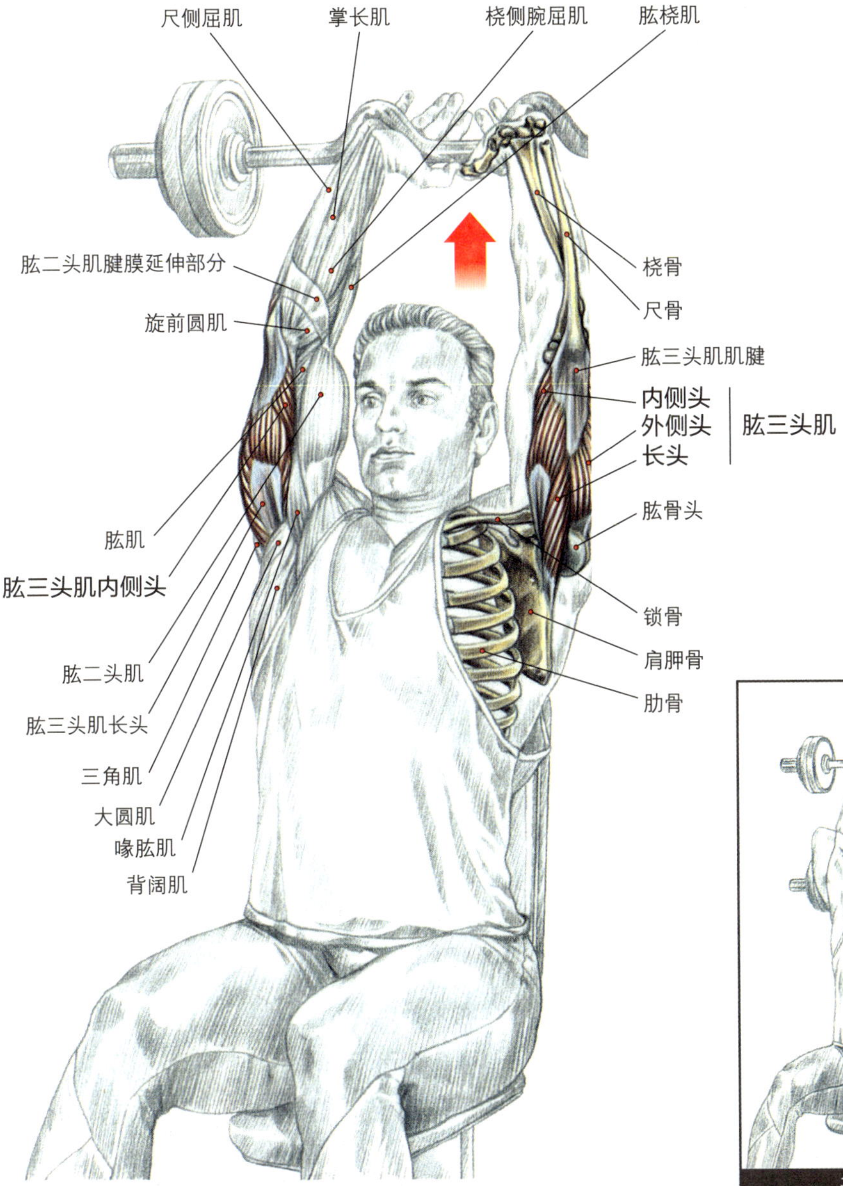

标注（肌肉与骨骼）：
- 尺侧屈肌
- 掌长肌
- 桡侧腕屈肌
- 肱桡肌
- 肱二头肌腱膜延伸部分
- 旋前圆肌
- 桡骨
- 尺骨
- 肱三头肌肌腱
- 内侧头
- 外侧头
- 长头 ｜肱三头肌
- 肱骨头
- 锁骨
- 肩胛骨
- 肋骨
- 肱肌
- 肱三头肌内侧头
- 肱二头肌
- 肱三头肌长头
- 三角肌
- 大圆肌
- 喙肱肌
- 背阔肌

1 开始动作
2 结束动作
动作示意图

坐在训练椅上，正手抓握曲柄杠铃，手臂垂直上举：
- 吸气并弯曲前臂，将杠铃降至颈后；
- 回到起始姿势，动作结束时呼气。

手臂位于垂直位时能有力拉伸肱三头肌长头，在肌肉收缩时能够更好地刺激该区域。
此外，正手抓握有利于锻炼肱三头肌外侧头。
出于安全考虑，请勿过度弓腰。如有条件可使用低靠背椅做支撑。

27 徒手臂曲伸

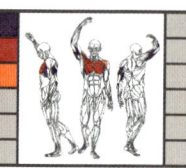

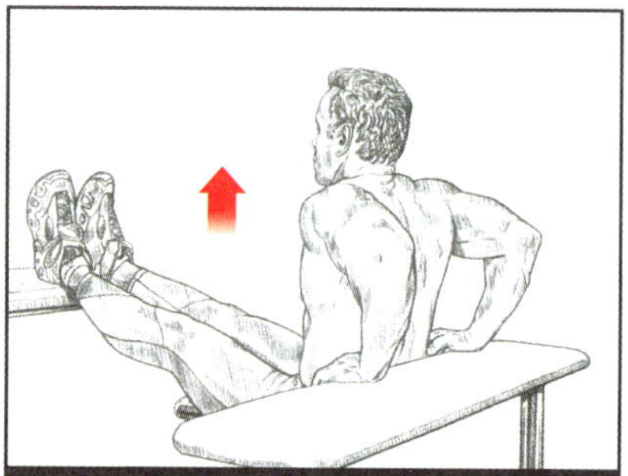

开始动作

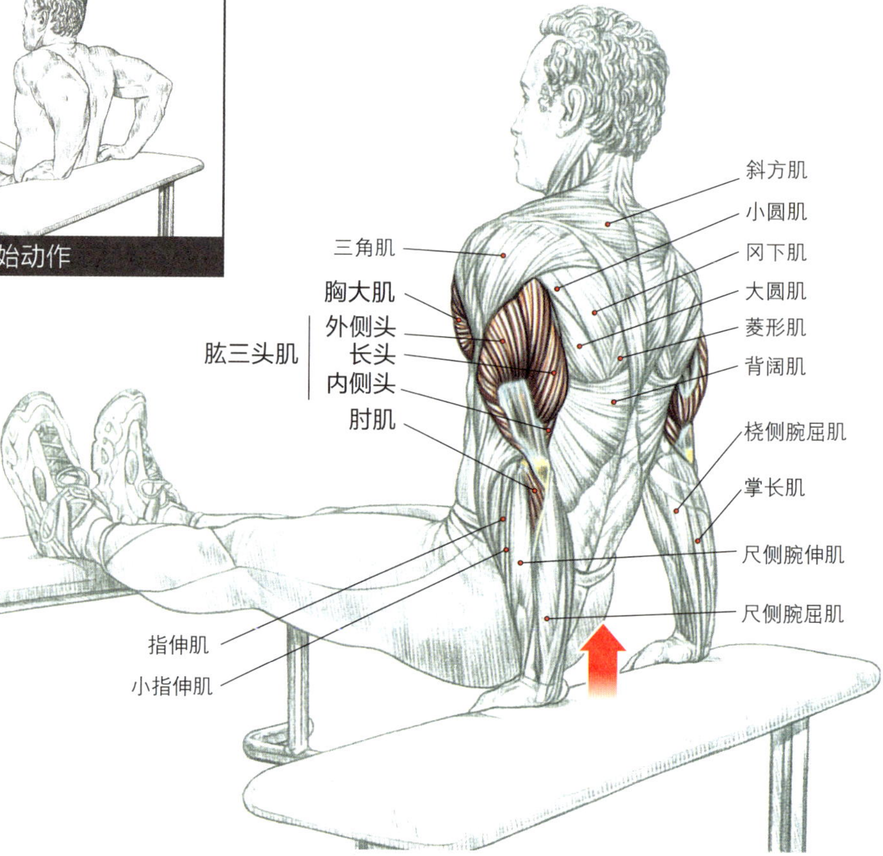

斜方肌
小圆肌
冈下肌
大圆肌
菱形肌
背阔肌
三角肌
胸大肌
肱三头肌
外侧头
长头
内侧头
肘肌
桡侧腕屈肌
掌长肌
尺侧腕伸肌
尺侧腕屈肌
指伸肌
小指伸肌

双手撑在长凳边缘，双脚放在另一长凳边缘，身体悬空于两凳之间：

• 吸气并弯曲前臂，随后伸直手臂；

• 动作结束时呼气。

该练习锻炼了肱三头肌、胸大肌以及三角肌前束。

可以在大腿上增加负荷来加大训练难度与强度。

肱三头肌

肩胛骨
锁骨
肱三头肌长头（切面）
肩峰
肩胛冈
肱三头肌外侧头
肱骨头
关节盂
肱三头肌内侧头
椎骨
肋骨
肱三头肌长头肌腱
外上髁
肱三头肌肌腱
鹰嘴
内上髁
肱三头肌内侧头
髋骨
骶骨
肘肌
桡骨
尺骨

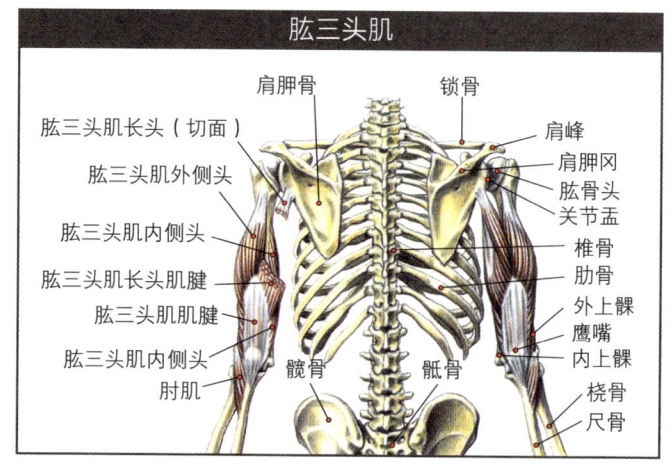

肱三头肌拉伸

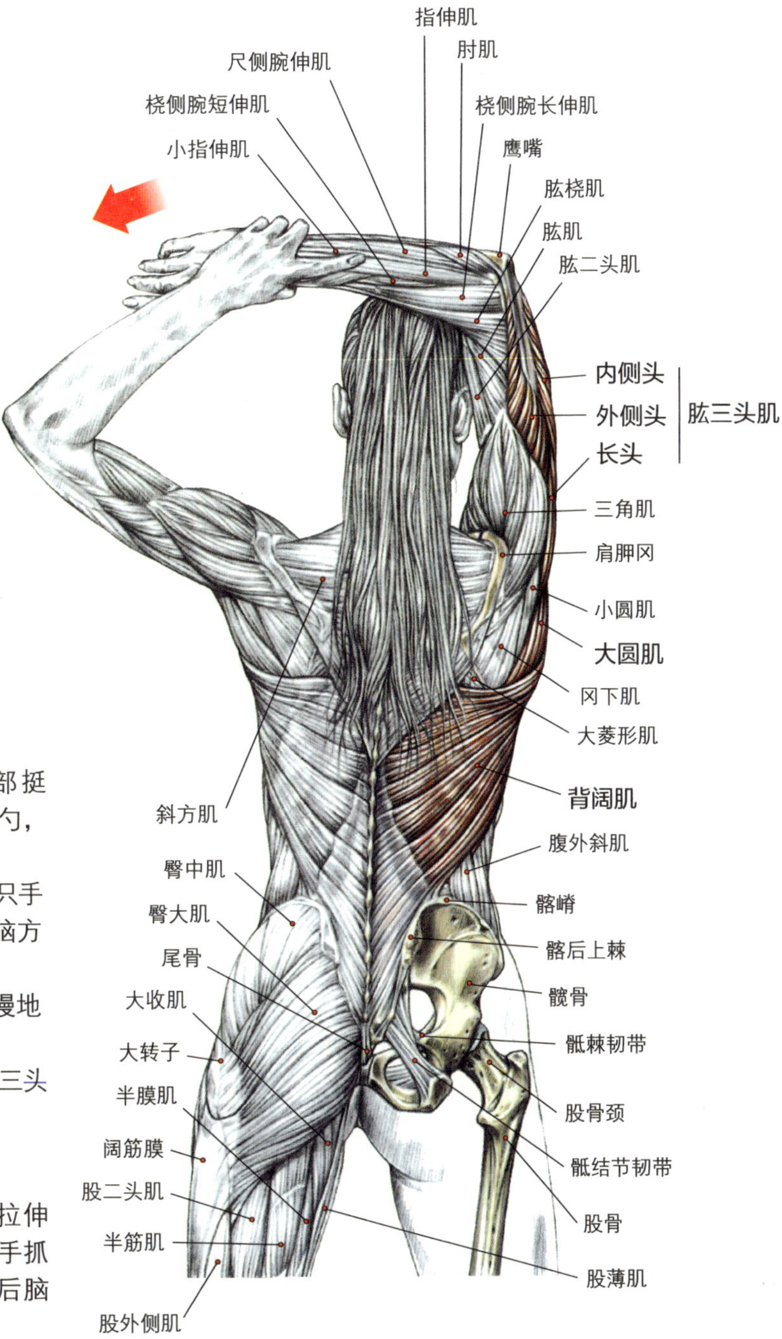

呈站姿或坐姿，背部挺直，一只手伸直紧贴后脑勺，手肘弯曲成90°：
- 用另一只手抓住这只手的手腕，缓慢将手肘向后脑方向拉伸；
- 保持数秒拉伸，缓慢地呼吸。

该练习主要拉伸了肱三头肌、大圆肌和背阔肌。

变化动作

要加强肱三头肌的拉伸感，可以弯曲手臂，另一只手抓住这只手的手肘缓慢向后脑方向拉伸。

指伸肌
尺侧腕伸肌
肘肌
桡侧腕短伸肌
桡侧腕长伸肌
小指伸肌
鹰嘴
肱桡肌
肱肌
肱二头肌
内侧头
外侧头 ｜肱三头肌
长头
三角肌
肩胛冈
小圆肌
大圆肌
冈下肌
大菱形肌
斜方肌
背阔肌
腹外斜肌
臀中肌
髂嵴
臀大肌
髂后上棘
尾骨
髋骨
大收肌
骶棘韧带
大转子
股骨颈
半膜肌
骶结节韧带
阔筋膜
股骨
股二头肌
股薄肌
半筋肌
股外侧肌

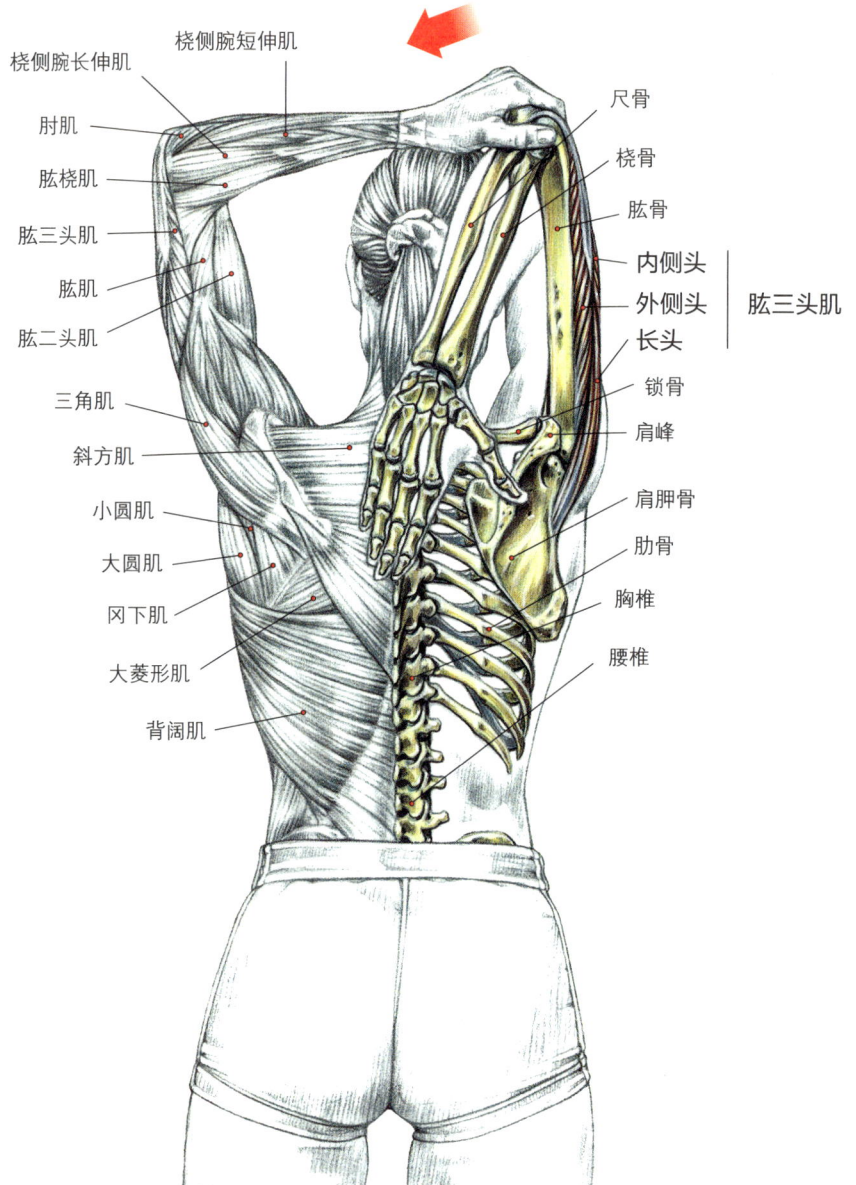

呈站姿或坐姿，背部挺直，一只手伸直紧贴后脑勺，前臂弯曲，手触摸上背部：

- 用另一只手抓住这只手的手肘，缓慢将手肘向后脑方向拉伸。

该动作能拉伸大圆肌和肱三头肌，尤其是肱三头肌长头。同时，背阔肌也得到一定程度拉伸。

变化动作

也可以抓住手掌而不是手肘进行拉伸。要加强拉伸强度，也可以将举起的手抵住墙壁。

> 高强度肱三头肌运动、上拉或是垂直牵引动作可能导致肌肉撕裂，尤其是垂直牵引可能导致肱三头肌长头撕裂。肱三头肌拉伸有助于预防上述问题。

02 肩部训练

01 / 杠铃颈后推举 45
02 / 坐姿杠铃推举 46
03 / 坐姿哑铃推举 47
➕ 对握哑铃卧推（肩膀不适时可以进行此练习）................... 48
➕ 肩部损伤 49
⚠ 骨骼形态对颈后推举的影响 51
04 / 坐姿颈前哑铃推举（阿诺德推举）... 52
05 / 哑铃侧平举 53
06 / 哑铃俯身侧平举 55
07 / 哑铃交替前平举 56
08 / 侧卧单手侧平举 57
09 / 低滑轮绳索前平举 58
10 / 低滑轮绳索前举 59
↗ 三角肌前束拉伸 60

11 / 绳索反向侧平举 61
12 / 单臂绳索外旋 62
13 / 俯身绳索侧平举 63
14 / 低滑轮绳索侧平举 64
⚠ 挺直肩膀的重要性 65
15 / 对握哑铃前平举 66
16 / 杠铃前平举 67
➕ 肱二头肌短头肌腱撕裂 68
17 / 直立划船 69
⚠ 体态对垂直划船运动的影响 70
18 / 器械侧平举 71
19 / 器械反向飞鸟 72
↗ 肌腱袖肌肉后束拉伸 73
↗ 肘部拉伸 74

正面图

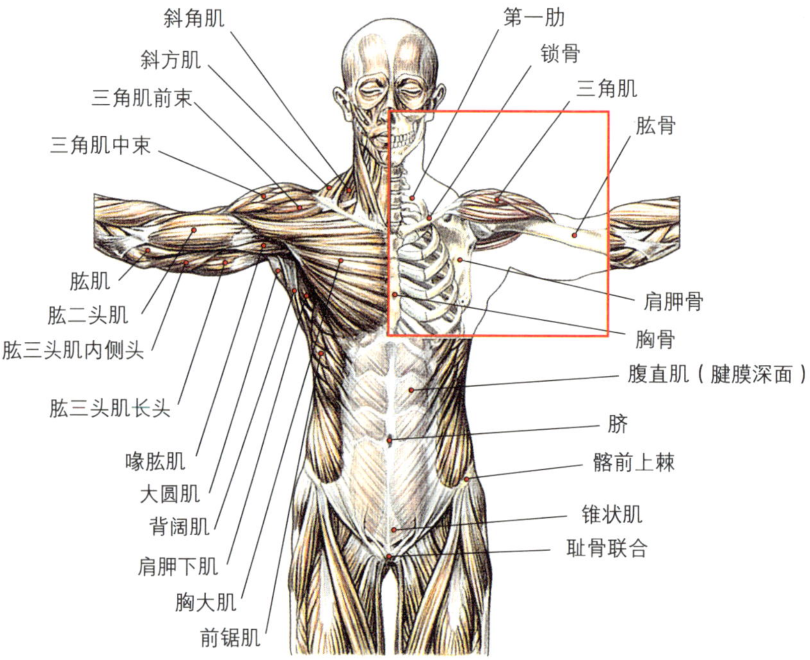

- 斜角肌
- 斜方肌
- 三角肌前束
- 三角肌中束
- 肱肌
- 肱二头肌
- 肱三头肌内侧头
- 肱三头肌长头
- 喙肱肌
- 大圆肌
- 背阔肌
- 肩胛下肌
- 胸大肌
- 前锯肌

- 第一肋
- 锁骨
- 三角肌
- 肱骨
- 肩胛骨
- 胸骨
- 腹直肌（腱膜深面）
- 脐
- 髂前上棘
- 锥状肌
- 耻骨联合

背面图

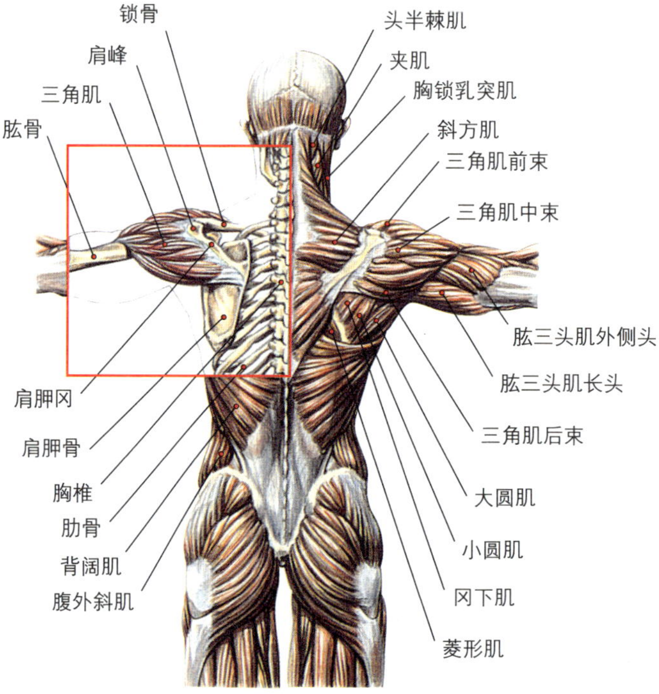

- 锁骨
- 肩峰
- 三角肌
- 肱骨
- 肩胛冈
- 肩胛骨
- 胸椎
- 肋骨
- 背阔肌
- 腹外斜肌

- 头半棘肌
- 夹肌
- 胸锁乳突肌
- 斜方肌
- 三角肌前束
- 三角肌中束
- 肱三头肌外侧头
- 肱三头肌长头
- 三角肌后束
- 大圆肌
- 小圆肌
- 冈下肌
- 菱形肌

肩部训练

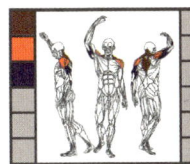

杠铃颈后推举　01

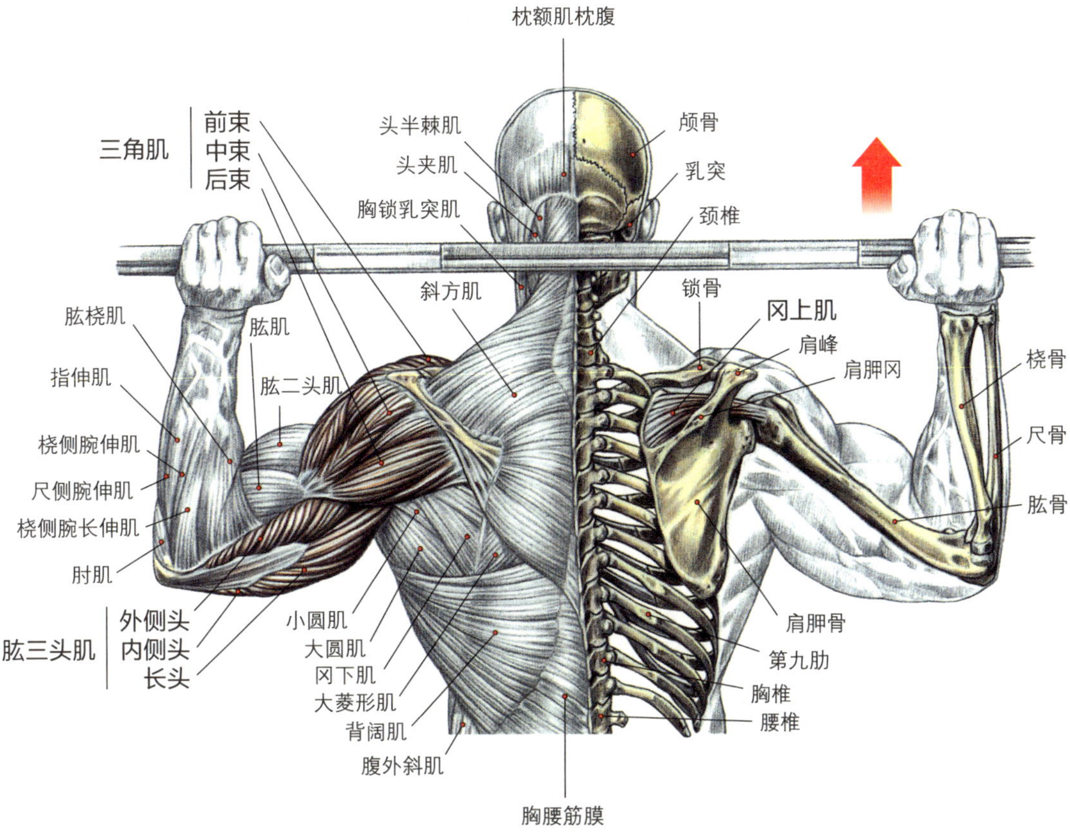

（解剖图标注：枕额肌枕腹、头半棘肌、头夹肌、胸锁乳突肌、颅骨、乳突、颈椎、锁骨、冈上肌、肩峰、肩胛冈、桡骨、尺骨、肱骨、三角肌（前束、中束、后束）、肱桡肌、肱肌、肱二头肌、指伸肌、桡侧腕伸肌、尺侧腕伸肌、桡侧腕长伸肌、肘肌、肱三头肌（外侧头、内侧头、长头）、斜方肌、小圆肌、大圆肌、冈下肌、大菱形肌、背阔肌、腹外斜肌、胸腰筋膜、肩胛骨、第九肋、胸椎、腰椎）

呈坐姿，背部挺直，正手握杠，将杠铃置于颈后：

- 吸气并垂直推起杠铃，注意不要过度弓背；
- 动作结束时呼气。

该练习锻炼三角肌（尤其是三角肌中束和后束）、斜方肌、肱三头肌以及前锯肌。尽管菱形肌、冈下肌、小圆肌以及深处的冈上肌得到锻炼的程度相对较小，但这些肌肉也参与了推举运动。也可以站着或借助推举器械进行此项练习。有很多可以进行此项练习的专门健身器械，可以协助我们更为放松地进行练习。

⚠ 为了不让脆弱的肩关节受伤，可以根据自身身体结构和柔韧性调整杠铃在颈后下降的程度（详见第51页）。

动作示意图（1 开始动作　2 结束动作）

02 坐姿杠铃推举

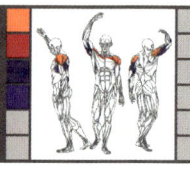

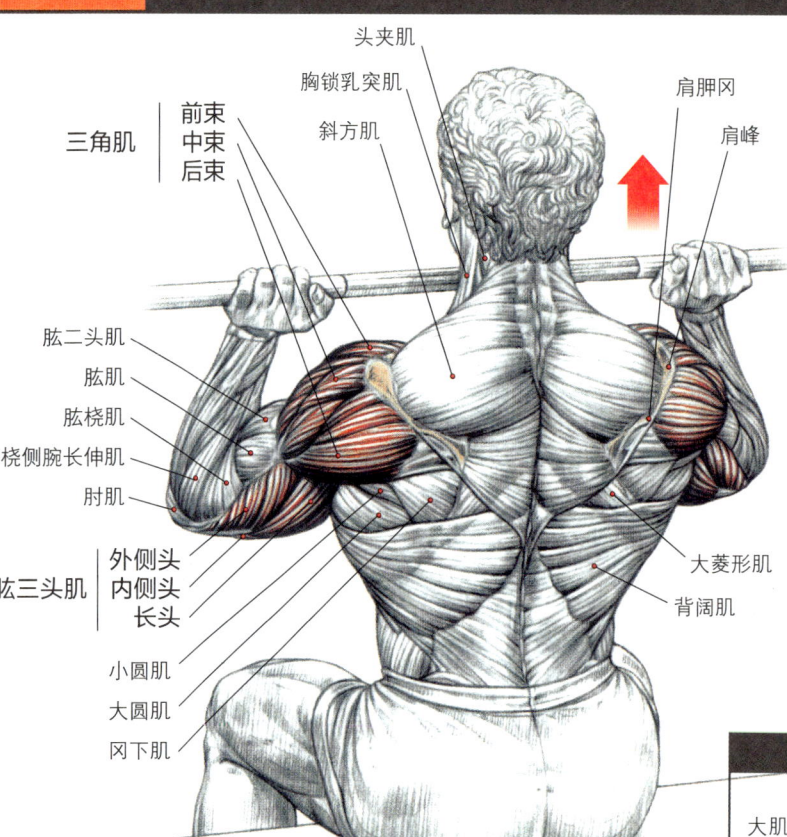

结束动作

背部挺直坐在训练椅上，正手抓握杠铃抬至上胸位置：
- 吸气并垂直向上推举杠铃；
- 动作结束时呼气。

这一基础练习主要锻炼了三角肌前束、胸大肌锁骨部、肱三头肌、前锯肌、斜方肌以及深处的冈上肌。

也可以采用站姿进行练习，不过需要特别注意保持背部挺直，不要过度弯曲腰椎。

也可以采用各种运动器械或设备来进行练习，有助于摆正姿势专注锻炼三角肌。

窄握距，肘部向前

主要锻炼三角肌前束和胸大肌锁骨部。

宽握距，肘部外展

主要锻炼三角肌前束和中束。

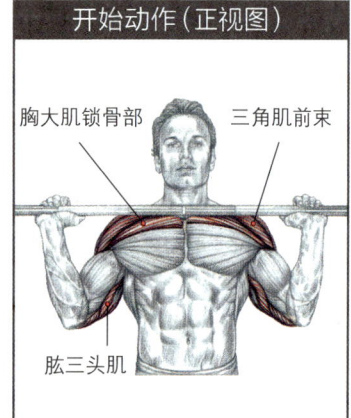

开始动作（正视图）

46

肩部训练

坐姿哑铃推举 03

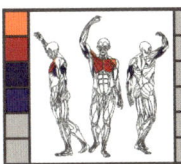

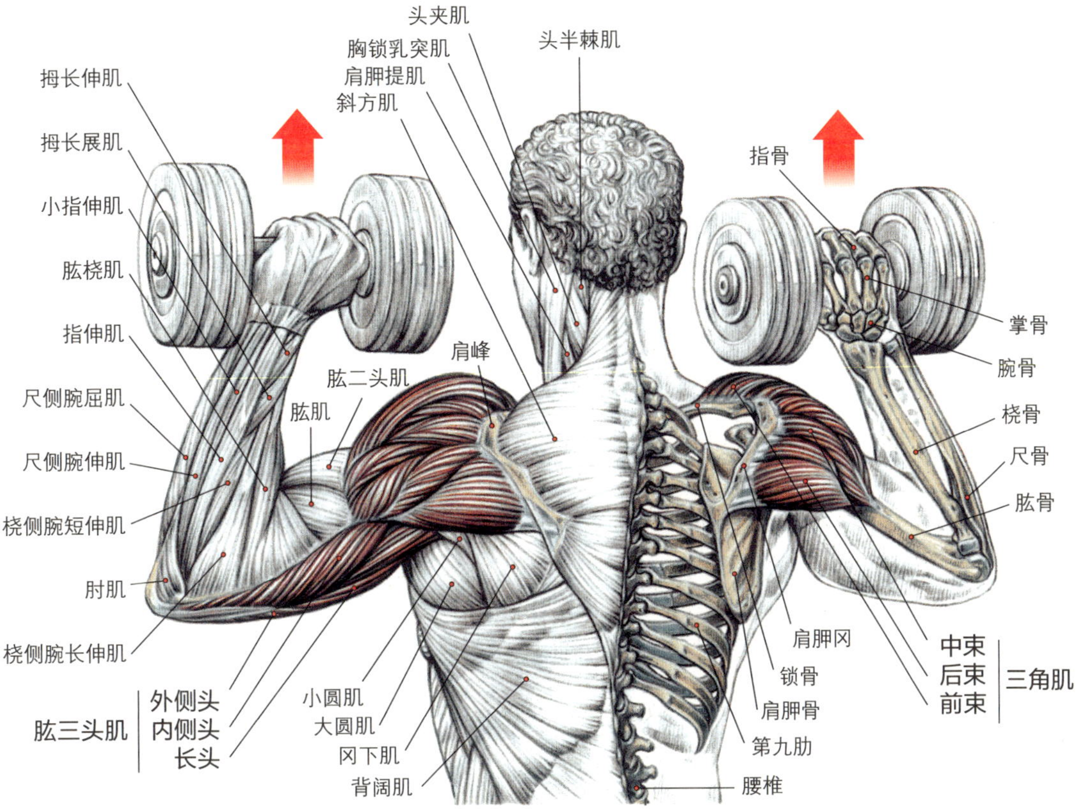

肌肉标注：
- 拇长伸肌
- 拇长展肌
- 小指伸肌
- 肱桡肌
- 指伸肌
- 尺侧腕屈肌
- 尺侧腕伸肌
- 桡侧腕短伸肌
- 肘肌
- 桡侧腕长伸肌
- 肱三头肌（外侧头、内侧头、长头）
- 头夹肌
- 胸锁乳突肌
- 肩胛提肌
- 斜方肌
- 头半棘肌
- 肩峰
- 肱二头肌
- 肱肌
- 小圆肌
- 大圆肌
- 冈下肌
- 背阔肌
- 肩胛冈
- 锁骨
- 肩胛骨
- 第九肋
- 腰椎
- 指骨
- 掌骨
- 腕骨
- 桡骨
- 尺骨
- 肱骨
- 三角肌（中束、后束、前束）

变化动作 手半内旋
① 开始动作
② 结束动作

结束动作

背部挺直坐在训练凳上，正手抓握哑铃（拇指朝内）抬至肩部高度：

• 吸气并垂直向上推举哑铃，直至手臂完全伸直；
• 动作结束时呼气。

也可以站着或双臂交替进行练习。可以使用靠背椅避免过度弓背。

对握哑铃卧推
（肩膀不适时可以进行此练习）

这是神经卡压综合征患者少数可以进行的练习之一。手肘贴在身侧进行哑铃卧推练习能对三角肌前束进行高强度锻炼，一定程度上也锻炼了三角肌中束，三角肌中束收缩可以防止动作结束时肩膀前部过度摩擦。

即使有局部病变，经常进行此练习仍然可以使肱三头肌保持强壮。此外，该动作也可作为胸大肌拉伤后的复健动作。将肘部贴着身体进行推举有利于减少胸大肌拉伸，从而降低胸大肌撕裂的风险。

练习方法

躺在长凳上，胸外扩，背部稍弓起，双脚踩地，肘部弯曲贴着身体，两手各持一哑铃：
- 吸气并垂直向上举起手臂；
- 动作结束时呼气；
- 有控制地回到起始姿势。

肩部损伤

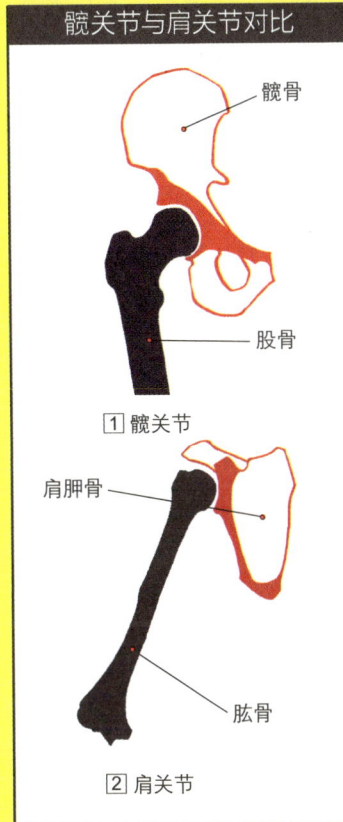

髋关节与肩关节对比

①髋关节（髋骨、股骨）

②肩关节（肩胛骨、肱骨）

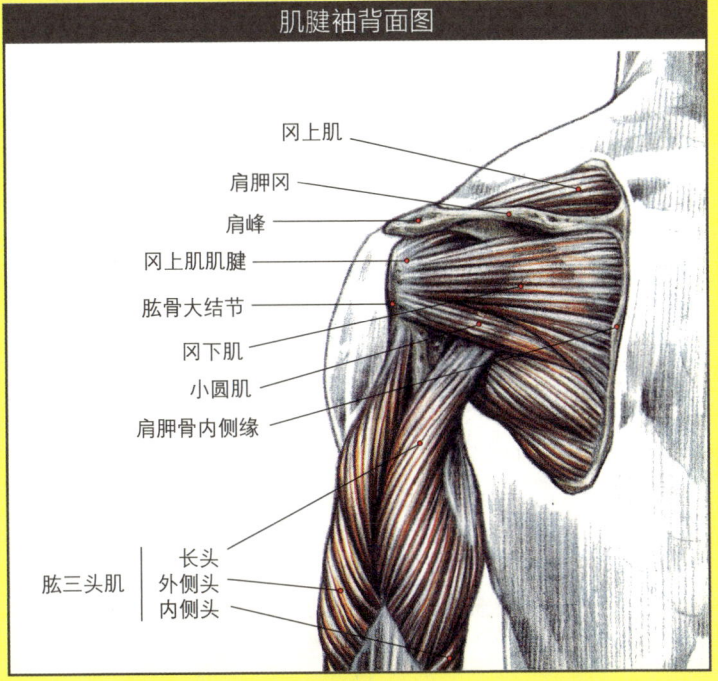

肌腱袖正面图：冈上肌、锁骨、喙锁韧带、肩锁关节、肩峰、喙肩韧带、冈上肌腱、喙突、肱骨小结节、肱二头肌长头肌腱、喙肱肌、肱二头肌（短头、长头）、肩胛下肌、肩胛骨内侧缘

肌腱袖背面图：冈上肌、肩胛冈、肩峰、冈上肌肌腱、肱骨大结节、冈下肌、小圆肌、肩胛骨内侧缘、肱三头肌（长头、外侧头、内侧头）

　　在肌肉锻炼中肩膀很容易受伤。尤其在健美运动中，运动员为了锻炼肱三头肌，组成肱三头肌的所有肌肉束会大量反复进行各种训练，更增加了肩膀受伤的概率。

　　髋关节更为稳定，是因为股骨头深嵌在骨盆的髋臼中。而肩关节的关节窝非常浅，这是为了使手臂能够在空间的各个平面中移动。肩关节可以看作是由肌肉稳定的关节，肱骨头主要是依靠肌腱复合体固定在肩胛骨关节盂中的。

尽管在肌肉训练中，大部分损伤都发生在三角肌训练中，但三角肌很少直接受伤。一般来说，由于错误的运动方式造成的受伤部位通常都在更深层的地方，稳固关节囊的结构性肌腱因摩擦产生的长期磨损可能导致更严重的损伤。

其他有剧烈撞击的运动（如美式足球）或要快速运动手臂的运动（如投掷类运动）可能导致伴有脱臼的严重损伤，甚至是肌腱断裂。在肌肉健美中，肩峰下撞击综合征是最常见的疾病。

一些人做抬手动作时，如做颈后推举和侧举时，冈上肌在肱骨头与肩峰底面和喙肩韧带形成的骨韧穹窿间被摩擦挤压。随后可能出现滑液囊炎症，而正常情况下滑液囊保护冈上肌腱免受过度摩擦。如果不及时治疗，可能随后会发展成冈上肌腱炎症，最终影响后侧冈下肌以及前侧的肱二头肌长头。此时抬手臂就会特别痛苦，长此以往冈上肌可能会发生不可逆转的损伤，并伴随有钙质化甚至肌腱断裂。不过肌腱断裂一般发生在四十岁以上的人群中。

肱骨与喙肩骨韧穹窿的间隙大小因人而异。一些人因过度摩擦无法侧平举手臂。这类人群不适合做颈后推举和过高的侧平举以及背部训练中的颈后拉伸。

所有锻炼肩部的杠铃推举动作都应该在颈前完成，手肘略向前倾。在侧举哑铃时，需要找到不会感到疼痛的适合的角度和动作。

需要指出，对于同样的肩部损伤，每个人的身体反应不一样。有的人可能肌腱受压迫甚至肌腱撕裂也并没感到任何的疼痛，可以进行各种举臂动作。

在测试中也发现，一些人冈上肌腱断裂了，但从未感到任何疼痛。

关节囊周围的肌肉压力分配不平衡可能是肩膀疼痛的另一个原因。肱骨头通过附着或穿过关节囊的肌腱复合体稳固地与肩胛骨关节盂相贴。肌腱复合体的前部是肩胛下肌，稍外侧是肱二头肌长头，上方是冈上肌，后侧是冈下肌和小圆肌。一些肌肉的痉挛、张力过大或是缺乏张力可能导致肩关节错位。

关节错位会使手臂运动时过度摩擦，可能导致炎症性病变。例如：小圆肌和冈下肌的挛缩或痉挛会导致肱骨头向外旋转，在手臂运动时向前摩擦肩胛骨，长此以往可能导致肱二头肌腱长头撕裂。因此在进行肩部锻炼时，需要注重肩部肌肉整体平衡，避免任何程度的不适、疼痛或摩擦。

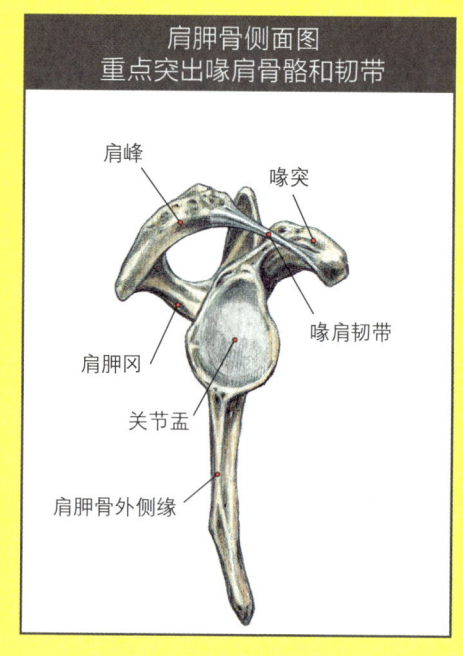

肩胛骨侧面图
重点突出喙肩骨骼和韧带

肩峰　喙突　喙肩韧带　肩胛冈　关节盂　肩胛骨外侧缘

人工按摩可以很好缓解和消除小圆肌和冈下肌的痉挛和挛缩，电动按摩以及电刺激效果更加。

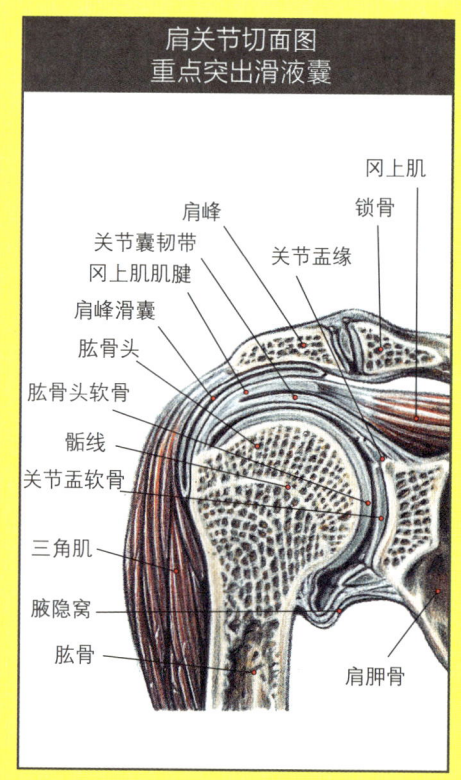

肩关节切面图
重点突出滑液囊

冈上肌　锁骨　肩峰　关节盂缘　关节囊韧带　冈上肌肌腱　肩峰滑囊　肱骨头　肱骨头软骨　骺线　关节盂软骨　三角肌　腋隐窝　肱骨　肩胛骨

肩部训练

骨骼形态对颈后推举的影响

在颈后推举训练时，要考虑个体身体结构差异。

手臂长度：手臂长度，尤其是前臂长度，对进行颈后推举起重要作用。

要将杠铃降至颈后耳朵下方位置，前臂长的人比前臂短的人肘部下降距离更多。而这样过度降低肘部会强烈地拉伸三角肌，使得肌肉位置无法充分发力推举杠铃。

因此，为了更好训练并逐步增加练习负重，从比例上来说前臂长的人不应将杠杆降至耳朵下方太多，重要的是能感受到三角肌发力。

锁骨宽度：锁骨宽度对颈后推举时正确降下杠铃有不可忽视的影响作用。

锁骨较窄会使两块肩胛骨更靠近脊椎。在颈后推举中，肩胛骨运动（内收或外展）时会受到背中的斜方肌和菱形肌挤压，而限制移动距离。这也限制了正确降低手腕对三角肌发力的感受。

另外要注意，背中肌肉越发达，肩胛骨越难相互靠近，就越会限制颈后推举时杠铃的降低程度。

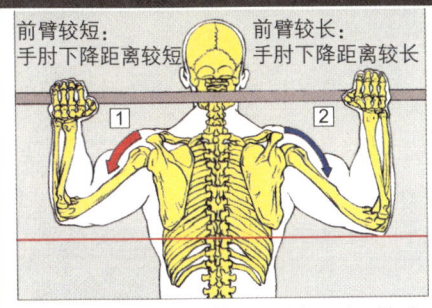

手臂长度对颈后推举手肘下降程度的影响

前臂较短：手肘下降距离较短
前臂较长：手肘下降距离较长

1 三角肌得到最佳拉伸，可以在运动开始时最大程度使用肌肉纤维。
2 三角肌过度拉伸。

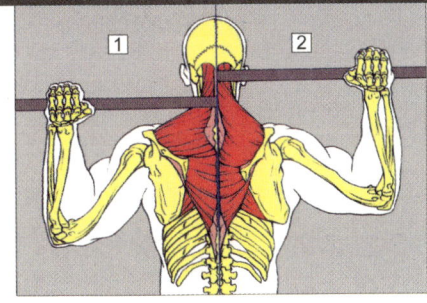

锁骨宽度对颈后推举手肘下降程度的影响

1 宽锁骨：肩胛骨可以自由运动并且轻松地降低手肘。
2 窄锁骨：斜方肌和菱形肌受挤压，阻碍肩胛骨运动，限制手肘降低程度。

1 抬臂运动时，若肱骨头向外旋，盂肱关节与喙肩弯窿之间距离过狭可能导致过度摩擦，长此以往可能使冈上肌损伤甚至断裂。在颈后推举时，一旦感到伴有疼痛的轻微不适，就应该调整动作以免肌腱袖出现退化性肌腱炎。
2 抬臂运动时，若肱骨头向内旋（如哑铃侧举中），盂肱关节与喙肩弯窿之间距离过窄可能会导致过度摩擦使冈下肌腱受伤。

抬臂时肌腱袖的损伤

喙肩韧带
锁骨
喙突
肱骨
肩峰
冈上肌
肩胛冈
冈下肌
小圆肌

在抬臂时，有些人的冈上肌腱和冈下肌腱可能被夹在肱骨和喙肩弯窿之间。

颈后推举时冈上肌刺痛

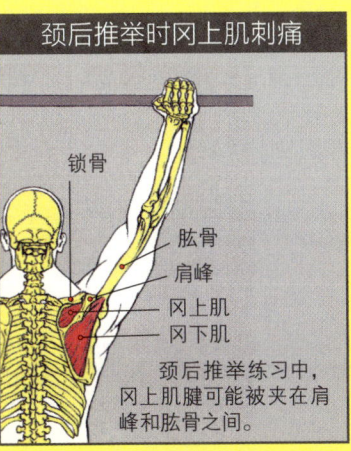

锁骨
肱骨
肩峰
冈上肌
冈下肌

颈后推举练习中，冈上肌腱可能被夹在肩峰和肱骨之间。

前臂长且锁骨窄的人群在锻炼三角肌时应尽量避免颈后推举练习。

04 坐姿颈前哑铃推举（阿诺德推举）

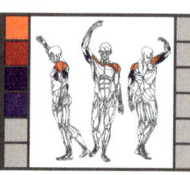

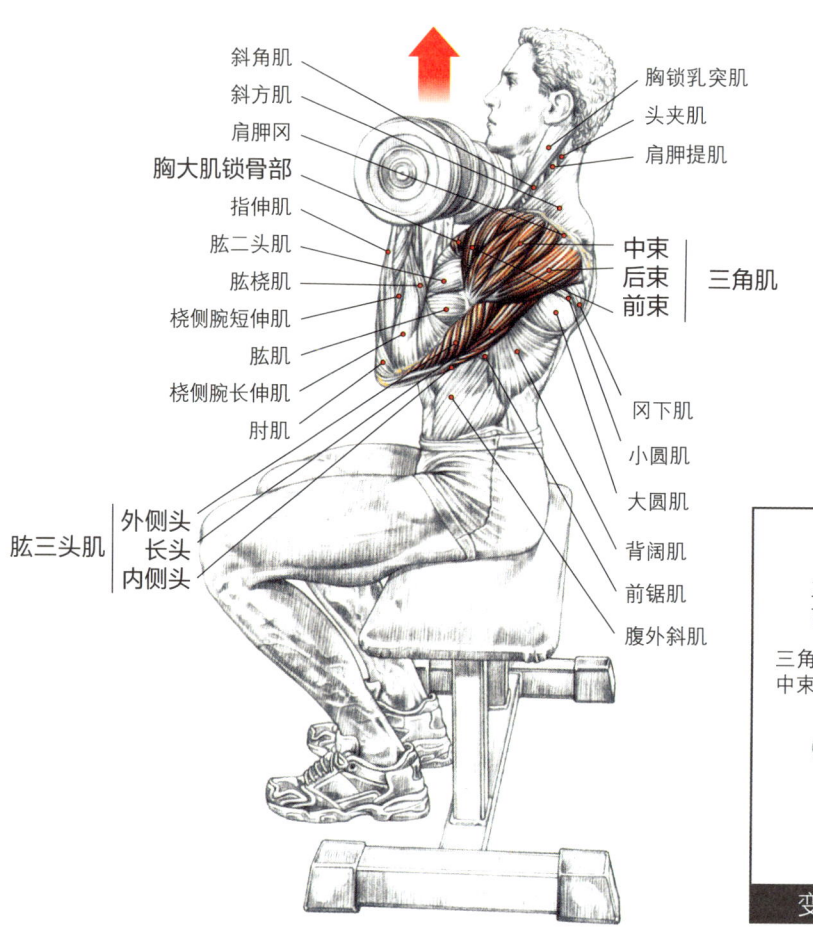

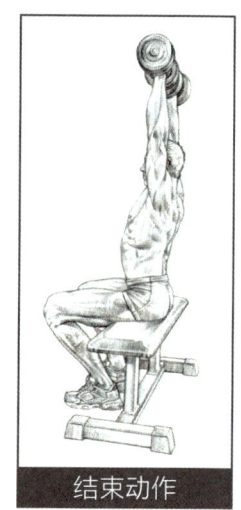

结束动作

变化动作 交替推举

坐在训练凳上，背部挺直，肘部朝前弯曲手臂，反手抓握哑铃（即拇指朝外）置于肩部水平位置：

- 吸气并向上垂直抬起双臂，在伸举过程中将手腕旋转90°，使手呈旋前位（即拇指朝内）；
- 动作结束时呼气。

该练习锻炼了三角肌，尤其是三角肌前束，也锻炼了胸大肌锁骨部、肱三头肌、斜方肌以及前锯肌。

变化动作

该练习也可以：

- 坐在靠背椅上完成，避免过度弓腰；
- 站立进行；
- 双臂交替进行。

> 手肘朝前进行运动时，可以减少可能引发肩关节炎症的过度摩擦。长期的过度摩擦还可能导致更严重的疾病。因此推荐肩部脆弱的人群用此练习取代更高强度的训练，例如经典的手肘向外的哑铃推举或是颈后推举。

肩部训练

哑铃侧平举 05

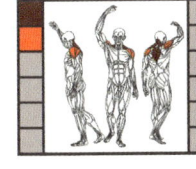

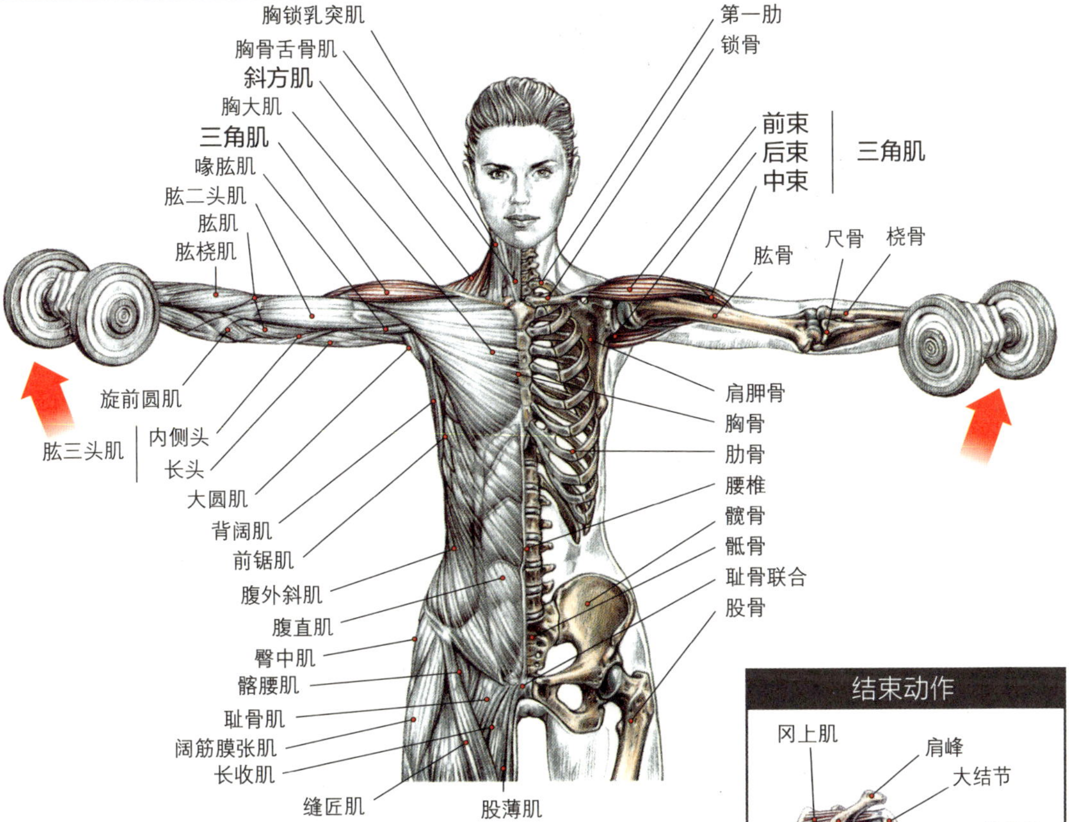

呈站姿，背部挺直，两脚略分开，手臂垂于身体两侧，双手各持一哑铃：

- 双臂侧举至水平位置，肘部略微弯曲；
- 回到起始姿势。

该动作锻炼了三角肌，尤其是三角肌中束。三角肌中束由许多附着在肱骨上的羽状肌组成，起到承担较重负荷以及精确移动物体的作用。因此可以根据该肌肉特点采取不同的起始姿势（手在臀后、体侧或体前），这样能够锻炼三角肌中束全部的肌肉纤维。考虑到个体身体结构的差异（锁骨长短、肩峰覆盖面大小、三角肌于肱骨附着处高低），需要找到合适自身结构的锻炼角度。需注意，侧平举也锻炼位于深层不可见的冈上肌。冈上肌位于肩胛骨冈上窝内，与肱骨大结节相连。可以将手臂抬得比水平位置更高来锻炼斜方肌上部。不过许多锻炼者偏向在侧平举时不超过水平位，单独练习三角肌外侧。

该练习不宜负荷过重。可在练习时变化角度，进行每组10~25次重复练习效果最佳，同时注意不要长时间收缩肌肉，有灼热感即可。

要加强训练强度，可以在每次重复练习间保持手臂侧平举，使肌肉保持几秒收缩。

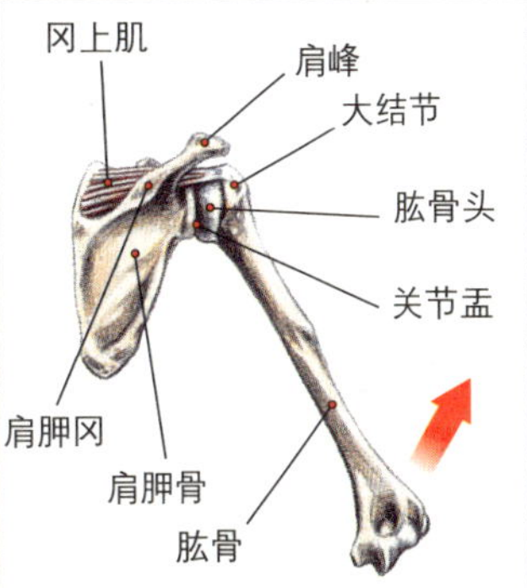

冈上肌协助三角肌完成手臂侧平举动作，并保持肱骨头贴着关节盂。

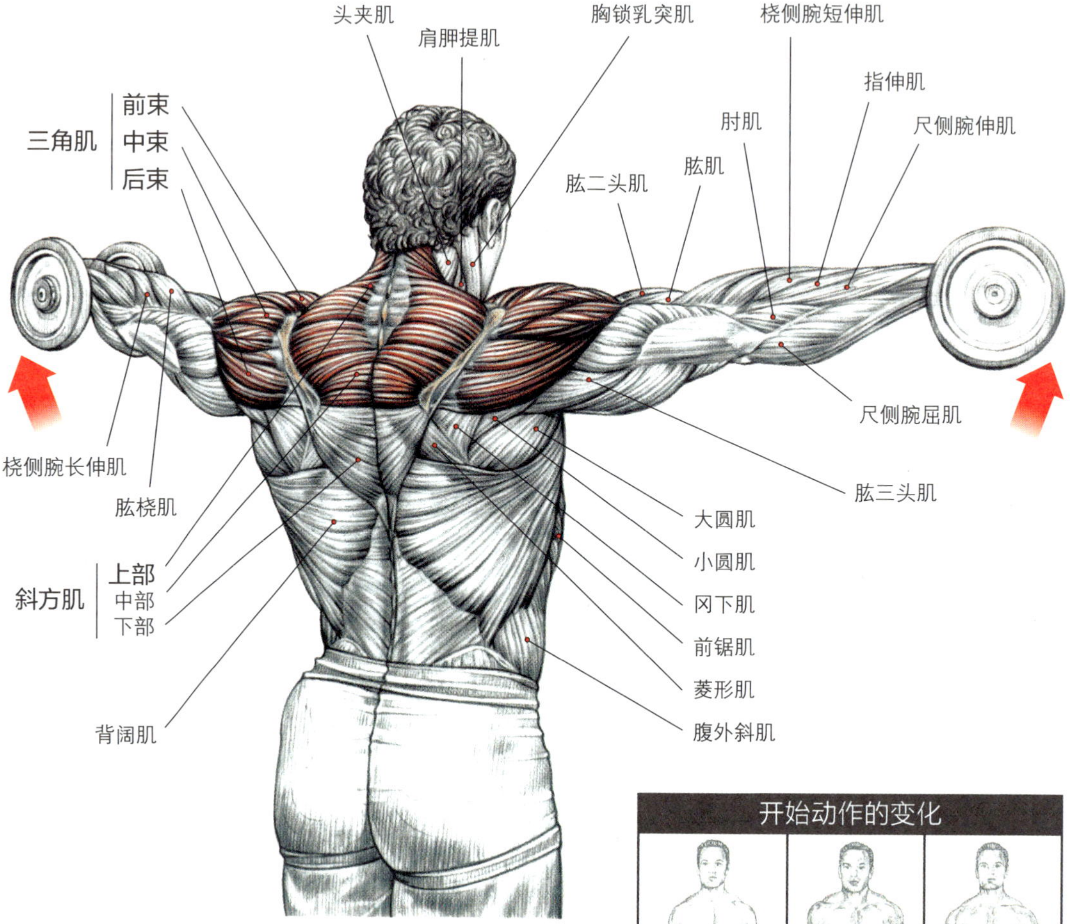

肌肉健美训练图解（第六版）

三角肌
- 前束
- 中束
- 后束

头夹肌
肩胛提肌
胸锁乳突肌
桡侧腕短伸肌
指伸肌
肘肌
肱二头肌
肱肌
尺侧腕伸肌
桡侧腕长伸肌
肱桡肌
尺侧腕屈肌
肱三头肌
大圆肌
小圆肌
冈下肌
前锯肌
菱形肌
腹外斜肌
背阔肌

斜方肌
- 上部
- 中部
- 下部

梭形肌　　羽状肌

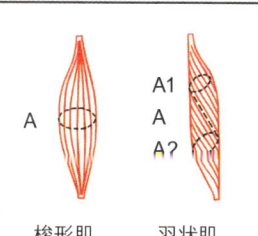

梭形肌　　羽状肌

羽状肌比梭形肌运动幅度更小，但从比例上来说产生的肌力更大。

三角肌中束的羽状肌纤维非常有力但收缩幅度较小，在侧平举时，要与三角肌前束和后束协同作用才能将手臂举至水平位置。

梭形肌所含肌动蛋白和肌凝蛋白丝总数与横切面（A）所含数量相等。

羽状肌所含肌动蛋白和肌凝蛋白丝总数与斜切面A1与A2间的A面数量相等。

* 肌肉的最大收缩力大约 $5kg/cm^2$。

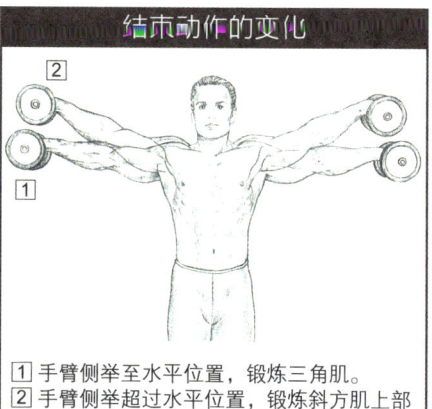

开始动作的变化
哑铃在体侧　哑铃在臀后　哑铃在体前

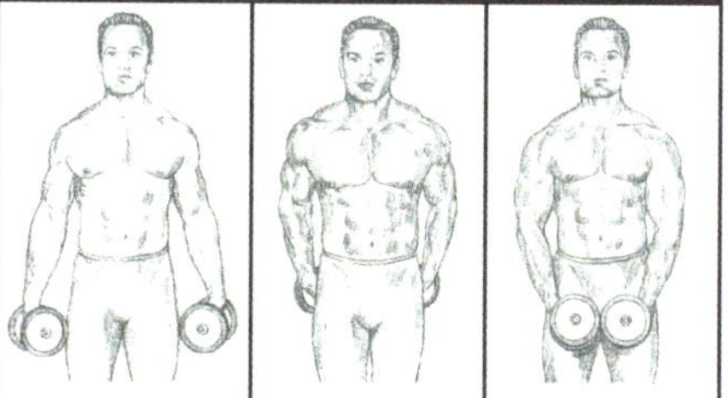

结束动作的变化
① 手臂侧举至水平位置，锻炼三角肌。
② 手臂侧举超过水平位置，锻炼斜方肌上部和中部。

肩部训练

哑铃俯身侧平举 06

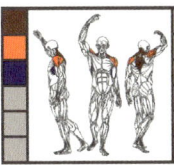

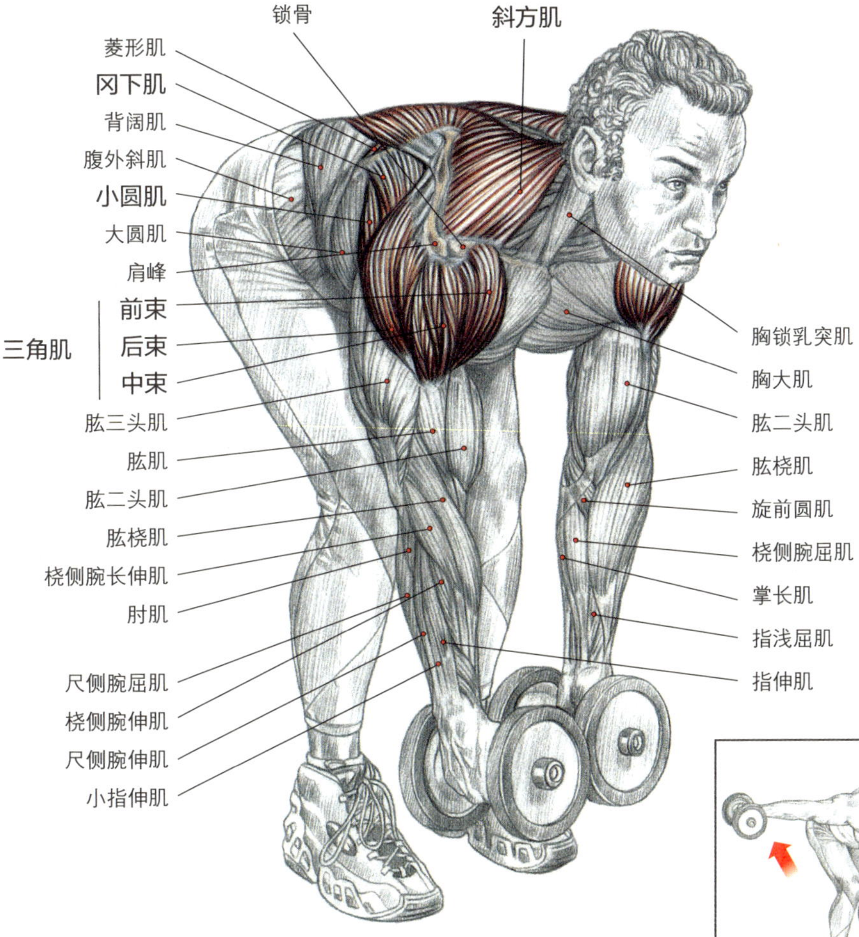

标注（从上至下、从左至右）：
- 菱形肌
- 冈下肌
- 背阔肌
- 腹外斜肌
- 小圆肌
- 大圆肌
- 肩峰
- 三角肌：前束、后束、中束
- 肱三头肌
- 肱肌
- 肱二头肌
- 肱桡肌
- 桡侧腕长伸肌
- 肘肌
- 尺侧腕屈肌
- 桡侧腕伸肌
- 尺侧腕伸肌
- 小指伸肌
- 锁骨
- 斜方肌
- 胸锁乳突肌
- 胸大肌
- 肱二头肌
- 肱桡肌
- 旋前圆肌
- 桡侧腕屈肌
- 掌长肌
- 指浅屈肌
- 指伸肌

结束动作

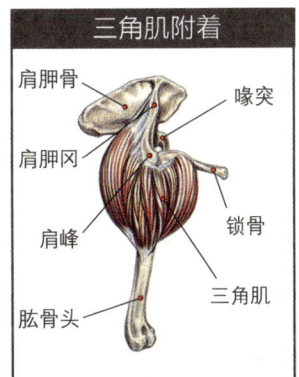

三角肌附着：肩胛骨、喙突、肩胛冈、肩峰、锁骨、三角肌、肱骨头

呈站姿，两脚略微分开，膝盖微屈，上半身前倾保持背部挺直，双臂下垂，肘部微屈，双手各持一哑铃：
- 吸气并将双臂抬至水平位置；
- 动作结束时呼气。

该练习锻炼了整个肩部肌群，着重锻炼三角肌后束。如果在动作结束时收紧肩胛骨，可以锻炼斜方肌（中部和内部）、菱形肌、小圆肌和冈下肌。

变化动作
可以上半身腹部贴在斜凳上进行锻炼。

07 哑铃交替前平举

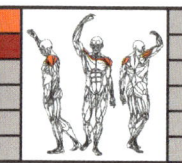

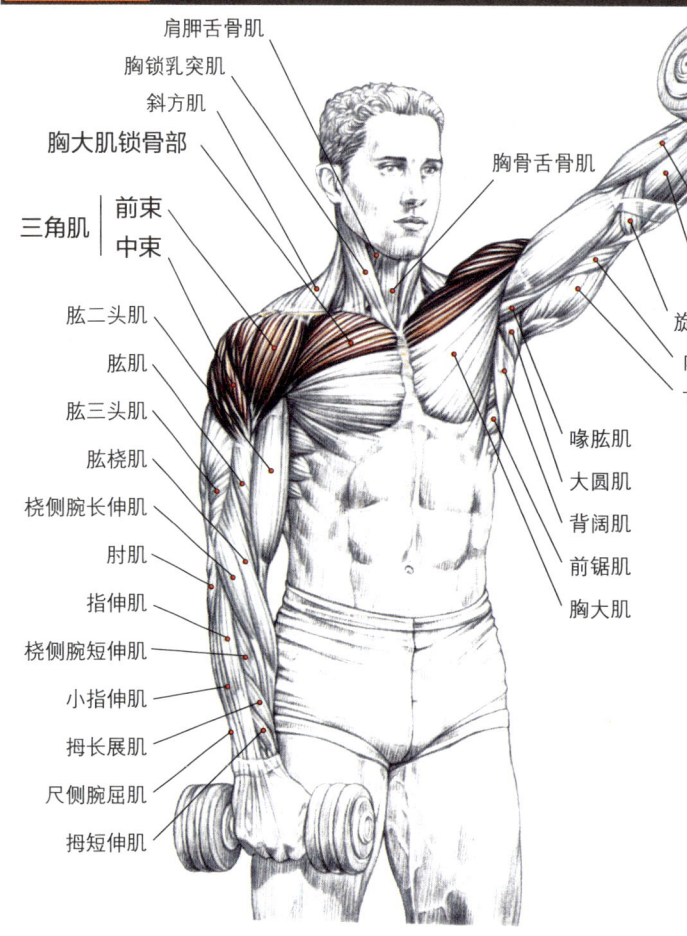

肩胛舌骨肌
胸锁乳突肌
斜方肌
胸大肌锁骨部
三角肌 | 前束 中束
肱二头肌
肱肌
肱三头肌
肱桡肌
桡侧腕长伸肌
肘肌
指伸肌
桡侧腕短伸肌
小指伸肌
拇长展肌
尺侧腕屈肌
拇短伸肌

胸骨舌骨肌
掌长肌
桡侧腕屈肌
旋前圆肌
内侧头 长头 | 肱三头肌
喙肱肌
大圆肌
背阔肌
前锯肌
胸大肌

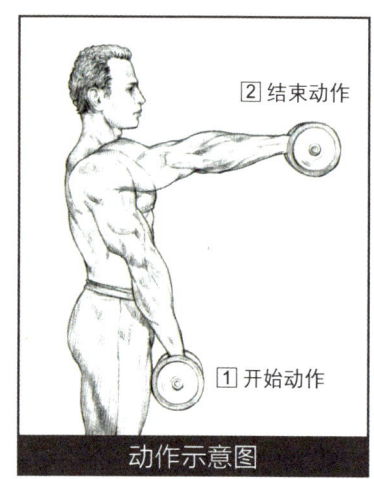

动作示意图
① 开始动作
② 结束动作

呈站姿,两脚略分开,正手抓握哑铃,置于大腿上或略向腿侧:
• 吸气,两臂交替向前抬举哑铃至与双眼水平高度;
• 动作结束时呼气。

该练习主要锻炼了三角肌前束和胸大肌锁骨部。三角肌其他部位也得到了一定锻炼。在抬臂过程中,胸廓上起到固定肩胛骨作用的肌肉,如前锯肌和菱形肌也受到刺激,对肱骨运动起稳固作用。

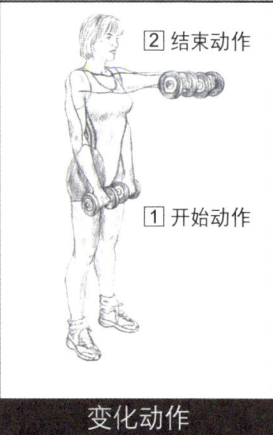

变化动作
两臂同时前平举
① 开始动作
② 结束动作

变化动作
俯卧于斜凳上

肩部训练

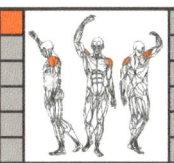

侧卧单手侧平举 08

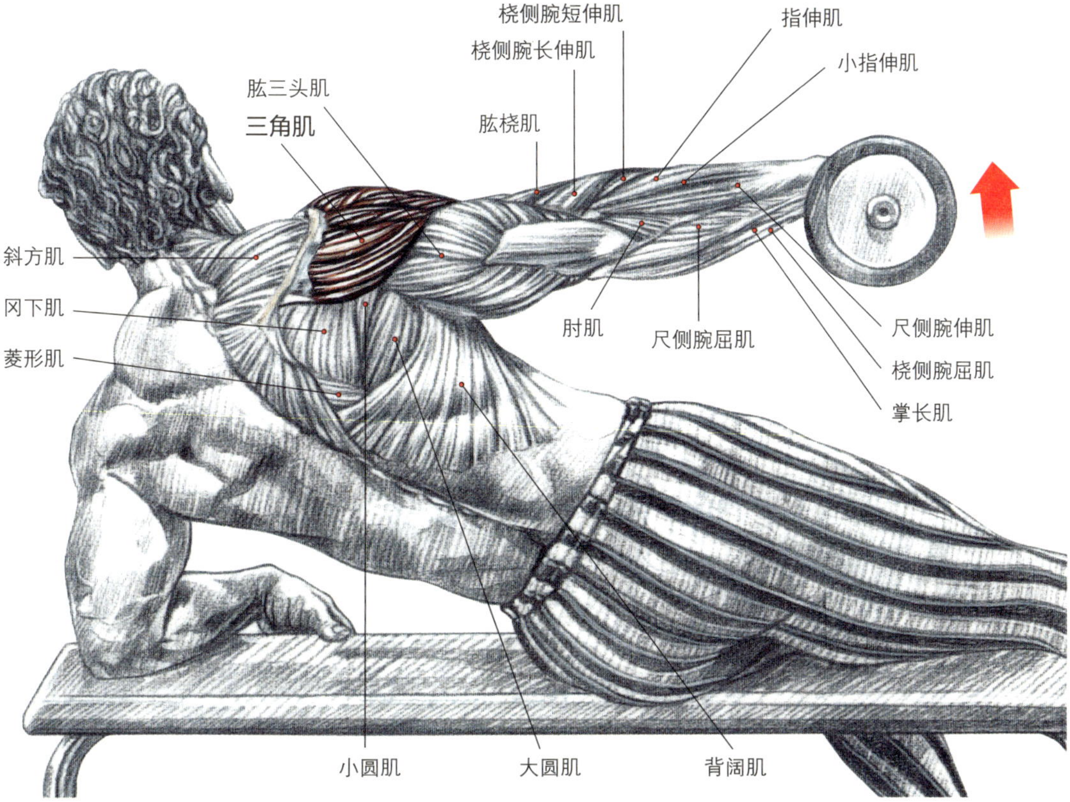

图中标注:
- 桡侧腕短伸肌
- 桡侧腕长伸肌
- 肱三头肌
- 三角肌
- 肱桡肌
- 指伸肌
- 小指伸肌
- 斜方肌
- 冈下肌
- 菱形肌
- 肘肌
- 尺侧腕屈肌
- 尺侧腕伸肌
- 桡侧腕屈肌
- 掌长肌
- 小圆肌
- 大圆肌
- 背阔肌

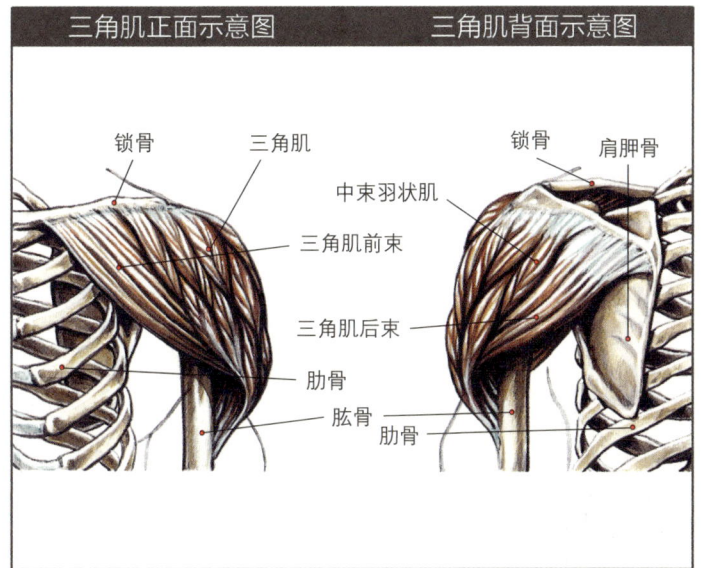

三角肌正面示意图 / 三角肌背面示意图
- 锁骨
- 三角肌
- 肩胛骨
- 中束羽状肌
- 三角肌前束
- 三角肌后束
- 肋骨
- 肱骨

侧卧在地上或长凳上,正手握住哑铃:
- 吸气并垂直向上抬起哑铃;
- 动作结束时呼气。

站立侧举训练逐渐加强对三角肌刺激,动作结束时(手臂举至水平高度)强度最大。而此练习有所不同,开始抬臂时对三角肌刺激最大。每组10~20次的重复组练习效果最佳。

> 该动作锻炼冈上肌,主要在开始抬臂时发挥作用。改变动作起始姿势(哑铃可放在大腿前、大腿上或大腿后),可以锻炼三角肌所有肌肉束。
> 想增加训练强度,可以在落下哑铃时保持肌肉紧张,不将哑铃放回腿上。

09 低滑轮绳索前平举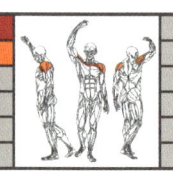

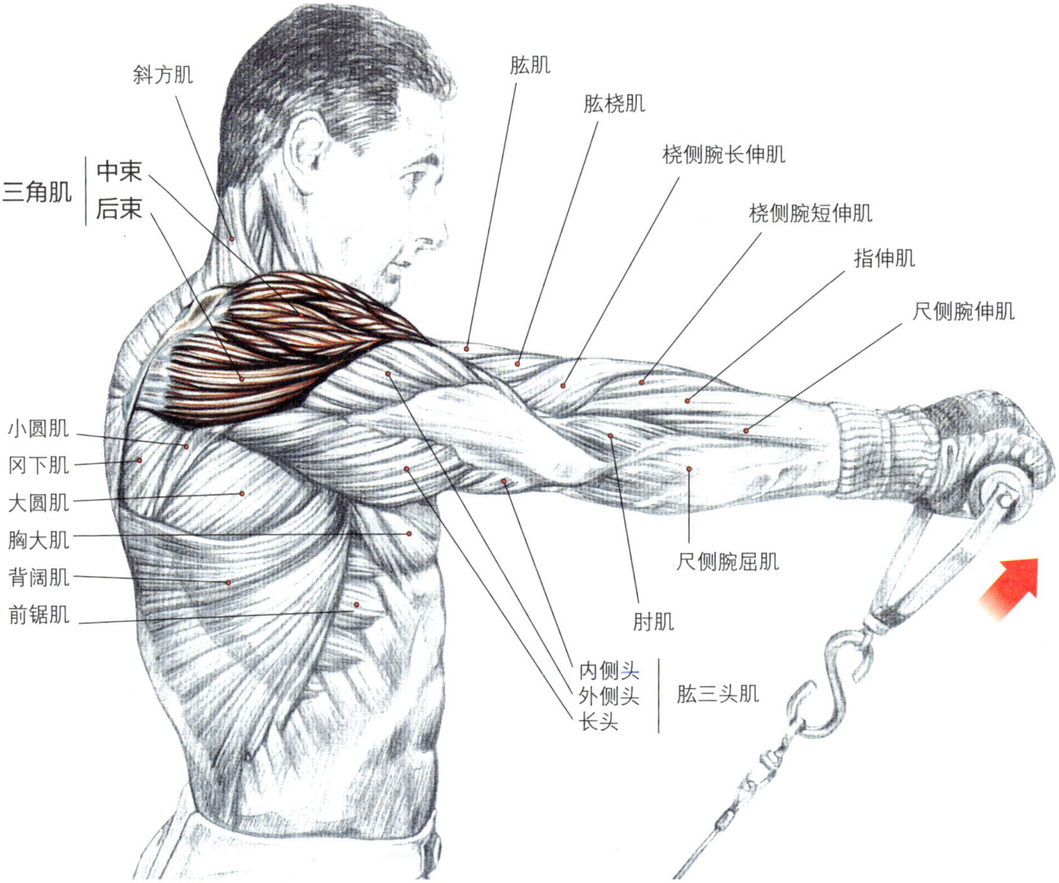

标注（上图）：
- 斜方肌
- 三角肌 中束 后束
- 小圆肌
- 冈下肌
- 大圆肌
- 胸大肌
- 背阔肌
- 前锯肌
- 肱肌
- 肱桡肌
- 桡侧腕长伸肌
- 桡侧腕短伸肌
- 指伸肌
- 尺侧腕伸肌
- 尺侧腕屈肌
- 肘肌
- 肱三头肌 内侧头 外侧头 长头

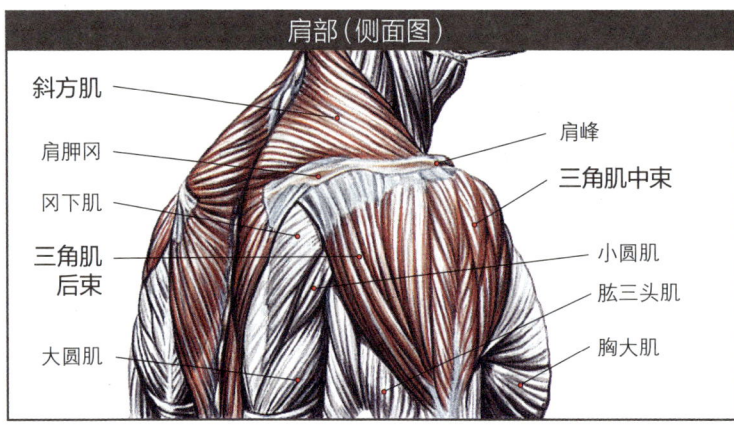

肩部（侧面图）
- 斜方肌
- 肩胛冈
- 冈下肌
- 三角肌后束
- 大圆肌
- 肩峰
- 三角肌中束
- 小圆肌
- 肱三头肌
- 胸大肌

呈站姿，两脚略分开，双手垂于体侧，一只手正手握住拉力器手柄：
- 吸气并向前抬臂至眼睛水平高度；
- 动作结束时呼气。

该练习锻炼肱三头肌（主要是前束），以及胸大肌锁骨部。肱二头肌短头也得到一定锻炼。

肩部训练

10 低滑轮绳索前举

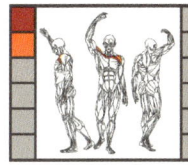

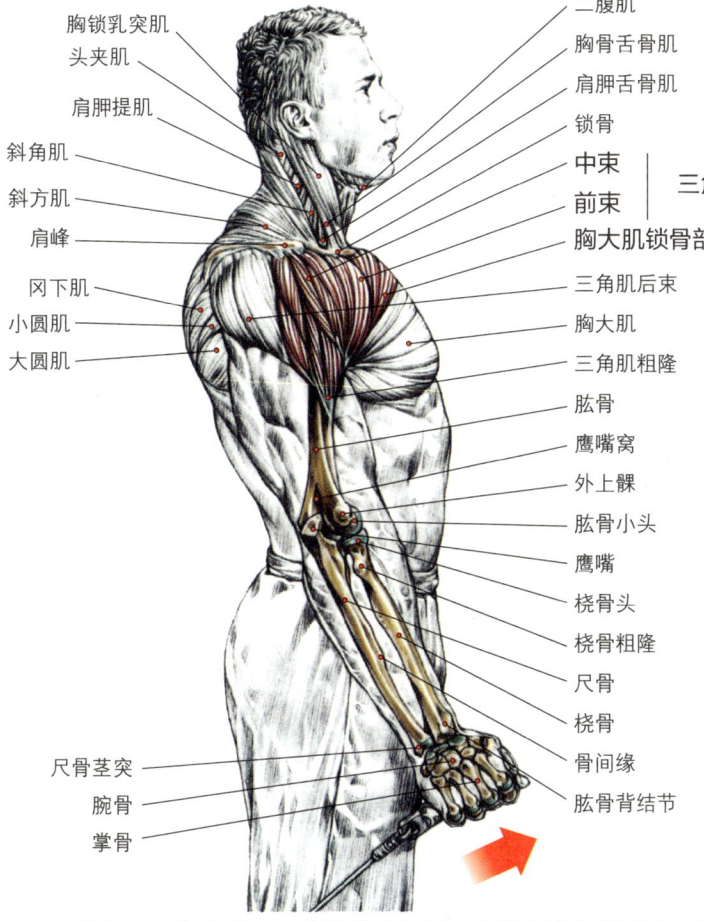

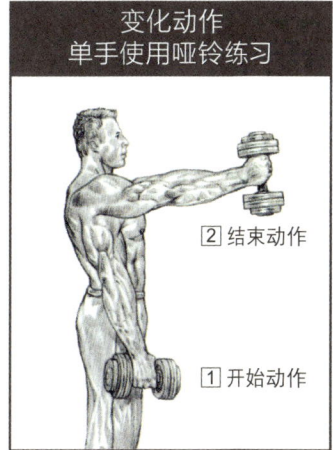

呈站姿，两脚略分开，手臂垂于体侧，手半内旋抓握哑铃（需要使用专门使用该种抓握方式的手柄）：
- 吸气并向前抬臂，直至与眼睛位置平齐，结束抬臂时呼气；
- 缓慢回到起始姿势并重复动作。

该练习主要锻炼了三角肌前束以及胸大肌锁骨部，三角肌中束和肱二头肌短头也得到一定锻炼。

训练时每组练习时间较长为佳。

变化动作
可以用单只哑铃进行此项练习。

> 该练习对难以发展三角肌前束的人群来说是绝佳的练习。手半内旋使得肱骨头向外旋转，在初始动作时有利于拉伸三角肌前束，从而更好感受肌肉发力。

三角肌前束拉伸

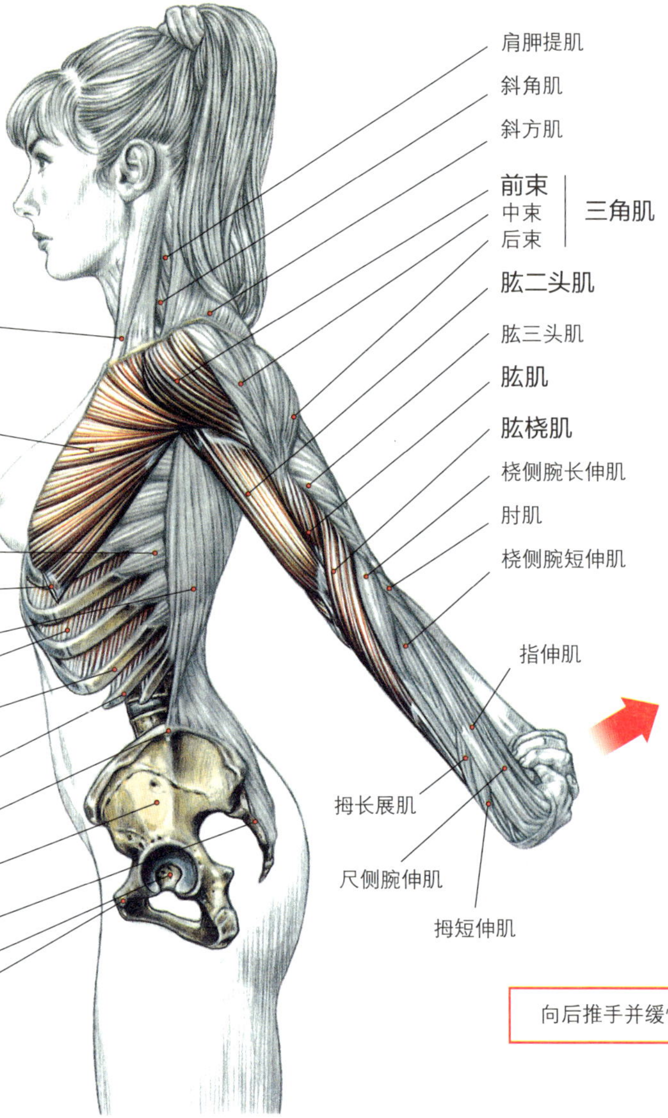

标注（从上到下）：
- 肩胛提肌
- 斜角肌
- 斜方肌
- **前束** / 中束 / 后束 （三角肌）
- **肱二头肌**
- 肱三头肌
- **肱肌**
- **肱桡肌**
- 桡侧腕长伸肌
- 肘肌
- 桡侧腕短伸肌
- 指伸肌
- 拇长展肌
- 尺侧腕伸肌
- 拇短伸肌

左侧标注：
- 下巴微收
- 胸锁乳突肌
- **胸大肌**
- 挺胸
- 前锯肌
- 胸大肌腹部（切面）
- 背阔肌
- **肋间外肌**
- 肋骨
- 浮肋
- 髂嵴
- 髂骨
- 骶骨
- 髋臼
- 耻骨

向后推手并缓慢抬手臂

呈站姿，两脚分开与肩同宽，十指交叉，双手背在身后：
- 向后尽可能远地推手，随后扩胸、收下巴，并缓慢抬起手臂；
- 保持此姿势十几秒。

该练习主要拉伸了三角肌前束、胸大肌以及肱二头肌。肱肌、肱桡肌以及腕部所有伸肌也得到了拉伸。

肩部训练

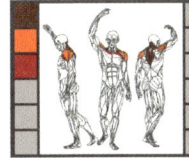

绳索反向侧平举　11

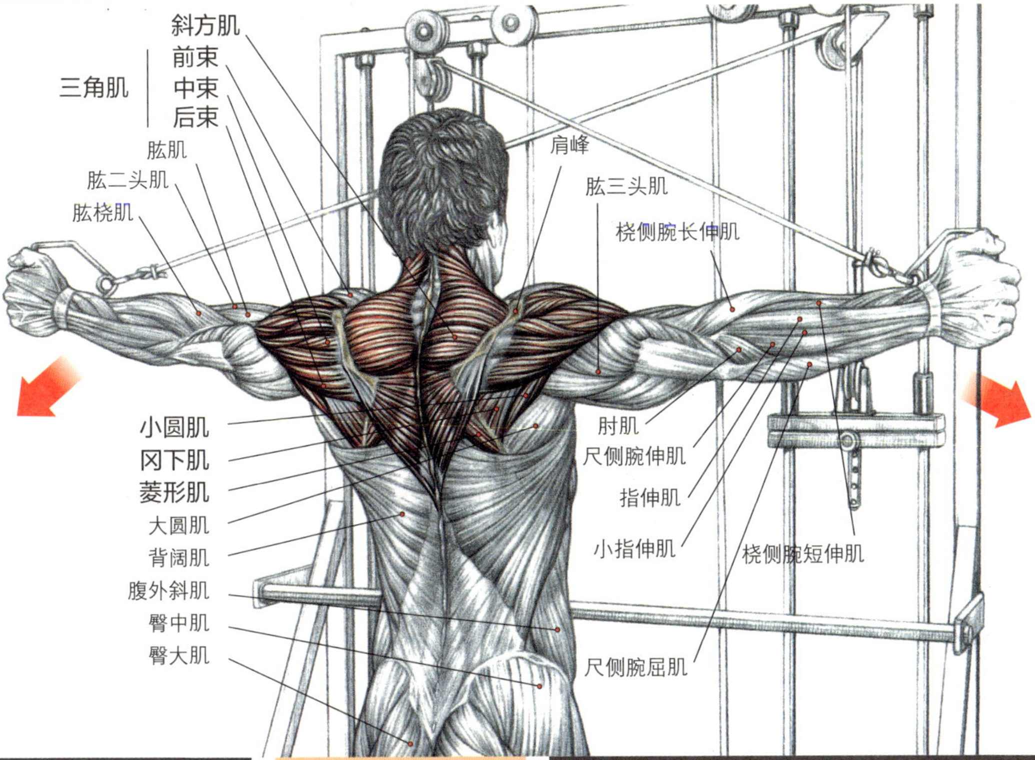

斜方肌
三角肌 — 前束／中束／后束
肱肌
肱二头肌
肱桡肌
小圆肌
冈下肌
菱形肌
大圆肌
背阔肌
腹外斜肌
臀中肌
臀大肌

肩峰
肱三头肌
桡侧腕长伸肌
肘肌
尺侧腕伸肌
指伸肌
小指伸肌
桡侧腕短伸肌
尺侧腕屈肌

开始动作

对于胸部肌肉过于发达造成肩部前倾的人群来说，通过此练习与肩膀后部肌肉锻炼可以重新平衡体态。

要矫正肩膀位置，需要使用适当的负荷训练，在动作结束时注意收紧肩胛骨。

小菱形肌和大菱形肌

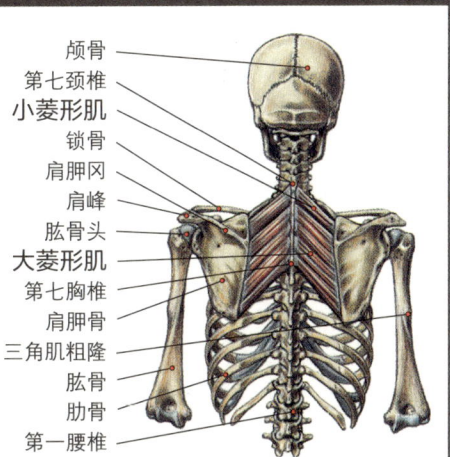

颅骨
第七颈椎
小菱形肌
锁骨
肩胛冈
肩峰
肱骨头
大菱形肌
第七胸椎
肩胛骨
三角肌粗隆
肱骨
肋骨
第一腰椎

面向滑轮站立，手臂向前伸展，左手抓握拉力器右手柄，右手抓握左手柄：

- 吸气并向两侧拉开双臂，动作结束时呼气；
- 有控制地回到起始姿势，重复上述练习。

该练习锻炼了三角肌（尤其是后束）、冈下肌和小圆肌。在动作结束时，肩胛骨相互靠近，从而锻炼斜方肌以及深层的菱形肌。

菱形肌位于斜方肌深面，使肩胛骨贴着胸廓并牵拉肩胛骨向脊柱靠拢。

有些人的小菱形肌和大菱形肌可能合并在一起形成一块肌肉。

12 单臂绳索外旋

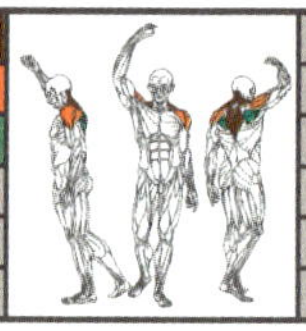

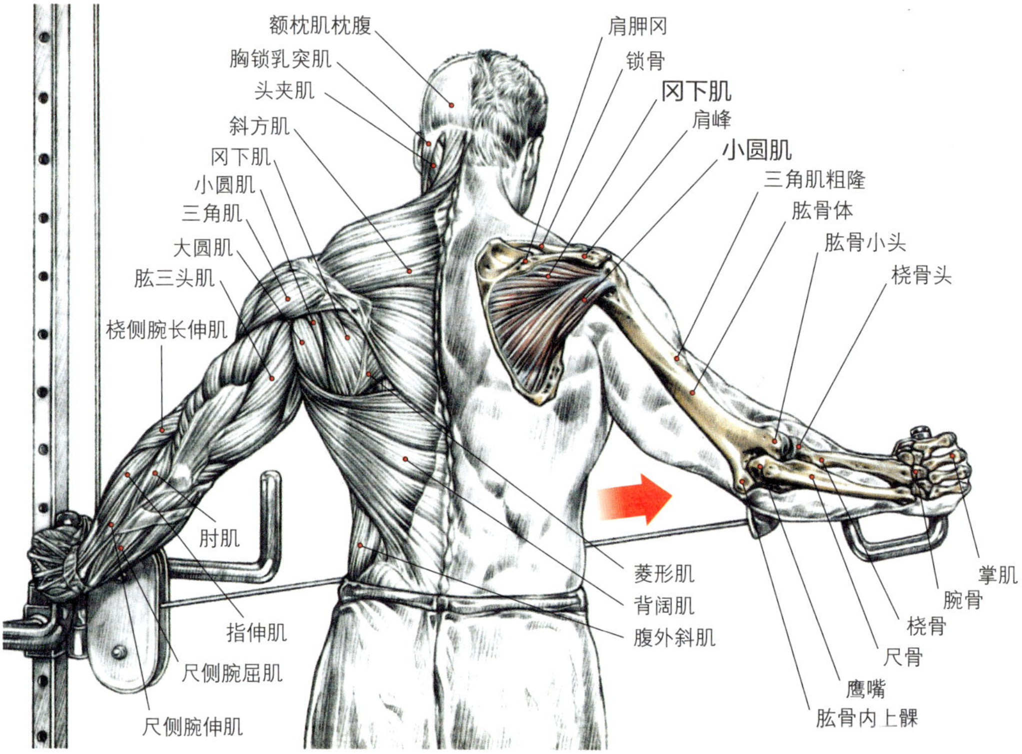

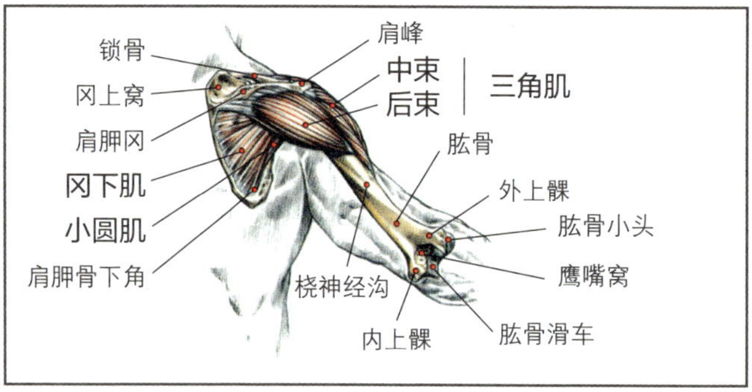

动作示意图

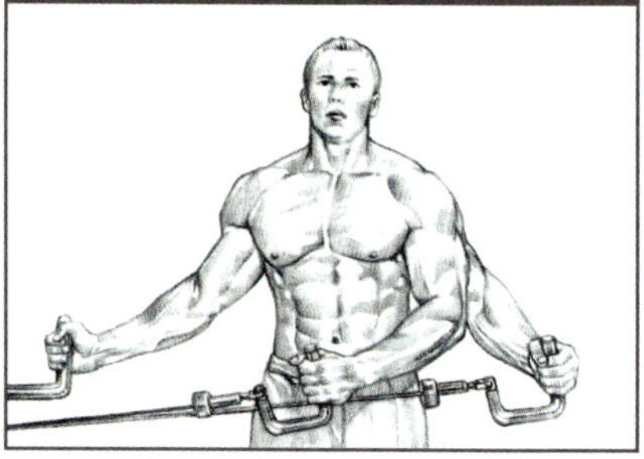

将滑轮降至腰部位置，身体侧对训练器械，抓握手柄，手臂贴在身侧，手肘弯曲，前臂正对腹部：

- 外旋手臂，尽量保持肘部弯曲。

该练习主要锻炼了冈下肌、小圆肌和三角肌后束。在结束运动时，若将肩胛骨向身体中线靠近，也可以锻炼菱形肌和斜方肌中部和下部。

该动作可用来加强冈下肌以及预防冈下肌痉挛疼痛与常见伤病。单臂绳索外旋练习适用于冈下肌撕裂或是部分剥落后的复健练习，不过在第一次练习时应使用非常轻的负荷。

该练习可锻炼到平时难以使用到的三角肌后束。在运动结束时将手臂略拉离身体并拉伸肘部。

俯身绳索侧平举 13

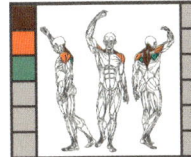

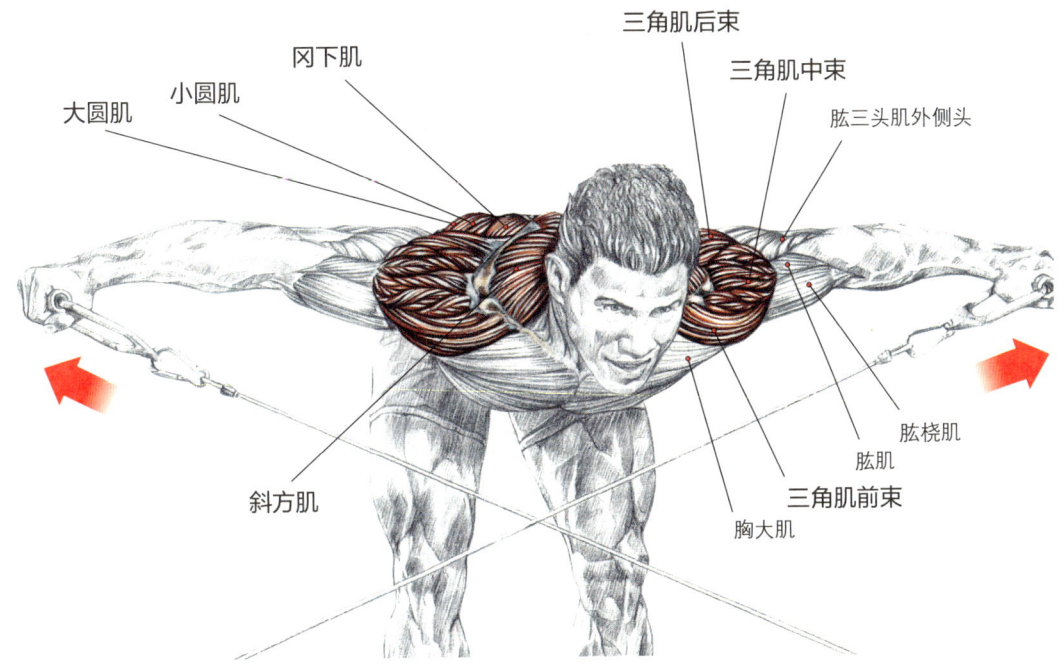

- 大圆肌
- 小圆肌
- 冈下肌
- 三角肌后束
- 三角肌中束
- 肱三头肌外侧头
- 斜方肌
- 三角肌前束
- 胸大肌
- 肱肌
- 肱桡肌

锻炼的肌肉

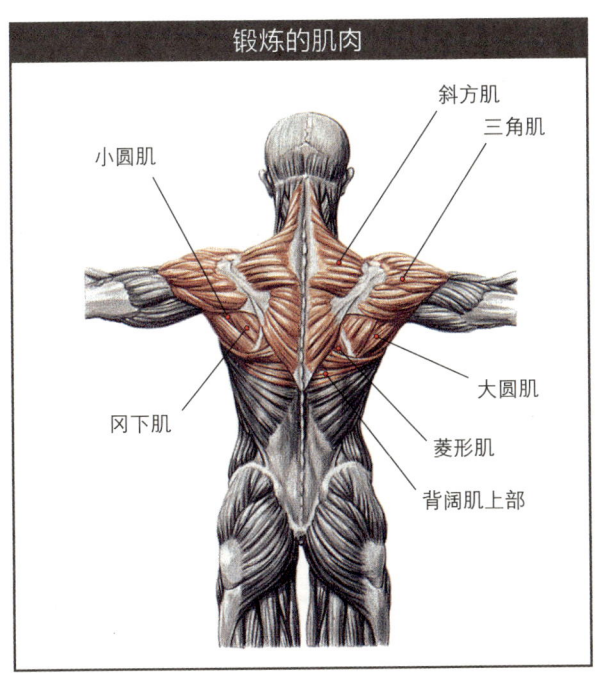

- 小圆肌
- 冈下肌
- 斜方肌
- 三角肌
- 大圆肌
- 菱形肌
- 背阔肌上部

两脚开立，膝部微屈，上身前倾，保持背部挺直，双臂自然下垂，两手抓握拉力器手柄使绳索相交叉：
- 吸气并将手臂抬至水平位置；
- 动作结束时呼气。

该运动锻炼三角肌，尤其是三角肌后束。要注意在动作结束时肩胛骨相互靠拢，锻炼斜方肌（中部和下部）以及菱形肌。

14 低滑轮绳索侧平举

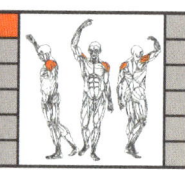

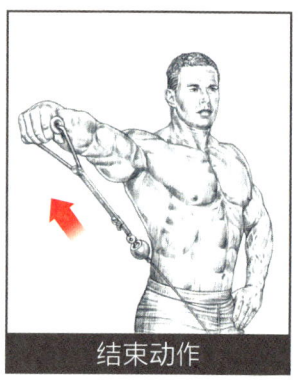

结束动作

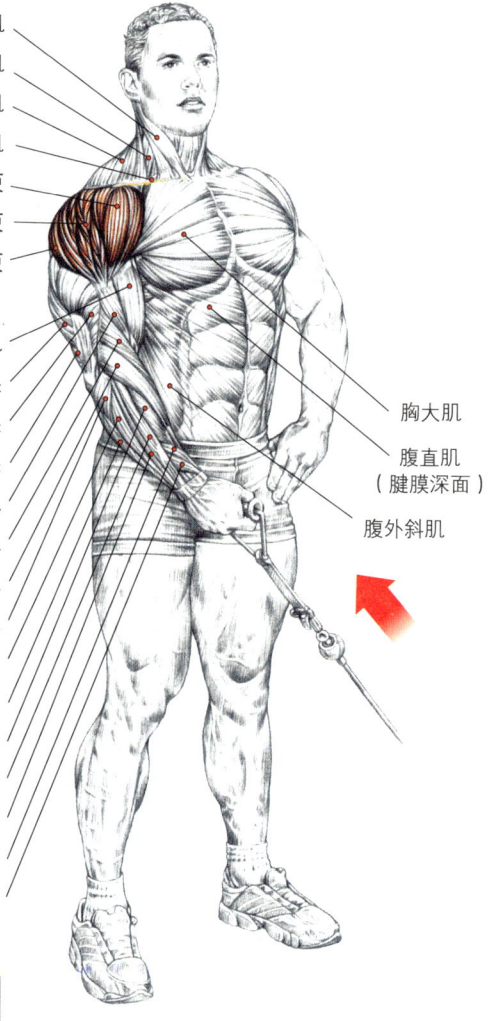

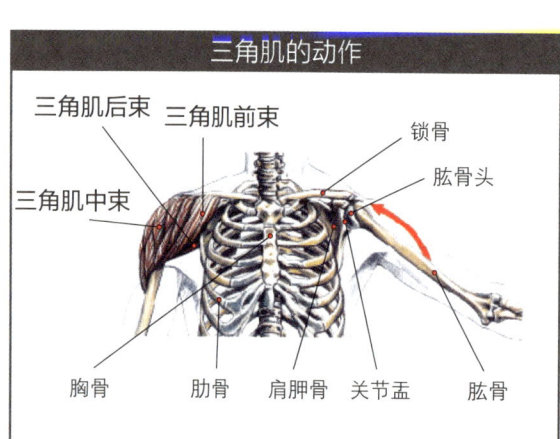

一手握住拉力器手柄，手臂垂于体侧：
- 吸气并将手臂抬至水平位置；
- 动作结束时呼气。

该练习锻炼三角肌，尤其是三角肌中束。三角肌中束为羽状肌，即由许多羽毛状的肌肉纤维组成。可以采用不同锻炼角度，使所有肌肉纤维得到锻炼。

挺直肩膀的重要性

在挺直肩膀时发挥作用的肌肉

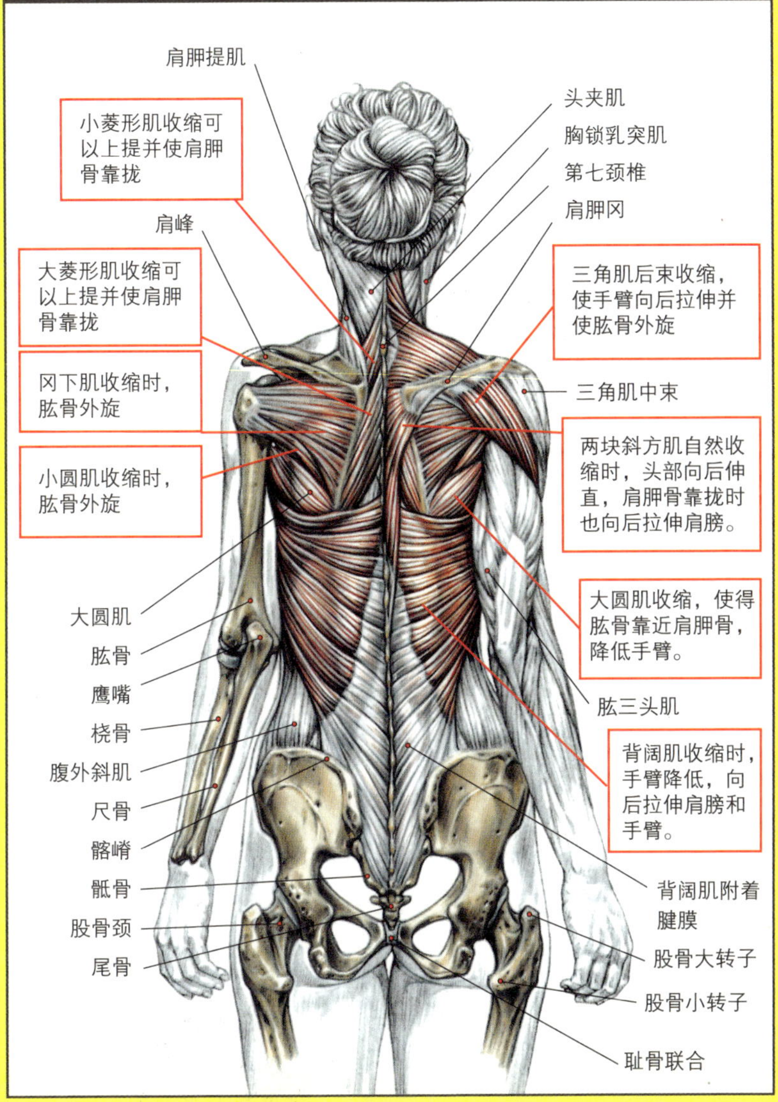

- 肩胛提肌
- 小菱形肌收缩可以上提并使肩胛骨靠拢
- 肩峰
- 大菱形肌收缩可以上提并使肩胛骨靠拢
- 冈下肌收缩时,肱骨外旋
- 小圆肌收缩时,肱骨外旋
- 大圆肌
- 肱骨
- 鹰嘴
- 桡骨
- 腹外斜肌
- 尺骨
- 髂嵴
- 骶骨
- 股骨颈
- 尾骨
- 头夹肌
- 胸锁乳突肌
- 第七颈椎
- 肩胛冈
- 三角肌后束收缩,使手臂向后拉伸并使肱骨外旋
- 三角肌中束
- 两块斜方肌自然收缩时,头部向后伸直,肩胛骨靠拢时也向后拉伸肩膀。
- 大圆肌收缩,使得肱骨靠近肩胛骨,降低手臂。
- 肱三头肌
- 背阔肌收缩时,手臂降低,向后拉伸肩膀和手臂。
- 背阔肌附着腱膜
- 股骨大转子
- 股骨小转子
- 耻骨联合

将杠铃从地面举起时若拱起上背部,会限制上抬的力量。为了避免这一点,需要进行专项练习加强负责挺直肩膀的肌肉。

在重型举重时,为避免肩膀向前内扣或过度突出肩膀限制上举发力,需要在进行运动时挺直肩膀。因此需要进行专项练习做好准备。

现代社会中,因为久坐最常形成的体态问题就是驼背(或富贵包)且肩膀向前内扣。

这类体态问题通常是靠拢肩胛骨的肌肉以及手臂外旋肌肉张力减退导致的。对男性来说,最常见的原因可能是胸肌张力过大或过度发达。

在肌肉训练中,胸部训练或是过度的卧推练习可能导致形成这类体态。

在这种情况下,都需要通过专项练习,如反向飞鸟(详见第72页)、绳索反向侧平举(详见第61页)或哑铃俯身侧平举(详见第55页)重新平衡体态挺直肩膀。

15 对握哑铃前平举

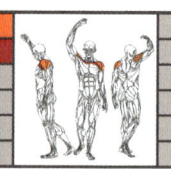

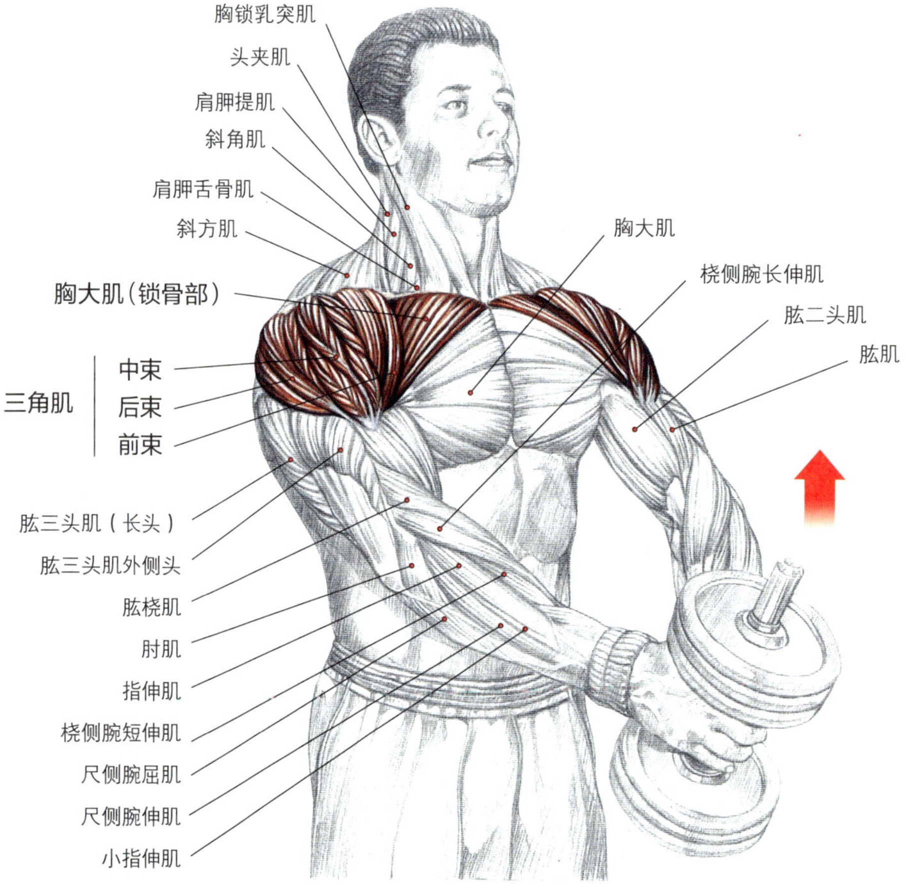

胸锁乳突肌
头夹肌
肩胛提肌
斜角肌
肩胛舌骨肌
斜方肌
胸大肌（锁骨部）
三角肌
中束
后束
前束
肱三头肌（长头）
肱三头肌外侧头
肱桡肌
肘肌
指伸肌
桡侧腕短伸肌
尺侧腕屈肌
尺侧腕伸肌
小指伸肌
胸大肌
桡侧腕长伸肌
肱二头肌
肱肌

呈站姿，两脚略分开，挺直背部，收缩腹部，将一只哑铃放在大腿上，双手在哑铃手柄处交叉，掌心相对，伸直手臂：

- 吸气并将哑铃举至双眼水平高度；
- 缓缓降低哑铃，注意不要晃动哑铃；
- 动作结束时呼气 。

该动作锻炼三角肌，尤其是三角肌前束，也锻炼胸大肌锁骨部和肱二头肌短头。

需注意动作过程中固定肩胛骨的肌肉都发力收紧，从而使肱骨获得稳定的旋转支撑点。

胸骨柄
肋骨
锁骨
肩峰
胸大肌锁骨部
喙突
胸骨体
肱骨
软肋骨
剑突

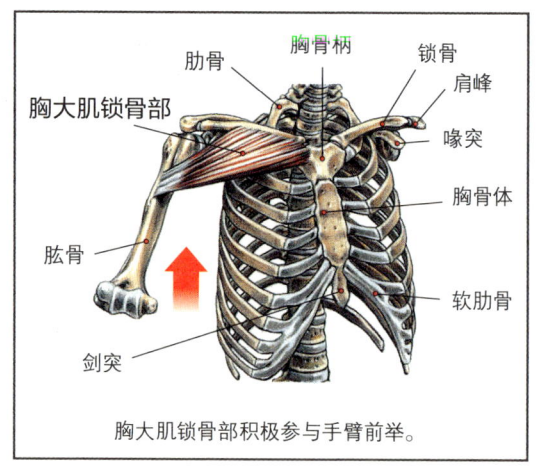

胸大肌锁骨部积极参与手臂前举。

肩部训练

杠铃前平举 16

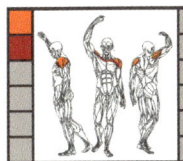

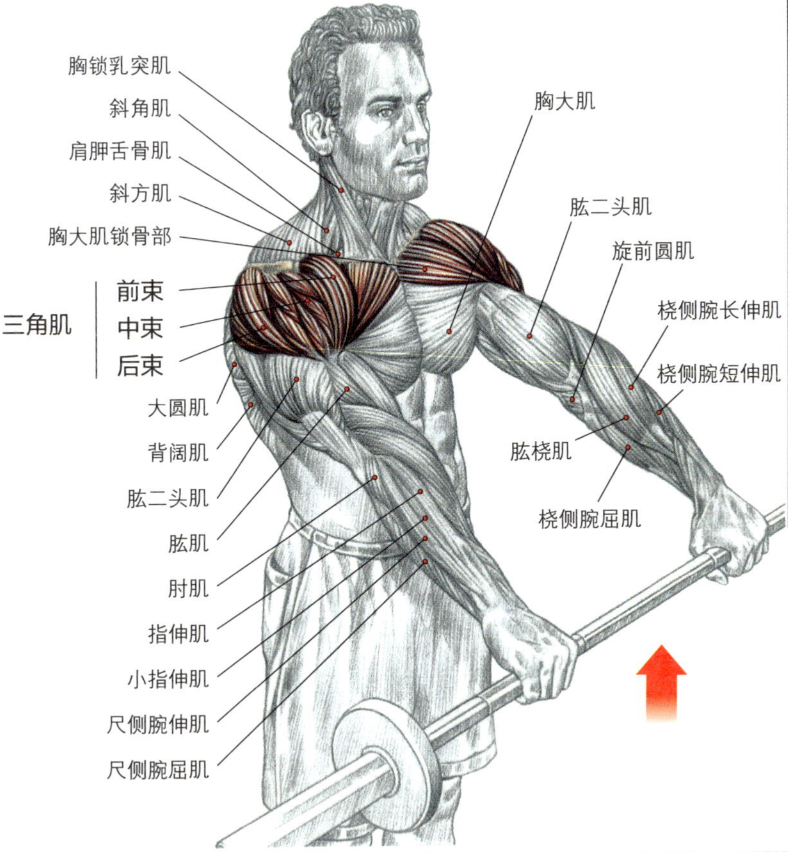

肌肉标注：
- 胸锁乳突肌
- 斜角肌
- 肩胛舌骨肌
- 斜方肌
- 胸大肌锁骨部
- 三角肌（前束、中束、后束）
- 大圆肌
- 背阔肌
- 肱二头肌
- 肱肌
- 肘肌
- 指伸肌
- 小指伸肌
- 尺侧腕伸肌
- 尺侧腕屈肌
- 胸大肌
- 肱二头肌
- 旋前圆肌
- 桡侧腕长伸肌
- 桡侧腕短伸肌
- 肱桡肌
- 桡侧腕屈肌

变化动作：低滑轮前平举

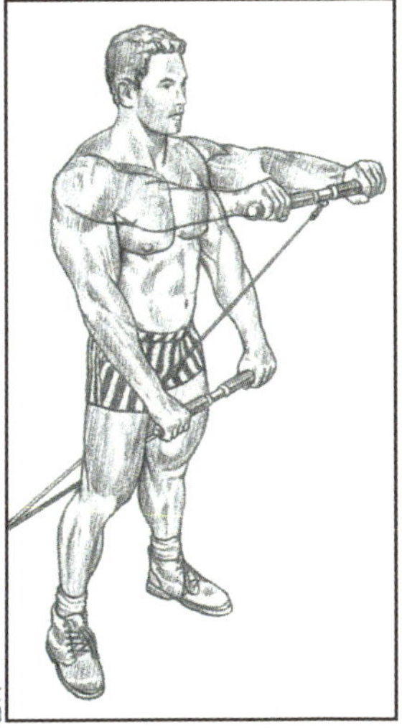

呈站姿，双脚略分开，挺直背部，收紧腹部，正手抓握杠铃置于大腿上：
- 吸气并伸直手臂将杠铃举至与双眼同高；
- 动作结束时呼气。

该练习锻炼三角肌前束、胸大肌锁骨部和冈下肌。斜方肌、前锯肌和肱二头肌短头也得到一定锻炼。

如果将杠铃继续上举，肱三头肌后束将发挥作用，如需强化对其他肌肉的锻炼，可将杠铃举至垂直位。

也可以背对拉力器，将绳索穿过腿间使用低滑轮进行此练习。

> 在所有手臂前举运动中，肱二头肌可得到一定程度的锻炼。

动作示意图

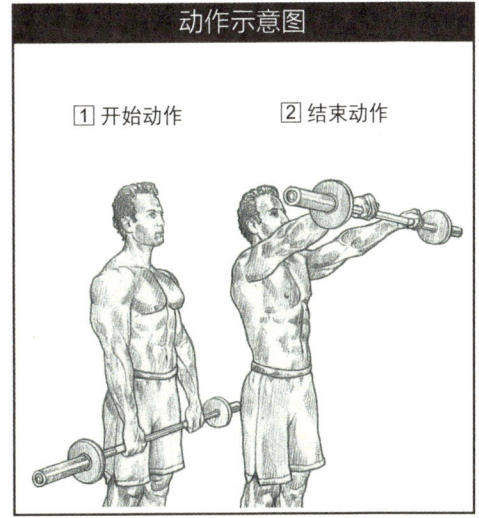

1 开始动作　　2 结束动作

 肱二头肌短头肌腱撕裂

肱二头肌短头肌腱撕裂示意图

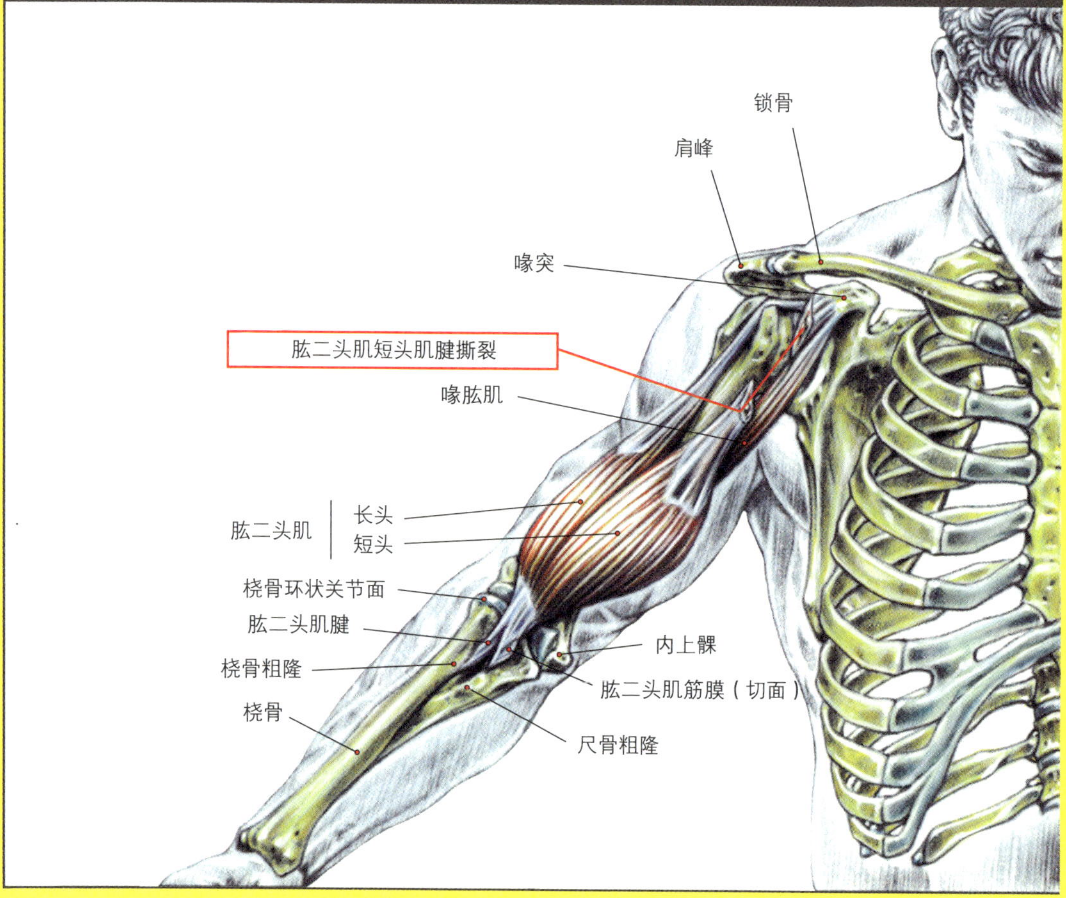

- 锁骨
- 肩峰
- 喙突
- 肱二头肌短头肌腱撕裂
- 喙肱肌
- 肱二头肌 长头 短头
- 桡骨环状关节面
- 肱二头肌腱
- 桡骨粗隆
- 桡骨
- 内上髁
- 肱二头肌筋膜（切面）
- 尺骨粗隆

　　比起肱二头肌长头或肱二头肌远端肌腱，肱二头肌短头肌腱撕裂相对少见。这类问题主要由两种类型的动作造成，一是举重运动中的抓举，二是垂直划船动作。

　　在进行垂直划船时，负荷越重、握距越宽、手肘越向外，对肱二头肌内侧造成的压力越大。

　　除上述两大动作之外，还有一种相对较为少见的导致肱二头肌短头肌腱撕裂的情况是亚特拉斯巨石训练。

　　在进行垂直划船训练时，感受到肱二头肌内侧上部最轻微的拉伸时就应停止练习，随后减小握距。

肩部训练

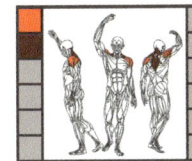

直立划船 17

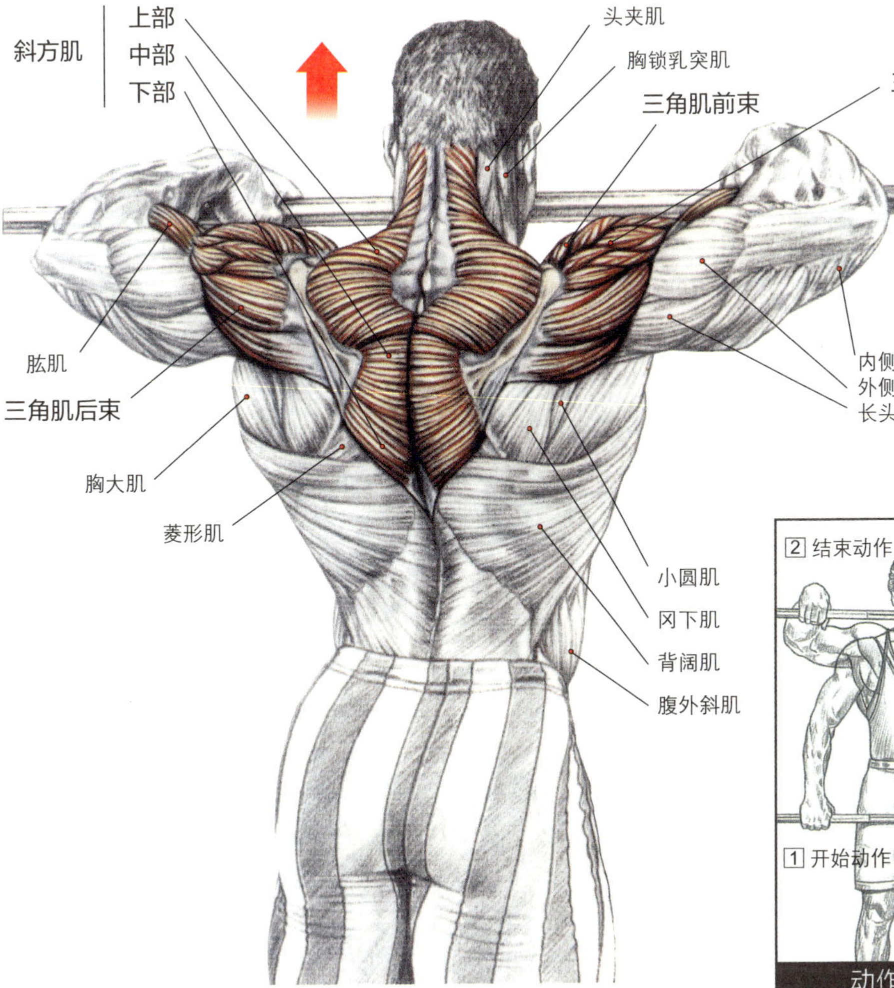

斜方肌
- 上部
- 中部
- 下部

头夹肌
胸锁乳突肌
三角肌前束
三角肌中束
肱肌
三角肌后束
胸大肌
菱形肌
小圆肌
冈下肌
背阔肌
腹外斜肌
内侧头
外侧头
长头
肱三头肌

[2] 结束动作
[1] 开始动作

动作示意图

呈站姿，双腿稍分开，挺直背部，手内旋抓握杠铃置于大腿上，双手分开略比肩宽：
- 吸气并贴身上提杠铃至下颌，手肘尽量抬高；
- 有控制地下降杠铃，避免晃动；
- 动作结束时呼气。

该练习主要锻炼了三角肌全部肌束、斜方肌、肱二头肌，也锻炼前臂肌群、臀肌、腰骶肌和腹肌。

这是一个非常综合的基础练习动作，能帮助练就"大力士"般的体魄。

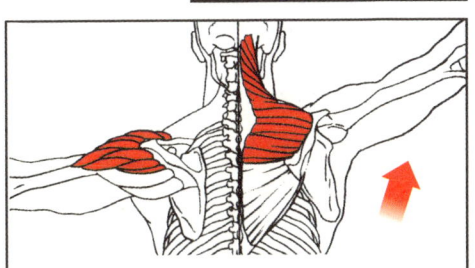

三角肌将手臂抬至水平位置。随后斜方肌使肩胛骨转动，使手臂继续上抬。

体态对垂直划船运动的影响

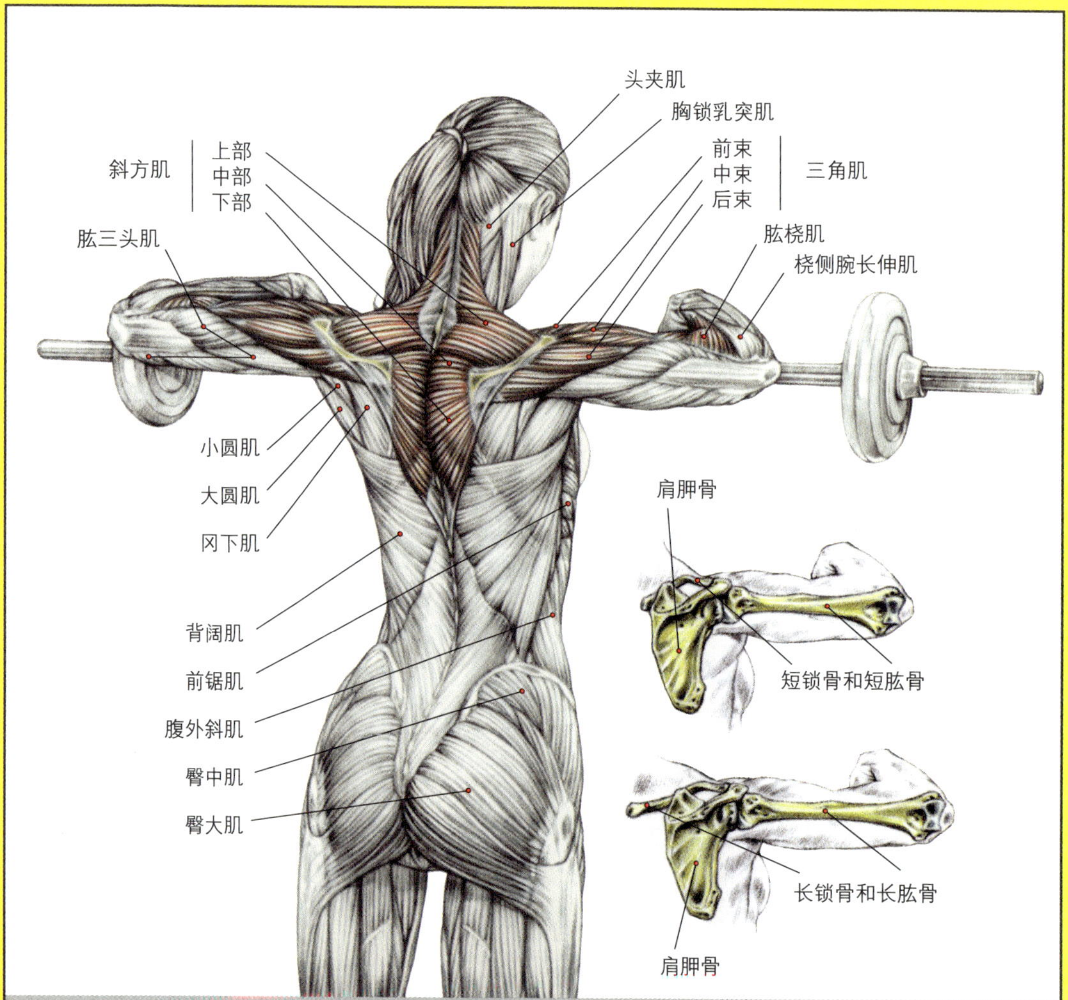

在肌肉训练中，杠杆的形状和大小对个人的承重能力有着非常重要的作用。在垂直划船运动中，肱骨越长、锁骨越长，越难以增加自身承重量。

因此，短锁骨和短肱骨的身体结构最适宜进行大重量垂直划船运动。

器械侧平举　18

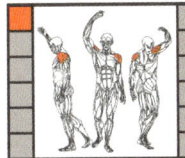

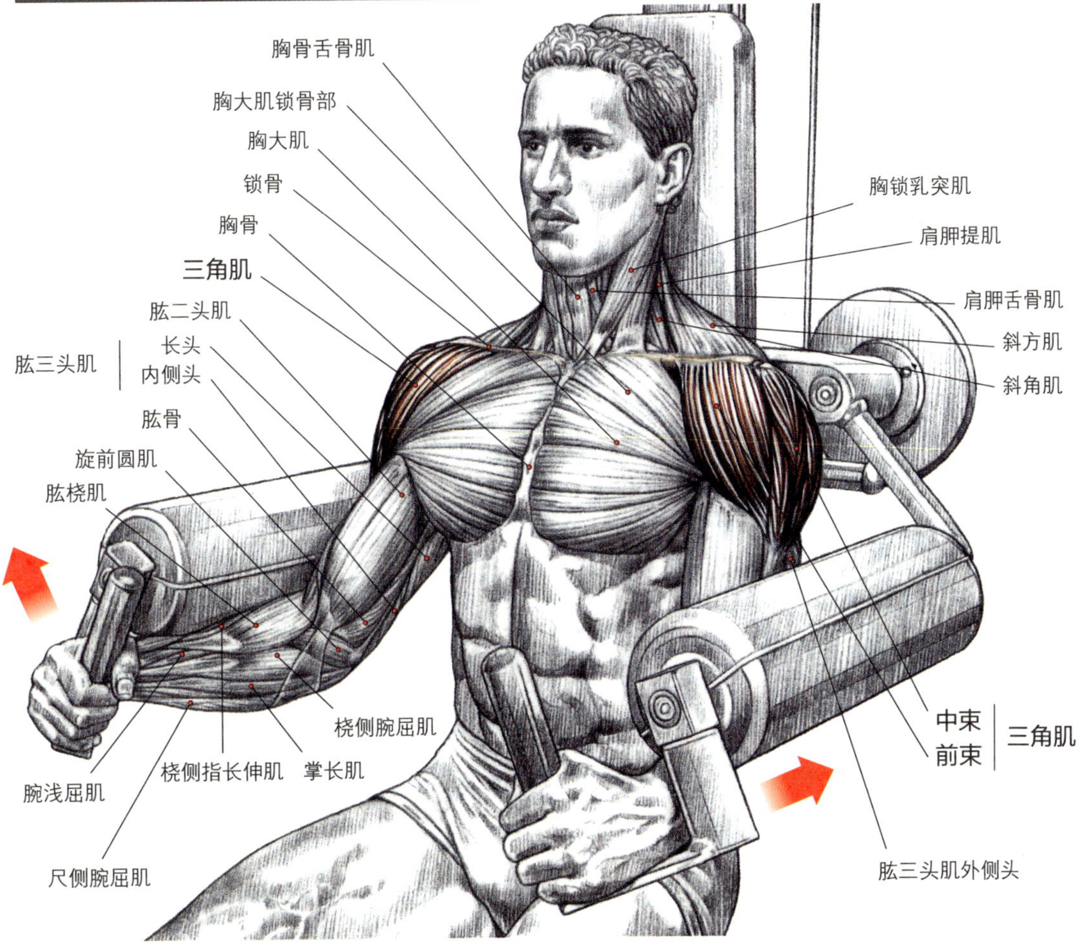

肌肉标注（从上到下，左右）：
胸骨舌骨肌、胸大肌锁骨部、胸大肌、锁骨、胸骨、三角肌、肱二头肌、长头、内侧头、肱三头肌、肱骨、旋前圆肌、肱桡肌、腕浅屈肌、尺侧腕屈肌、桡侧指长伸肌、掌长肌、桡侧腕屈肌、胸锁乳突肌、肩胛提肌、肩胛舌骨肌、斜方肌、斜角肌、三角肌（中束、前束）、肱三头肌外侧头

坐在训练椅上，双手抓握手柄：
- 吸气并将手肘抬高至水平位；
- 动作结束时呼气。

此项练习锻炼三角肌，尤其是三角肌中束。三角肌深层的冈上肌也能得到一定锻炼。如果肘部到达水平位后继续抬升手臂，也可锻炼斜方肌上部。

> 此项训练是极好的入门练习，不必担心动作姿势，可以连续进行多组反复训练。

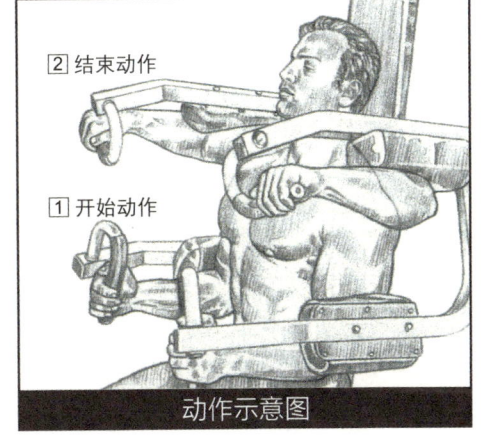

动作示意图（①开始动作　②结束动作）

19 器械反向飞鸟

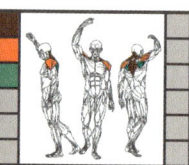

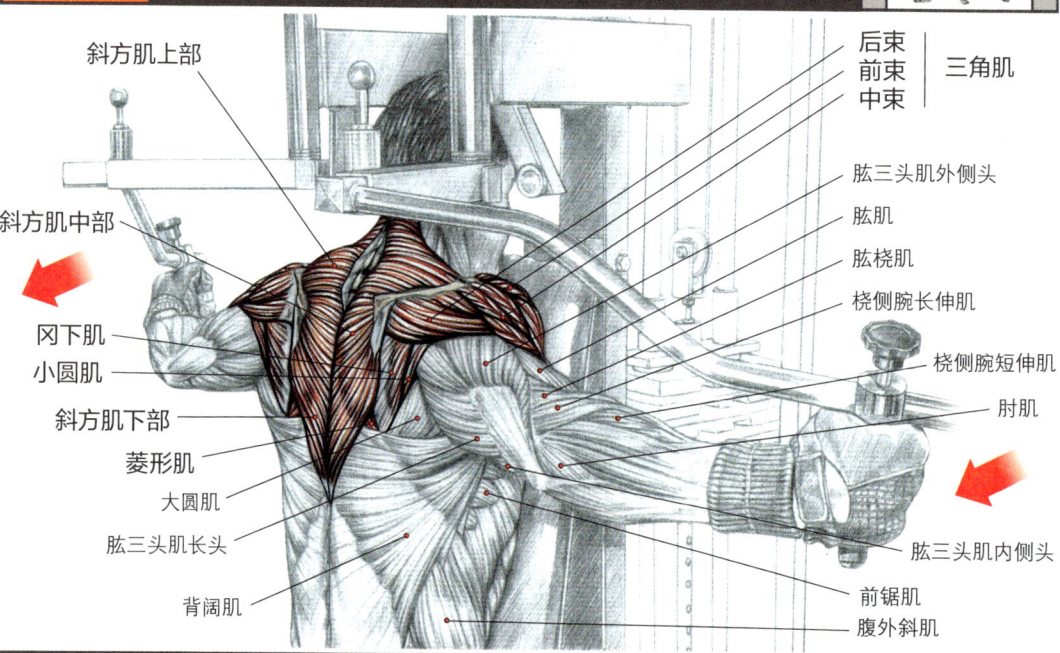

标注（上图）：
- 斜方肌上部
- 斜方肌中部
- 冈下肌
- 小圆肌
- 斜方肌下部
- 菱形肌
- 大圆肌
- 肱三头肌长头
- 背阔肌
- 后束 / 前束 / 中束 — 三角肌
- 肱三头肌外侧头
- 肱肌
- 肱桡肌
- 桡侧腕长伸肌
- 桡侧腕短伸肌
- 肘肌
- 肱三头肌内侧头
- 前锯肌
- 腹外斜肌

冈下肌和小圆肌

标注：
- 头夹肌
- 冈上窝
- 肩胛冈
- 冈下肌
- 肩峰
- 小圆肌
- 大结节
- 肩胛骨
- 桡神经沟
- 三角肌粗隆
- 肱骨
- 鹰嘴窝
- 肱骨小头
- 肱骨滑车
- 内上髁
- 胸锁乳突肌
- 肩胛提肌
- 斜方肌
- 冈下肌
- 后束 / 中束 — 三角肌
- 小圆肌
- 菱形肌
- 大圆肌
- 长头 / 外侧头 / 内侧头 — 肱三头肌
- 背阔肌
- 腹外斜肌
- 胸腰筋膜
- 臀中肌
- 臀大肌

这两块肌肉都起自肩胛骨的背面，越过肩胛关节附着于关节囊上，止于肱骨大结节。冈下肌和小圆肌可以使手臂外旋，并通过加强手臂和胸部连接而加固肩部韧带。

一些人的小圆肌和冈下肌合在一起形成一块肌肉。

动作示意图

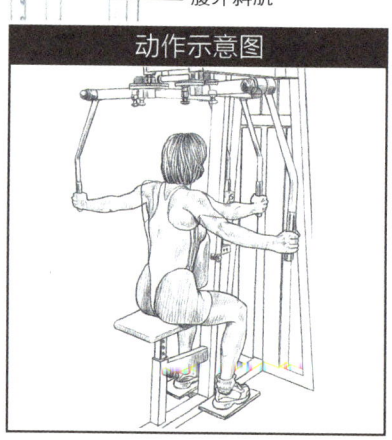

面向训练机坐在椅子上，上半身贴紧靠背，手臂前伸，双手握住手柄：

- 吸气，双臂向两侧分开，收紧肩胛骨；
- 呼气收回双臂。

该动作锻炼三角肌，尤其是三角肌后束，也锻炼冈下肌和小圆肌。在双臂展开收紧肩胛骨时，锻炼斜方肌和菱形肌。

肩部训练

肌腱袖肌肉后束拉伸

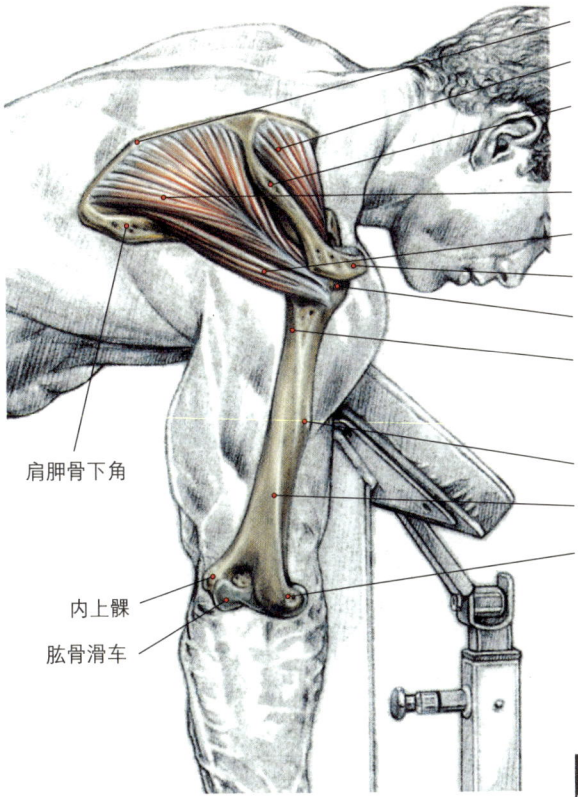

- 肩胛骨内侧缘
- 冈上肌
- 肩胛冈
- 冈下肌
- 小圆肌
- 肩峰
- 大结节
- 肱骨体
- 三角肌粗隆
- 桡神经沟
- 外上髁
- 肩胛骨下角
- 内上髁
- 肱骨滑车

动作示意图

呈站姿，单手抓握哑铃，上半身向前倾靠在训练器上（如牧师凳或腰部拉伸椅扶手上）：
- 手臂放松，抓握哑铃一分钟并尝试拉伸肩部。

该练习能拉伸冈下肌和小圆肌，也在一定程度上拉伸附着于肩胛骨背面的冈上肌。

要注意在肌肉训练时，上述肌肉容易出现挛缩和痉挛，导致肩膀姿势错误。长此以往可能磨损肌腱，使肌腱失去能力。

> 小圆肌和冈下肌的挛缩和痉挛导致肱骨外旋，引起前臂肱二头肌长头肌腱（在肱骨结节间沟中）剧烈摩擦。如果不处理痉挛，可能导致炎症，严重时发展为肌腱磨损和断裂。
> 因此有必要在发现轻微挛缩时，进行这项拉伸动作，伸展肌肉。

肘部拉伸

两种拉伸肘部的方法

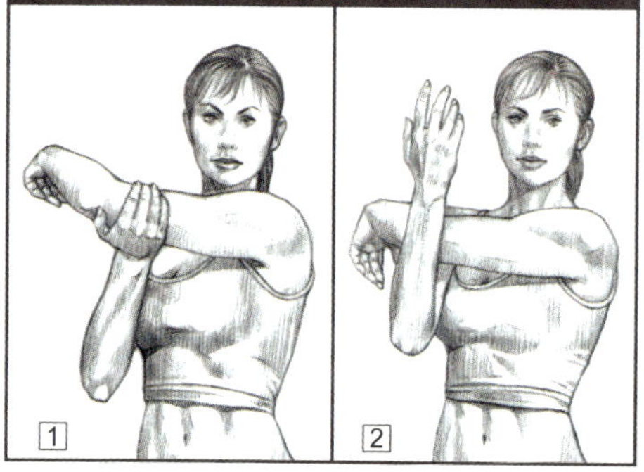

① ②

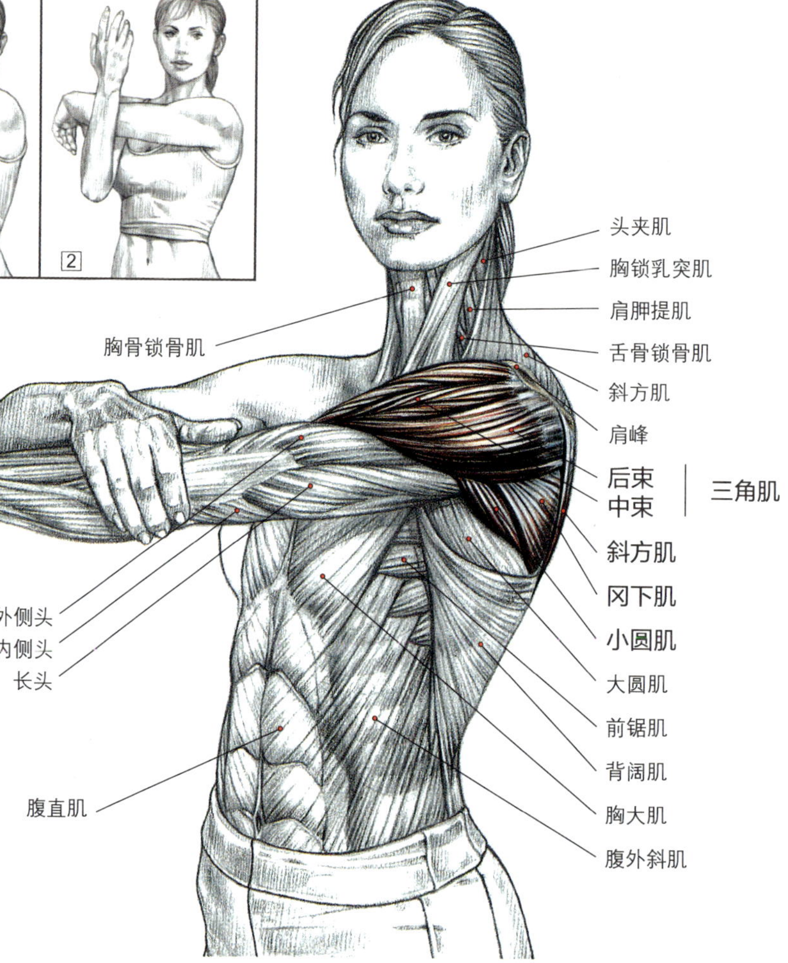

标注（从上至下）：
- 头夹肌
- 胸锁乳突肌
- 肩胛提肌
- 舌骨锁骨肌
- 斜方肌
- 肩峰
- 后束 / 中束 — 三角肌
- 斜方肌
- 冈下肌
- 小圆肌
- 大圆肌
- 前锯肌
- 背阔肌
- 胸大肌
- 腹外斜肌

左侧标注：
- 胸骨锁骨肌
- 肱三头肌（外侧头、内侧头、长头）
- 腹直肌

呈站姿，挺直脖子，手臂呈水平位：
- 用一只手抓住另一只手手肘拉伸手臂，将手肘缓慢靠近另一侧肩膀；
- 保持这个姿势10~20秒，好好感受拉伸。

该练习主要拉伸三角肌中束和后束，也拉伸小圆肌和冈下肌。这两块肌肉是肱骨外旋肌，容易发生挛缩，可能导致肩膀功能性失衡，可能引起炎症类疾病。

斜方肌中部和下部以及大菱形肌也得到一定拉伸。

变化动作

可以将手肘向另一侧肩膀上方拉伸。

> 一些肌肉过度发达的人，手臂内收时可能导致肱二头肌压着胸大肌，进而限制肩膀后部的良好拉伸。

03 胸部训练

01 / 上斜卧推 77
↗ 胸大肌拉伸 78
02 / 杠铃卧推 79
✚ 肩锁部疾病 81
⚠ 胸骨锁骨问题 83
✚ 胸大肌拉伤 84
✚ 肌肉大面积撕裂和肌腱脱落 85
03 / 窄握杠铃推举 86
✚ 卧推与身体形态 87
✚ 卧推受伤风险 89
✚ 肱骨结节间沟异常与结节间腱鞘膨胀 90
✚ 锁骨长度对卧推的影响 91
04 / 下斜卧推 93

05 / 训练器卧推 94
06 / 双杠臂屈伸 95
✚ 臂屈伸和胸骨疼痛 96
✚ 注意颈部位置！ 97
07 / 俯卧撑 98
08 / 平板哑铃卧推 99
09 / 平板哑铃飞鸟 100
10 / 上斜哑铃卧推 101
11 / 上斜哑铃飞鸟 102
12 / 夹胸机夹胸 103
13 / 拉力器夹胸 104
14 / 哑铃仰卧屈臂上拉 105
15 / 杠铃仰卧屈臂上拉 106

胸大肌对投掷运动的重要性

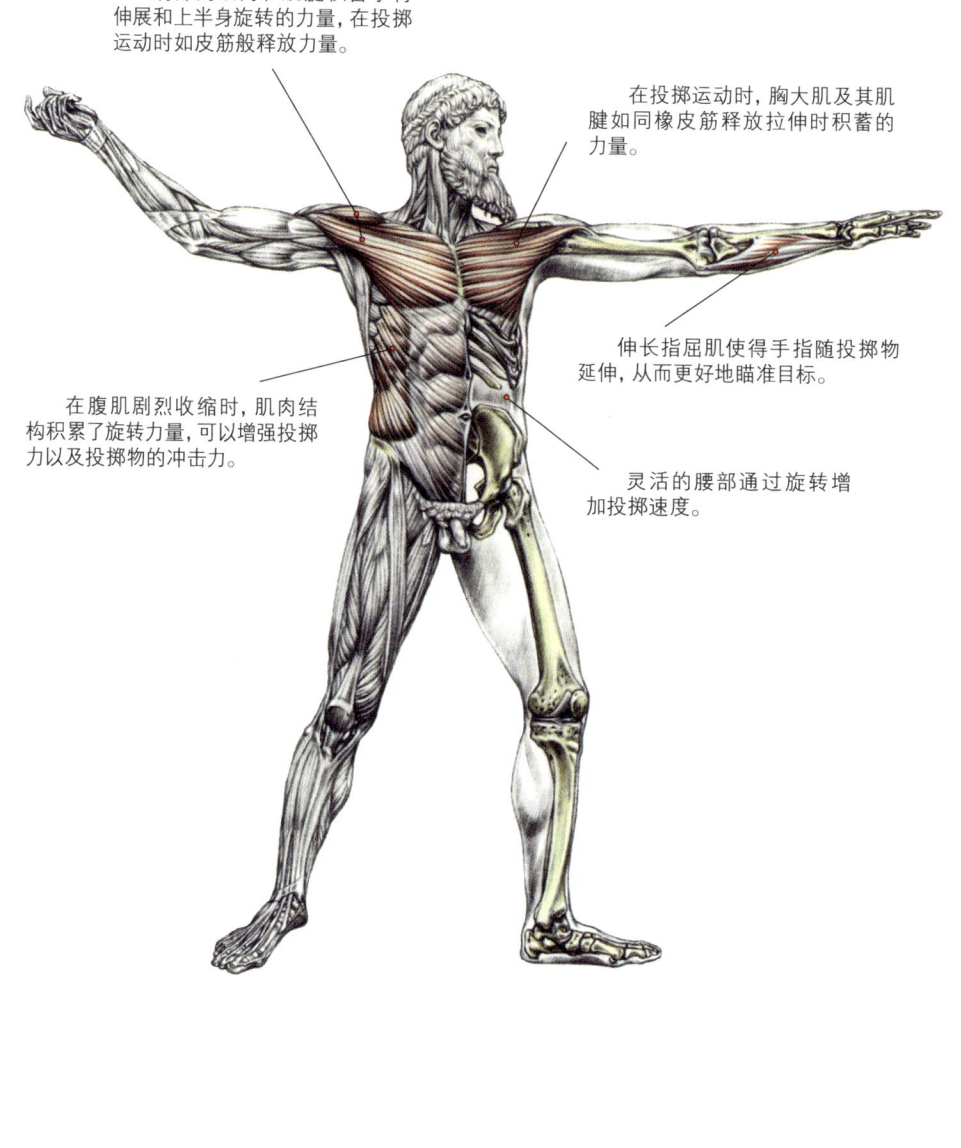

肩部的肌肉和肌腱积蓄手臂伸展和上半身旋转的力量,在投掷运动时如皮筋般释放力量。

在投掷运动时,胸大肌及其肌腱如同橡皮筋释放拉伸时积蓄的力量。

在腹肌剧烈收缩时,肌肉结构积累了旋转力量,可以增强投掷力以及投掷物的冲击力。

伸长指屈肌使得手指随投掷物延伸,从而更好地瞄准目标。

灵活的腰部通过旋转增加投掷速度。

胸部训练

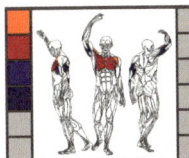

上斜卧推 01

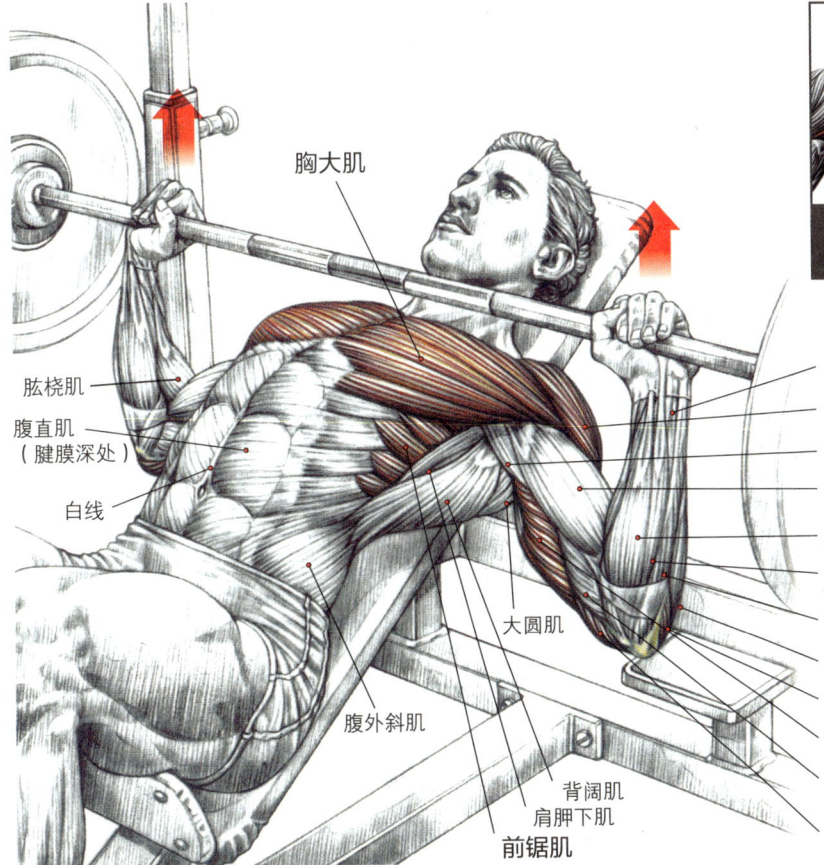

重点锻炼胸大肌的部位

标注（上图）：
- 胸大肌
- 肱桡肌
- 腹直肌（腱膜深处）
- 白线
- 大圆肌
- 腹外斜肌
- 背阔肌
- 肩胛下肌
- 前锯肌
- 指浅屈肌
- 三角肌前束
- 喙肱肌
- 肱二头肌
- 桡侧腕屈肌
- 掌长肌
- 尺侧腕屈肌
- 尺侧腕伸肌
- 肘肌
- 肱三头肌长头
- 肱肌
- 肱三头肌内侧头

上斜卧推对胸部的影响

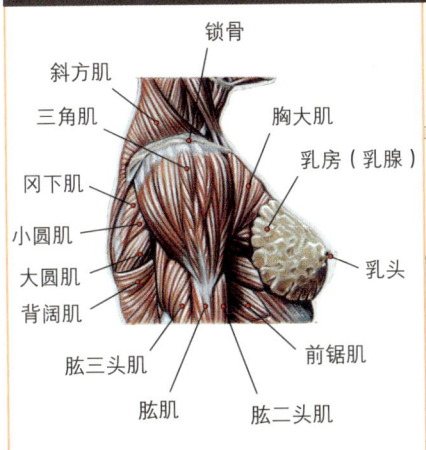

标注：锁骨、斜方肌、三角肌、冈下肌、小圆肌、大圆肌、背阔肌、肱三头肌、肱肌、胸大肌、乳房（乳腺）、乳头、前锯肌、肱二头肌

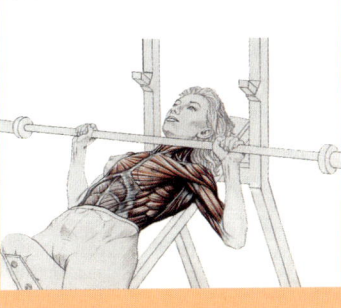

与人们普遍认为的不同，女性做上斜卧推不能使女性的乳房更结实，也不能防止乳房下垂。乳房由包裹着乳腺的脂肪组成，由结缔组织支撑，位于胸大肌表面。

仰卧于向上倾斜45°~60°的训练椅上，正手抓握杠铃，握距略大于肩宽：
- 吸气，将杠铃降至锁骨上方位置；
- 向上推举杠铃，动作结束时呼气。

该练习锻炼胸大肌（尤其是锁骨部）、三角肌前束、前锯肌和小圆肌。

该练习也可以借助杠铃支架完成。

胸大肌拉伸

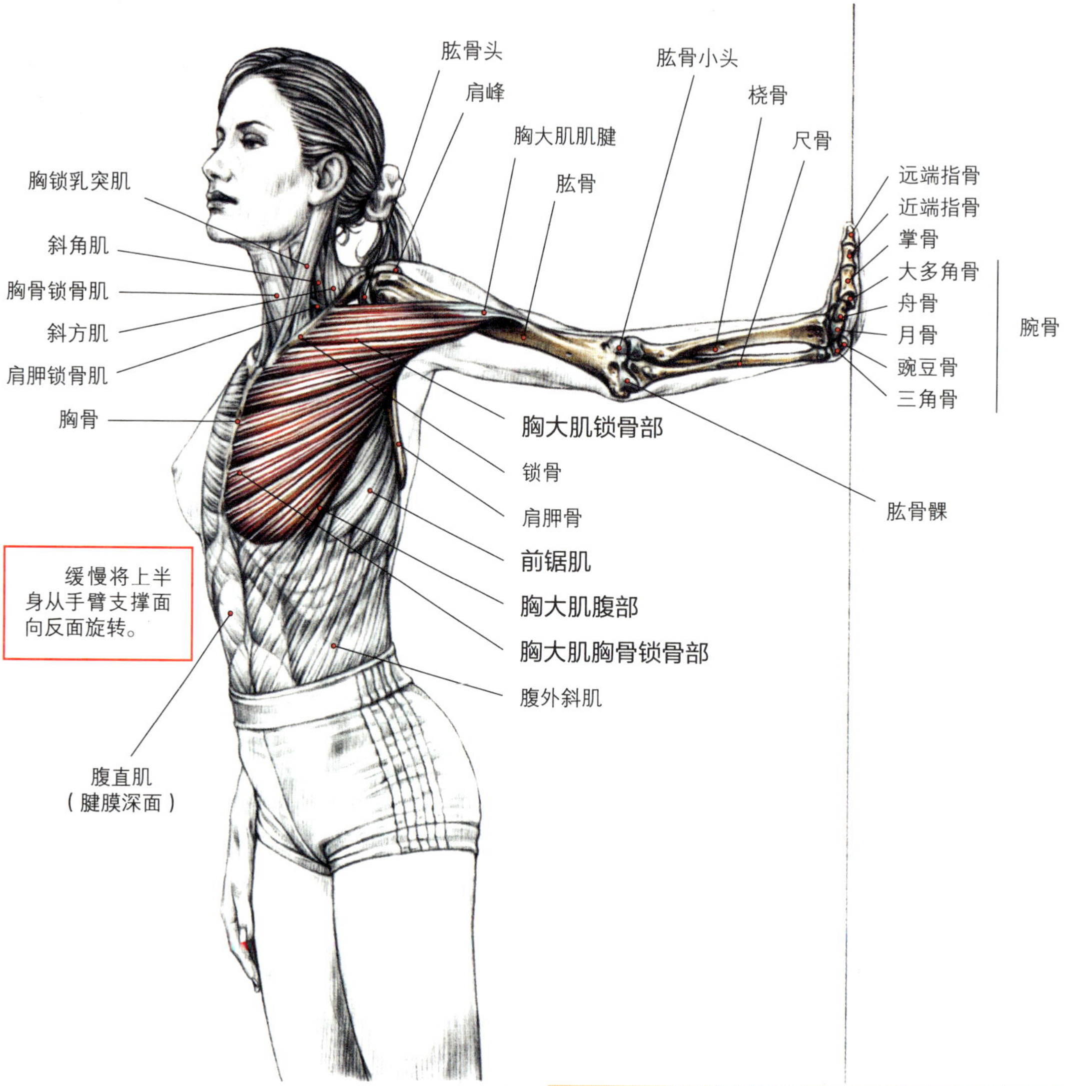

标注（骨骼/肌肉）：
- 肱骨头
- 肩峰
- 胸大肌肌腱
- 肱骨
- 肱骨小头
- 桡骨
- 尺骨
- 远端指骨
- 近端指骨
- 掌骨
- 大多角骨
- 舟骨
- 月骨
- 豌豆骨
- 三角骨
- 腕骨
- 胸锁乳突肌
- 斜角肌
- 胸骨锁骨肌
- 斜方肌
- 肩胛锁骨肌
- 胸骨
- 胸大肌锁骨部
- 锁骨
- 肩胛骨
- 前锯肌
- 胸大肌腹部
- 胸大肌胸骨锁骨部
- 腹外斜肌
- 肱骨髁
- 腹直肌（腱膜深面）

缓慢将上半身从手臂支撑面向反面旋转。

对于卧推肌肉训练、投掷运动、网球、排球和手球运动来说，这都是很好的拉伸练习。

呈站姿，伸展手臂，一只手抓住支撑物，慢慢将上半身从手臂支撑面向反面旋转。

该练习主要拉伸胸大肌、三角肌前束以及肱二头肌。

变化动作

建议将手放在不同高度，逐步拉伸胸大肌所有肌束。

杠铃卧推 02

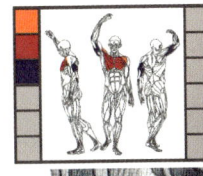

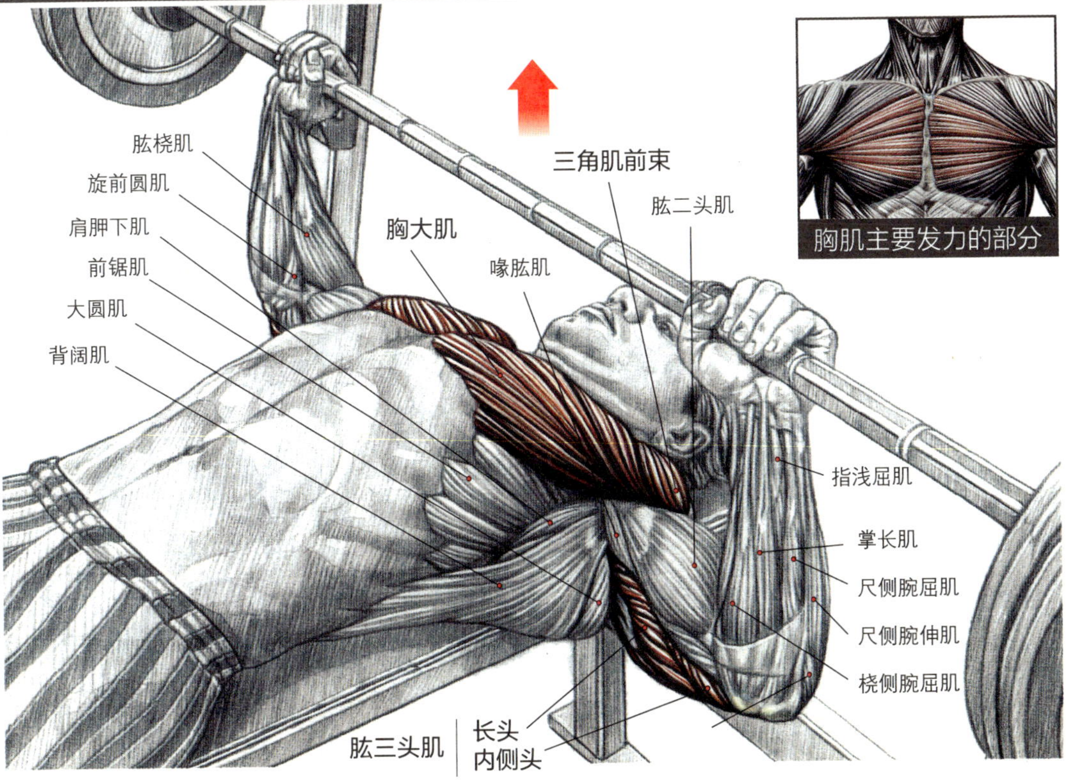

胸肌主要发力的部分

肱桡肌
旋前圆肌
肩胛下肌
前锯肌
大圆肌
背阔肌

三角肌前束
肱二头肌
胸大肌
喙肱肌

指浅屈肌
掌长肌
尺侧腕屈肌
尺侧腕伸肌
桡侧腕屈肌

肱三头肌 长头 内侧头

平躺在训练椅上，臀部接触凳面，双脚踩地：
- 正手握杠，握距大于肩宽；
- 吸气，控制杠铃缓缓下降至胸部；
- 向上推举手臂，动作结束时呼气。

该练习主要锻炼胸大肌全部肌束、胸小肌、肱三头肌、三角肌前束、前锯肌和喙肱肌。

变化动作

在训练中可采取弓背用力上举的方式。这个姿势能使胸大肌下部发挥更大力量，举起更大负荷。不过在锻炼时需要注意保护背部避免受伤。

推举杠铃时肘部贴于身侧，可以集中锻炼三角肌前束。

变换双手握距可以锻炼不同肌肉部位：
- 窄握距可加强对胸大肌中部的锻炼；
- 宽握距可加强对胸大肌外侧的锻炼。

变换杠铃运动轨迹可以锻炼不同肌肉部位：
- 杠铃下降至胸大肌下部时，锻炼胸大肌下部；
- 杠铃下降至胸大肌中部时，锻炼胸大肌中部；
- 杠铃下降至锁骨时，锻炼胸大肌上部。

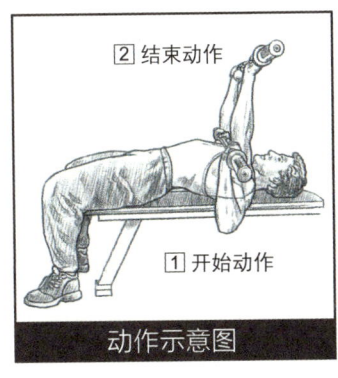

动作示意图
① 开始动作
② 结束动作

背部不适或是想单独练习胸大肌的人群，可在训练时抬起双腿。可以使用杠铃支架辅助练习。

标准姿势位

变化练习：弓背

进行仰卧推举时采用弓背用力向上推举的方式，可以限制运动幅度，增加推举重量。胸大肌下部受到强刺激。

在竞赛中，脚和头需要保持不动，另外臀部也必须始终接触凳面。有腰背疾病者应避免做此变化动作。

变化练习：抬起双腿

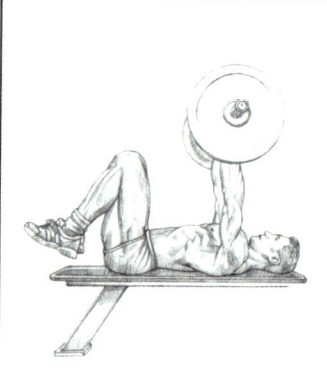

仰卧推举时抬起双腿可以防止脊柱过度前突导致腰椎疼痛。

该变化动作也可以用于减少胸大肌下部发力，更多锻炼胸大肌中束和胸大肌锁骨部。

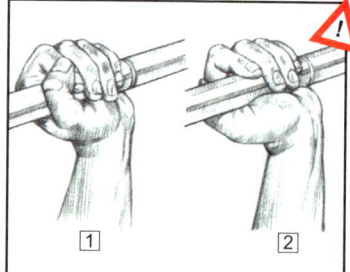

① 安全起见，握杠时应将拇指与其他四指相对。

② 如果握杠时拇指没有与其他四指相对，杠铃可能会从手中滑落砸到下颌，甚至砸伤颈部造成更严重的伤害。

胸大肌在重负荷卧推中的作用

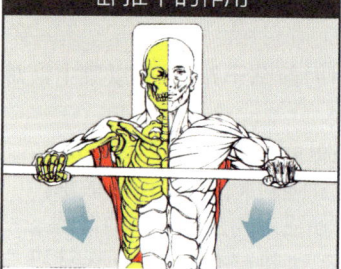

胸大肌在大重量卧推中起重要作用，要防止过度张开手臂，减少胸大肌拉伤风险，同时在推举时更稳定有力。

杠铃仰卧推举的有力姿势

双手紧握杠铃保持手腕稳定。

挺胸限制杠铃下降。

收下颌头部保持与凳接触。

臀部保持与长凳接触。

双脚踩实地板，保持良好的稳定性。

弓起背部限制杠铃下降，使得胸廓能最大限度驱动胸大肌下部发力。

肩锁部疾病

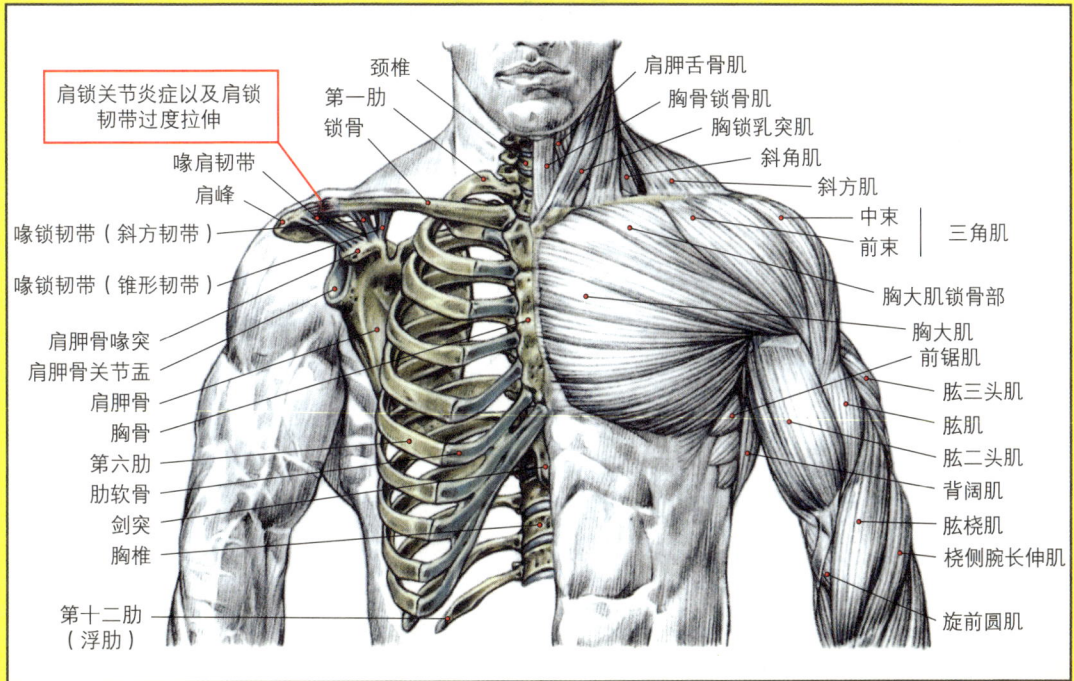

在肌肉训练中，肩锁部经常容易受伤，大部分长期锻炼者或多或少都会遇到这类问题。

在其他类型运动（如橄榄球、美式足球、马术）和有投掷动作的格斗运动（如拳击和柔道）中，可能因猛烈撞击导致严重受伤或是因摔倒而韧带撕裂导致肩锁关节错位。但在健美运动中，肩锁疾病主要来自轻微损伤。这类损伤会造成肩关节过度、反复和不当的受力。

疼痛会逐渐积累：一开始可以忍受，在体育锻炼中不太受影响，而发展到最后会影响大部分练习，如卧推或臂屈伸。对手臂产生斥力的所有动作都会引起疼痛，支撑手肘时可能会加剧疼痛。

检查时，肩锁关节在压力下会轻微肿胀和疼痛。

肩锁关节疾病很难恢复，通常需要很长时间来消退炎症并让关节囊和被拉长的肩锁韧带恢复到原来的状态。因此在第一次感到不适时，就应该停止两周对身体上部的练习。

肩锁关节切面图

* 肩锁韧带是肩锁关节的关节囊上不延伸部分。

从骨骼角度来看，上肢通过连接胸骨和肩胛骨的锁骨与胸部相连。尽管锁骨关节不太灵活，但经常过度承受压力而患上磨损性疾病。

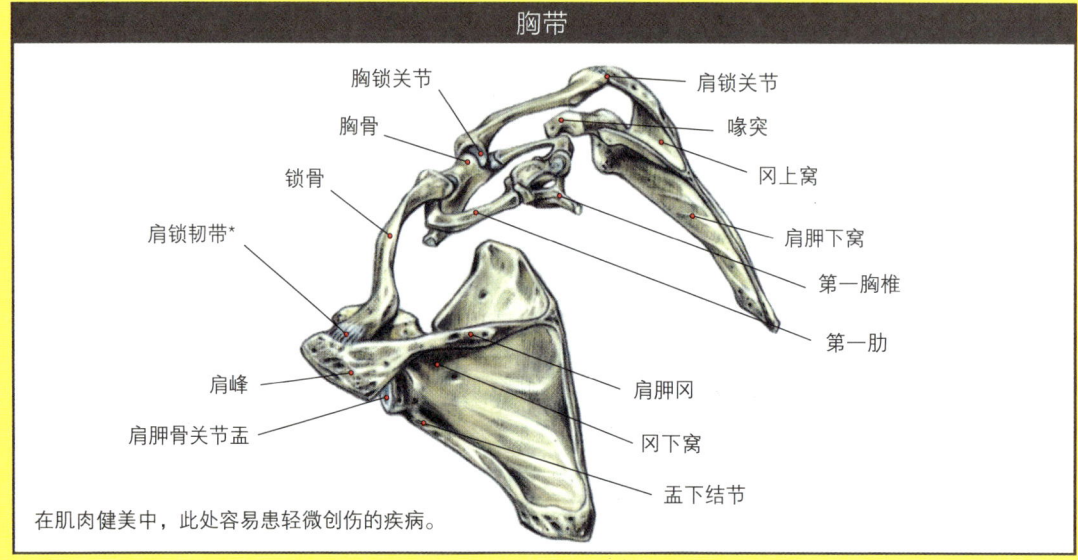

胸带

在肌肉健美中，此处容易患轻微创伤的疾病。

在恢复身体上部训练时，在最初的1~2个月内，都要避免卧推和所有需要挤压手臂的动作，如下斜推举和臂屈伸，这些动作可能导致肩锁韧带的二次拉伤。与此相反，所有向上推举的动作都可以安全进行，如使用哑铃或杠铃进行上斜推举或是肩部推举练习，这些动作可以帮助稳定肩锁关节，减小韧带拉伤风险。

如果不遵循上述建议，会使关节持续发炎，一些人可能会出现非常疼痛的关节钙化，甚至是严重影响自身体育生涯。

预防措施

在健美运动中，如果训练时间过长、动作控制不佳、下降速度过快、卧握最有可能导致肩锁关节炎。也不宜像举重运动员训练般进行起桥卧推，因为肌肉张力可能会导致肩锁韧带不适，引起炎症。

因此，即使感到最轻微的疼痛，也要暂时停止这些引起疼痛的练习并用胸肌练习来代替，如拉力器夹胸（详见第104页），或进行下斜哑铃练习。

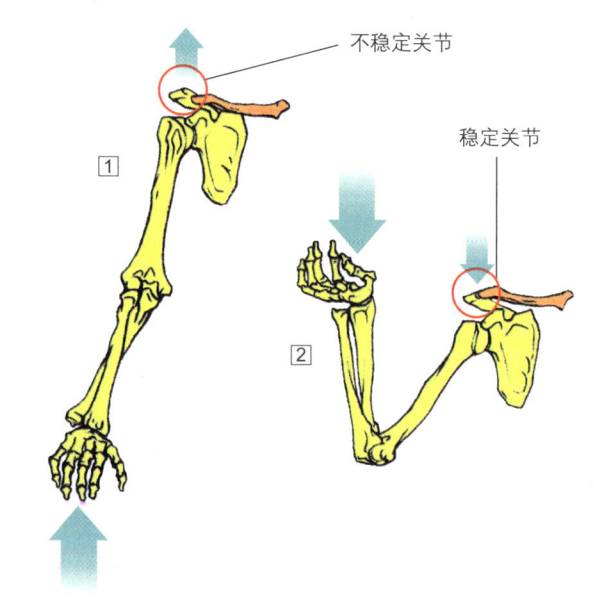

受不同推力时（受损的）肩锁关节活动情况

① 在如臂屈伸和起桥卧推等动作中，挤压手臂时肩峰被向上推。如果肩锁关节因为韧带拉伸而受损，关节会太过灵活，在向上移动时造成强烈疼痛。

② 在如上斜推举或是杠铃颈前卧推等动作中，手臂上推时肩锁关节紧贴手臂并保持稳定。

胸骨锁骨问题

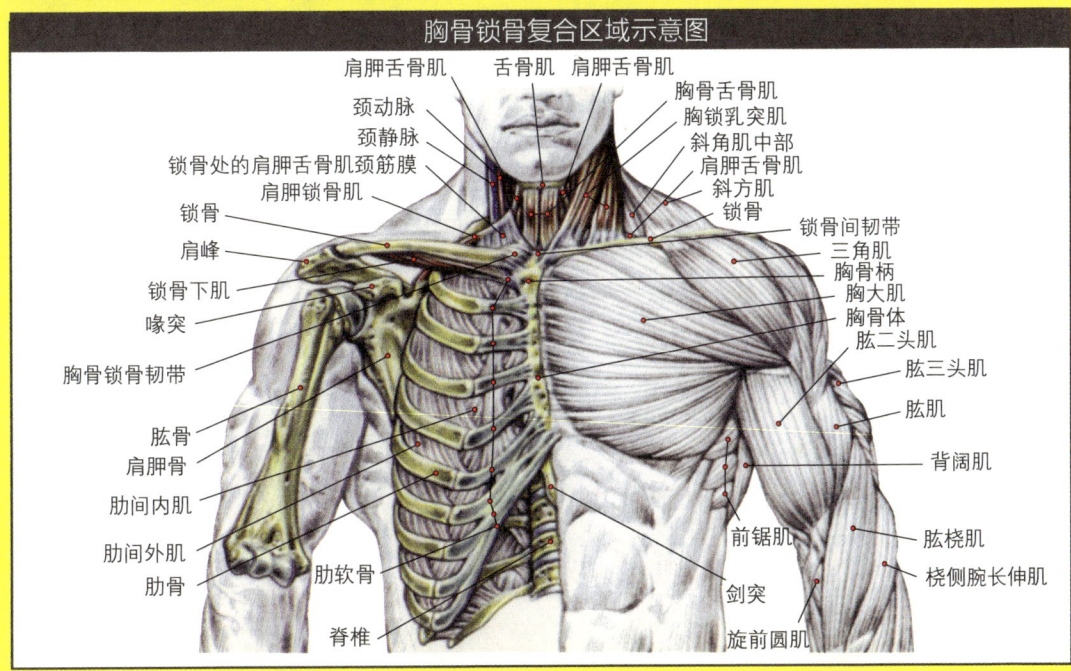

胸骨锁骨复合区域示意图

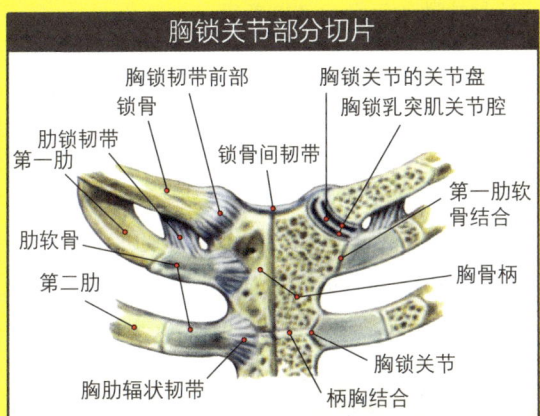

胸锁关节部分切片

在肌肉健美中，胸锁部疼痛不如肩锁部疼痛那般常见，不过也影响着一部分人群，尤其是进行负重臂屈伸、下斜推举和大重量起桥卧推或是弹力带杠铃卧推。

这些练习会使胸锁关节承担很强的压力，如果本身易患病（韧带缺乏耐受性或是过度松弛），最终会拉长胸锁韧带并导致关节囊变形。

胸锁关节也会逐渐受到影响，变得过于灵活，肿胀疼痛，导致很多训练都不能进行。

在肌肉训练中，胸锁关节逐渐半脱位是很典型的情况，相较于摔倒或是剧烈撞击造成的胸锁脱臼受伤（在锁骨错位时可能压迫颈动脉或静脉血管导致并发症），这类胸锁关节伤痛较为轻微。

不过锁骨过分灵活导致锁骨下肌被拉长，会造成较大疼痛感。附着在胸锁关节上的胸骨舌骨肌、肩胛锁骨肌和胸锁乳突肌也会感到疼痛。转头、偏头、吞咽等动作也变得痛苦。同时还会造成脖子底部肿胀，影响美观。

胸锁部受伤后愈合较慢，需要避免所有平推基本动作或是挤压手臂的动作，如臂屈伸、卧推、下斜推举这些给关节造成太多张力的动作。相反，以上推为主的动作，如上斜推举或垂直推举，通过产生的压力可以使锁骨更好地固定在胸骨上，可以进行练习。

胸锁关节是连接上肢骨骼和胸部的唯一骨质支点。

胸大肌拉伤

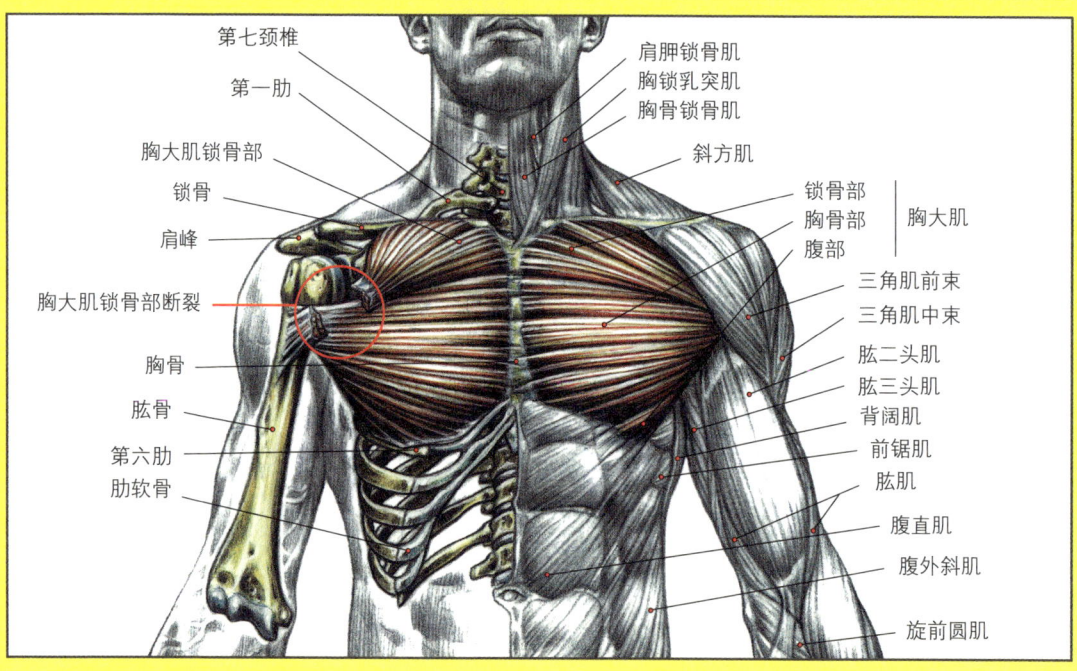

　　胸大肌起于胸廓的前面，附着于肱骨上端的前面。该肌肉强壮有力，主要功能是使双臂在胸廓前方相互靠拢（也被称为拥抱肌）。其他运动很少导致胸大肌受伤，但健美训练，尤其是推举动作可能导致胸大肌拉伤，甚至出现肌腱部分断裂的情况。一般只有身体较为强壮的运动员在过快发力时（没有让肌腱积蓄力量）才会出现肌腱断裂。有时也与为了增强肌肉轮廓而采取低热量饮食有关（这种饮食方式会弱化肌肉、肌腱和关节）。

　　大重量卧推一般只对胸大肌锁骨部造成损伤。肌腱撕裂会造成剧烈疼痛，可能导致运动员昏迷。上臂前面常会出现肿胀和瘀斑，被撕裂的胸大肌锁骨部回缩造成三角肌前束内侧出现小凹陷。

　　此种损伤经常被误诊。在受伤后检查时，受伤部位可以完成各种胸大肌发力动作，因此被误认为胸大肌运动功能完好。实际上，哪怕胸大肌锁骨部撕裂，三角肌前束和臂外展肌可以弥补其作用，与胸大肌胸骨部和腹部一起完成手臂前抬动作。如果确认胸大肌锁骨部肌腱撕裂，必须尽快通过手术将其重新固定到肱骨上。

　　如果治疗不及时，可能导致肌肉萎缩和纤维化，将无法再通过手术治疗。尽管受伤后手臂仍能保持灵活度，但没有胸大肌锁骨部参与，力量不可能恢复如初，难以继续进行大重量推举练习。

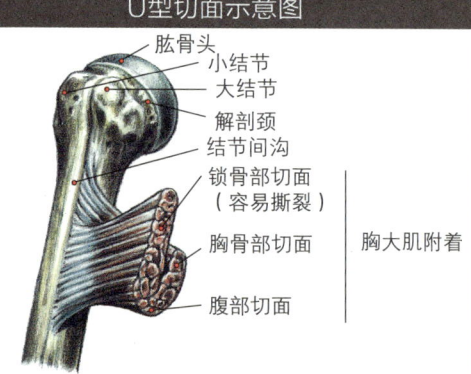

在推举或飞鸟训练项目中，胸大肌锁骨部肌腱位于最外侧，所承受的压力最大。因此，在高强度推举训练时，这部分肌腱容易断裂或与肱骨分离。

肌肉大面积撕裂和肌腱脱落

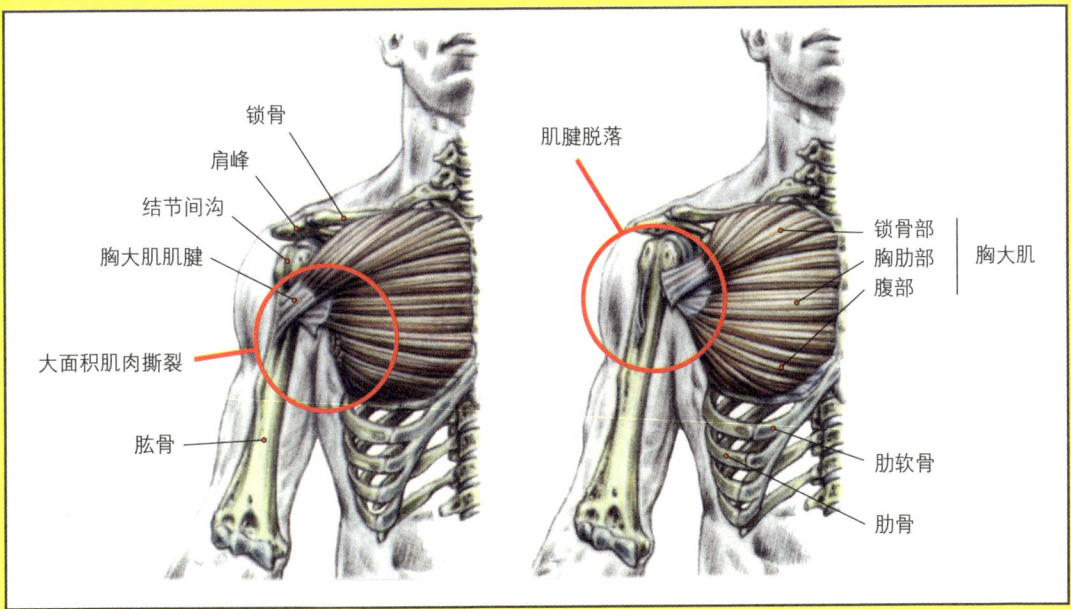

肌肉健美运动主要目的是通过逐步增加练习重复次数和哑铃、杠铃及训练器械的负荷量来增大肌肉体积、增强力量。在这个过程中，肌肉会不可避免地出现损伤。一些肌肉群，如胸大肌、肱二头肌、肱三头肌、股四头肌、大腿内收肌和腘绳肌比其他肌肉群更容易受伤，各肌群都可能受影响。

为了更有效应对这些病痛，需要了解肌肉大面积撕裂与肌腱脱落的不同之处。在肌肉训练中，肌肉最容易因为过度拉伸、使用负荷过重或控制不佳、肌肉或肌腱本身已经轻微拉伤或愈合不良，以及肌肉过度劳累和酸痛，而出现损伤。

在上述情况中，发力的肌肉纤维张力不同，张力最大的纤维束可能单独承重而被撕裂，或使肌腱受力不均而部分或全部从附着处脱落。

肌腱脱落更为严重，因为肌肉会收缩成松弛的球状，失去运动功能。肌肉大面积撕裂几乎不可能痊愈。

肌腱脱落可以用钉子将肌腱重新固定在原先的附着点上，因此需要尽快治疗。如果及时采取措施，有时肌腱脱落痊愈后肌肉运动功能可以完全恢复。但如果没有及时得到诊断和治疗，肌肉萎缩和纤维化会阻碍后续运动功能的恢复。

撕裂的肌肉纤维几乎不可能重新附着在原来的位置上，最终会收缩衰退成一个纤维块，在原先肌肉所在的地方留下小洞。

肌肉大面积撕裂通常与肌肉纤维大面积脱落一致。健康状态下肌肉纤维贴在附着于骨骼的肌腱所延伸出的肌腱板上。

肌腱撕裂常见于胸大肌肌腱、肱三头肌远端肌腱的肌腱板深面、肱二头肌短头肌腱板深面以及跟腱延伸出的肌腱板深处。

为了减少肌腱撕裂和脱落的风险，要注意锻炼疲劳、酸痛和疼痛的肌肉时绝不能强度太大，在开始练习时进行针对性拉伸练习。这类拉伸练习不是为了增加肌腱柔韧度，而是为了让张力能平均分布在肌肉纤维上，从而使肌肉纤维可以均匀伸缩。

03 窄握杠铃推举

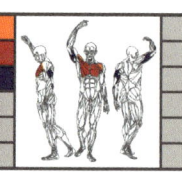

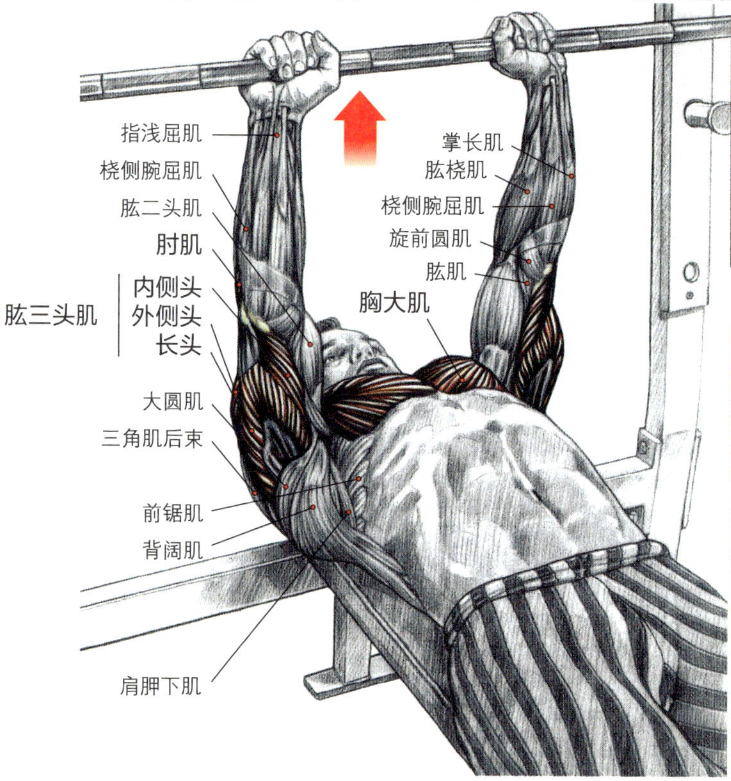

标注肌肉： 指浅屈肌、桡侧腕屈肌、肱二头肌、肘肌、肱三头肌（内侧头、外侧头、长头）、大圆肌、三角肌后束、前锯肌、背阔肌、肩胛下肌、掌长肌、肱桡肌、桡侧腕屈肌、旋前圆肌、肱肌、胸大肌

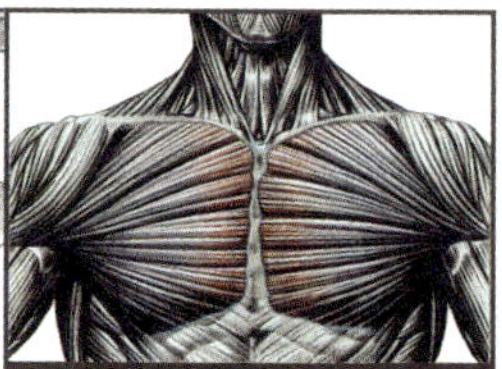

重点锻炼的胸大肌部位

⚠ 考虑到个体形体差异，窄握可能导致手腕疼痛。这种情况下，建议略增加两手间握距。

变化动作

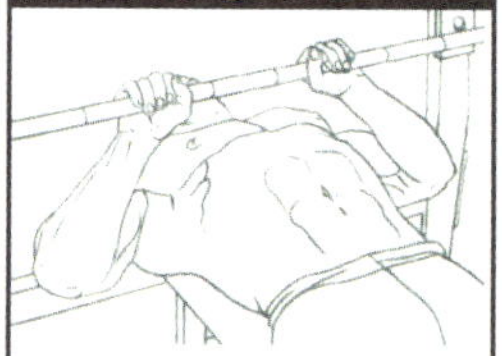

肘部外展可以更好锻炼肱三头肌。

仰卧于水平长凳上，臀部紧贴凳面，双脚着地，两手正握杠铃，根据手腕柔韧性使双手距离在10~40厘米：

- 吸气并有控制地将杠铃降至胸部，肘部外展；
- 推举杠铃，动作结束时呼气。

该练习能很好锻炼胸大肌上部以及肱三头肌（因此也可以将此练习加入手臂专门训练）。推举时手肘内收，可强化对三角肌前束的锻炼。可在有杠铃支架的情况下进行此项训练。

卧推与肘部疼痛

卧推练习后常会感到肘部疼痛。这种损伤通常与训练时间过长和过度训练有关。

在卧推过程中，动作结束时保持手臂伸展来稳定杠铃可能使肘部受到摩擦并产生轻微创伤，长时间积累可能引发炎症。

这种卧推练习造成的疼痛在极少数情况下可能导致关节内钙化，使得关节失去功能。此时往往只有凭借手术才能使手臂完全伸展。

一旦肘部开始出现疼痛，需要停止几天手臂伸展运动，以免导致并发症。

在肘部疼痛彻底消失之前，不要在推举动作结束时完全伸直前臂。

肘关节切面

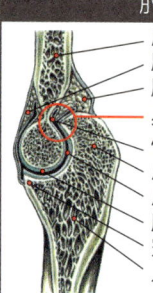

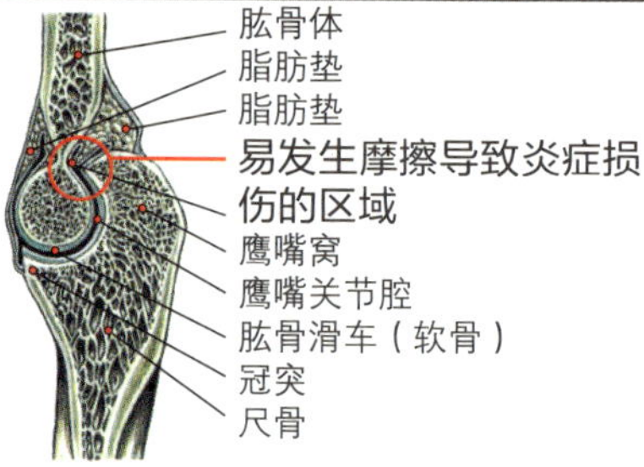

肱骨体、脂肪垫、脂肪垫、**易发生摩擦导致炎症损伤的区域**、鹰嘴窝、鹰嘴关节腔、肱骨滑车（软骨）、冠突、尺骨

前臂重复伸展运动时，鹰嘴不断顶撞肱骨的鹰嘴窝，关节会受到微创，日积月累可能引发肘部背面的炎症和疼痛。

卧推与身体形态

卧推是肌肉健美中最常进行的练习，也是最常导致创伤的练习，因此需要了解个体身体形态差异的基本概念，从而正确进行锻炼，降低受伤风险。

手臂长度

除了磨损性疾病以外，大部分情况下遇到的病痛是胸大肌撕裂或肌腱断裂，通常发生在下降运动阶段，也就是下降杠铃的时候。当杠铃降至胸部时，附着于肱骨的胸大肌被拉伸。

不过手臂下降距离和胸大肌拉伤程度因人而异。手臂，尤其是前臂越长，肱骨下降越多，胸大肌就被拉伸得越多，也就越危险。

因此也就不难理解为什么四肢更长的人更容易受伤。

胸廓厚度

胸廓越厚，就越限制杠铃下降距离和胸大肌拉伸程度。

理论上胸廓厚的人在进行卧推时不太会受伤。

因此，大部分的卧推冠军都是四肢从比例上看较短的人，且有着厚实的胸廓。这两个特点使他们能够相对安全地实现他们的目标，降低胸大肌撕裂或断裂的风险。

通常都是因为受伤阻碍

在下降运动时胸大肌过度拉伸

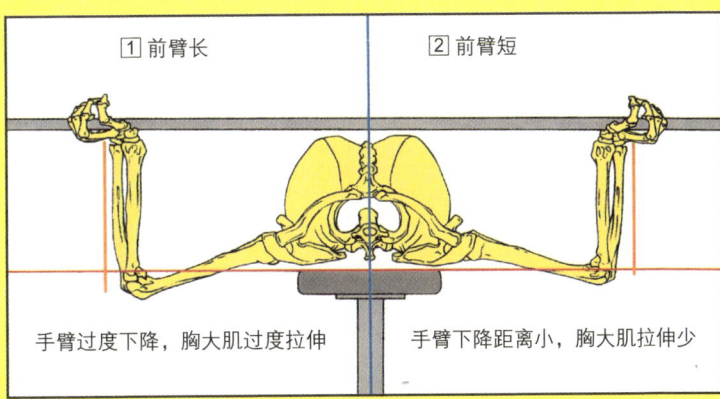

① 前臂长　　② 前臂短

手臂过度下降，胸大肌过度拉伸　　手臂下降距离小，胸大肌拉伸少

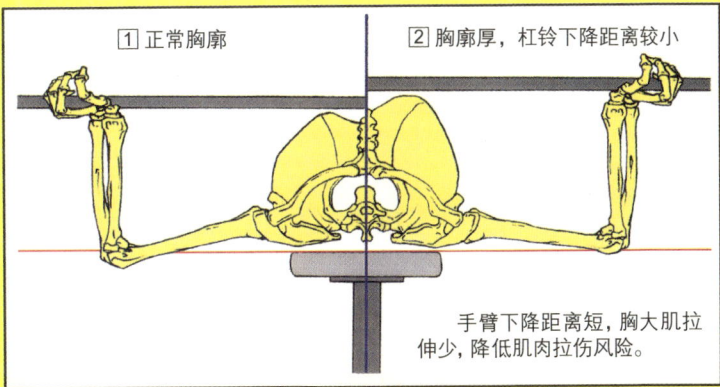

① 正常胸廓　　② 胸廓厚，杠铃下降距离较小

手臂下降距离短，胸大肌拉伸少，降低肌肉拉伤风险。

了运动员进步，而除了训练方法、饮食和精神健康，个人身体形态也在体育事业成功中起重要作用。因此需要根据自身形态调整练习动作，每个人适合的练习方式都不相同。

降低受伤风险

可以通过减小握距进行卧推练习。这种动作变化通过限制手臂下降距离减少对大胸肌的拉伸,从而降低受伤的风险。

尽管这样做会使动作幅度变小,肱三头肌的工作强度增强,减少运动成效,但是一些四肢细长的卧推冠军有时会采用这一低风险的变化动作。

此外,为了避免胸肌过度拉伸,也可以部分进行卧推,通过使杠铃不接触胸部减少杠铃下降距离。

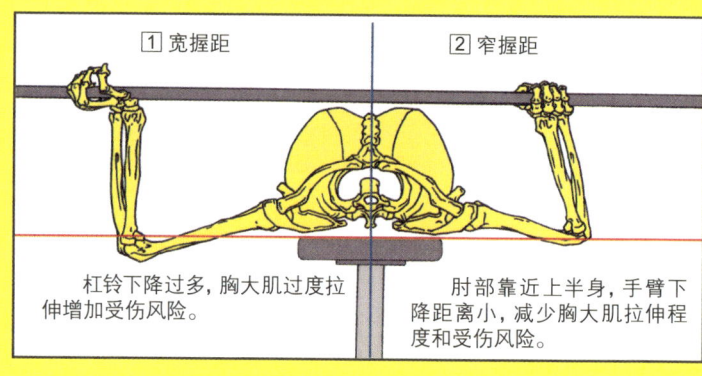

1 宽握距   2 窄握距

杠铃下降过多,胸大肌过度拉伸增加受伤风险。

肘部靠近上半身,手臂下降距离小,减少胸大肌拉伸程度和受伤风险。

! 需注意,虽然因为肌肉被拉伸时对张力的应力不大,用弹力绳进行卧推练习不会对肌肉和肌腱带来太大受伤风险,但这种练习方式对关节造成的压力非常大,长期来看会严重损害关节和韧带。

主导肌肉

需指出有两种卧推方式,与个人肌肉强度直接相关。

要么肘部外展,主要由胸大肌发力。要么肘部内收,贴近身体,主要由三角肌发力,是三角肌强于胸大肌的人群会使用的技能。不考虑身体形态,这两种卧推方式可以用来针对性练习胸大肌(肘部外展)或三角肌(肘部内收)。

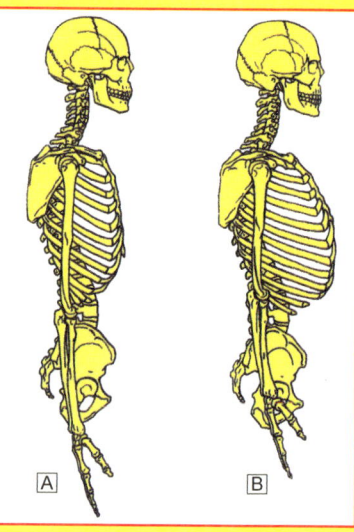

在卧推中,需要考虑不同的身体形态。
A 胸廓较薄手臂长的人群增加了杠杆移动距离,不仅做动作很痛苦还限制了推举发力。另外,这类身体形态可能使胸大肌过度拉伸,在大重量运动时会增加肌肉撕裂和肌腱断裂的风险。
B 胸廓厚手臂短的人群通过限制运动幅度和杠杆完成下降时(杠杆触碰胸部)胸大肌的拉伸程度小,能更安全的进行卧推练习。因此这类体型的人出现卧推冠军的人数最多。

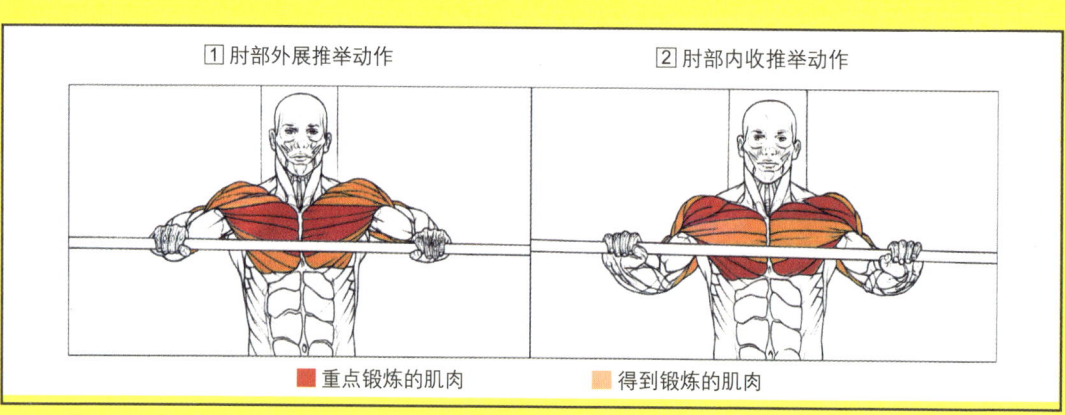

1 肘部外展推举动作   2 肘部内收推举动作

■ 重点锻炼的肌肉   ■ 得到锻炼的肌肉

卧推受伤风险

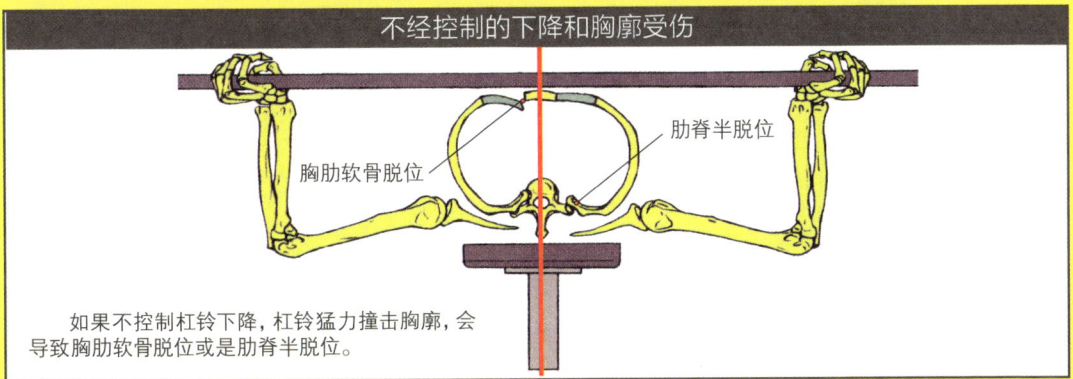

不经控制的下降和胸廓受伤

如果不控制杠铃下降,杠铃猛力撞击胸廓,会导致胸肋软骨脱位或是肋脊半脱位。

尽管卧推可以很好地锻炼上半身,尤其是胸肌、肱三头肌和三角肌前束,但它仍然是一个危险的动作,练习时需要很好地控制动作并保持对个人感受的关注,一旦感到轻微疼痛就应调整姿势避免严重受伤。

在宽握距卧推中,当杠铃结束下降触碰胸部时胸大肌被极大拉伸,此时肌肉撕裂或肌腱撕裂的风险是最高的。为了控制风险,有必要在训练开始时通过一系列长时间轻负荷的卧推练习来进行肌肉热身,并进行一些特定的拉伸动作来平衡胸大肌纤维的张力。

如果你在降低杠铃过程中感觉胸大肌被过度拉伸,那么在进行大重量练习时就有必要稍微缩小握距来限制肌肉张力,从而降低受伤的风险。

从形态学角度来看,前臂越长,胸廓越薄,锁骨越短,胸大肌受伤的风险就越高。虽然窄握距卧推时胸大肌拉伸较小,从而降低了肌肉拉伤和肌腱断裂的风险,但动作开始时盂肱关节位置随着手臂伸展变得不稳定,必然会产生肱骨头在肩胛盂腔内向后滑动的风险。这可能使关节囊被向后拉,导致肩关节前后移动不稳定,造成疼痛。

因此,在窄握距卧推中,肩部后面稍有疼痛,就应该停止运动几周,让肩关节的韧带系统重新收紧以避免发生盂肱关节前后半脱位的情况。

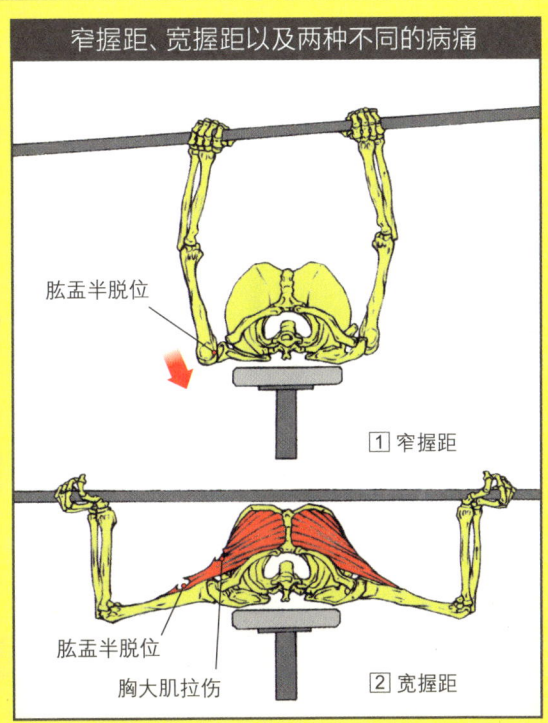

窄握距、宽握距以及两种不同的病痛

肱盂半脱位

1 窄握距

肱盂半脱位
胸大肌拉伤

2 宽握距

控制杠铃下降避免杠铃砸到肋软骨也很重要。

杠铃的冲击力可能造成冲击点处胸骨上的肋软骨脱位(胸骨−锁骨脱位)引起剧烈疼痛,或者通过反作用力造成肋骨−脊椎处半脱位。为了避免这两种类型的创伤,可以在某些配备有侧面安全装置的训练椅上进行卧推练习,这些装置可以防止杠铃猛力触碰胸廓。

肱骨结节间沟异常与结节间腱鞘膨胀

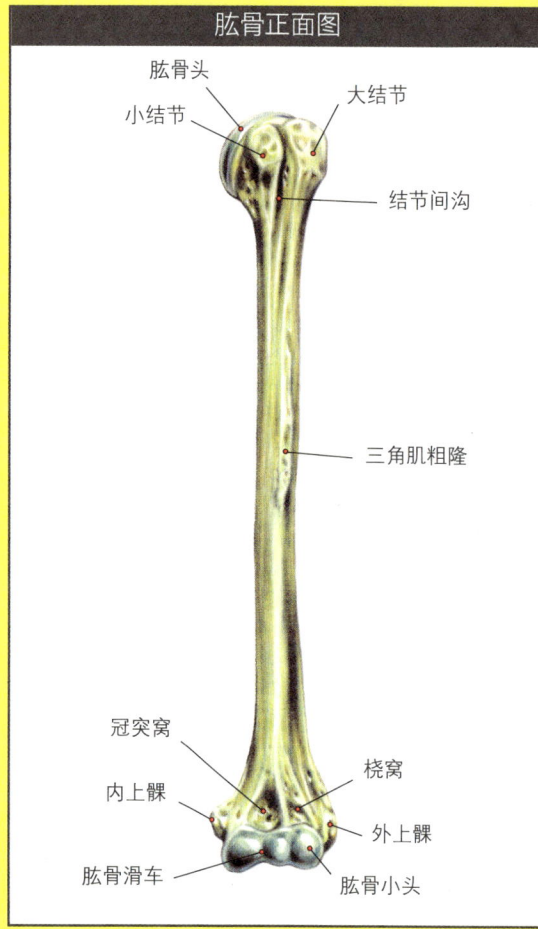

肱骨正面图

进行卧推运动或进行上斜推举和推肩动作时挤压胸部或肩部,肩部前面可能感到轻微疼痛并伴有脱离感,发出轻微的"喀啦"声。

这种疼痛和噪音的产生与覆盖肩部的三角肌强度无关,而与以下两个原因有关:一是肱骨结节间沟不够深,二是覆盖肱骨结节间沟的关节囊纤维膜膨胀,前者往往也会导致后者出现。

人出生时并没有结节间沟,在成长过程中,肱二头肌长头的肌腱反复摩擦逐渐形成肱骨结节间沟。

然而,成人后这个间沟可能不够深,当手臂移动时肱二头肌肌腱可能会从间沟中出来,使得覆盖间沟上部的关节囊纤维膜过度拉伤和变形。

肱二头肌长头的肌腱变得松弛并因运动而被磨损,引起疼痛的肌腱炎,随着时间的推移甚至会造成肌腱断裂。

因此,感觉肩膀前部有轻微疼痛并伴随有小小的"喀啦"声时,要暂时避免所有可能导致疼痛的动作,或稍微改变角度、幅度和手的位置,这样能让关节囊纤维膜重新伸展以恢复其功能并使肱二头肌长头的肌腱保持在间沟中。

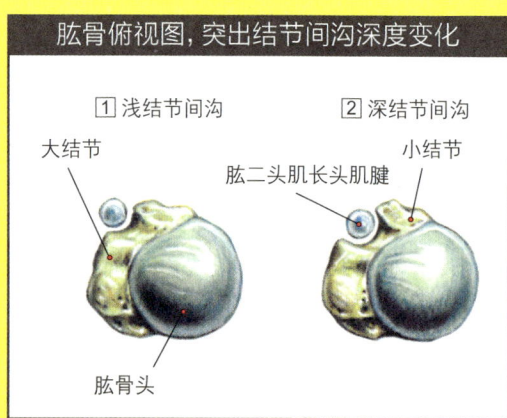

肱骨俯视图,突出结节间沟深度变化

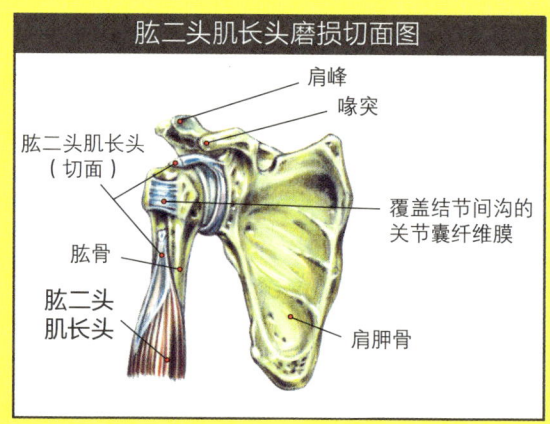

肱二头肌长头磨损切面图

锁骨长度对卧推的影响

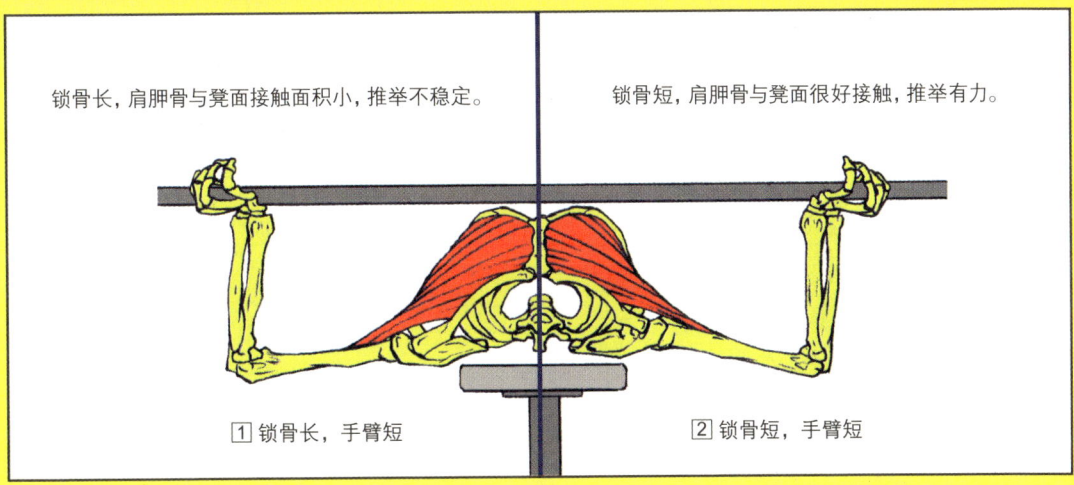

锁骨长,肩胛骨与凳面接触面积小,推举不稳定。　　　　锁骨短,肩胛骨与凳面很好接触,推举有力。

① 锁骨长,手臂短　　　　② 锁骨短,手臂短

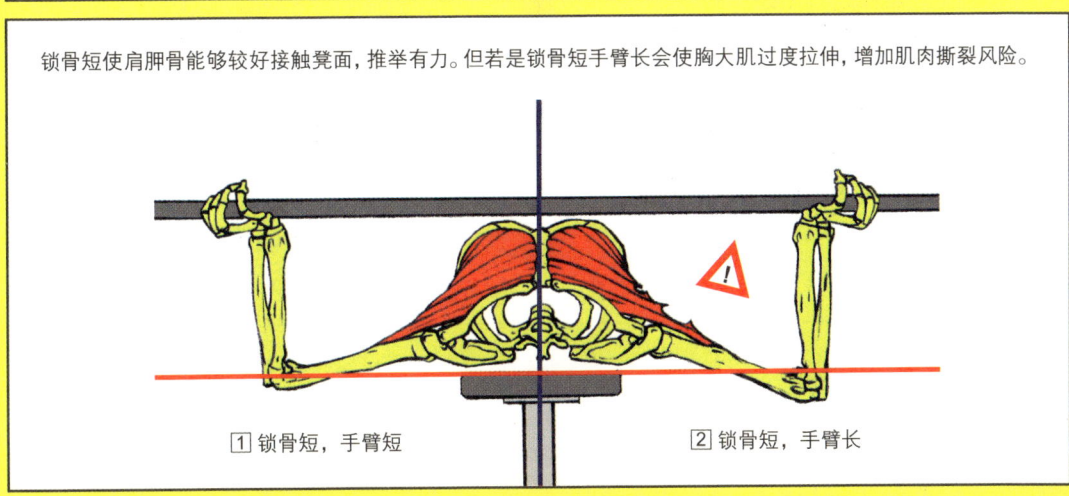

锁骨短使肩胛骨能够较好接触凳面,推举有力。但若是锁骨短手臂长会使胸大肌过度拉伸,增加肌肉撕裂风险。

① 锁骨短,手臂短　　　　② 锁骨短,手臂长

　　肩膀宽度主要由骨骼,尤其是锁骨长度决定的。每个人的锁骨长度和曲度都不相同。通常女性的锁骨更短更弯曲,以适应更加圆润或呈圆锥形的胸廓形状。宽阔的锁骨显得体型更为强健,在大部分运动中都有一定的优势。不过进行杠铃或哑铃卧推时,这样的锁骨可能造成不便。

　　实际上,推举训练凳凳面较窄,这会给长锁骨的人群造成麻烦。在进行推举时,肩胛骨超出凳缘,肩膀会从凳缘两边下陷,不能稳定地固定在凳面上,不利于推举发力。

　　此外,肩膀从凳面两边下陷可能导致胸大肌过度拉伸,减少收缩的力量,限制进行大重量推举。

　　与此相反,锁骨短的人群肩胛骨与凳面接触面积更大,可以发挥全力进行推举,更可能实现大重量推举。

| 长锁骨，胸大肌宽且平 | 短锁骨，胸大肌短且弯曲 |

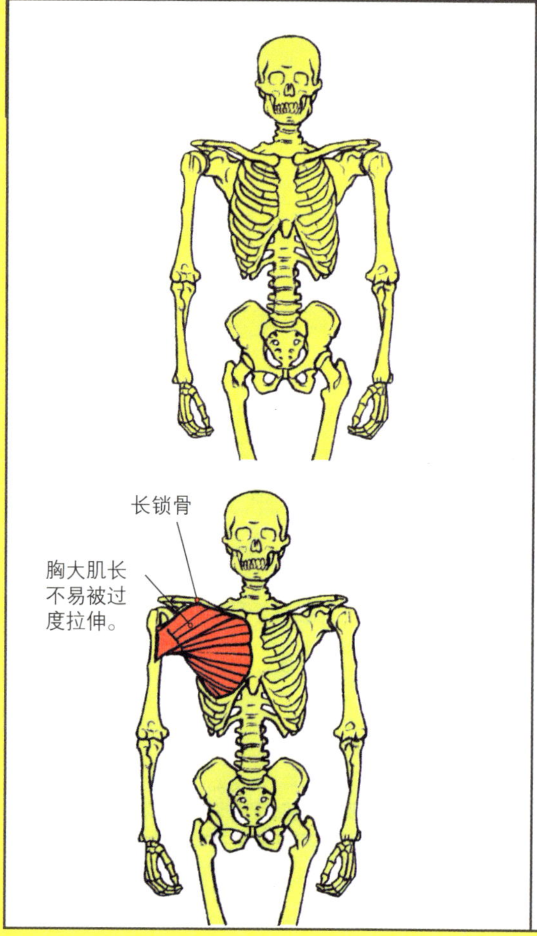

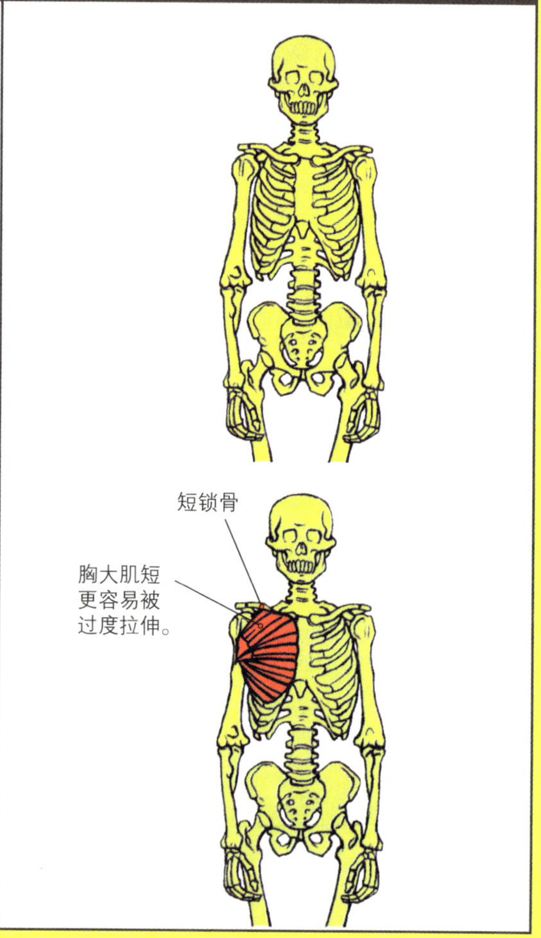

长锁骨
胸大肌长
不易被过
度拉伸。

短锁骨
胸大肌短
更容易被
过度拉伸。

肩膀宽度主要是由锁骨长度决定的。无论我们的锁骨是长是短，为了能稳定有力地进行推举运动，都需要收紧肩胛骨来增加与凳面的接触。

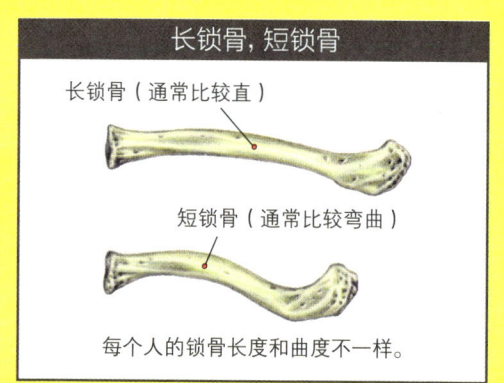

长锁骨，短锁骨

长锁骨（通常比较直）

短锁骨（通常比较弯曲）

每个人的锁骨长度和曲度不一样。

 拥有短锁骨的人在推举运动中更有优势，不过他们的胸大肌较短更容易被过度拉伸或撕裂。若同时还拥有粗壮的手臂，这一风险会更高。

下斜卧推 04

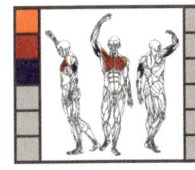

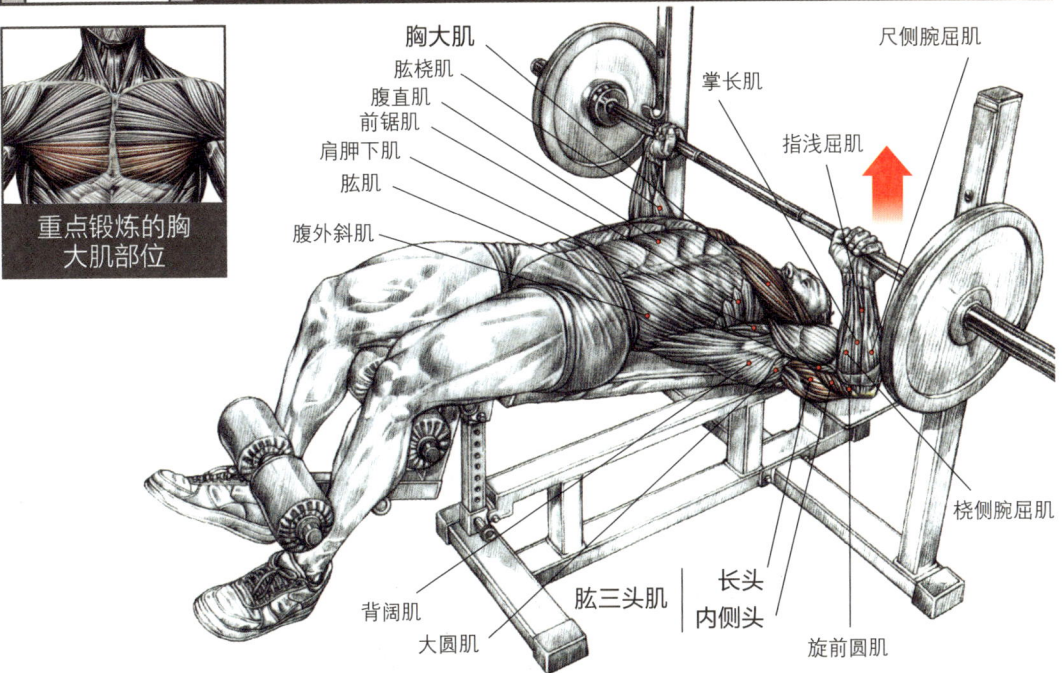

重点锻炼的胸大肌部位

仰躺于向下倾斜（20°~40°）的训练椅上，头部下倾，双脚固定以防止身体滑动。正手抓握杠铃，握距与肩同宽或略大于肩宽：

- 吸气，有控制地将杠铃降至胸大肌下部；
- 推举杠铃，动作结束时呼气。

该练习锻炼胸大肌（尤其是下部肌束）、肱三头肌以及三角肌前束。该练习也有利于刻画胸大肌下方肌肉线条。另外，将杠铃下降至颈部的小负荷推举有利于正确拉伸和放松胸大肌。可在有杠铃支架的情况下进行下斜卧推。

动作示意图

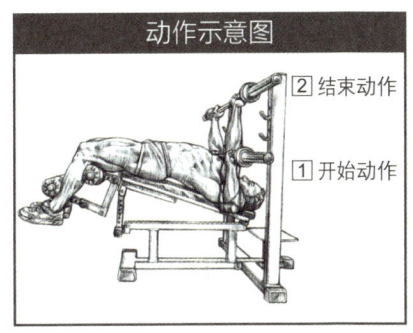

胸大肌

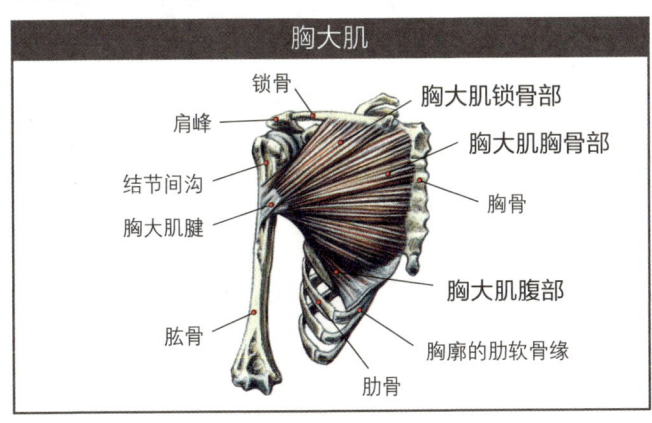

胸大肌附着点

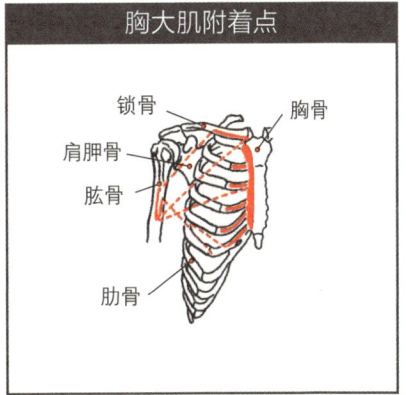

05 训练器卧推

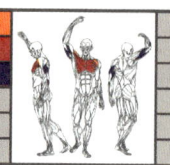

肌肉标注：
- 掌长肌
- 尺侧腕屈肌
- 拇长屈肌
- 指浅屈肌
- 旋前圆肌
- 肱肌
- 肱桡肌
- 桡侧腕屈肌
- 肱二头肌
- 喙肱肌
- 胸大肌
- 肘肌
- 鹰嘴
- 内侧头
- 外侧头
- 长头 ｜肱三头肌
- 大圆肌
- 三角肌后束
- 小圆肌
- 肩胛下肌
- 前锯肌
- 背阔肌

仰卧在训练机上，臀部接触凳面，双脚平放在地上，两手抓握训练器手柄：
- 吸气并向上推举；
- 动作结束时呼气。

这一带有指引的训练器卧推动作集中锻炼胸大肌，在动作结束时尤其锻炼胸大肌下部。肱三头肌以及三角肌前束也得到一定程度锻炼。

变化动作

拱背挺胸进行练习，可以由胸大肌下部肌束提供部分力量，不过背部受伤的人群不能进行此练习。

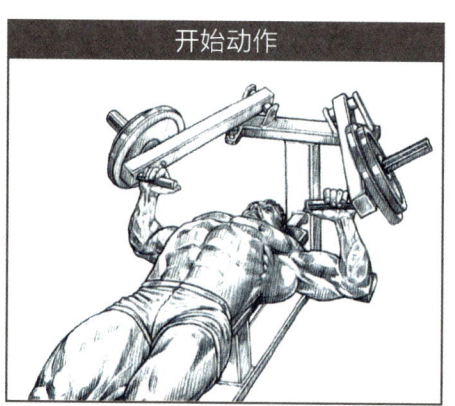

开始动作

94

胸部训练

双杠臂屈伸 06

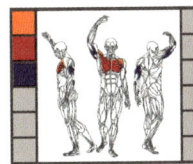

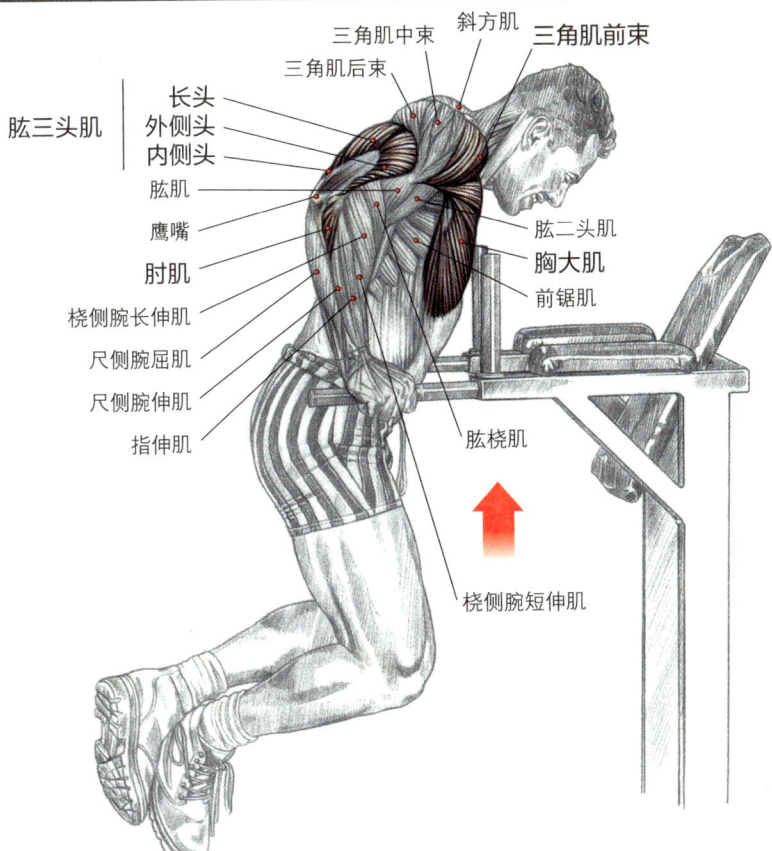

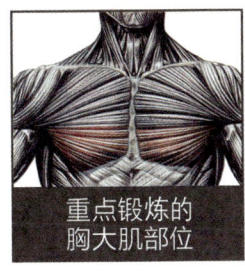

重点锻炼的胸大肌部位

动作示意图
1 开始动作
2 结束动作

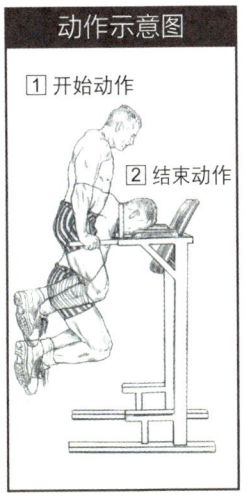

双手握双杠，手臂伸直，双腿悬空：
- 吸气并完全弯曲前臂，使胸部下降与双杠平齐；
- 还原至起始姿势，动作结束时呼气。

做该动作时，身体越向前倾，越能锻炼胸大肌下部；相反，身体越直立，越能锻炼肱三头肌。

该练习能很好地拉伸胸大肌并增加上肢带肌的柔韧性，不过不建议初学者进行此练习，因为需要足够的力量。

初学者可以利用屈伸机来熟悉这个动作。每组动作进行 10~20 次重复效果最佳。

为了增加肌肉的力量和体积，有经验的运动员可用配重带或双腿负重进行训练。

做屈伸运动时应小心避免损伤肩关节。

开始动作
1 开始动作　　2 结束动作

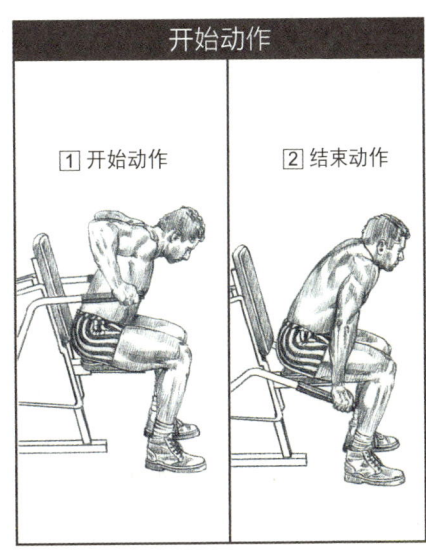

臂屈伸和胸骨疼痛

青春前期和成年前期尚未完全骨化的胸骨对比图

- 第一肋软骨
- 胸骨柄
- 柄胸联合
- 胸骨体
- 剑突

胸骨关节未完全接合，有些可活动。

注意：需要注意16~25岁人群，各骨干的接合方式不同。

胸骨不是固定的骨骼结构，它与肋骨一起组成了对于呼吸来说必不可少的活动关节。

与其他关节一样，胸骨也可能产生疼痛，青少年尤其容易出现这类疼痛。

年轻人的胸骨尚未完全骨化，是由通过软骨连接的节段组成的，这些软骨将随着年龄的增长而消失。

臂屈伸练习会牵拉胸骨并使胸骨张开，胸骨未完全骨化的年轻人进行此练习时，胸骨节和相连的肋软骨可能出现轻微移位。

这可能造成强烈疼痛，深呼吸时疼痛加剧，在鼓起胸廓或向后弓背时，通常会有撕裂声。

在卧推或下斜卧推中，如果杠铃降低时没有得到控制，猛烈撞击胸廓肋骨，也可能导致这种胸骨病变，为了避免持续疼痛，最好停止进行臂屈伸和杠铃推举一段时间。

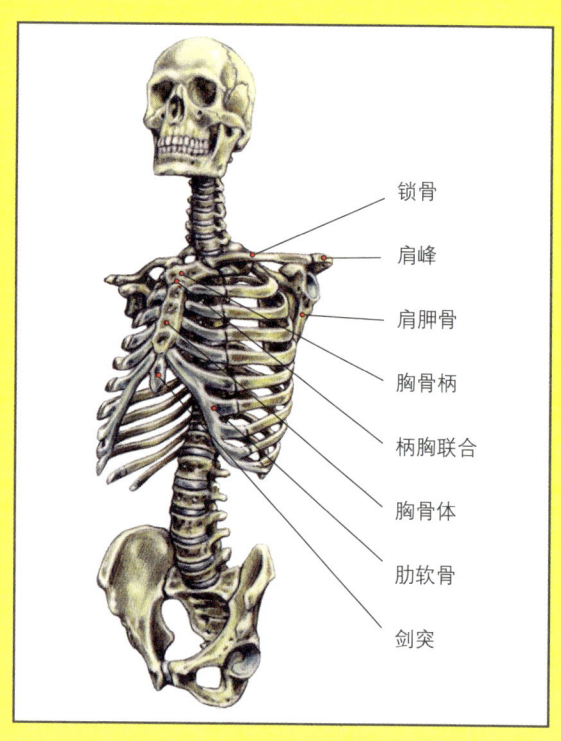

- 锁骨
- 肩峰
- 肩胛骨
- 胸骨柄
- 柄胸联合
- 胸骨体
- 肋软骨
- 剑突

注意颈部位置!

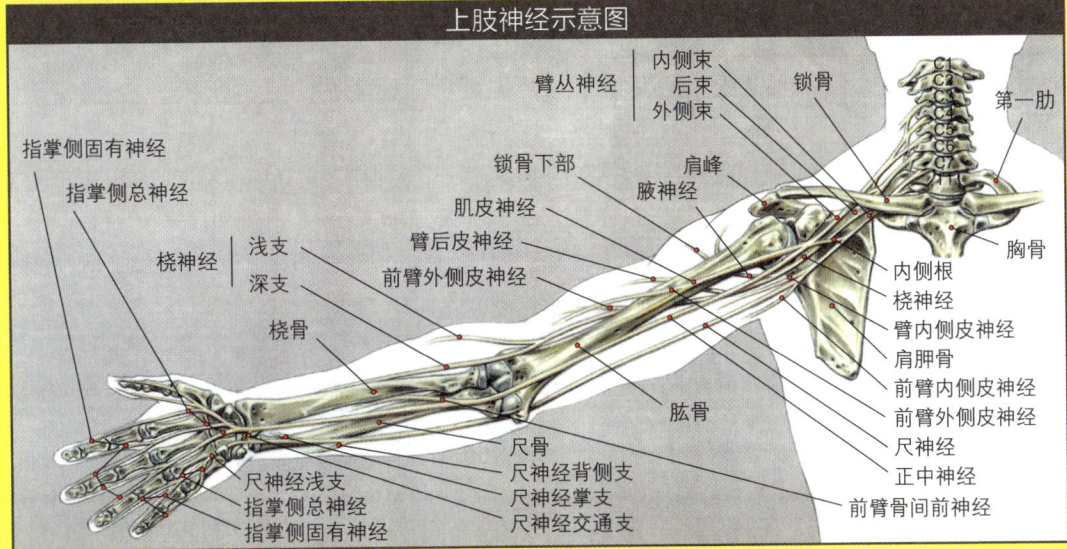
上肢神经示意图

在肌肉训练中,如果进行某些练习时颈部姿势不良,一些易患病人群可能会感到神经特别不适且无力。主要表现为伴有刺痛的手臂麻木,有时还会局部失去知觉。

在做臂屈伸(详见第95页)、反向飞鸟(详见第72页),或是深蹲(详见第163页)和硬拉(详见第135页)时,颈部处于伸展状态,头部或多或少会向后倾斜,因此在进行这些运动后的几天里很容易出现上述症状。

实际上,头部后倾可能引发颈部深层肌肉的痉挛和收缩,压迫从颈椎发出的桡神经从而引起神经痛。C4~7和T1臂丛神经最容易受到影响。

为了确定哪一神经或哪些神经受损,可以根据图表,从麻木刺痛区域的神经出发一直朝颈椎方向查看。

要避免神经痛,最好在练习臂屈伸或反向飞鸟时将头往前倾,下巴靠近胸口。

在深蹲和硬拉练习时,保持脖子伸直向前看。

一旦出现神经疼痛,需要停止所有会使头部后倾并拉伸颈部的练习。

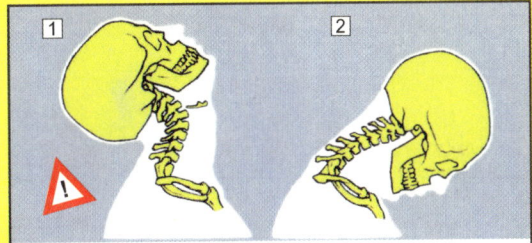
① 颈部后倾:进行臂屈伸、反向飞鸟、深蹲和硬拉动作时,颈部后倾比较危险。
② 颈部前倾,下巴冲着胸部:容易颈神经疼痛人群在进行臂屈伸和反向飞鸟练习时推荐采用此姿势。

在进行臂屈伸训练时,如果伸直颈部,一些人可能会感到神经疼痛。

07 俯卧撑

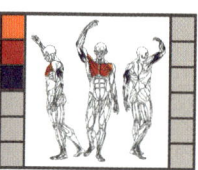

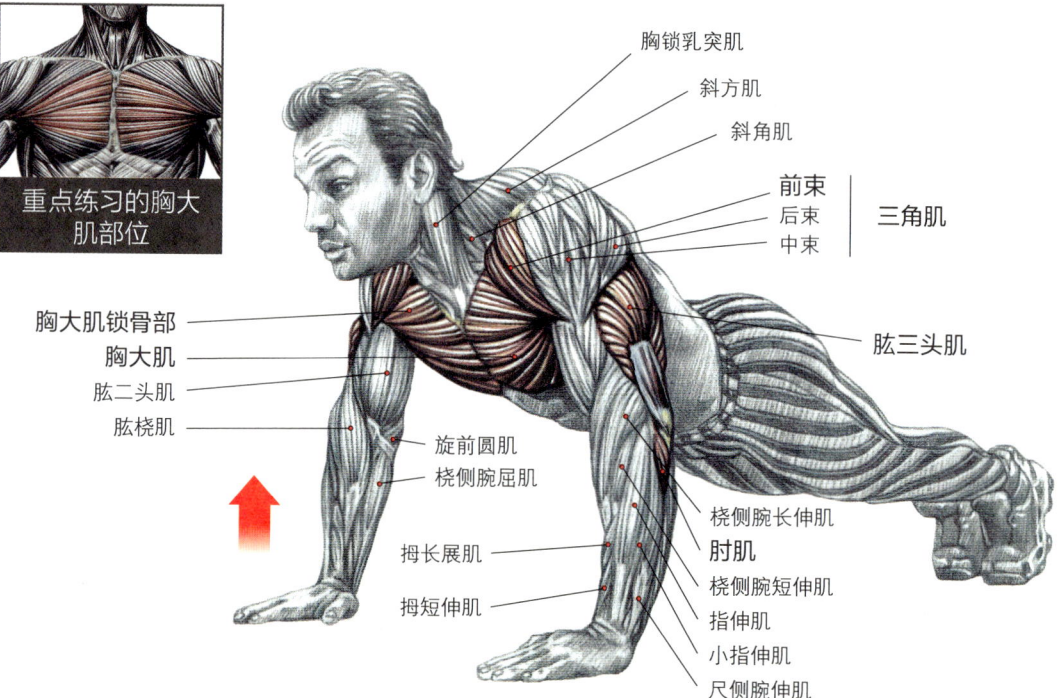

重点练习的胸大肌部位

胸锁乳突肌
斜方肌
斜角肌
前束
后束 —— 三角肌
中束
胸大肌锁骨部
胸大肌
肱二头肌
肱桡肌
旋前圆肌
桡侧腕屈肌
肱三头肌
桡侧腕长伸肌
肘肌
拇长展肌
桡侧腕短伸肌
拇短伸肌
指伸肌
小指伸肌
尺侧腕伸肌

身体俯卧，手臂伸直，双手与肩同宽（或大于肩宽），两脚并拢或略分开：

- 吸气并弯曲手臂，将胸廓贴近地面，保持腰背挺直，背部不要过度弓起，腰部不要过度塌陷；
- 向上推身体直至伸直两臂；
- 动作结束时呼气。

该动作非常适合锻炼胸大肌和三角肌。随处都可以进行练习。

变化动作

变换上半身倾斜角度，可以锻炼胸大肌不同部位：

- 抬高双脚可着重练习胸大肌锁骨部；
- 抬高上半身可着重练习胸大肌下部。

变换两手间距离可以锻炼胸大肌不同部位：

- 双手距离宽可着重练习胸大肌外侧；
- 双手距离窄可着重练习胸大肌内侧。

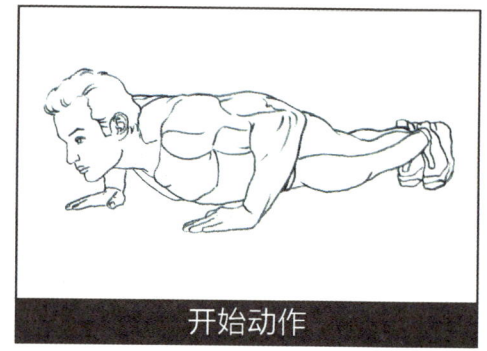

开始动作

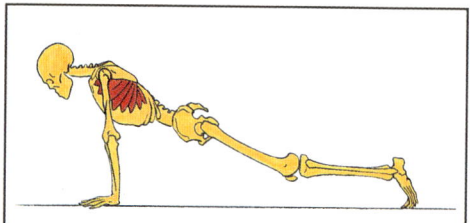

做俯卧撑时，前锯肌收缩将肩胛骨贴近胸廓，使手臂与躯干相连结。

胸部训练

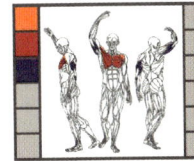

平板哑铃卧推　08

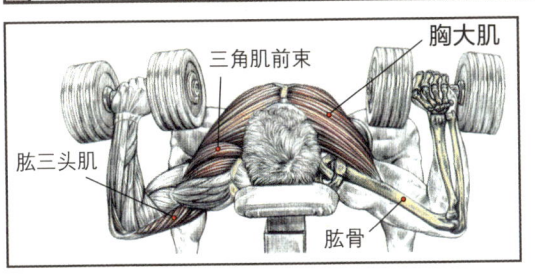

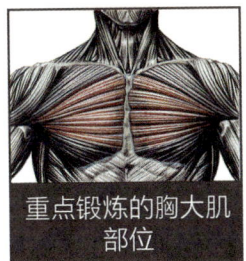

重点锻炼的胸大肌部位

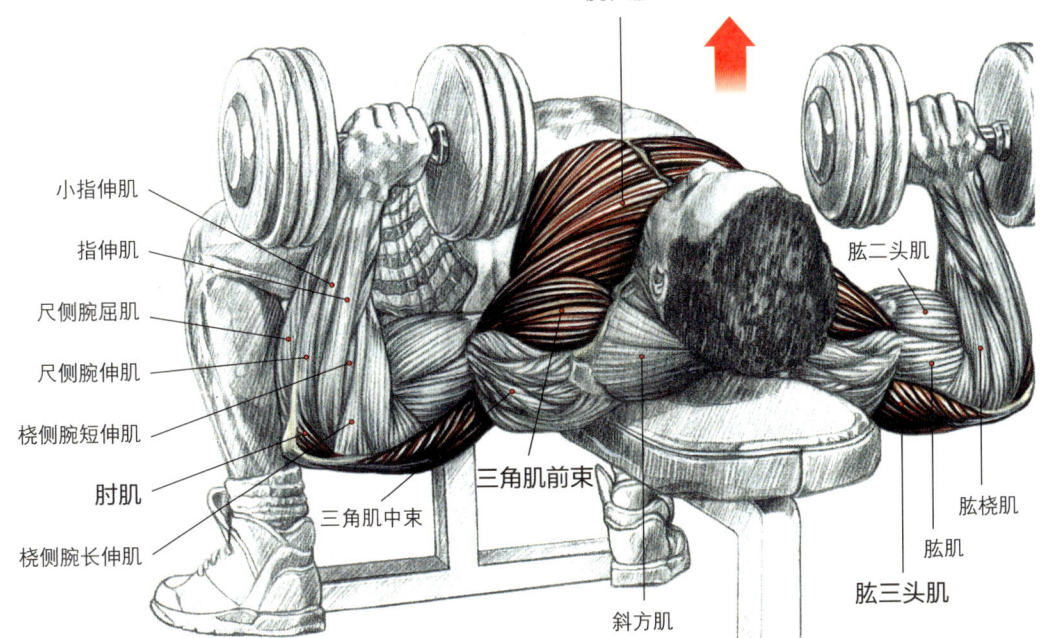

仰卧于水平训练凳上，双脚平放在地面上保持稳定，肘部弯曲，正手抓握哑铃与胸部保持水平：
- 吸气时垂直向上推举哑铃，同时旋转前臂使两手掌心相对；
- 当掌心相对时，保持肌肉收缩，着重锻炼胸大肌胸骨部；
- 动作结束时呼气。

该练习与平板杠铃卧推相似，不过动作幅度更大，因此可很好地拉伸胸大肌。

肱三头肌和三角肌前束也得到一定锻炼。

变化动作
向上推举哑铃时不旋转前臂

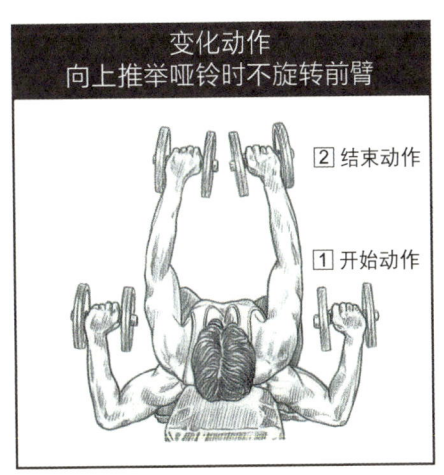

09 平板哑铃飞鸟

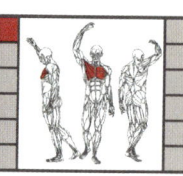

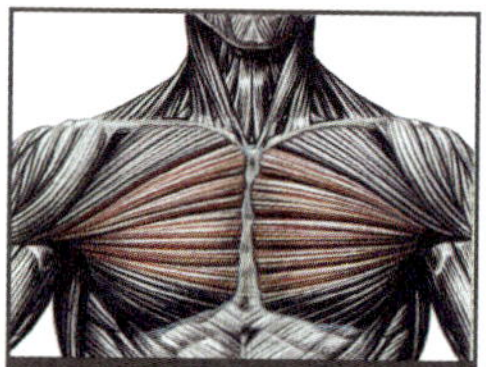

重点锻炼的胸大肌部分

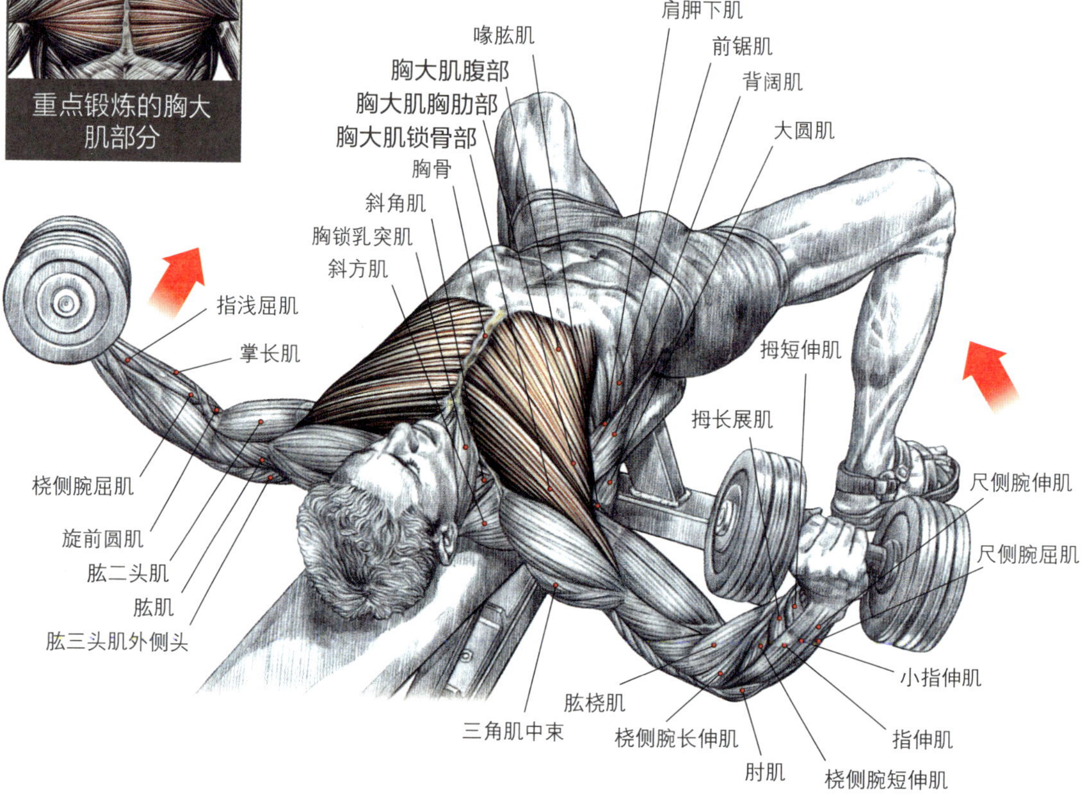

主要标注肌肉：
- 喙肱肌
- 胸大肌腹部
- 胸大肌胸肋部
- 胸大肌锁骨部
- 胸骨
- 斜角肌
- 胸锁乳突肌
- 斜方肌
- 指浅屈肌
- 掌长肌
- 桡侧腕屈肌
- 旋前圆肌
- 肱二头肌
- 肱肌
- 肱三头肌外侧头
- 肩胛下肌
- 前锯肌
- 背阔肌
- 大圆肌
- 拇短伸肌
- 拇长展肌
- 尺侧腕伸肌
- 尺侧腕屈肌
- 小指伸肌
- 指伸肌
- 桡侧腕短伸肌
- 肘肌
- 桡侧腕长伸肌
- 三角肌中束
- 肱桡肌

仰卧于窄凳上，使肩部可以自由活动，双手持哑铃，双臂伸直或微弯曲以减轻关节压力：
- 吸气，双臂打开至水平位置；
- 呼气时推举哑铃至垂直位置；
- 动作结束时保持肌肉收缩，加强对胸大肌胸骨部的锻炼。

训练时绝不能负重过大。

该练习主要锻炼胸大肌，是增加胸廓扩张力的基础练习，对增大肺活量非常有效，也能锻炼肌肉的柔韧性。

 为了避免胸大肌拉伤，加大负重训练时需要特别小心。

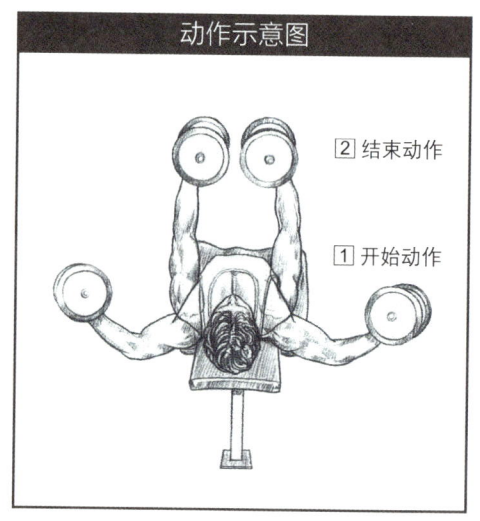

动作示意图
① 开始动作
② 结束动作

上斜哑铃卧推 10

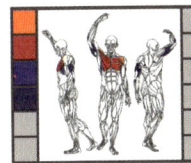

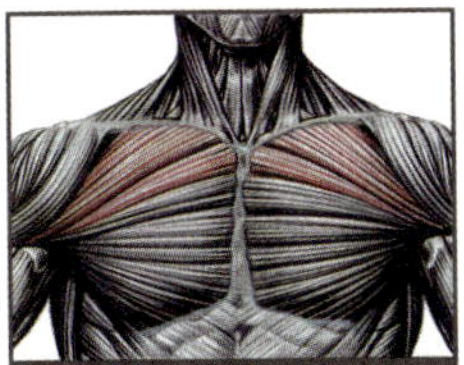

标注：
- 胸大肌锁骨部
- 三角肌：前束、中束
- 胸大肌
- 肱二头肌
- 肱肌
- 肱三头肌：内侧头、长头
- 肩胛下肌
- 大圆肌
- 前锯肌
- 背阔肌
- 重点锻炼的胸大肌部分

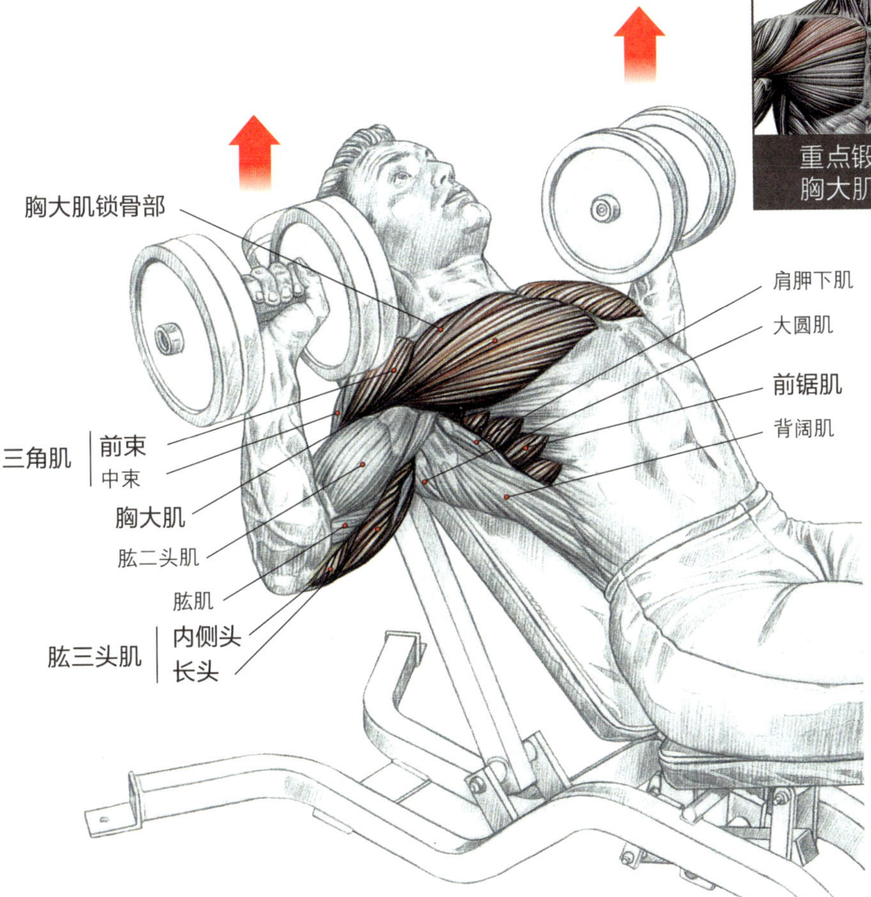

坐在上斜角度不超过60°的训练凳上（以免三角肌负荷过重），肘部弯曲，正手抓握哑铃：
- 吸气并垂直向上推举哑铃，使两个哑铃相接触；
- 动作结束时呼气。

该练习介于上斜卧推和上斜哑铃飞鸟之间，锻炼胸大肌（尤其是胸大肌锁骨部）并增强其柔韧性。

三角肌前束、前锯肌和胸小肌（后两块肌肉是肩胛骨固定肌，能使手臂与躯干稳定相连）也得到锻炼，还能锻炼肱三头肌，但不如杠铃卧推锻炼强度大。

变化动作

在开始推举时正握哑铃，随后旋转手腕变为半旋前位使两个哑铃相对。这一动作能够集中锻炼胸大肌胸骨部。

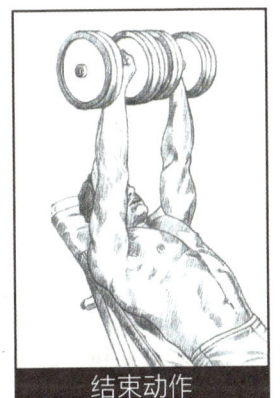

结束动作

11 上斜哑铃飞鸟

三角肌
喙肱肌
肱二头肌
肱肌
肱三头肌
内侧头
长头
大圆肌
冈下肌
背阔肌
前锯肌
胸大肌
拇长屈肌
桡侧腕长伸肌
指浅屈肌
肱桡肌
尺侧腕屈肌
掌长肌
桡侧腕屈肌
肱二头肌腱膜
内上髁
旋前圆肌

重点锻炼的胸大肌部分

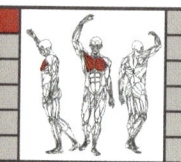

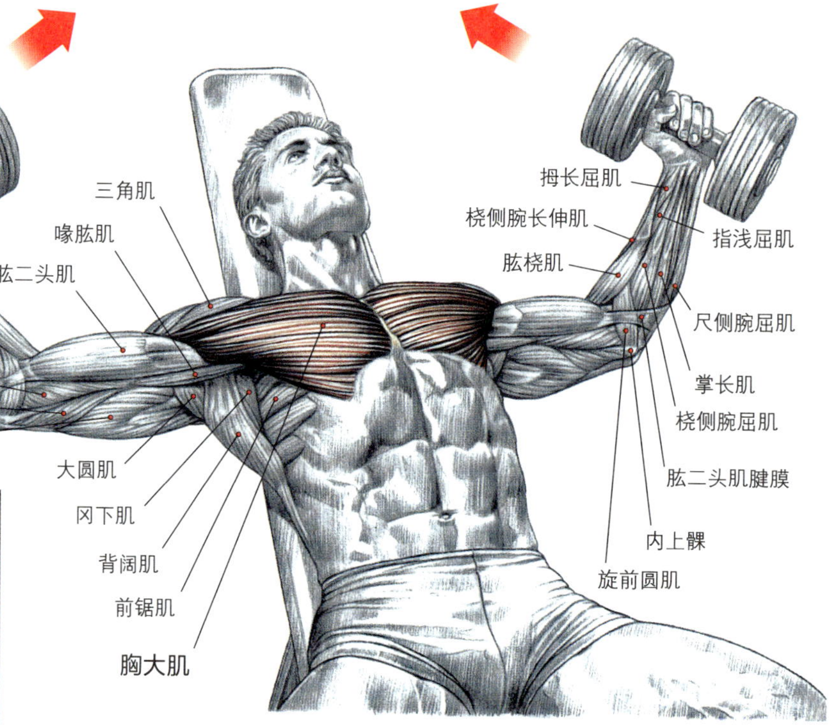

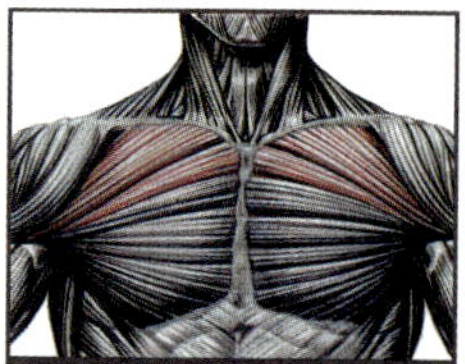

坐于向上倾斜45°~60° 的训练凳上，手持哑铃，双臂向上伸直或稍微弯曲来减轻肘关节压力：

- 吸气，将手臂张开至水平位；
- 呼气时两臂抬起至垂直位。

此项训练负荷不宜过大，主要锻炼胸大肌锁骨部，与上拉动作一起组成胸廓扩张训练的重要部分。

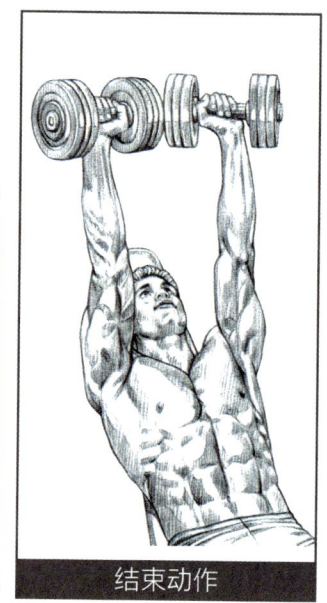

结束动作

人类/大猩猩对比

胸大肌相对发达，专门用于完成拥抱动作，主要功能是将手臂从外侧带回内侧（进行投掷运动的肌肉）。
胸大肌锁骨部非常发达，协助三角肌向前伸臂。
三角肌力量不强但可以多方位运动。
三角肌异常发达保证地面和树上移动。
胸大肌锁骨部和三角肌前束相当发达，协同工作完成向前伸臂动作。

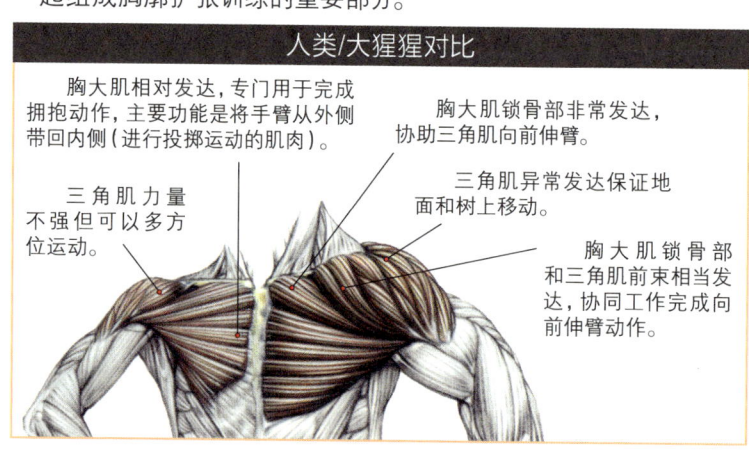

胸部训练

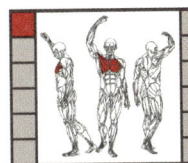

夹胸机夹胸 12

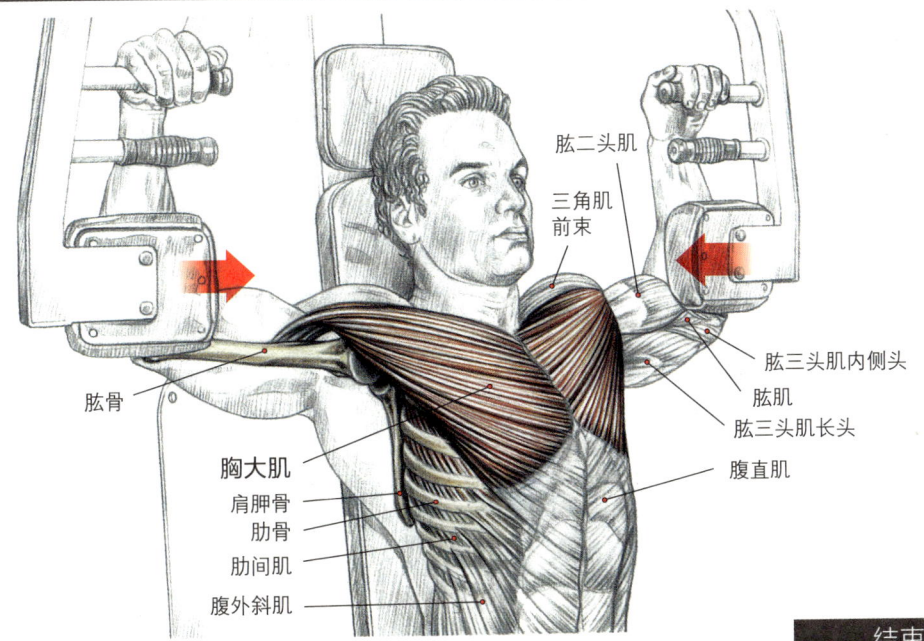

坐在夹胸机上，张开双臂呈水平位，肘部弯曲放在挡板上作为着力点，放松前臂和手腕：

• 吸气并用力收紧两臂使其相互靠拢；

• 动作结束时呼气。

该练习拉伸并锻炼胸大肌。双肘相互靠拢时，能集中锻炼胸大肌胸骨部。该练习也锻炼喙肱肌和肱二头肌短头。

反复长时间训练可以使肌肉充分充血。

推荐初学者进行此项训练，可以通过该练习获得足够力量以便继续进行更复杂的训练。

结束动作

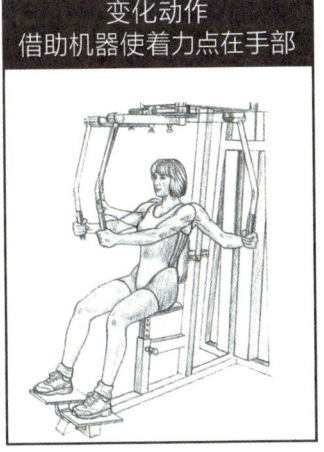

胸大肌

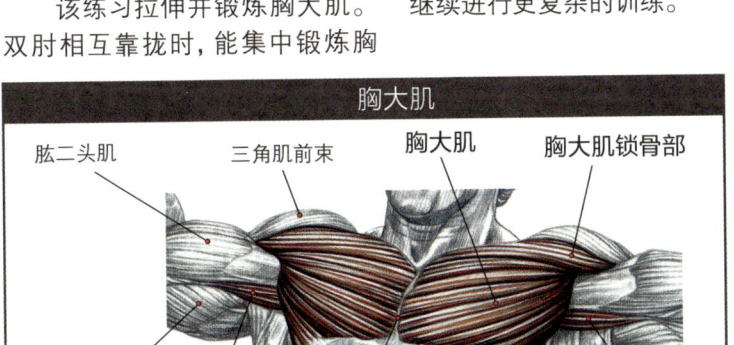

变化动作
借助机器使着力点在手部

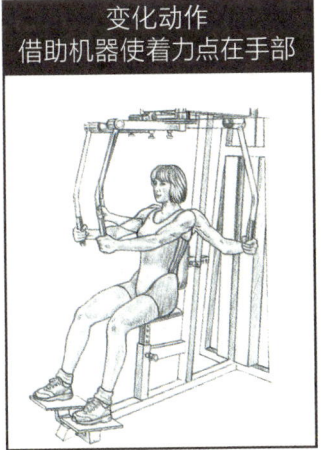

13 拉力器夹胸

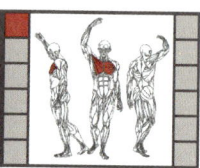

动作示意图

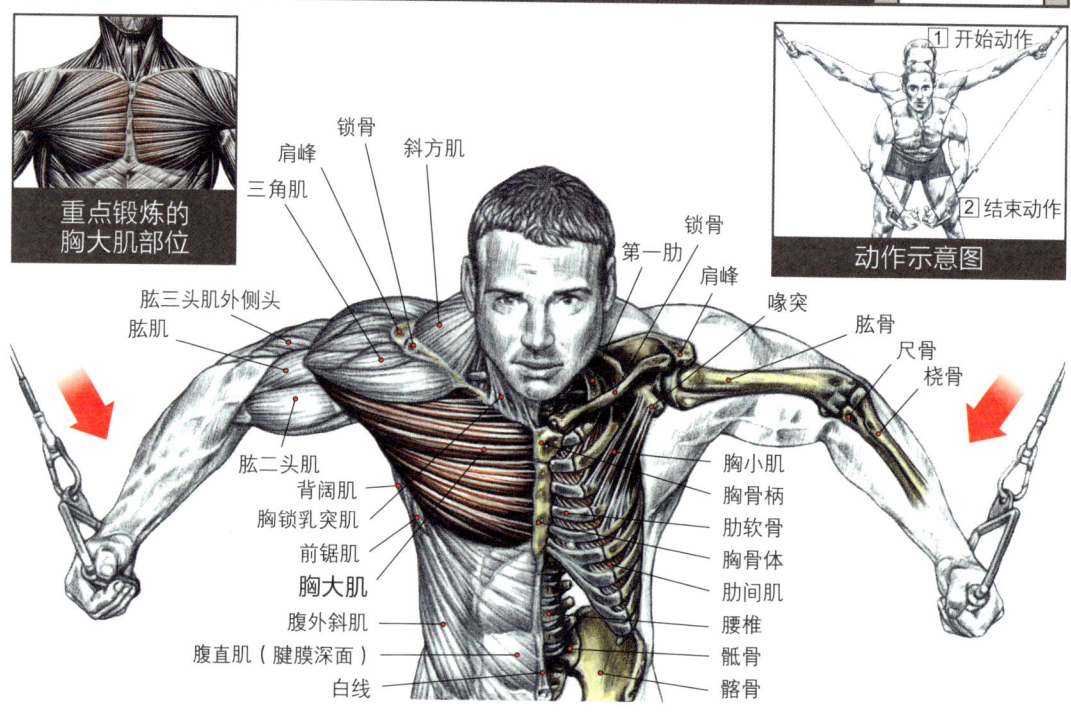

重点锻炼的胸大肌部位

双腿稍微分开站立,身体微前倾,肘部微屈,双臂展开抓握拉力器手柄:
- 吸气,将手柄向内拉,使拉力器手柄相接触;
- 动作结束时呼气;
- 缓慢恢复到起始位置并重复练习。

这是很好的锻炼胸大肌的方法,长时间反复练习可以使得肌肉充分充血。改变上半身倾斜程度和手臂运动角度(可以在不同高度牵拉手臂),可以锻炼胸大肌的各个部分。

绳索夹胸也可以锻炼胸大肌深层的胸小肌。除了固定肩胛骨以外,胸小肌也可以将肩部向前拉。

结束动作的变化

[1] 手臂交叉:动作结束时加强对胸大肌胸骨部锻炼

[2] 经典动作

胸部训练

哑铃仰卧屈臂上拉 14

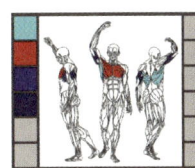

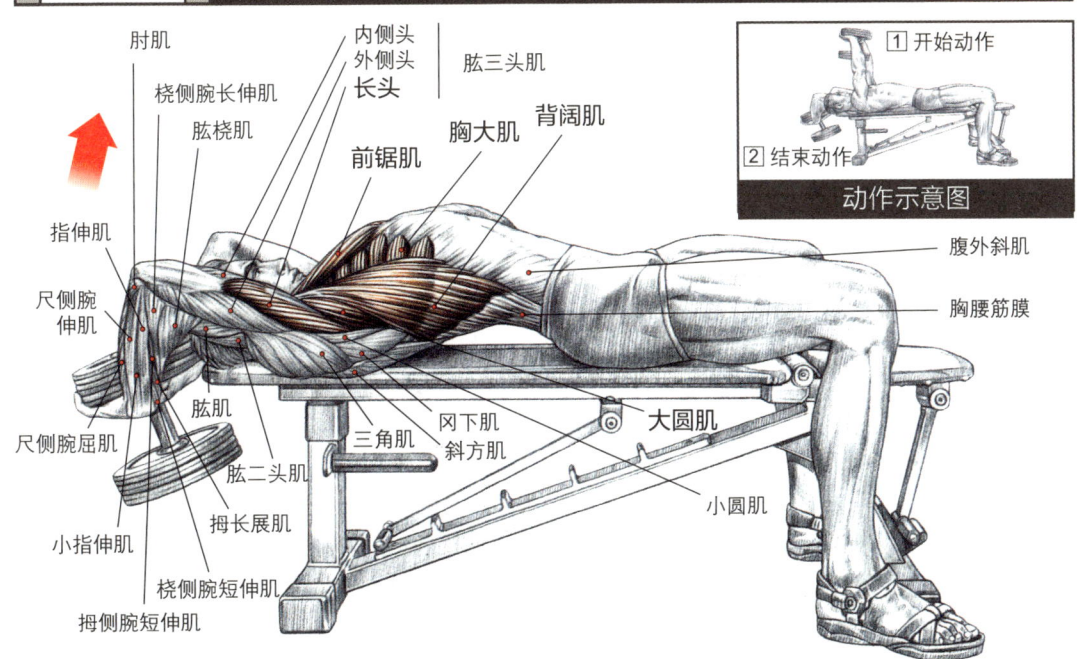

动作示意图

仰卧于长凳上，双脚着地，两手共同握住一哑铃，手掌托住哑铃面，拇指和食指握住手柄，伸直手臂：
- 吸气并将哑铃下降至头后，肘部微屈；
- 呼气，还原至起始位置。

该练习可以增加胸大肌厚度，锻炼肱三头肌长头、大圆肌、背阔肌，以及前锯肌、菱形肌和胸小肌。后三块肌肉固定肩胛骨，从而使肱骨活动获得稳定的支点。

如果用此训练来打开胸廓，必须采用较轻负荷并注意不要过度弯曲肘部。如果可能的话，使用凸形长凳或横躺在水平长凳上进行练习，骨盆要低于肩胛骨。动作开始时深吸气，动作结束时再呼气。

稳定肩胛骨的肌肉

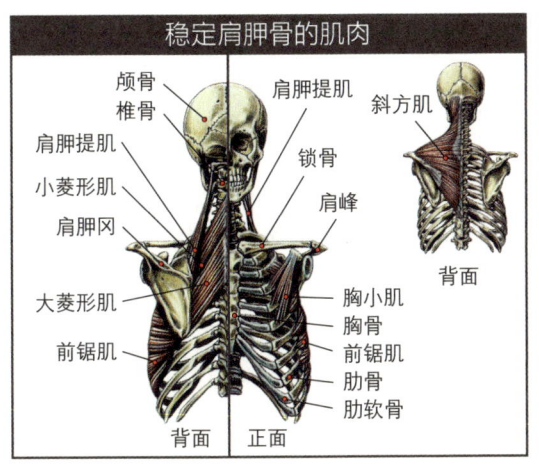

推举式训练机练习

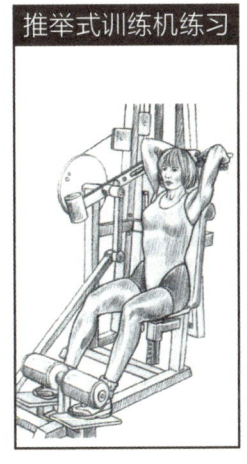

变化动作

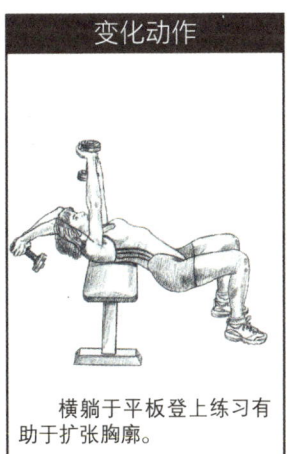

横躺于平板凳上练习有助于扩张胸廓。

15 杠铃仰卧屈臂上拉

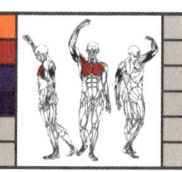

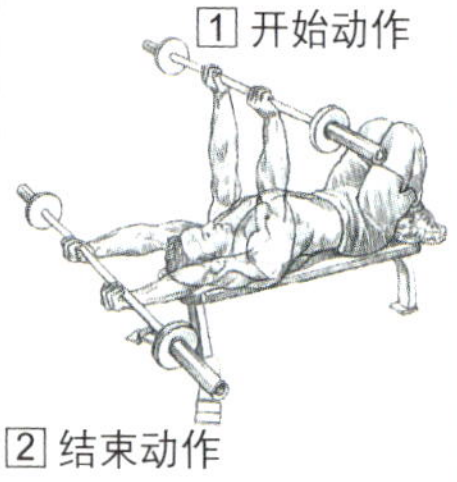

动作示意图
1 开始动作
2 结束动作

标注：掌长肌、桡侧腕屈肌、旋前圆肌、肱肌、肱三头肌长头、肱二头肌、胸大肌、桡侧腕长伸肌、尺侧腕伸肌、尺侧腕屈肌、肘肌、肱三头肌内侧头、肱三头肌外侧头、三角肌、小圆肌、冈下肌、大圆肌、肩胛下肌、前锯肌、背阔肌

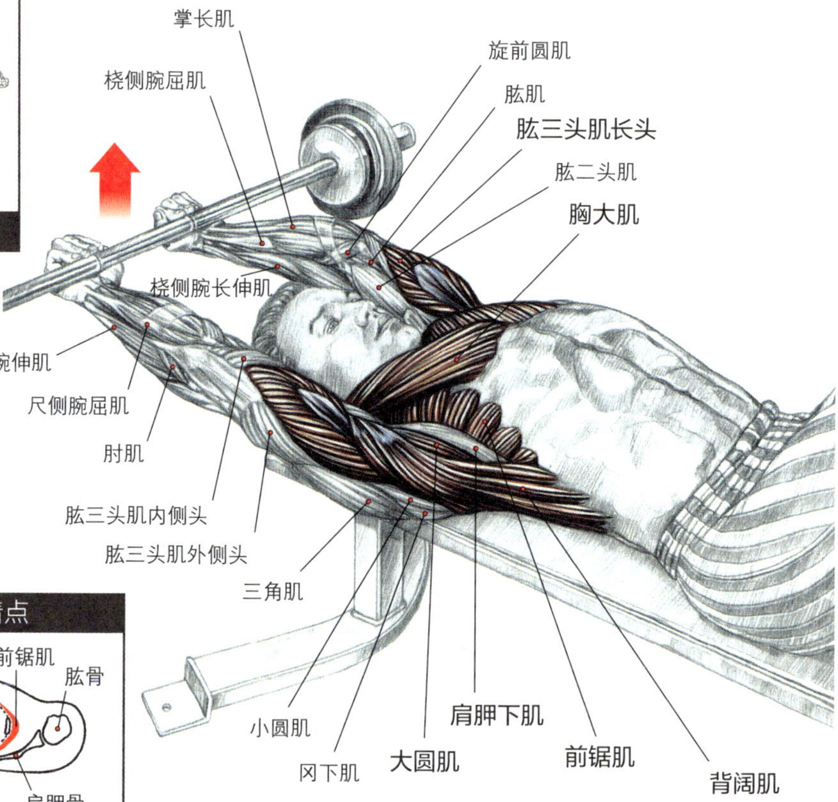

前锯肌附着点：肋骨、胸骨、前锯肌、肱骨、椎骨、肩胛骨

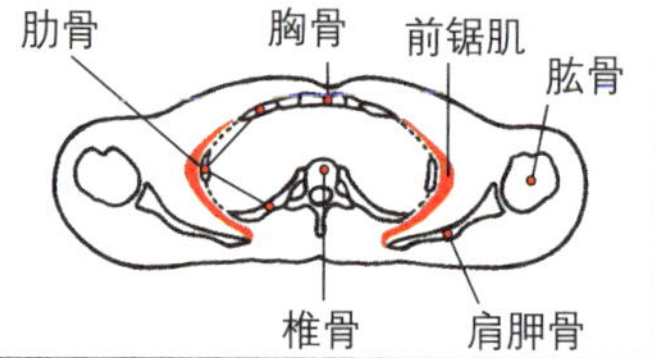

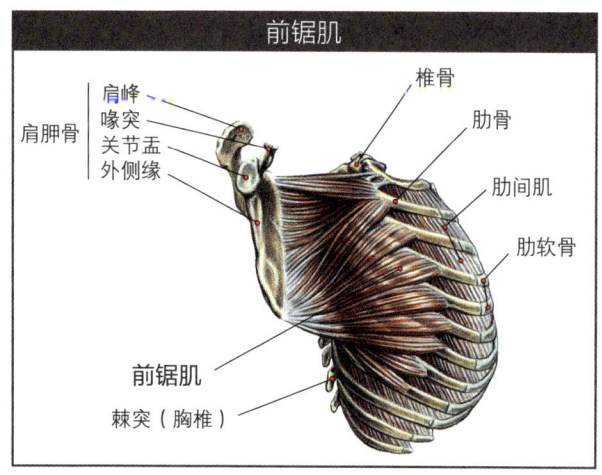

前锯肌：肩胛骨、肩峰、喙突、关节盂、外侧缘、椎骨、肋骨、肋间肌、肋软骨、前锯肌、棘突（胸椎）

向上伸直手臂，正手抓握杠铃，双手间距与肩同宽：
- 吸气尽量扩张胸廓，使杠铃下降至头部后方，肘关节微屈；
- 呼气，还原至起始姿势。

该练习锻炼胸大肌、肱三头肌长头、大圆肌、背阔肌以及前锯肌、菱形肌和小圆肌。

此项练习是非常适合扩张胸廓和提高肌肉柔韧性。应使用轻负荷进行训练，并需要特别关注姿势和呼吸。

04 背部训练

01 / 反握引体向上 109
➕ 引体向上中的常见病痛 110
02 / 正握引体向上 111
❗ 引体向上和身体形态 113
➕ 引体向上和胸长神经损伤 115
↗ 背阔肌和大圆肌拉伸 117
03 / 坐姿下拉 119
➕ 盂唇剥落 120
04 / 颈后下拉 121
➕ 肱三头肌撕裂 122
05 / 窄握距胸前下拉 123
06 / 直臂下拉 124
07 / 坐姿划船 125
08 / 坐姿正手宽握距划船 126
09 / 单臂哑铃划船 127
10 / 俯身哑铃划船 128
11 / 俯身杠铃划船 129
12 / 垂直窄握距划船 130
13 / T杠划船 131
14 / 腹部支撑T杠划船 132
15 / 直腿硬拉 133
16 / 相扑硬拉 134
17 / 屈腿硬拉 135
➕ 肱二头肌远端肌腱断裂 137
18 / 六角杠铃硬拉 139
❗ 不同硬拉动作刺激的肌肉部分 ... 141
➕ 下背痛 142
➕ 你可以反弓背吗? 142
19 / 罗马椅俯卧挺身 143
20 / 背屈伸 144
↗ 单杠背部拉伸 145
21 / 杠铃耸肩 146
22 / 哑铃耸肩 147
23 / 六角杠铃耸肩 148
24 / 器械耸肩 149
❗ 锁骨长度对斜方肌发展的影响 ... 150
25 / 德拉威尔式耸肩 151
26 / 高位头部前抛 152
27 / 低位颈部伸展 153
❗ 颈部 154
↗ 三角肌、斜方肌和颈部拉伸 155
↗ 斜方肌和颈部拉伸 156

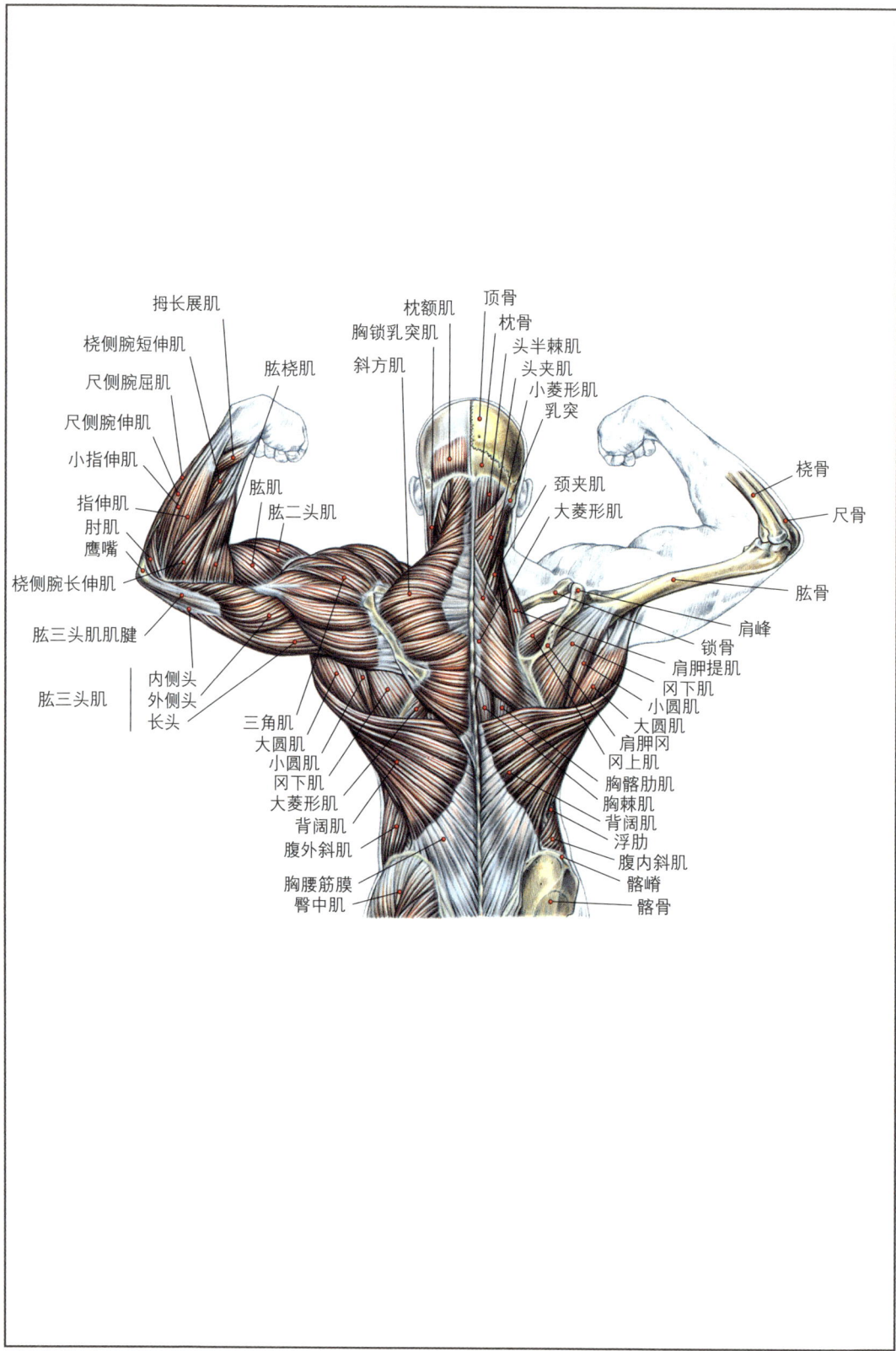

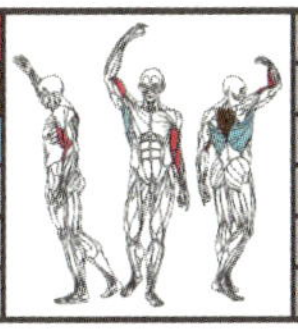

背部训练

反握引体向上 01

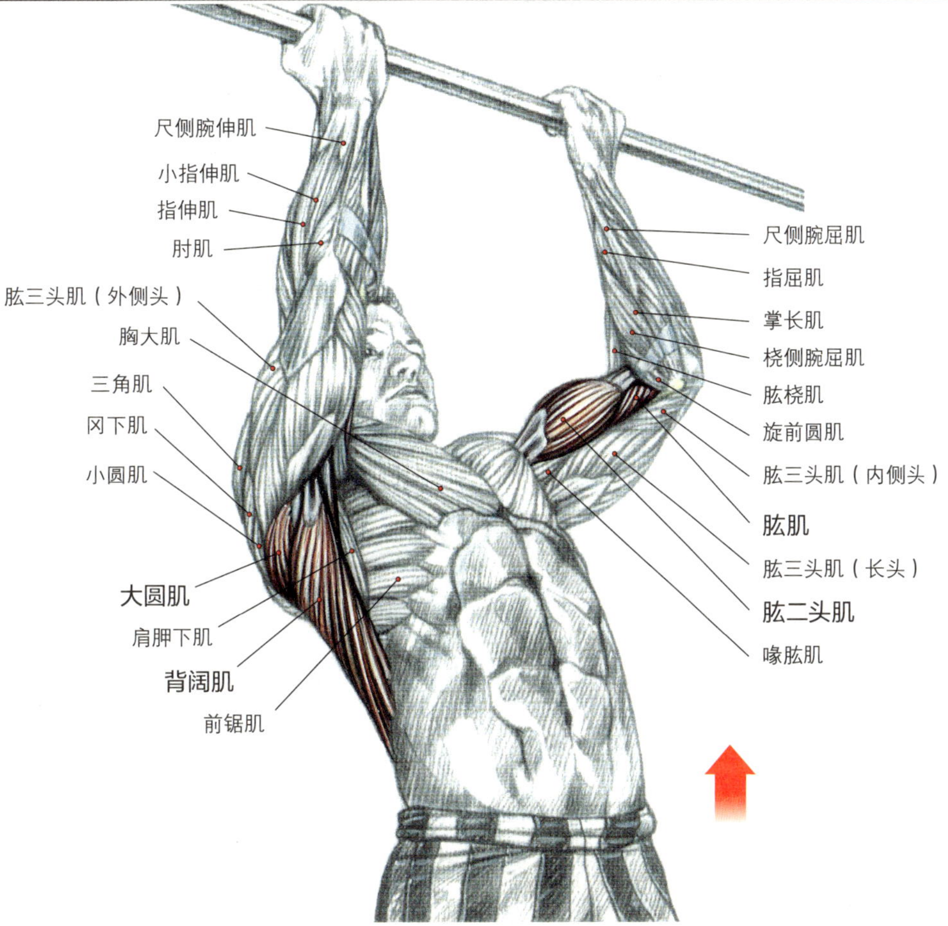

反手抓握单杠，双手距离与肩同宽，身体悬空；

• 吸气，上提身体将下颌抬至单杠高度并挺胸；
• 动作结束时呼气。

该练习主要锻炼胸大肌和大圆肌，也可强化锻炼肱二头肌和肱肌，因此也可作为臂部训练的项目。此外斜方肌（中部和下部）、菱形肌和胸部肌肉也得到了锻炼。

该训练力量要求较高，初学者使用高位拉力器练习相对容易。

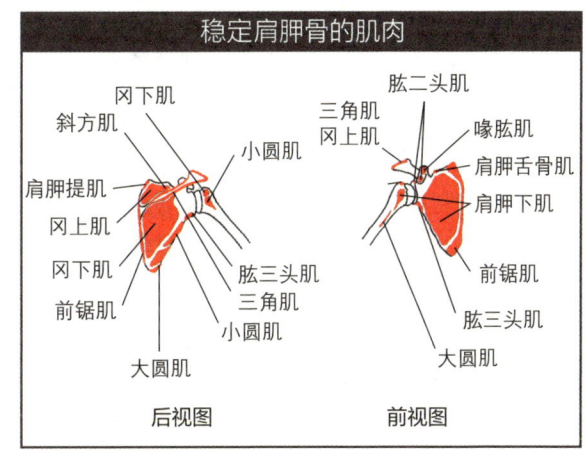

稳定肩胛骨的肌肉

后视图　前视图

109

引体向上中的常见病痛

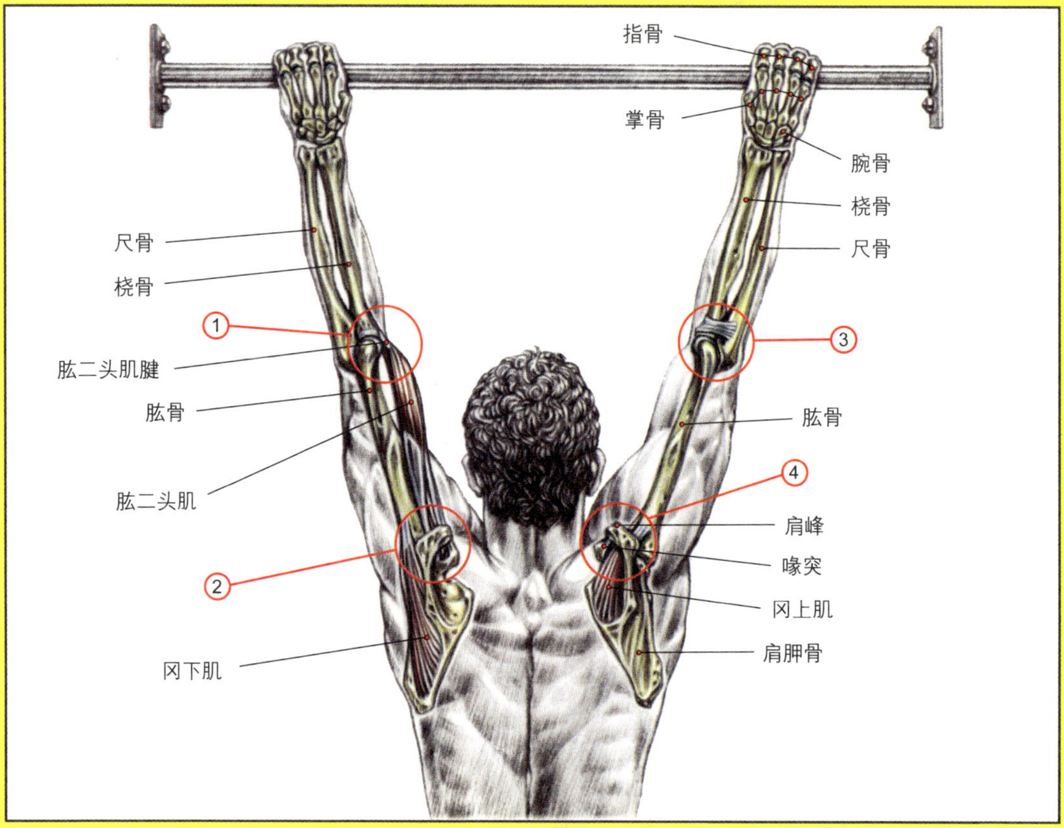

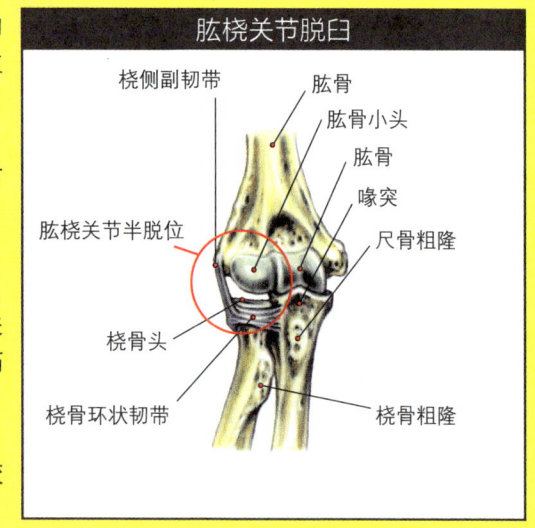

肱桡关节脱臼

① 做引体向上时,如果在小幅度运动或负重运动时没有控制好动作,肱二头肌远端肌腱可能被拉伤甚至断裂。

② 如果因为控制不佳或是负重单杠或器械训练时下降过快,冈下肌肌腱和肩关节囊可能被拉长,导致关节半脱位和不稳定,并伴随疼痛。

③ 下降时控制不佳或是手臂伸得过直导致肱桡关节半脱位,肘部韧带可能过度拉伸,肘关节损伤导致关节不稳定。

④ 反复进行引体向上时,如果喙肩韧带下空间较小,冈上肌可能被刮伤或磨损。

正握引体向上 02

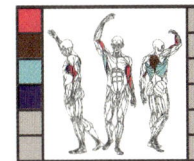

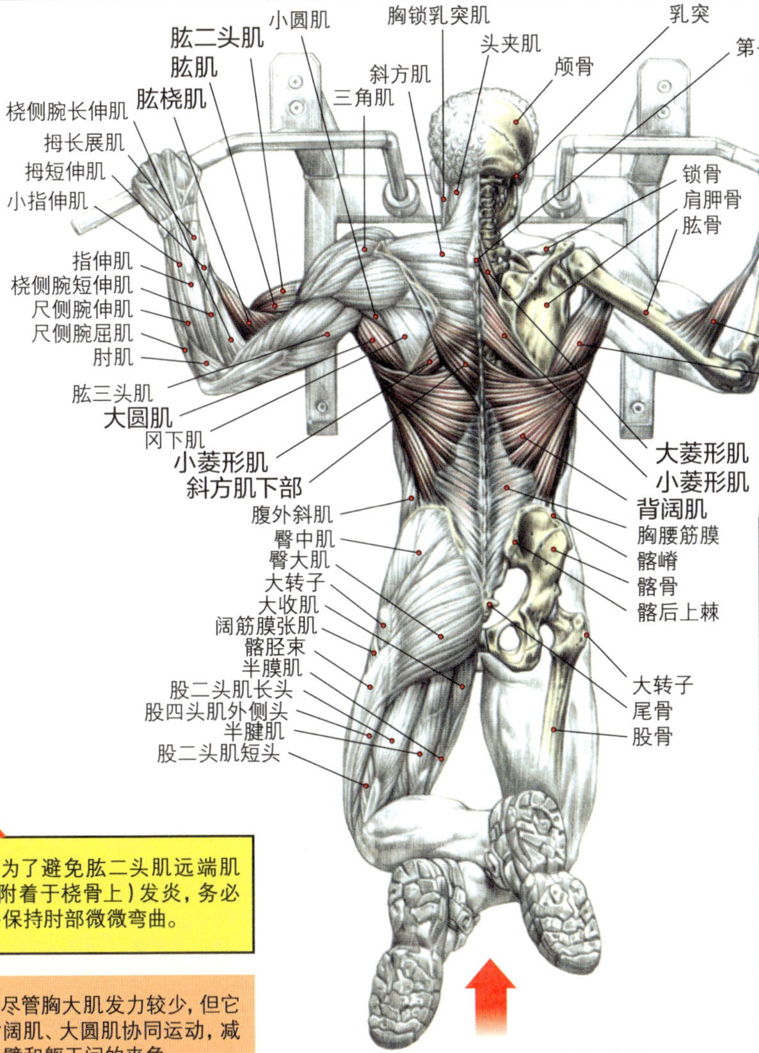

为了避免肱二头肌远端肌腱（附着于桡骨上）发炎，务必始终保持肘部微微弯曲。

尽管胸大肌发力较少，但它与背阔肌、大圆肌协同运动，减小手臂和躯干间的夹角。

- 正手宽握距抓握固定杠，身体悬空；
- 吸气，引体向上使胸尽量到达横杠高度；
- 动作结束时呼气，控制身体回到起始位置，重复上述动作。

该练习需要较大力量，能很好地锻炼胸大肌和大圆肌。在引体向上至最高点时两侧肩胛骨相互靠拢，锻炼菱形肌和斜方肌中下部。此外肱二头肌、肱肌和肱桡肌也得到了锻炼。

变化动作

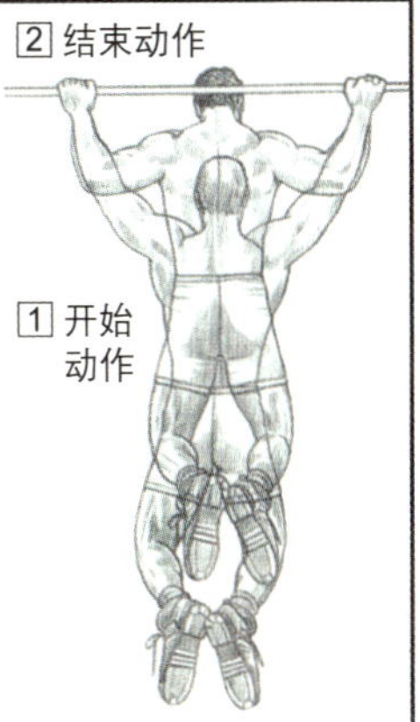

引体向上时可以让颈后侧尽量接触杠杆。

变化动作

- 引体向上时挺胸，可以尽量让下颌达到横杠位置。
- 为了加强运动强度，可以在腰部绑上重物。从生物力学角度讲，让肘部贴近身体，主要强化背阔肌外侧肌肉纤维，使背部更宽阔。

肘部向后，挺胸使下巴到达横杠高度，主要锻炼背阔肌上部和中部以及大圆肌的肌肉纤维。该训练可以增加背的厚度。两侧肩胛骨靠近时，菱形肌和斜方肌下部也得到了锻炼。

双臂贴近身体两侧，后颈碰横杠

肘部贴近身体，主要强化背阔肌外侧肌肉纤维，增加后背宽度。

肘部向后拉伸，胸部碰横杠

肘部向后使下颌到达横杠高度，主要锻炼背阔肌中上部纤维，增加背厚度。

猿类和人类一样，背阔肌和大圆肌尤其发达。

（大圆肌、背阔肌）

人和大猩猩的解剖图对比

肩关节朝上肩峰覆盖面积小，适合臂部圆周运动，可以抓住更大的区域，对于树栖动物移动非常重要。

斜方肌下部非常宽大，牵拉肩胛骨和手臂靠近身体中部和底部，有助于在树间移动。

肱三头肌长头过度发达，在移动时能更好地与背部肌肉协同做功。

大圆肌巨大

三角肌后束较小并朝向上方，仅参与引体向上最后几厘米的上拉。

斜方肌下部窄小

肱三头肌、大圆肌和背阔肌不发达，但更贴近肩关节，使得活动速度更快但力量减弱（这使得手臂运动更高效），但减小了利于树间穿梭的力量。

三角肌后束非常巨大并朝向下方，与大圆肌和背阔肌更好连结，在树间移动时下拉。

巨大的背阔肌附着在肱骨更远位置，增加引体向上的力量。

最开始，我们的远祖还四足移动时，大圆肌和背阔肌起重要作用，主要发力带动前腿移动。

逐渐过渡到树栖生活时，这两块肌肉进化得更为强健，专门进行垂直移动。我们的近亲猿类回到地面后采取两足移动的方式，不过保留了攀爬能力。因此，我们的背部肌肉可以拉动身体使我们还能爬树。

我们的运动系统与我们的近亲——猿类的运动系统主要区别在于人的后肢因专门进行两足运动更为发达。人类和猿类的躯干和上肢结构基本相同，猿类的手臂更粗壮，我们则拥有更粗壮的腿。

背部训练

引体向上和身体形态

引体向上幅度和肩胛骨悬空高度

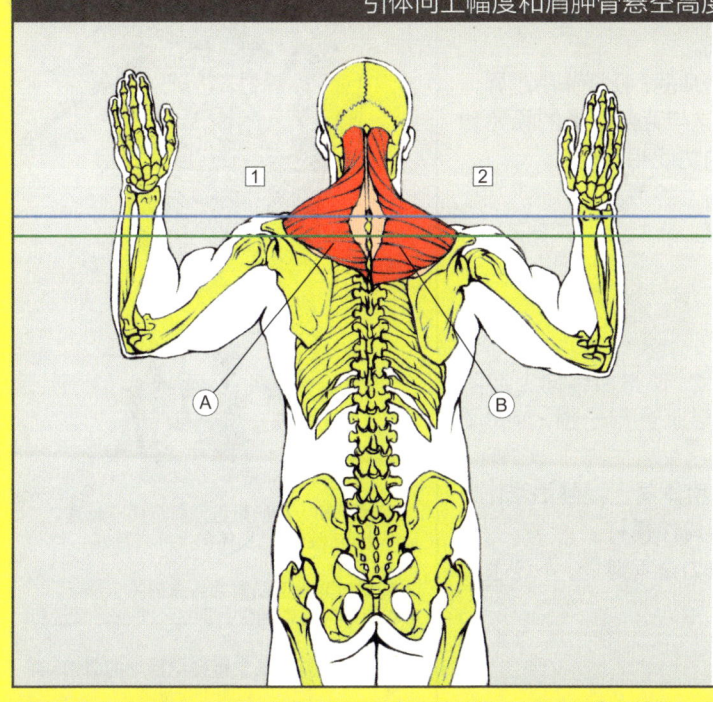

① 脊柱长度一样时：肩胛骨悬空越高（颈部给人的感觉很短），越难将头超过横杠。

② 肩胛骨悬空越低（颈部让人感觉很长），越容易将下颌超过横杠（也就越容易进一步上拉）。

Ⓐ 斜方肌短，肩胛骨悬空高

Ⓑ 斜方肌长，肩胛骨悬空低

限制上拉幅度（将下颌抬至横杠以上）的两个主要因素

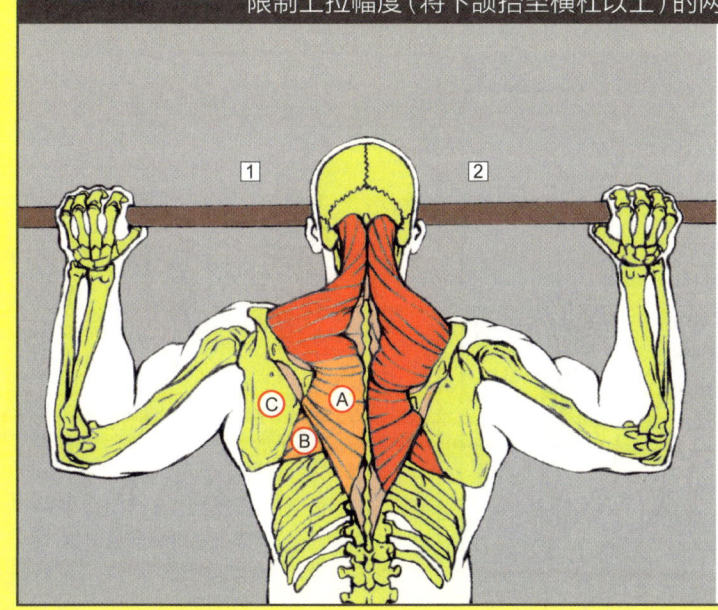

① 斜方肌底部肌束和菱形肌无力，阻碍肩胛骨内收，限制躯干上抬。

② 肩部骨骼狭窄：锁骨窄而背部内侧肌肉过度发达时，会导致背部中间肌肉互相挤压，限制躯干上抬。

Ⓐ 斜方肌下部和中部

Ⓑ 菱形肌

Ⓒ 肩胛骨

1 有利于引体向上的身体形态

- 前臂越短，下颌抬至横杠高度需要上升的距离就越短。
- 锁骨越窄，肩胛骨的活动就越小，就不太需要斜方肌下部和菱形肌介入，从而节省了能量可以进行更长时间的练习。
- 手指越短、越弯曲、越不灵活，就越能起到钩子的作用，便于抓握横杠并保持更长时间。
- 背阔肌在肱骨上的附着点越远离肩膀，杠杆作用越强，但手臂向下运动的速度会越慢。这与背部肌肉的原始功能，即牵拉身体向上在树间运动的功能相符合。
- 下肢越轻，就越容易进行引体向上练习。
- 指屈肌越强，就越容易抓紧横杠。

2 不利于引体向上的身体形态

- 前臂越长，运动幅度越大。
- 锁骨越宽，肩胛骨就越容易活动，使得引体向上起步动作越困难，并迫使斜方肌和菱形肌进行干预，浪费了能量，限制重复练习次数。
- 身体越重，尤其是腿部越重，做引体向上就越困难。
- 手指越短、越灵活，就越难保持勾住横杠。
- 背阔肌附着点离肩膀越近，杠杆力量就越弱，不过手臂向下移动速度越快。

背部肌肉附着与引体向上的关系

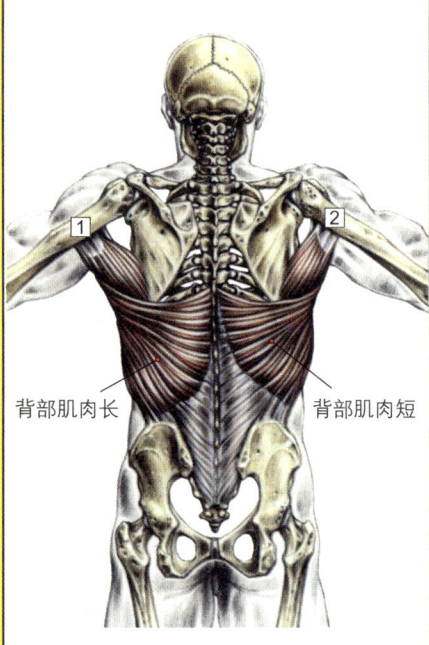

1 背阔肌和大圆肌附着点离肩关节越远，背部肌肉就越长，引体向上能力越强。

2 背阔肌和大圆肌附着点离肩关节越近，每次引体向上就越快，不过不太能连续进行多次运动。

背阔肌最初是进行树间移动的肌肉，其主要功能是提供力量而不是速度。

前臂与肱骨关系对将下颌抬至横杠以上的影响

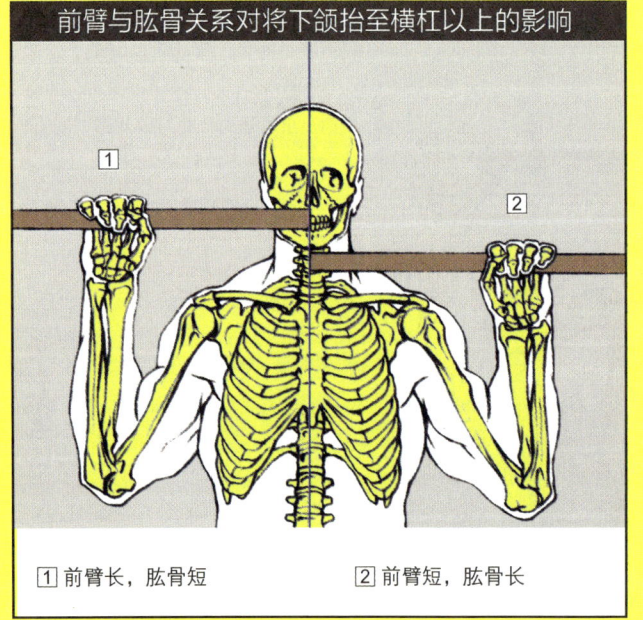

1 前臂长，肱骨短　　2 前臂短，肱骨长

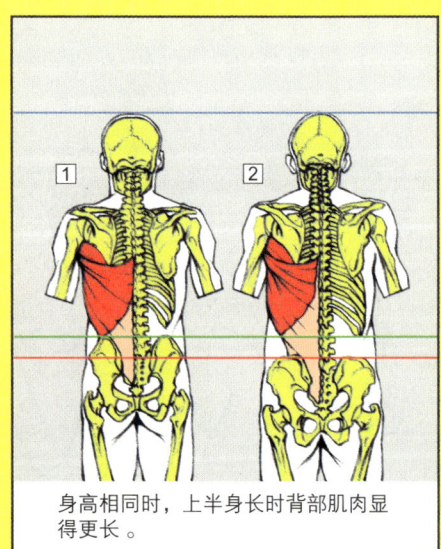

身高相同时，上半身长时背部肌肉显得更长。

1 上半身短
2 上半身长

引体向上和胸长神经损伤

悬挂于固定杠时胸长神经损伤

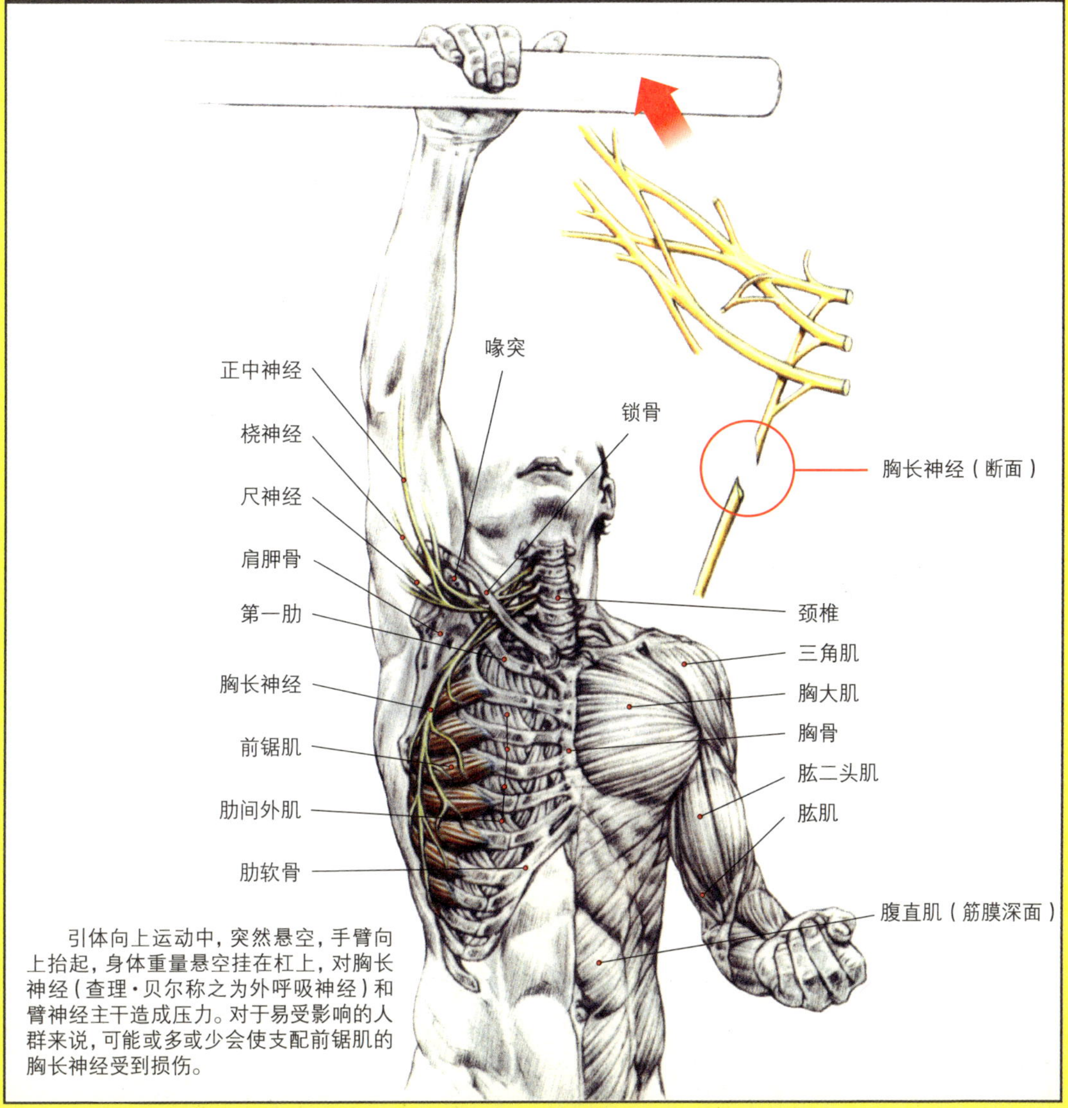

标注：正中神经、桡神经、尺神经、肩胛骨、第一肋、胸长神经、前锯肌、肋间外肌、肋软骨、喙突、锁骨、胸长神经（断面）、颈椎、三角肌、胸大肌、胸骨、肱二头肌、肱肌、腹直肌（筋膜深面）

引体向上运动中，突然悬空，手臂向上抬起，身体重量悬空挂在杠上，对胸长神经（查理·贝尔称之为外呼吸神经）和臂神经主干造成压力。对于易受影响的人群来说，可能或多或少会使支配前锯肌的胸长神经受到损伤。

引体向上可能会使一些易受影响人群出现神经损伤。最常见的是胸长神经（查理·贝尔称之为外呼吸神经）全部或部分断裂。胸长神经支配前锯肌运动，通常起于第5、6、7颈神经根，遍布前锯肌并通过其分叉影响该肌肉上的所有手指状区域。

如果在引体向上时下降过猛且没有控制，臂丛神经（支配臂部及上伸部分神经的总根基）以及胸长神经（附着在臂丛神经底部及下延部分）间压力过大，胸长神经可能因此部分或全部断裂，造成前锯肌瘫痪或限制其运动。如果胸长神经是部分断裂，前锯肌有时可以恢复运动功能。

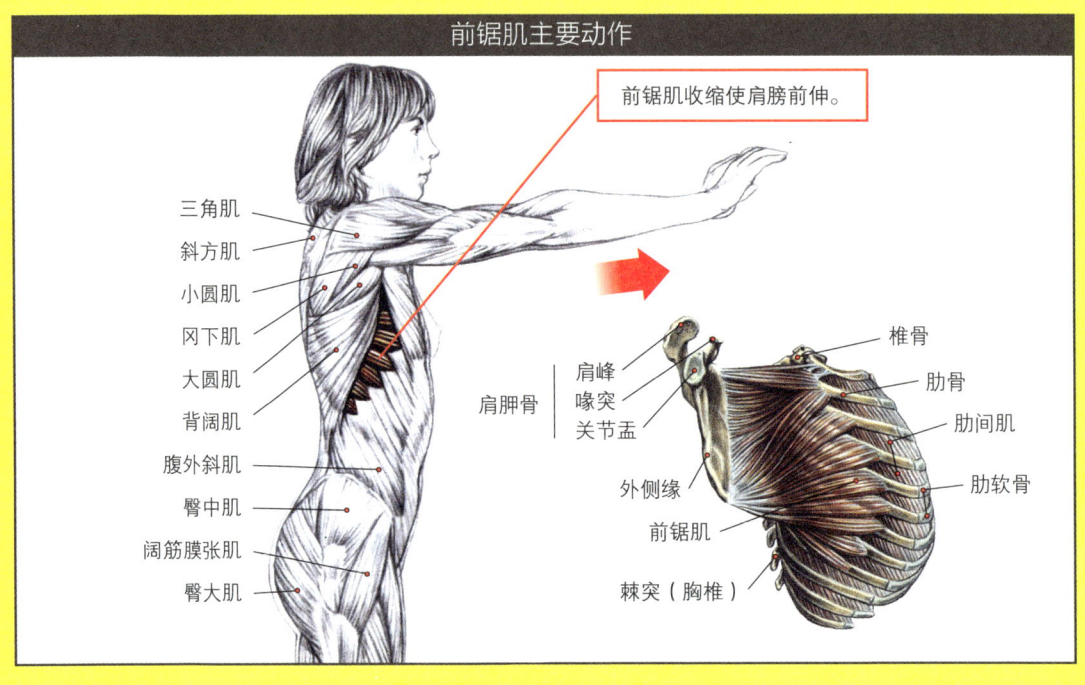

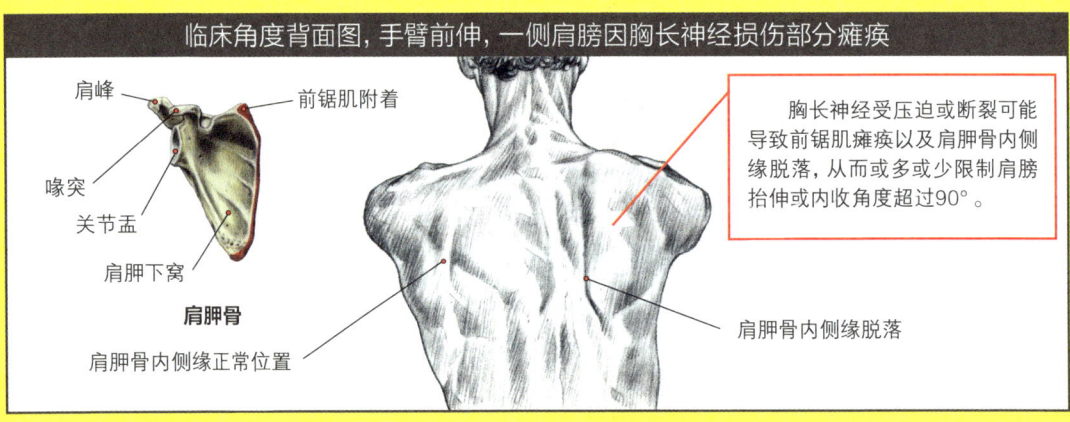

如果胸长神经完全断裂，前锯肌就不能再发挥其功能，通常会导致肩膀向前突出，而肩胛骨抵着胸廓。这可能导致肩胛骨内侧缘脱落，同时前锯肌会逐渐不可逆转地萎缩，且肩胛骨不稳定。有时可以通过对菱形肌和斜方肌中下部的训练来弥补肩胛骨不稳定。

尽管这种伤害比较少见，因为很少有人在日常生活中会忽然将自己悬空，不过在健美运动、交叉训练、街头锻炼和军事筹备中可能出现。

胸长神经断裂通常发生在宽锁骨人群中，在垂直向上抬手臂时，这种体态会增加手臂位移距离，造成附着在臂丛神经根部的胸长神经紧张。

最后，胸长神经断裂往往是由其路径上的异常粘连造成的。这使得胸长神经不能自由在筋膜和肌肉间滑动，增加了神经根部压力和断裂风险。

因此，为了减小受伤的风险，在进行引体向上时不要突然下落，需要有控制地下降，有规律且轻柔地悬空在单杠上，尝试打破粘连预防受伤。

> 单杠运动中，突然悬空可能会使胸长神经受到压力而断裂。在推举运动中，胸长神经可能因为锁骨和第一肋间的压迫造成损伤，其症状与胸长神经断裂非常相似，但相对不那么严重，可能完全恢复。

背阔肌和大圆肌拉伸

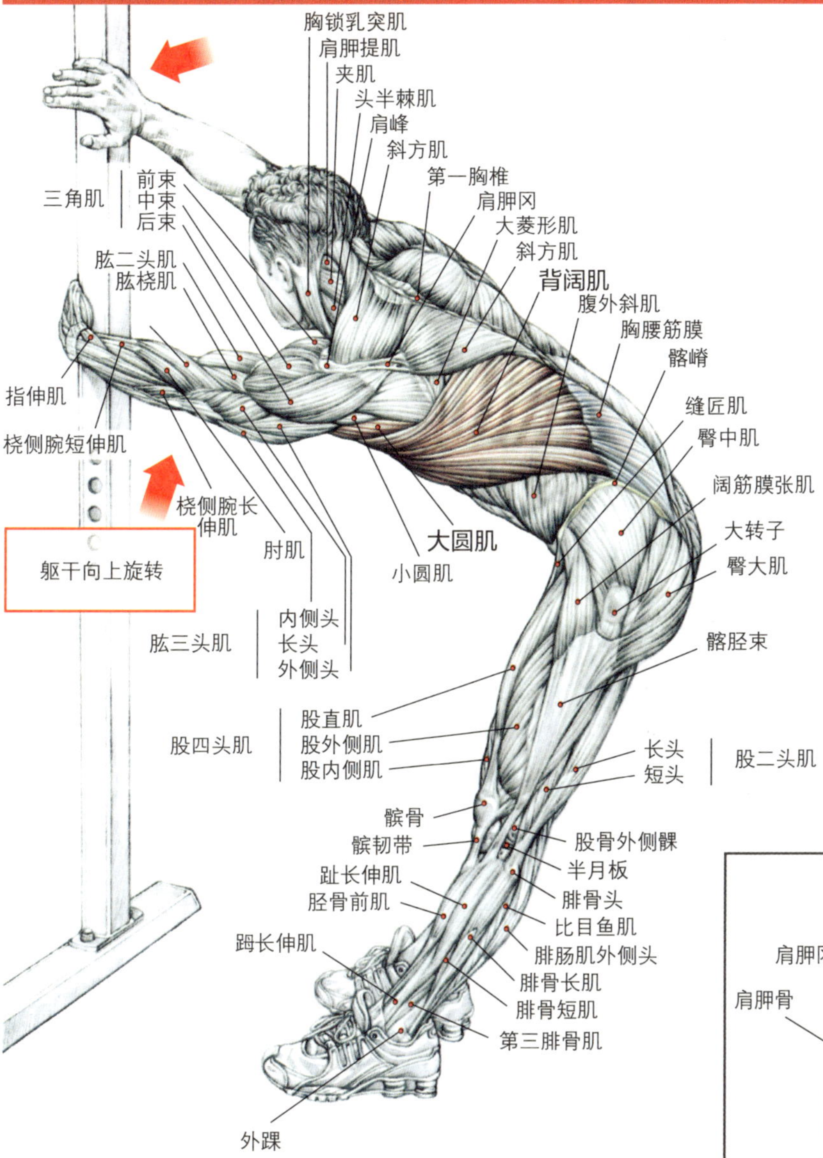

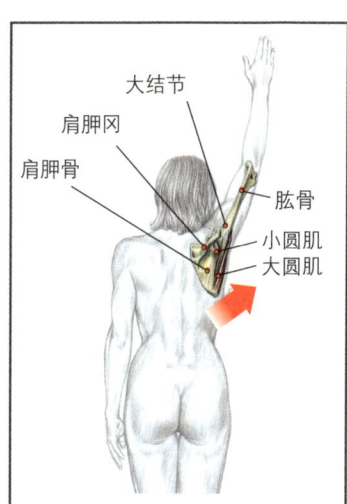

抬手臂时，小圆肌和大圆肌得到拉伸，使得肩胛骨内侧缘向外拉。

呈站姿，两腿稍微分开：
- 上半身前倾，一只手抓住稳定支撑物（如举重机或深蹲支架），保持手臂伸展；
- 另一只手放在支撑物更高位置上，保持手臂伸展，循序渐进地给机器一个有力的推力，同时另一只手臂拉住支撑物。

背阔肌和大圆肌在肱骨上的附着点（正面图）

正面图

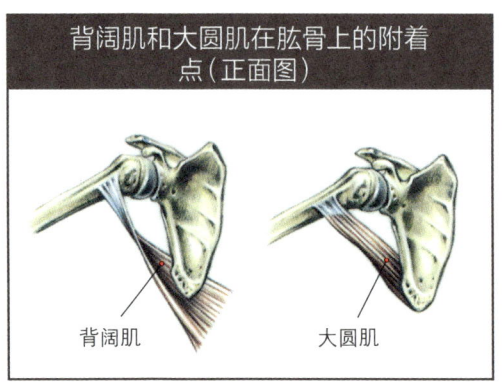

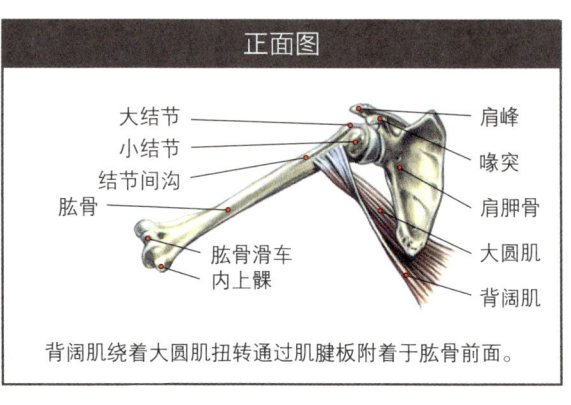

背阔肌绕着大圆肌扭转通过肌腱板附着于肱骨前面。

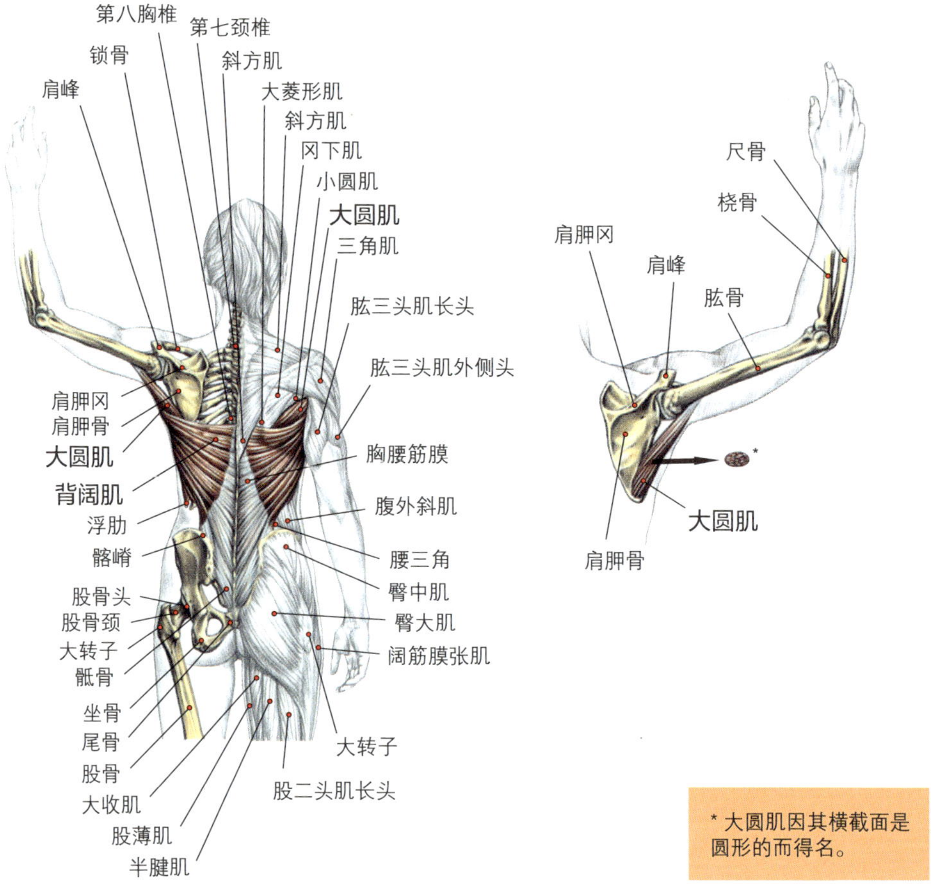

* 大圆肌因其横截面是圆形的而得名。

可以通过转动躯干，缓慢抬起肩膀下部来增加背阔肌和胸大肌拉伸感。

定期练习，在背部专门训练的前几组训练之间加入此项拉伸，有助于防止负重高滑轮拉举或单杠引体向上时可能出现的背阔肌和大圆肌损伤。

坐姿下拉 03

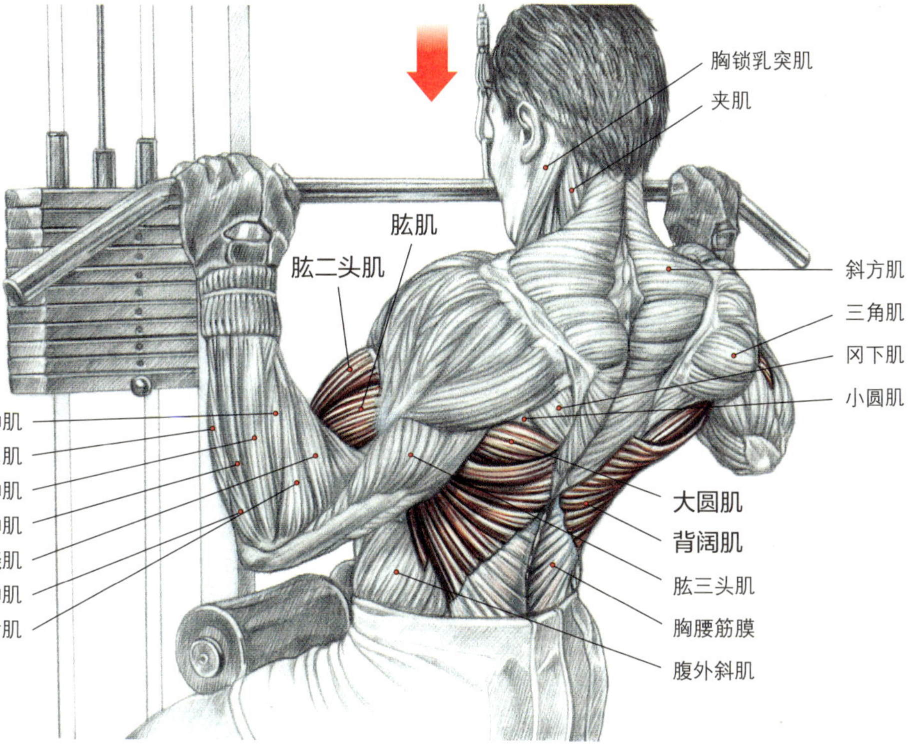

背部训练

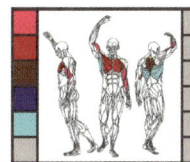

肌肉标注：
- 胸锁乳突肌
- 夹肌
- 肱肌
- 肱二头肌
- 斜方肌
- 三角肌
- 冈下肌
- 小圆肌
- 大圆肌
- 背阔肌
- 肱三头肌
- 胸腰筋膜
- 腹外斜肌
- 桡侧腕短伸肌
- 尺侧腕屈肌
- 指伸肌
- 尺侧腕伸肌
- 肱桡肌
- 桡侧腕长伸肌
- 肘肌

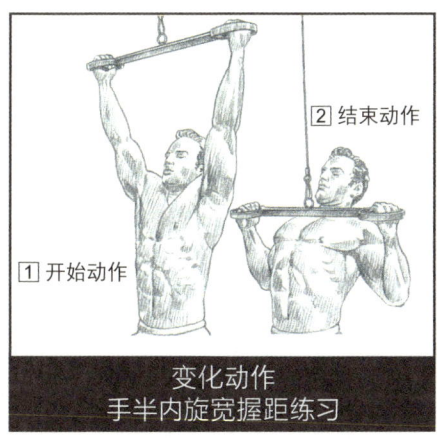

1 开始动作　2 结束动作

**变化动作
手半内旋宽握距练习**

　　面向训练机坐下，大腿置于海绵固定轴下，双手宽握距正握拉杆：
- 吸气，将拉杆拉至上胸部，同时挺胸，肘部后推；
- 动作结束时呼气。

　　这是增加背部厚度很好的练习，主要锻炼背阔肌上部和中部，也锻炼斜方肌中部和下部、菱形肌、肱二头肌和肱肌，胸肌也得到一定锻炼。

盂唇剥落

盂唇是关节盂周围的软骨环，增加关节盂的深度使得肱骨头能够更加稳定地固定在关节盂里。随着时间推移，进行某些肌肉训练时，盂唇可能剥落导致手臂不稳定，通常感觉为肩关节轻微脱钩。

造成这种感觉的最常见原因是附着在上盂唇的肱二头肌长头受到过度压力导致上盂唇剥落。这种情况被称为肩胛部上盂唇前后位损伤（SLAP）。

盂唇损伤通常是由肱二头肌长头肌腱拉伸造成过大应力导致的。许多肌肉健美动作，如在引体向上和背部下拉中手臂处于伸展状态时猛然发力开始运动、杠铃垂直划船和大负荷硬拉练习，都可能导致这种损伤。

如果是非常轻微的盂唇剥落，有时可以通过休息来恢复。

但若严重脱落，很多时候甚至通过手术也不能完全恢复。

因此，一旦感到最轻微的不适以及手臂在肩部位置有脱钩感，就需要立刻停止可能加重盂唇剥落的动作，需要加强肩袖肌肉强度，使得肱骨头能更好固定在关节盂中，并减轻肱二头肌和肩部拉伸练习强度。

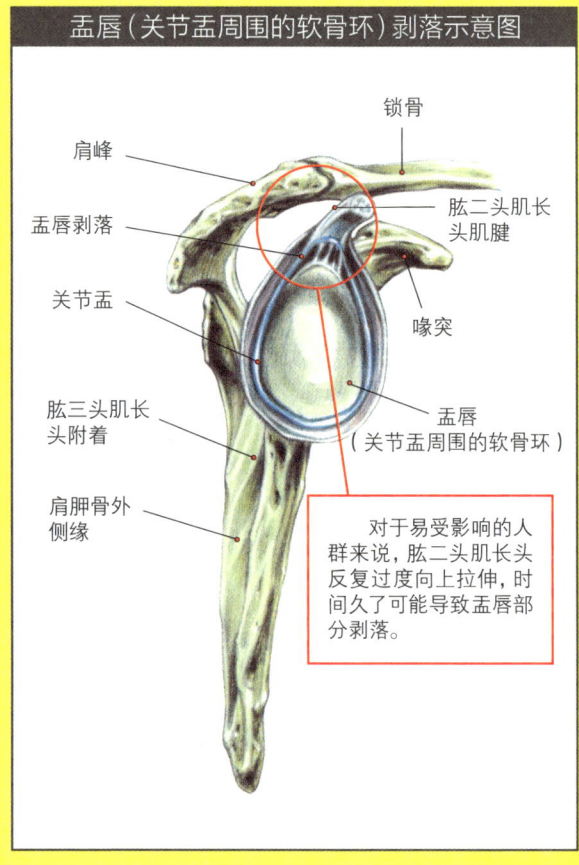

盂唇（关节盂周围的软骨环）剥落示意图

对于易受影响的人群来说，肱二头肌长头反复过度向上拉伸，时间久了可能导致盂唇部分剥落。

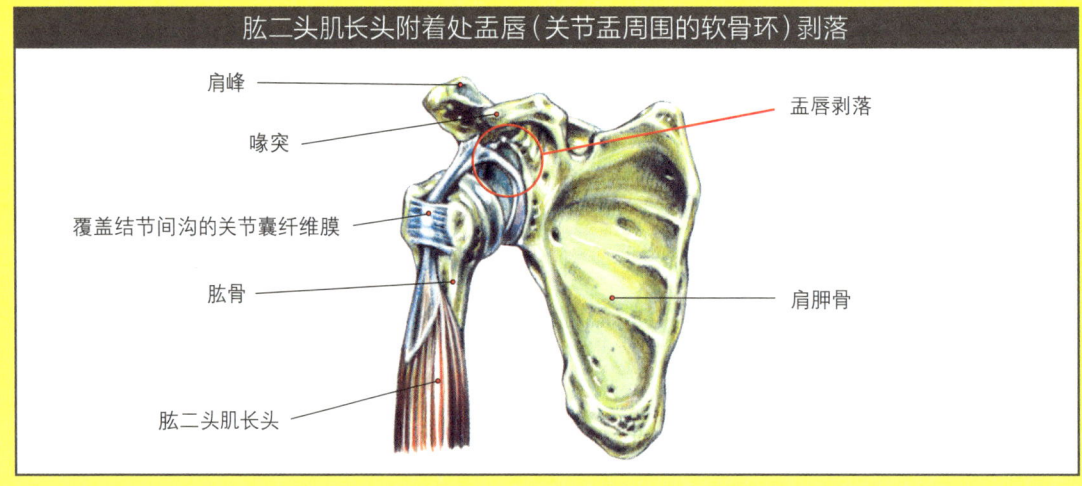

肱二头肌长头附着处盂唇（关节盂周围的软骨环）剥落

背部训练

颈后下拉 04

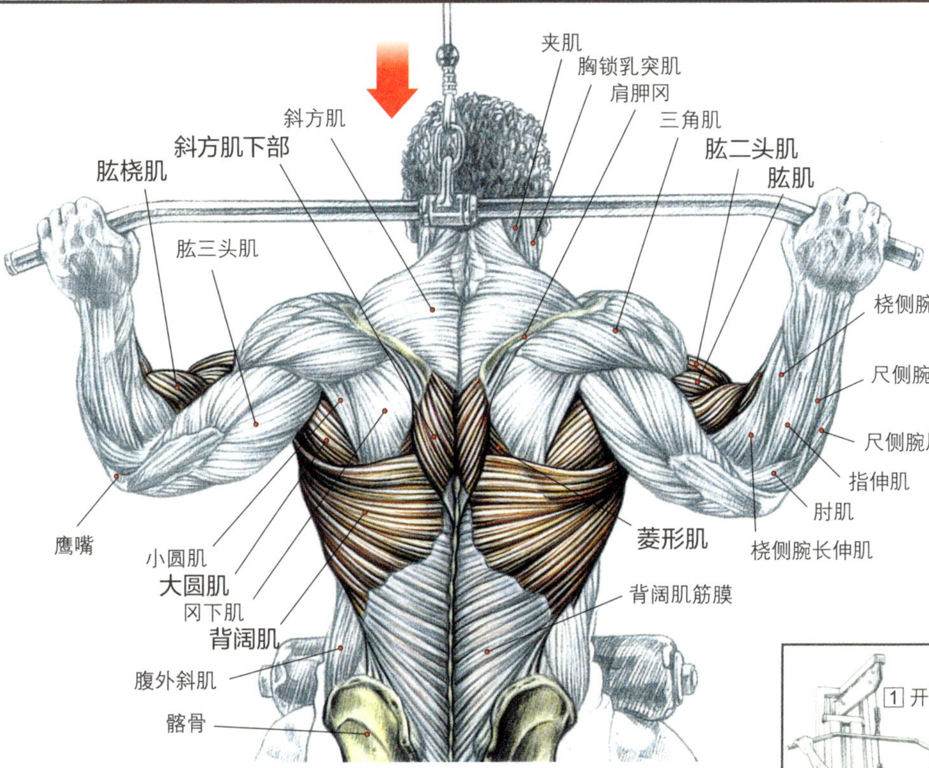

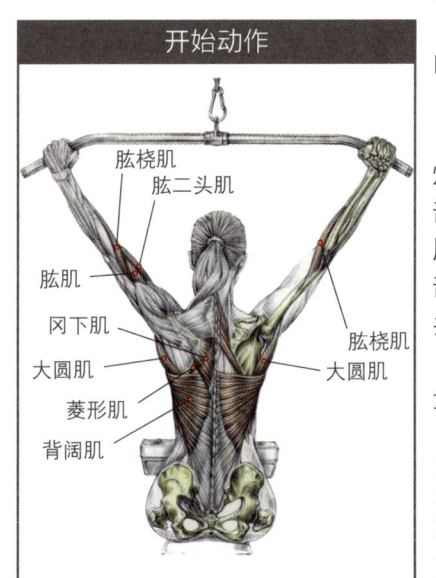

开始动作

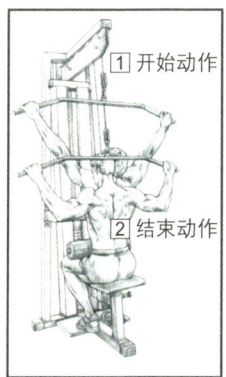
开始动作

动作变化
固定轴健身机

面向训练机坐下,大腿置于海绵固定轴下,双手宽握距正握拉杆:

- 吸气,下拉拉杆至颈后,肘部靠向身体;
- 动作结束时呼气。

该练习能很好增加后背宽度,锻炼背阔肌(主要是背阔肌外侧和下部)和大圆肌。手臂屈肌(肱二头肌、肱肌和肱桡肌)、菱形肌和斜方肌下部也得到锻炼。菱形肌和斜方肌下部共同发力,使两侧肩胛骨相互靠拢。

颈后下拉可帮助初学者增强力量,为以后练习引体向上作准备。

⚠ 有些人肩喙骨韧穹窿下没有足够的空间,做这个动作时可能导致滑囊发炎。冈上肌腱反复受到摩擦,时间一长可能磨损,导致肌腱断裂。

肱三头肌撕裂

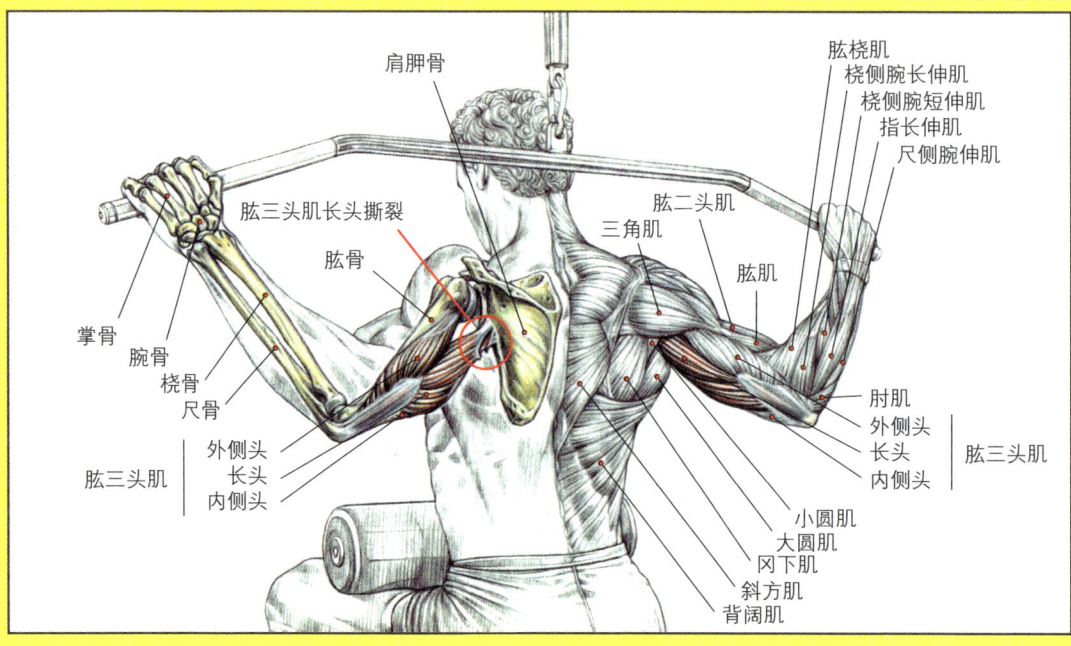

背部高强度练习与肱三头肌长头拉伤

尽管肱三头肌不是背部运动中使用最多的肌肉，但在进行大负荷颈后下拉或负重引体向上时，肱三头肌长头是最经常受伤的部位。

背阔肌是一块附着于胸廓与臂部之间的强有力的扇形肌，其远端肌腱牢固地附着在肱骨上。

肱三头肌长头是一块较小的肌肉，其主要功能是伸展前臂，其次是将手臂拉向胸廓。因此，肱三头肌长头在运动中可以辅助背阔肌。

肱三头肌撕裂经常发生在肌肉疲劳时，尤其是热身运动不当导致的肌肉疲劳。在负重引体向上时，只要短暂放松胸大肌，张力会立刻转移到肱三头肌长头。这种张力通常可能导致肱三头肌长头在近肩胛骨附着处的肌腱部分撕裂（不过万幸的是肌腱完全脱落的情况相当少见）。

肱三头肌长头撕裂对训练影响较小，不像肩部损伤那样，使肌肉失去运动能力，需要停止几乎所有上半身训练。

即使肱三头肌长头撕裂，也可以进行一些背部练习，如坐姿划船或T杠划船等肩部训练；还可以做一些肱三头肌练习，如在肘部紧贴身体状态下进行高滑轮前臂屈伸。不过需要注意第一次训练时用轻负荷练习。

不过还是建议在开始上半身训练之前休息一段时间。

肱三头肌拉伸练习

平卧推举运动也可能导致肱三头肌撕裂。为了防止肱三头肌拉伤，建议在锻炼前进行拉伸练习（详见41—42页）。

背部训练

窄握距胸前下拉 05

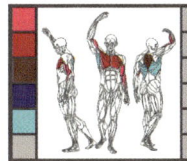

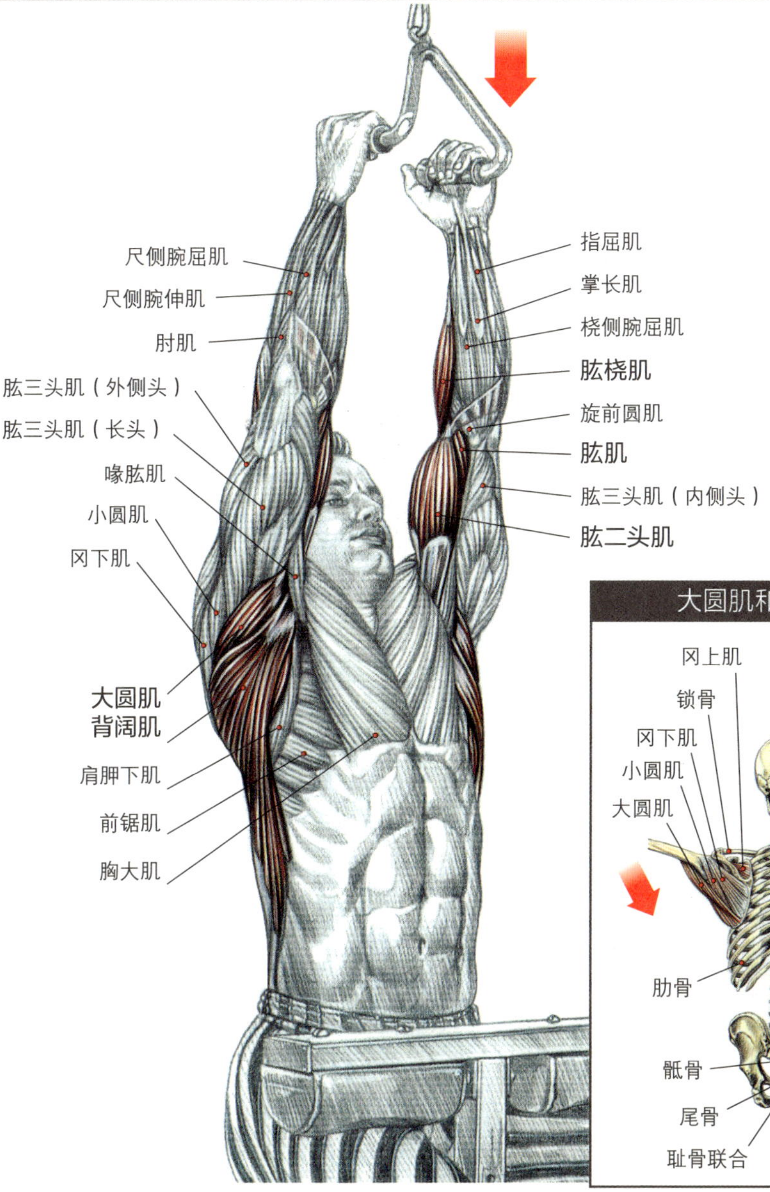

指屈肌
掌长肌
桡侧腕屈肌
肱桡肌
旋前圆肌
肱肌
肱三头肌（内侧头）
肱二头肌

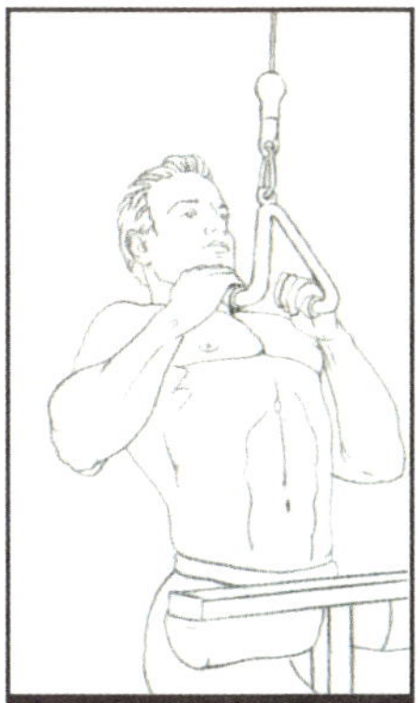

尺侧腕屈肌
尺侧腕伸肌
肘肌
肱三头肌（外侧头）
肱三头肌（长头）
喙肱肌
小圆肌
冈下肌
大圆肌
背阔肌
肩胛下肌
前锯肌
胸大肌

结束姿势

大圆肌和背阔肌动作

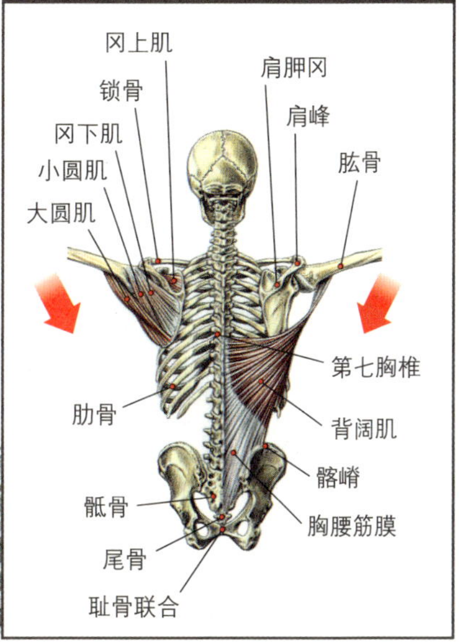

冈上肌
锁骨
冈下肌
小圆肌
大圆肌
肩胛冈
肩峰
肱骨
肋骨
骶骨
尾骨
耻骨联合
第七胸椎
背阔肌
髂嵴
胸腰筋膜

面向训练机坐下，双腿置于海绵固定轴之下：

• 吸气，下拉手柄至上胸部，同时挺胸，上半身稍后倾；

• 动作结束时呼气。

该练习增强背阔肌和大圆肌所有肌束。肩胛骨相互靠拢时，菱形肌、斜方肌和三角肌后束也得到锻炼。

在所有下拉练习中，肱二头肌和肱肌前束收缩。掌心相对握住手柄可以使肱桡肌充分参与运动。

123

06 直臂下拉

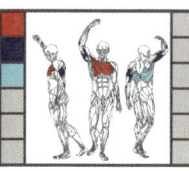

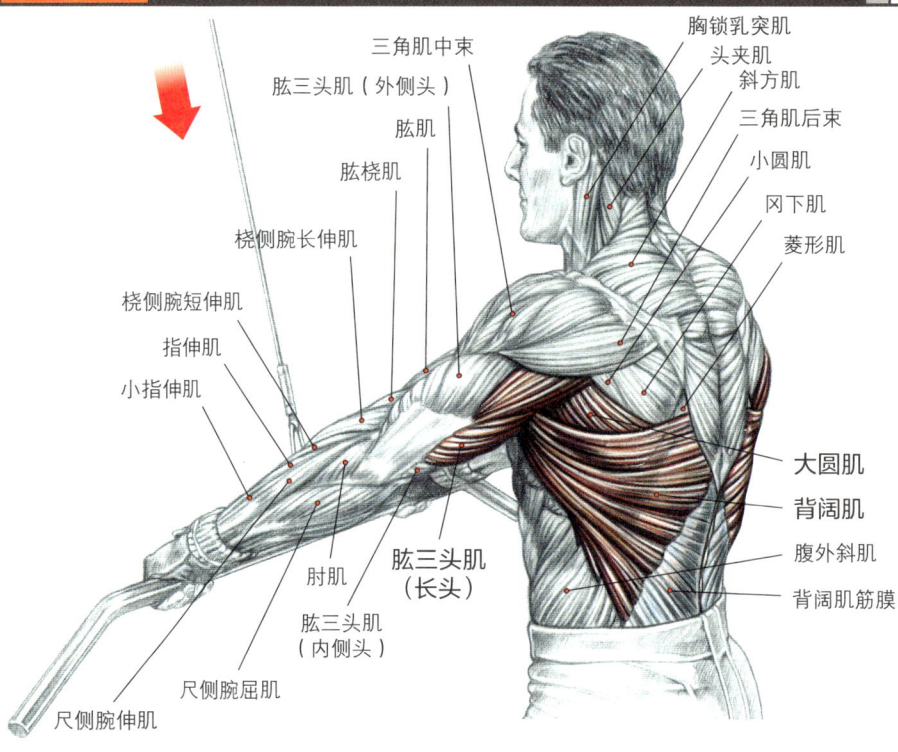

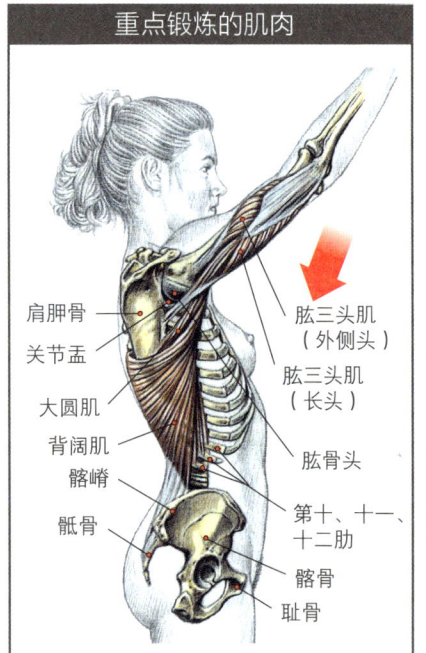

重点锻炼的肌肉

双脚稍分开，面向训练机站立，手臂伸直，正手握杠，握距与肩同宽：

- 背部固定不动，收腹吸气，保持双臂伸直（或肘部微曲）并将拉杆下拉至大腿前。
- 动作结束时呼气。

该练习锻炼背阔肌，加强连接臂部与躯干的大圆肌和肱三头肌长头。

⚠️ 该练习加强肱三头肌长头，有利于保护肩关节，同时在肩关节过度松弛时降低其脱臼风险。

该练习可以作为游泳运动的补充练习，能使得自由泳更有力。许多游泳教练已将此练习纳入训练方案中。

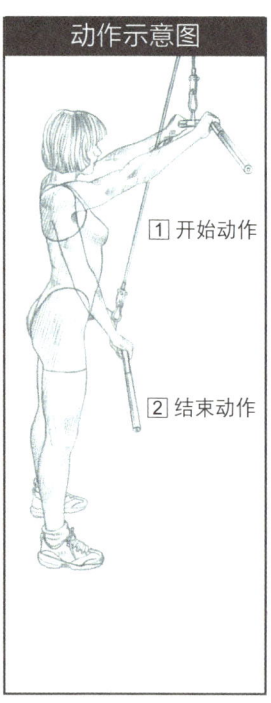

动作示意图

1 开始动作

2 结束动作

背部训练

坐姿划船 07

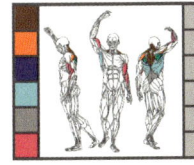

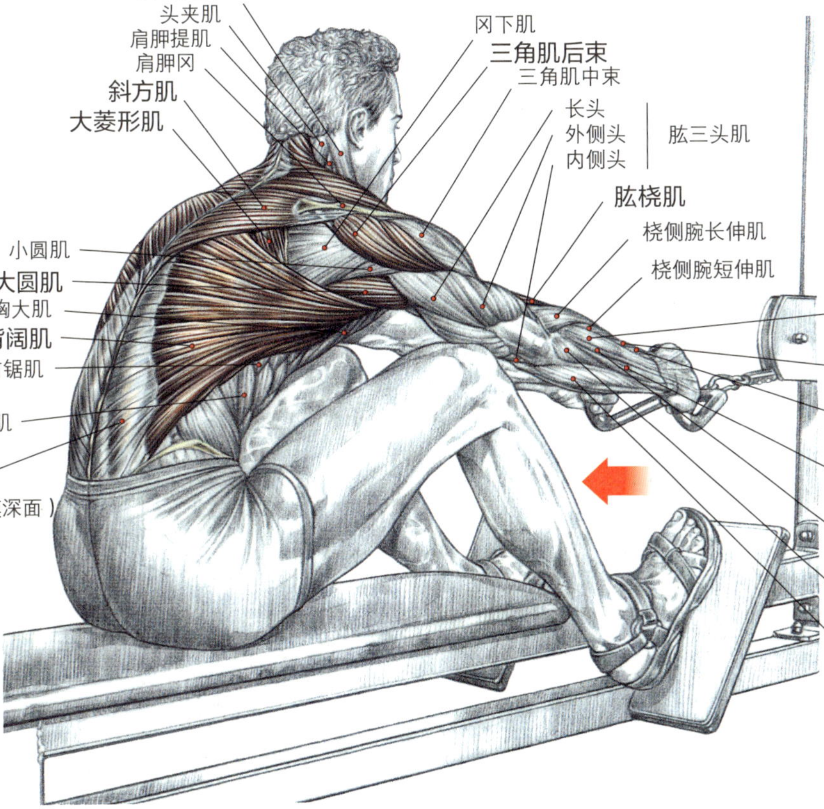

胸锁乳突肌
头夹肌
肩胛提肌
肩胛冈
斜方肌
大菱形肌
冈下肌
三角肌后束
三角肌中束
长头
外侧头 ｜肱三头肌
内侧头
肱桡肌
桡侧腕长伸肌
桡侧腕短伸肌
小圆肌
大圆肌
胸大肌
背阔肌
前锯肌
指伸肌
拇短伸肌
拇长展肌
腹外斜肌
尺侧腕伸肌
小指伸肌
竖脊肌
（胸腰筋膜深面）
肘肌
尺侧腕屈肌

面向训练机坐下，双脚抵在挡板上，身体前倾：
- 吸气并将手柄拉至下胸部。挺直背部，肘部尽量向后拉；
- 动作结束时呼气，缓慢回到起始姿势。

该练习可以增加背部厚度，集中锻炼背阔肌、大圆肌、三角肌后束、肱二头肌和肱桡肌。在动作最后肩胛骨相互靠拢时，可锻炼斜方肌和菱形肌。

挺直上半身时也锻炼竖脊肌。当身体前倾时，利用负重拉伸背部可以增加背部整体柔韧性。

 为了避免背部受伤，在做大负荷坐姿划船动作时绝不能弓背。

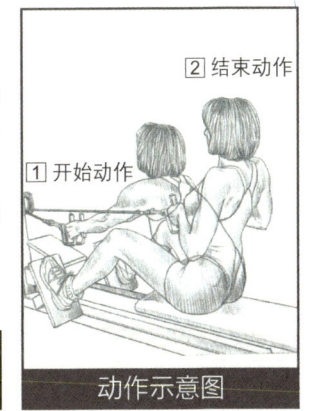

动作示意图

08 坐姿正手宽握距划船

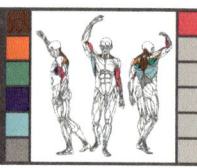

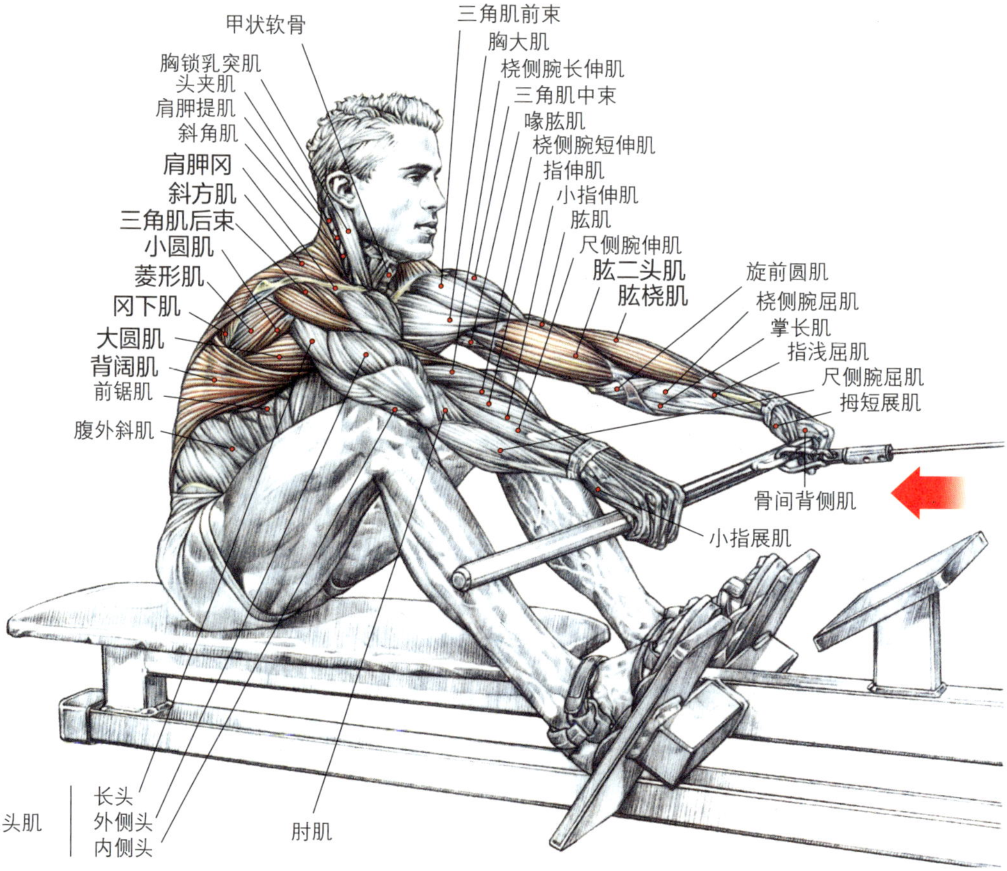

（肌肉解剖图，标注肌肉名称：甲状软骨、胸锁乳突肌、头夹肌、肩胛提肌、斜角肌、**肩胛冈**、**斜方肌**、**三角肌后束**、**小圆肌**、**菱形肌**、**冈下肌**、**大圆肌**、**背阔肌**、前锯肌、腹外斜肌、三角肌前束、胸大肌、桡侧腕长伸肌、三角肌中束、喙肱肌、桡侧腕短伸肌、指伸肌、小指伸肌、肱肌、尺侧腕伸肌、**肱二头肌**、**肱桡肌**、旋前圆肌、桡侧腕屈肌、掌长肌、指浅屈肌、尺侧腕屈肌、拇短展肌、骨间背侧肌、小指展肌、肱三头肌（长头、外侧头、内侧头）、肘肌）

面向训练机坐下，双脚抵在挡板上，身体前倾。正手握杠（拇指朝内），握距略比肩宽：
- 吸气并将手柄拉至下胸部，同时挺直背部，抬起肘部；
- 动作结束时呼气，缓慢回到起始姿势。

该练习锻炼上背部和肩后部。背阔肌、大圆肌、三角肌后束、冈下肌、小圆肌和手臂屈肌（肱二头肌、肱肌、肱桡肌）也得到锻炼。肩胛骨相互靠拢时，也锻炼菱形肌和斜方肌中部。

在挺直上半身时，竖脊肌也发挥作用。

⚠ 为避免背部受伤，在做大负荷坐姿划船练习时不能弓背。

变化动作

反手握杠（拇指朝外），可以加强对斜方肌下部、菱形肌和肱二头肌锻炼。

动作示意图

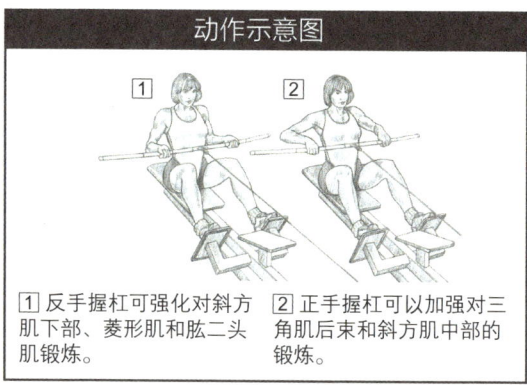

① 反手握杠可强化对斜方肌下部、菱形肌和肱二头肌锻炼。

② 正手握杠可以加强对三角肌后束和斜方肌中部的锻炼。

背部训练

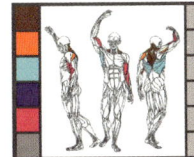

单臂哑铃划船　09

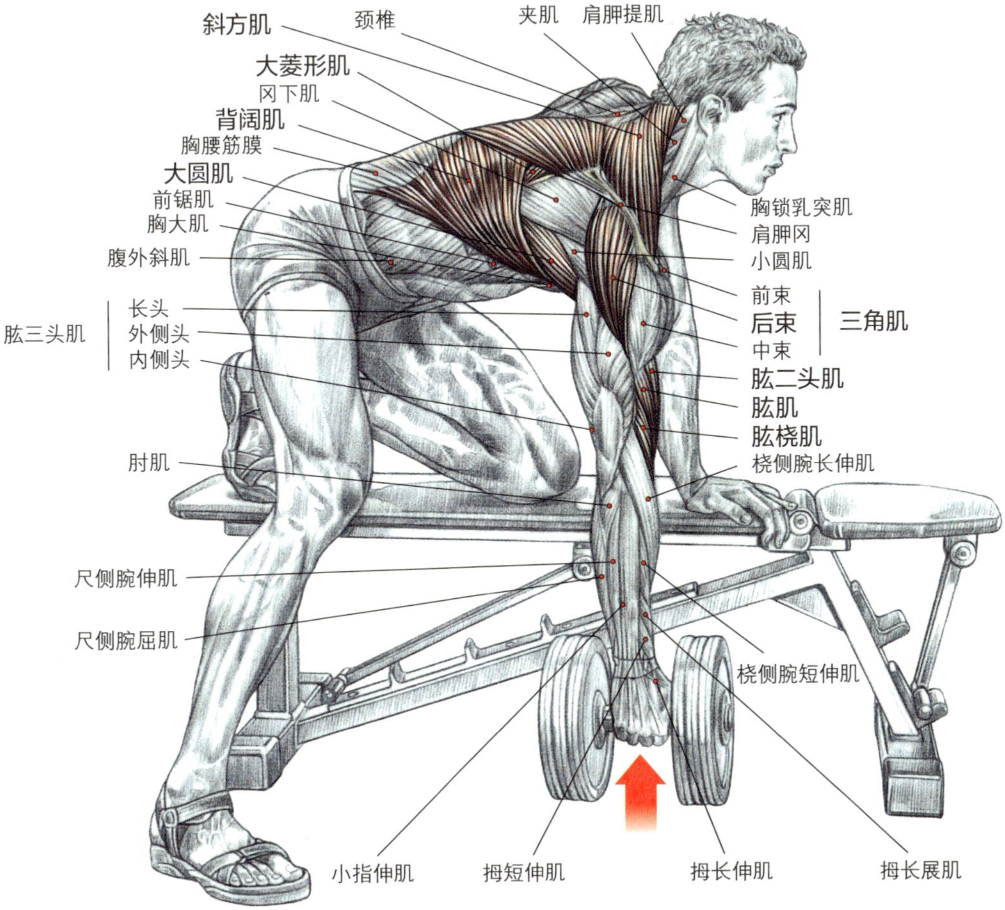

斜方肌　颈椎　夹肌　肩胛提肌
大菱形肌
冈下肌
背阔肌
胸腰筋膜
大圆肌
前锯肌
胸大肌
腹外斜肌
胸锁乳突肌
肩胛冈
小圆肌
前束
后束　三角肌
中束
肱二头肌
肱肌
肱桡肌
桡侧腕长伸肌

肱三头肌
长头
外侧头
内侧头

肘肌

尺侧腕伸肌
尺侧腕屈肌

桡侧腕短伸肌

小指伸肌　拇短伸肌　拇长伸肌　拇长展肌

一只手半内旋（掌心向内）握住哑铃，另一侧的手和膝放在长凳上，保持背部挺直：
- 吸气，屈肘，尽可能向上抬起哑铃，手肘向后贴近身体；
- 动作结束时呼气。

为使肌肉达到最大程度收缩，可以在动作最后朝运动侧轻微旋转上半身。

该练习主要锻炼背阔肌、大圆肌和三角肌后束。在动作最后时，锻炼斜方肌和菱形肌。手臂屈肌（肱二头肌、肱肌和肱桡肌）也得到锻炼。

结束动作

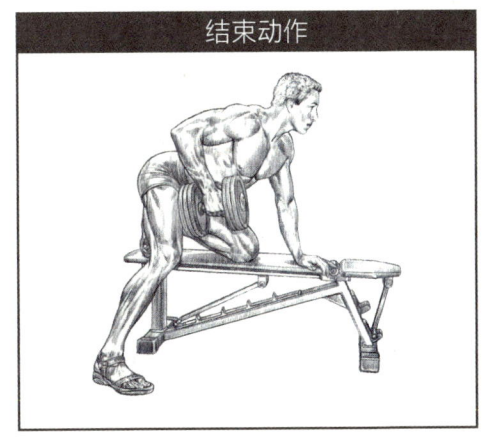

10 俯身哑铃划船

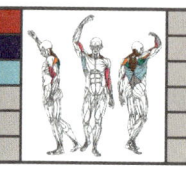

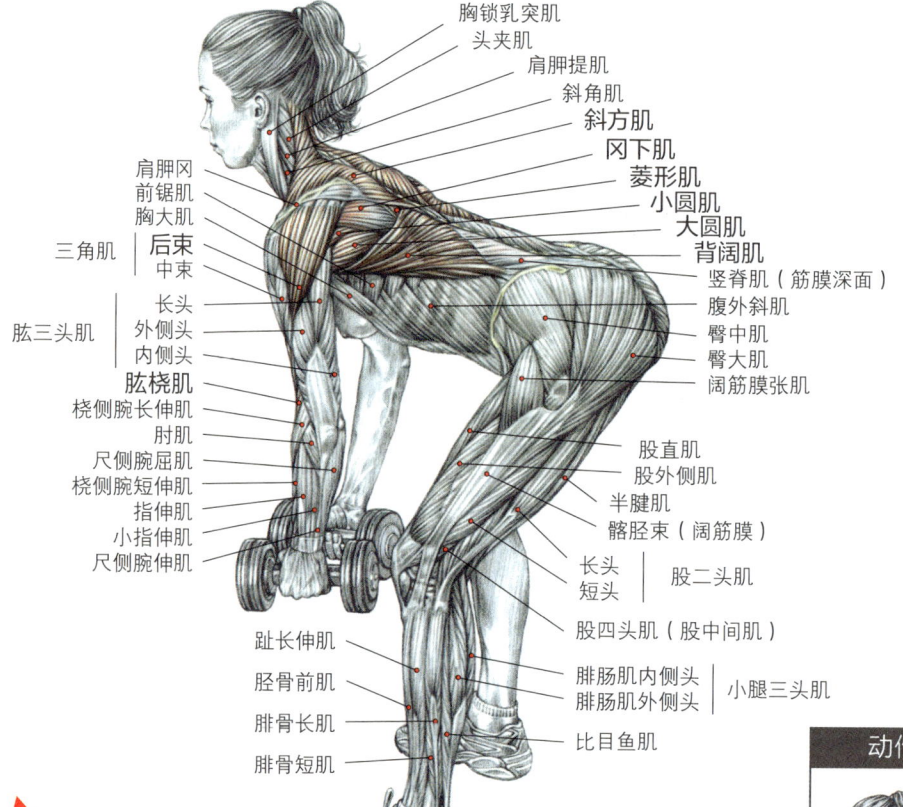

⚠ 为减小受伤风险，做该动作时不能弓背。

双膝微曲站立，上半身向前倾斜45°左右。背部挺直，手臂放松垂于身体两侧，两手半内旋（掌心相对），各持一哑铃：

- 吸气，屏住呼吸，核心肌肉收紧。曲肘，尽量抬高哑铃，同时尽量保持肘部靠近身体两侧。动作结束时收紧肩胛骨；
- 呼气并回到起始位置。

该练习锻炼背阔肌、大圆肌、三角肌后束和臂屈肌（肱二头肌、肱肌、肱桡肌）。肩胛骨相互靠近时锻炼菱形肌和斜方肌。

上半身前倾时竖脊肌也发力收紧。

变化动作

改变上半身倾斜程度，可以着重锻炼背部不同部位：

- 上半身竖直：重点锻炼斜方肌上部；
- 上半身几乎水平：重点锻炼背部肌肉、大圆肌、菱形肌和斜方肌中部和下部。

背部训练

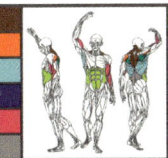

俯身杠铃划船　11

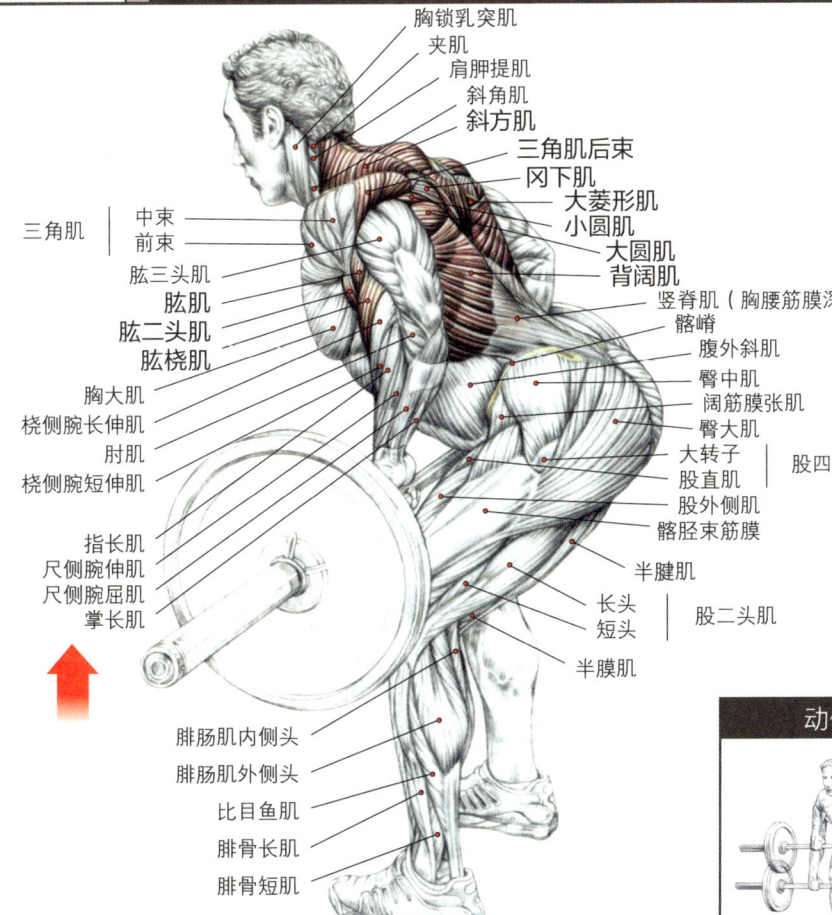

双膝微曲站立，上半身向前倾斜45°左右，背部挺直。正手握杠，握距略大于肩宽，手臂下垂，使杠铃位于膝部水平：
- 吸气，屏住呼吸，核心肌肉收紧。将杠铃上提至胸部；
- 呼气并回到起始位置。

该练习锻炼背阔肌、大圆肌、三角肌后束和手臂屈肌（肱二头肌、肱肌、肱桡肌）。动作最后，两侧肩胛骨相互靠近时锻炼菱形肌和斜方肌。

上半身前倾时竖脊肌也发力收紧。

通过改变手的位置、握距或握杠方式（正手或反手），以及上半身倾斜程度，可以从不同角度锻炼背部。

⚠ 为了减小受伤风险，做此动作时不能弓背。

动作示意图

① 正手抓握
重点锻炼背肌、菱形肌和斜方肌下部和中部

② 反手抓握
重点锻炼背肌、斜方肌上部和肱二头肌

12 垂直窄握距划船

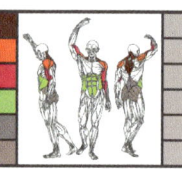

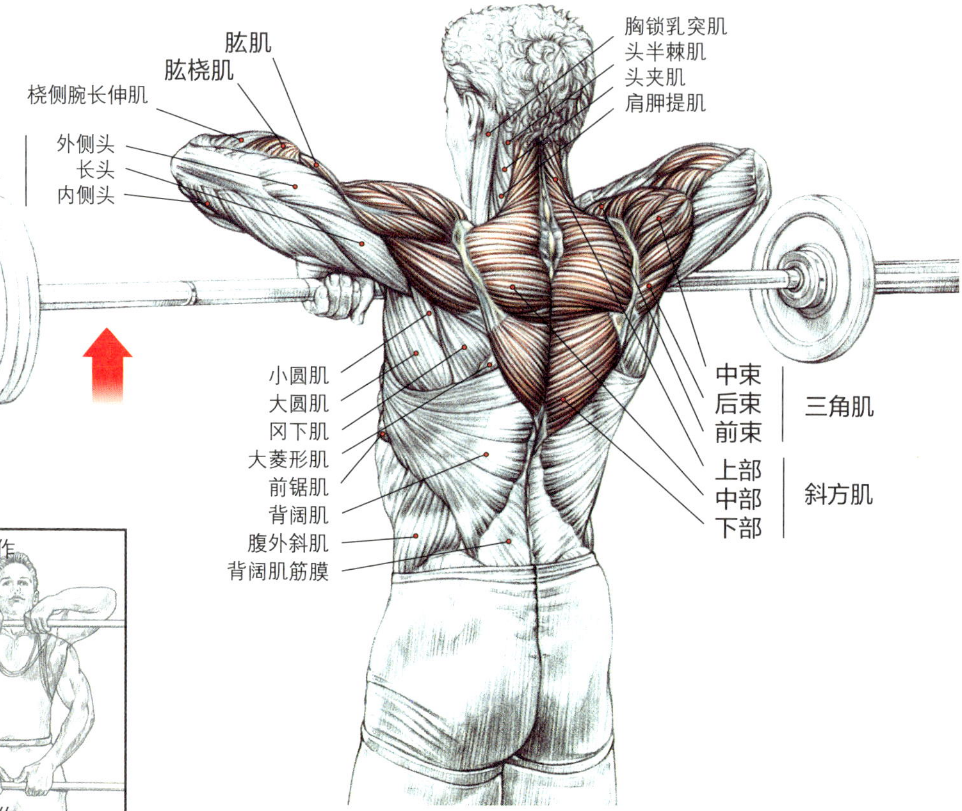

图中标注：
- 肱三头肌
- 桡侧腕长伸肌
- 外侧头 / 长头 / 内侧头
- 肱肌
- 肱桡肌
- 胸锁乳突肌
- 头半棘肌
- 头夹肌
- 肩胛提肌
- 小圆肌
- 大圆肌
- 冈下肌
- 大菱形肌
- 前锯肌
- 背阔肌
- 腹外斜肌
- 背阔肌筋膜
- 中束 / 后束 / 前束 —— 三角肌
- 上部 / 中部 / 下部 —— 斜方肌

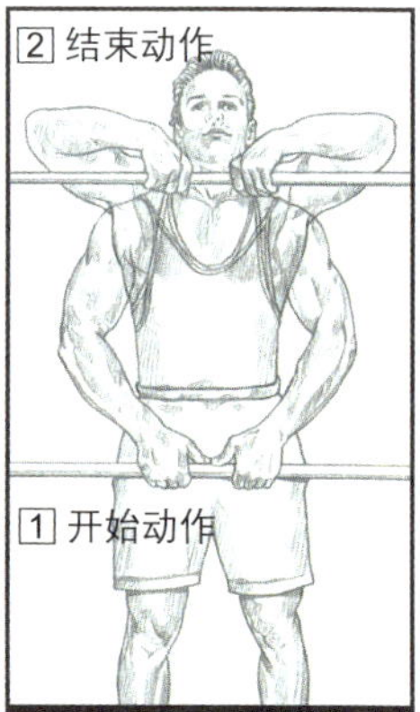

动作示意图
1. 开始动作
2. 结束动作

两脚稍分开站立，背部挺直，正手握杠，握距约一掌距离或略宽：

- 吸气并顺着身体向上拉杠至下巴高度，肘部尽量抬高；
- 呼气并有控制地下降杠铃，不要有任何晃动。

该练习锻炼斜方肌（尤其是上部）、三角肌、肩胛提肌、肱二头肌、肱肌、前臂肌群、腹肌、臀肌和骶腰肌。

需要注意，手握距越宽，三角肌锻炼强度越大，斜方肌锻炼强度越小。

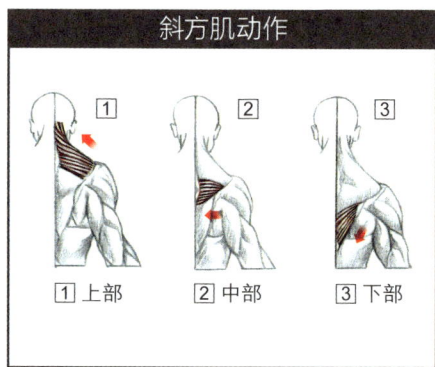

斜方肌动作
1. 上部
2. 中部
3. 下部

背部训练

T杠划船　13

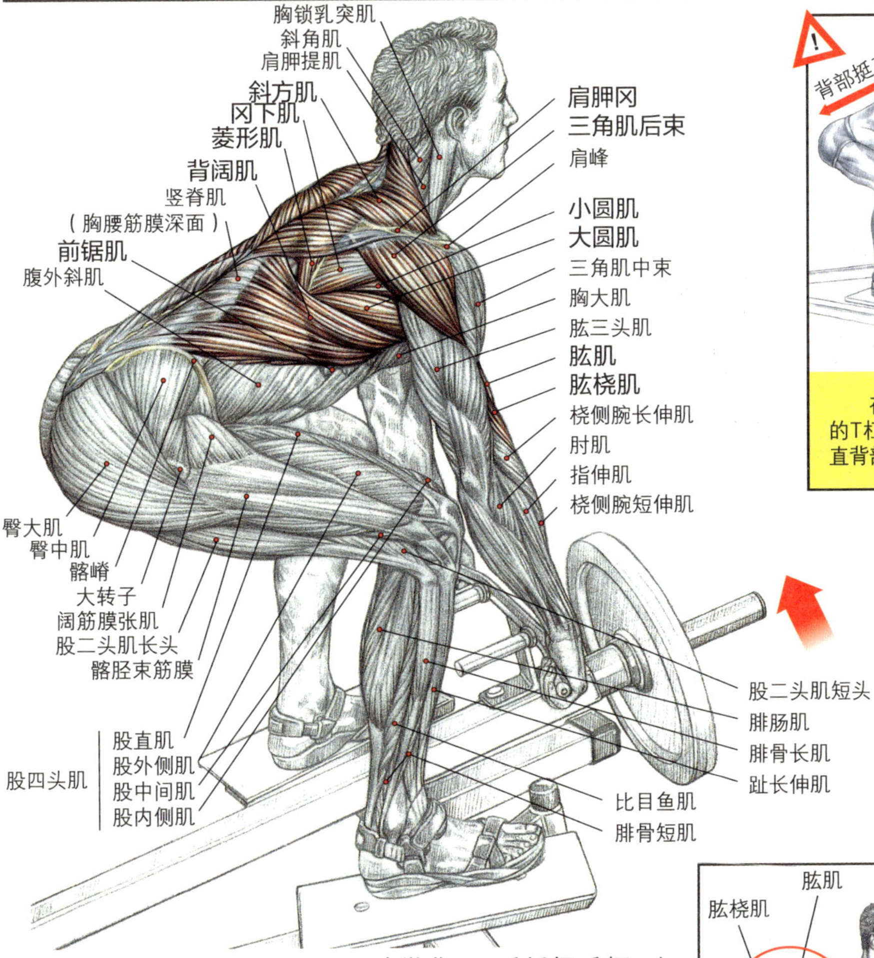

胸锁乳突肌
斜角肌
肩胛提肌
斜方肌
冈下肌
菱形肌
背阔肌
竖脊肌
（胸腰筋膜深面）
前锯肌
腹外斜肌
臀大肌
臀中肌
髂嵴
大转子
阔筋膜张肌
股二头肌长头
髂胫束筋膜
股直肌
股外侧肌
股中间肌
股内侧肌
股四头肌

肩胛冈
三角肌后束
肩峰
小圆肌
大圆肌
三角肌中束
胸大肌
肱三头肌
肱肌
肱桡肌
桡侧腕长伸肌
肘肌
指伸肌
桡侧腕短伸肌
股二头肌短头
腓肠肌
腓骨长肌
趾长伸肌
比目鱼肌
腓骨短肌

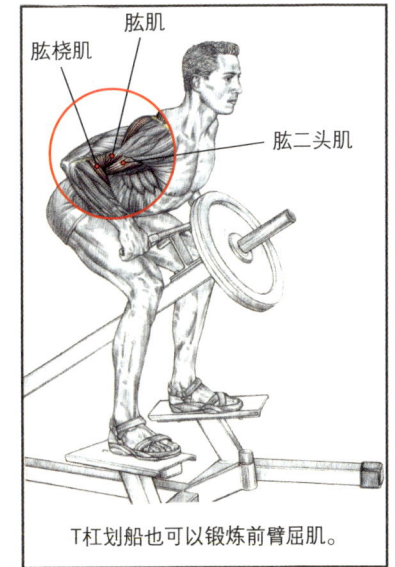

背部挺直

在进行腹部无支撑的T杠划船训练时，要挺直背部避免受伤。

肱肌
肱桡肌
肱二头肌

T杠划船也可以锻炼前臂屈肌。

　　两脚分开站在划船机上，双膝微曲。正手抓握手柄，上半身向前倾斜45°左右，挺直背部：
- 吸气并将杠提至胸部；
- 动作结束时呼气。

　　该练习与俯身杠铃划船一样，由于练习者不必太专注姿势，可以集中锻炼背部。

　　主要锻炼背阔肌、大圆肌、冈下肌、菱形肌、斜方肌（主要是中部）以及手臂屈肌。

　　身体前倾使腹肌和竖脊肌也发力收缩。

　　如果反手抓握手柄，在提拉动作最后肱二头肌和斜方肌上部得到锻炼。

　　有些训练器材配有平行手柄，双手可以半内旋抓握手柄，这样能强化对前臂屈肌的锻炼。

14 腹部支撑T杠划船

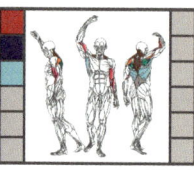

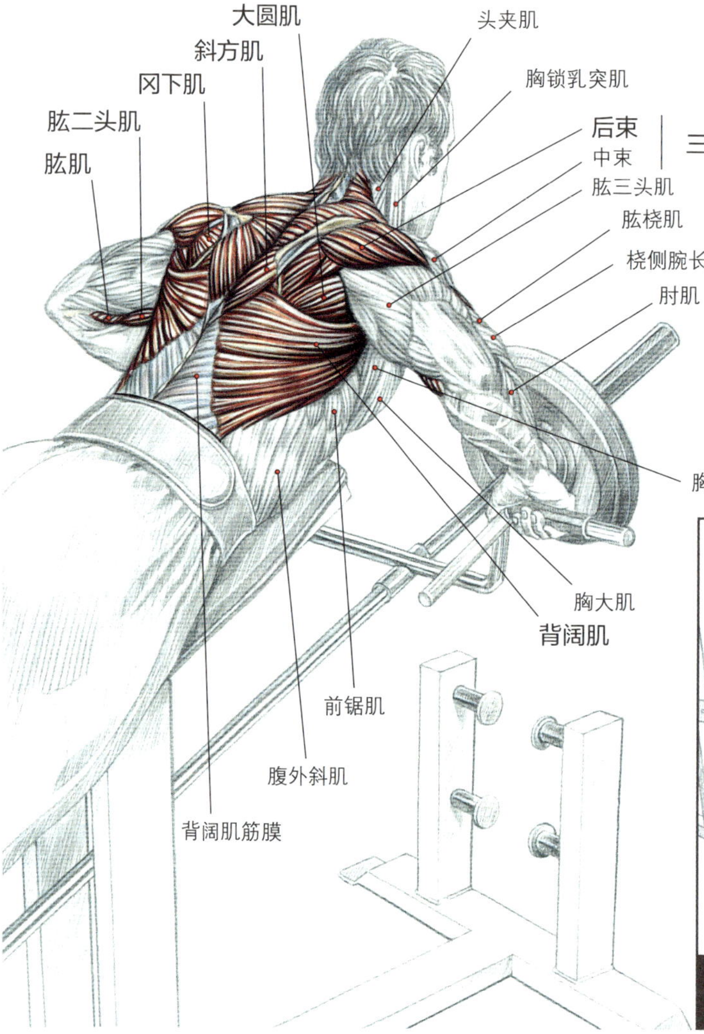

肌肉标注（图示）：
- 大圆肌
- 斜方肌
- 冈下肌
- 肱二头肌
- 肱肌
- 头夹肌
- 胸锁乳突肌
- 三角肌（后束、中束）
- 肱三头肌
- 肱桡肌
- 桡侧腕长伸肌
- 肘肌
- 胸小肌
- 胸大肌
- 背阔肌
- 前锯肌
- 腹外斜肌
- 背阔肌筋膜

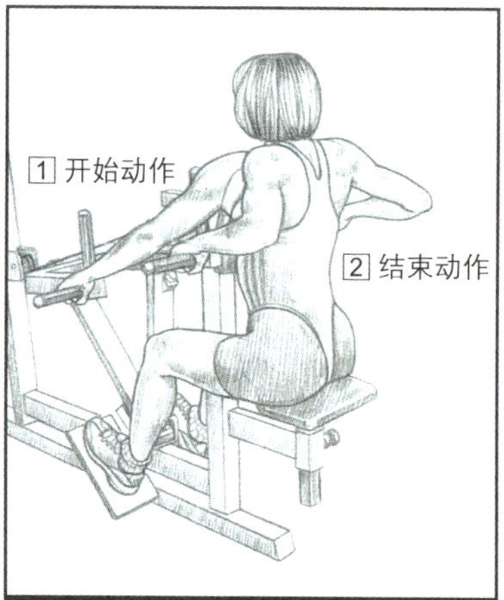

① 开始动作
② 结束动作

使用健身器械模拟T杠划船动作

以倾斜长凳作为腹部支撑：
- 吸气，正手握杠并抬至胸前；
- 动作结束时呼气。

该练习与俯身杠铃划船相似，由于练习者不必太专注姿势，可以集中锻炼背部。

主要锻炼背阔肌、大圆肌、三角肌后束、臂屈肌、斜方肌和菱形肌。

配有腹部支撑垫的训练器材，摆正姿势更加容易，也免去腹部和竖脊肌发力。不过进行大负荷练习时，腹部支撑垫可能压迫胸廓，导致呼吸困难，甚至在训练中引起疼痛。

> 如果反手抓握手柄，在提拉动作最后肱二头肌和斜方肌上部也会得到锻炼。

直腿硬拉 15

屈髋时，
腘绳肌和臀大
肌运动

腘绳肌运动　臀大肌运动

动作示意图

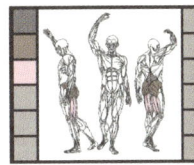

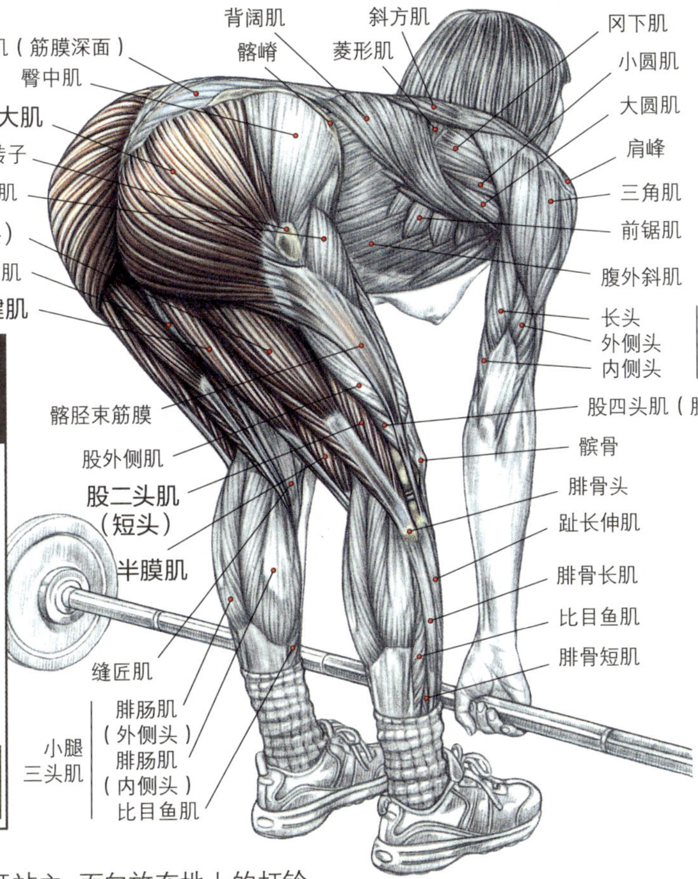

两脚稍分开站立，面向放在地上的杠铃：

- 吸气，上半身前倾，挺起背部，如果可能的话尽量保持腿伸直；
- 正手握杠，保持双臂放松，伸髋带动上半身挺直，收紧腹部背部微弓。动作结束时呼气；
- 回到起始姿势，但不要将杠铃放回地面，重复动作。

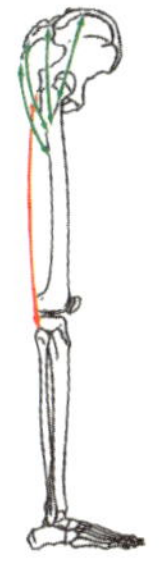

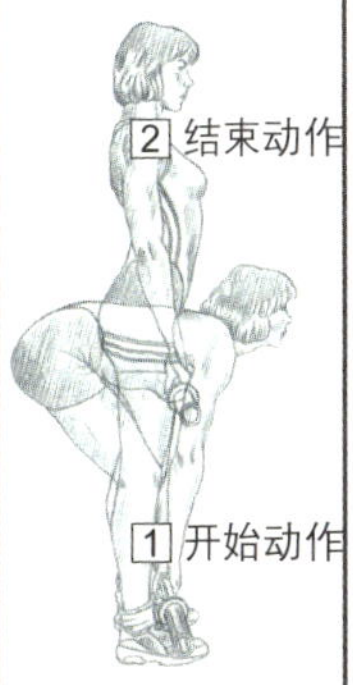

需要注意为了避免受伤，一定要将背部挺直。

该练习锻炼竖脊肌，在伸髋动作过程中，臀大肌和腘绳肌(除了股二头肌短头）发挥很大作用。直腿硬拉动作中，俯下身时大腿后侧肌肉得到拉伸。想要增加训练强度，可以站在比横杠更高的平面上进行练习，加强拉伸效果。

使用轻负荷练习，直腿硬拉可以作为腘绳肌的拉伸运动。使用的负荷越重，臀大肌就发力越多代替腘绳肌来伸髋。

腘绳肌运动示意图

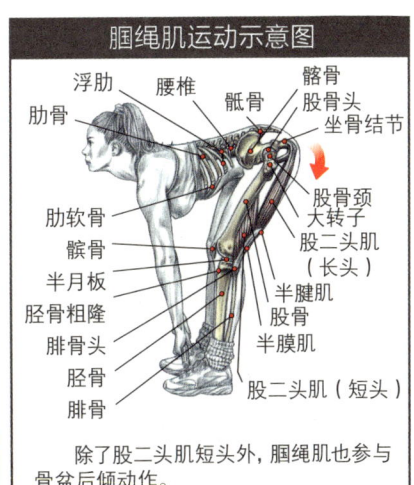

除了股二头肌短头外，腘绳肌也参与骨盆后倾动作。

16 相扑硬拉

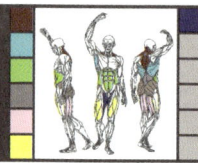

动作示意图

①开始动作 ②结束动作

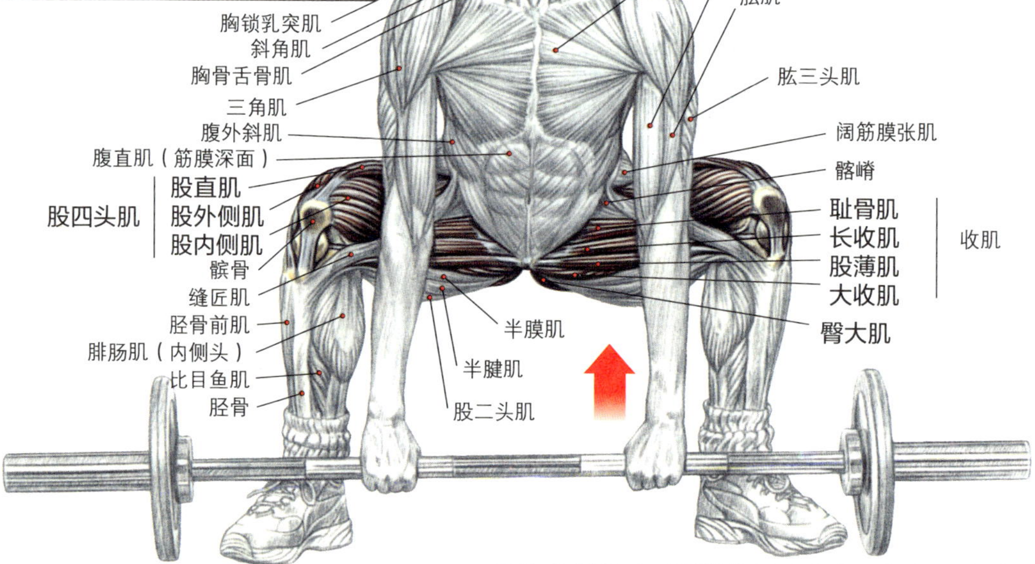

肌肉标注（正面图）：
斜方肌、肩胛舌骨肌、胸大肌、肱二头肌、肱肌、胸锁乳突肌、斜角肌、胸骨舌骨肌、三角肌、腹外斜肌、腹直肌（筋膜深面）、肱三头肌、阔筋膜张肌、髂嵴、股四头肌（股直肌、股外侧肌、股内侧肌）、髌骨、缝匠肌、胫骨前肌、腓肠肌（内侧头）、比目鱼肌、胫骨、半膜肌、半腱肌、股二头肌、耻骨肌、长收肌、股薄肌、大收肌（收肌）、臀大肌

面向杠铃站立，两脚分开比肩宽，脚尖向外，与膝关节在同一直线上：

- 屈膝，使大腿与地面水平；
- 两臂伸直，正手握杠，握距与肩同宽。若要提起非常重的杠铃，可以一只手正握一只手反握，可以防止杠铃滚动；
- 吸气，屏住呼吸，腹肌收缩，背部稍弓，挺胸直起上半身时腿伸直，肩部向后拉；
- 动作结束时呼气；
- 屏住呼吸将杠铃放回地面上，注意不要弓背。

与经典硬拉不同，该练习强化对股四头肌和大腿内收肌群的锻炼。由于动作开始时上半身前倾幅度小，该动作减弱对背部的锻炼。

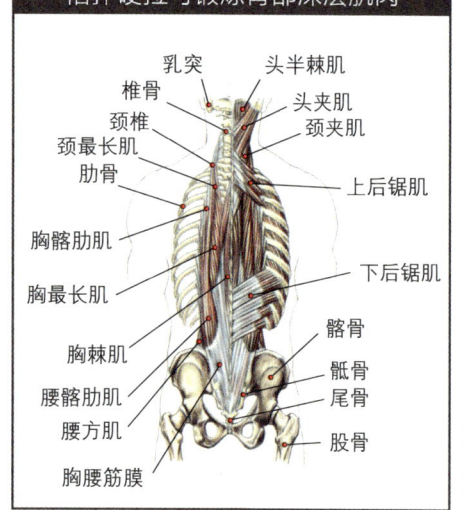

相扑硬拉可锻炼背部深层肌肉

乳突、椎骨、颈椎、颈最长肌、肋骨、胸髂肋肌、胸最长肌、胸棘肌、腰髂肋肌、腰方肌、胸腰筋膜、头半棘肌、头夹肌、颈夹肌、上后锯肌、下后锯肌、髂骨、骶骨、尾骨、股骨

> 动作起始时一定要将杠铃沿胫骨向上提起，多次反复进行轻负荷练习（最多10次）。该练习能通过锻炼大腿肌群和臀肌强化腰部。
> 使用大负荷训练时要非常小心，避免损伤髋关节、大腿内收肌和腰骶连接。相扑硬拉是举重的三大姿势之一。

背部训练

屈腿硬拉 17

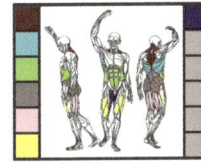

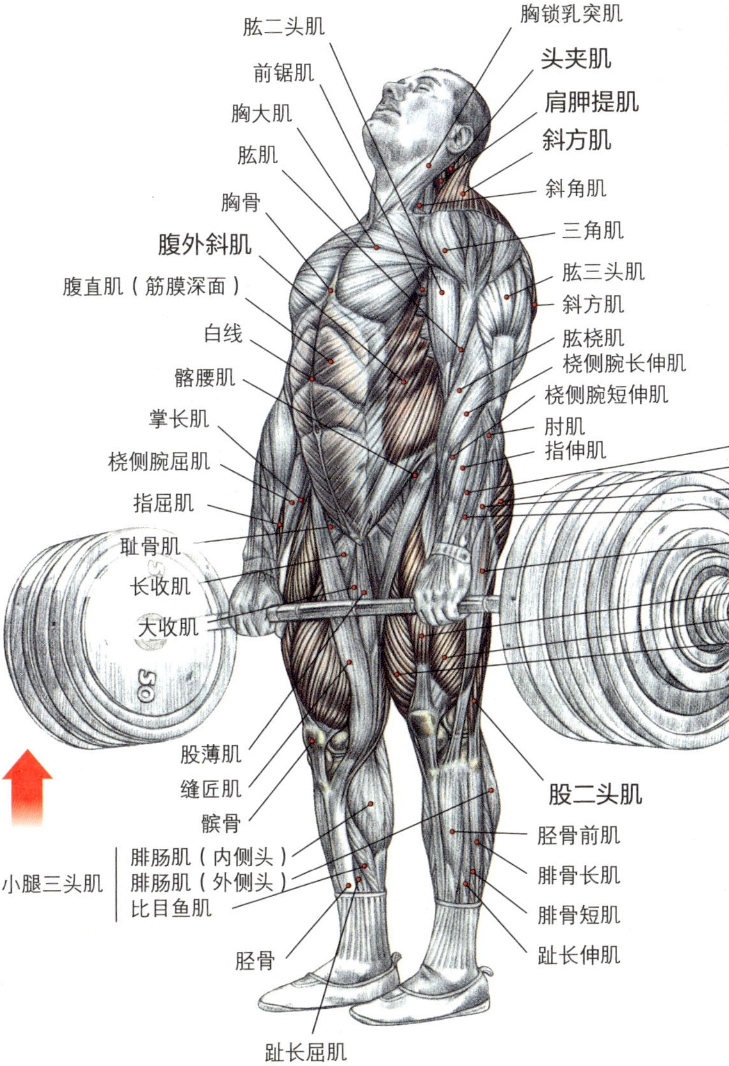

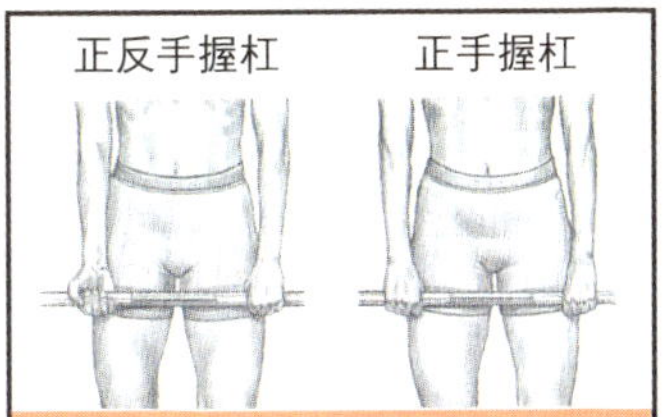

一只手正握一只手反握可以避免杠铃滚动，能够拉起更重负荷。

动作示意图

面向杠铃，两腿略分开站立，保持背部挺直：

- 屈腿，使大腿基本与地面平行；根据个人形体和脚踝柔韧度可以进行调整（股骨短手臂短的人群可将大腿屈至水平位置；股骨长手臂长的人群大腿可稍高于膝部）；
- 伸直手臂正手握杠，握距略大于肩宽。若一手正握，一手反握可以避免杠铃滚动，有助于拉起更大负荷；
- 吸气，屏住呼吸，收缩腹部和腰部肌肉，小腿挺直的同时沿着胫骨拉起杠铃；
- 当杠铃到达膝高度时，完全挺直上半身。动作结束时呼气；
- 保持身体延伸状态几秒钟，随后在保持腹部和腰部肌肉收缩的同时将杠铃放回地上。在整个动作过程中，不能弓背。

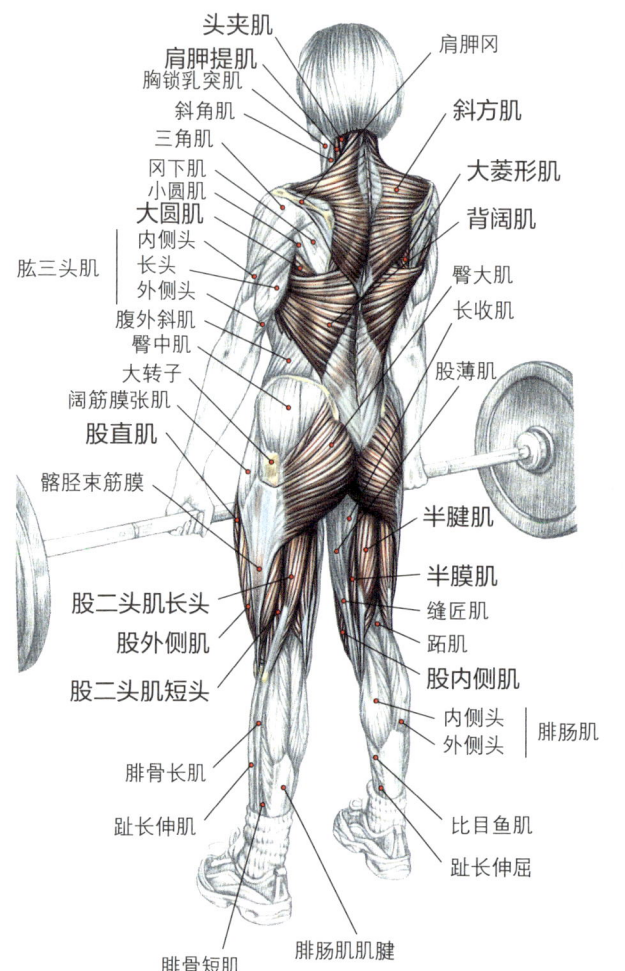

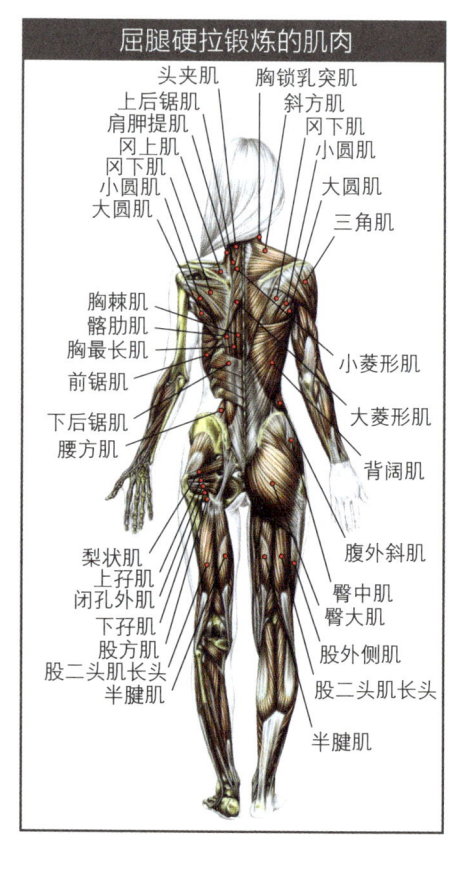

屈腿硬拉锻炼的肌肉

该练习几乎可以锻炼全身的肌肉，尤其有利于强化腰骶部肌肉和斜方肌。臀肌和股四头肌也得到极大锻炼。屈腿硬拉与平卧推举和深蹲一样，都是举重比赛的训练项目。

无论进行哪种负重训练，都必须"锁定"身体：
1. 深呼吸隆起胸廓屏住呼吸，使肺部充盈，支撑起胸廓，避免含胸。
2. 收缩腹肌增加腹内压，支持身体中心，避免上半身向前倾。
3. 最后，收缩腰部肌肉挺起下背部，可以伸展脊柱。

这三个动作同时进行，称为"锁定"身体，可以避免弓起背部或脊椎弯曲，从而防止大负荷训练时出现椎间盘突出（详见171-172页）。

为了减小受伤风险，做此动作时不能弓背。

肱二头肌远端肌腱断裂

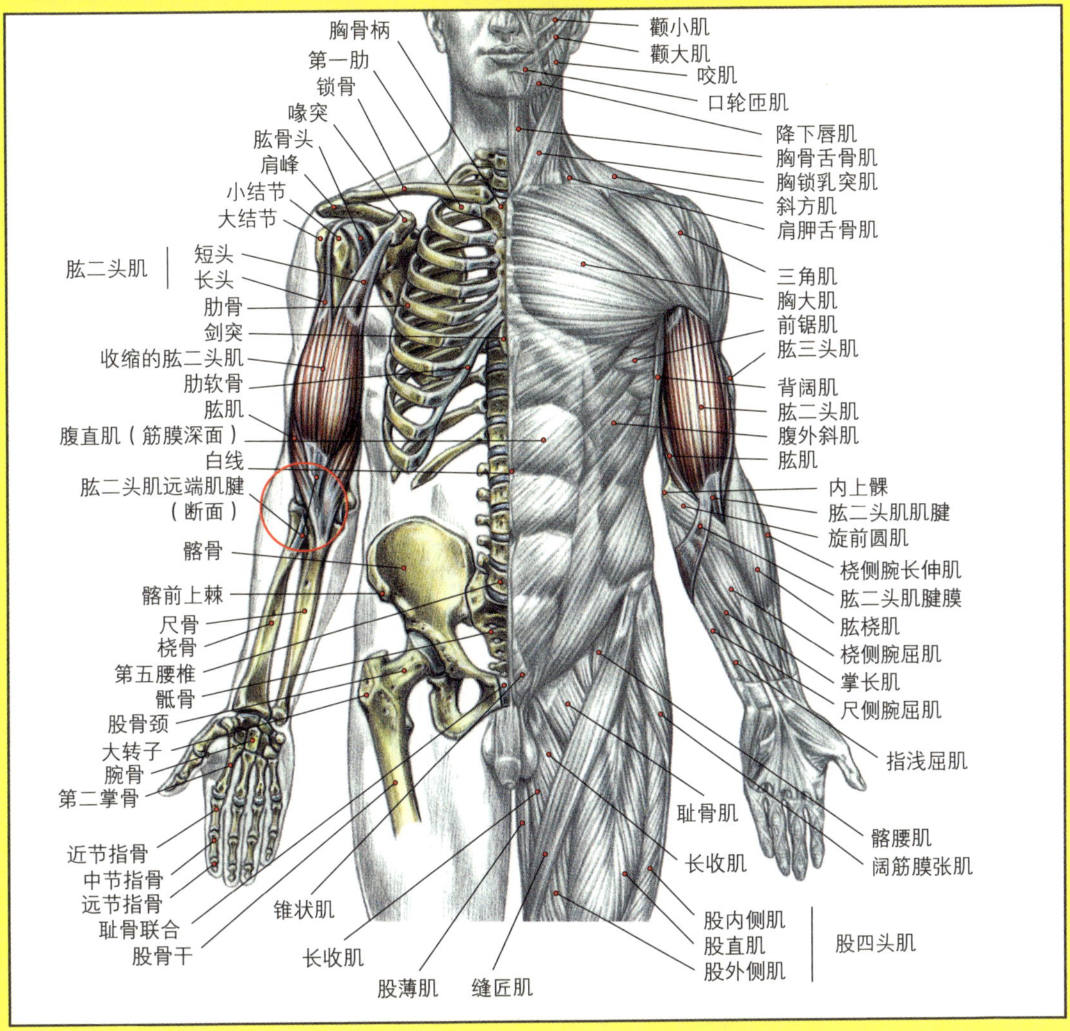

由于运动导致的肱二头肌严重损伤中，肱二头肌长头断裂是最常见的。

在做投掷动作时手臂忽然向后运动，很容易导致因肌腱炎已经变得脆弱的肱二头肌出现这种损伤。因此该损伤常见于棒球、网球和其它含有猛力挥动动作的运动中。

举重运动的抓举动作也可能导致这种损伤。由于肱二头肌长头忽然承受张力，导致穿过肱骨结节间沟的肌腱断裂。

在肌肉健美中，大负荷屈腿硬拉可能导致另一种典型肱二头肌损伤。

在进行屈腿硬拉时，为了避免杠铃滚动并能举起更大负荷，通常会采用正反手握杠（一只手正握，一只手反握）。

这种握杠方式一般是很安全的，但在极少数情况下也可能导致附着于肱骨的肱二头肌下部肌腱断裂或脱位。

在屈腿硬拉站立姿势时，主要由腿部、臀部、背部和腹部肌肉发力。臂部肌肉完全放松，不过会像起重机的缆绳一样几乎被拉到极致。

在正反手握杠时，一只手变为旋后位，如果这一侧的肱二头肌（肱二头肌是最有力的旋后肌）因收缩而略微缩短，可能会承受过大张力。如果此时负重过重，可能导致附着在桡骨上的肱二头肌肌腱完全断裂。

在大负荷硬拉练习中，之所以很多损伤都发生在肱二头肌远端，是因为手臂垂于身体两侧时，肌肉上部的张力分布在短头肌腱和长头肌腱上，但肌肉下部的张力完全由附着于桡骨的肌腱承担。

胸大肌或大腿内收肌撕裂会使运动员疼痛难忍而停止训练。但肱二头肌肌腱断裂时，哪怕损伤严重，疼痛感也可能相对较轻。

在举重比赛中，哪怕在硬拉时肱二头肌肌腱出现断裂，一些运动员也会继续比赛。

肱二头肌断裂后，体征非常明显，容易做出诊断：前臂因出血而肿胀。但最显著的表现是在手臂上部靠近胸大肌、三角肌和肱肌的肱二头肌回缩成球状。

尽管肱二头肌肌腱断裂后，肱肌、肱桡肌、桡侧腕长伸肌、桡侧腕短伸肌和旋前圆肌也可以完成臂屈伸动作，但力量不如从前。仅剩一块旋后肌发力使得前臂难以进行旋后动作。

如果没有及时得到手术治疗，使肱二头肌远端肌腱重新附着在桡骨上，肌肉一定会纤维化和回缩。尽管上肢还能保留灵活度，但会永久丧失屈臂和旋后能力。

通过经常锻炼肱二头肌肌腱（而不是肱二头肌），可预防这种硬拉训练中的典型损伤。因此建议在严格的前臂杠铃弯举练习中穿插一些更轻松的练习方式，利用胸部后倾发力来举起杠铃。通过此方法，能使肱二头肌远端肌腱得到锻炼。

不过在进行常规练习时，需要注意不要弓背，避免受伤。

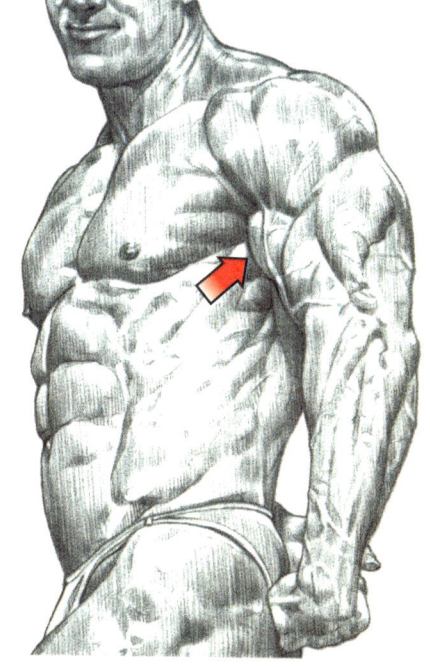

肱二头肌远端肌腱断裂后未经治疗的典型表现

如果肱二头肌远端肌腱断裂后未及时通过手术修复其与桡骨连接，该肌肉一定会萎缩和退化。

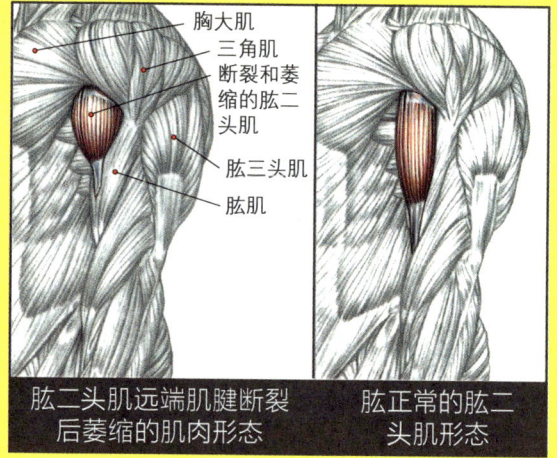

肱二头肌远端肌腱断裂后萎缩的肌肉形态　　肱正常的肱二头肌形态

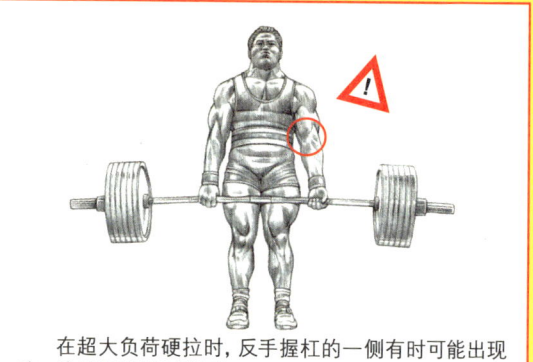

在超大负荷硬拉时，反手握杠的一侧有时可能出现肱二头肌远端肌腱断裂。

背部训练

六角杠铃硬拉 18

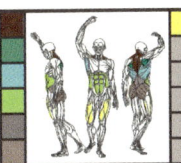

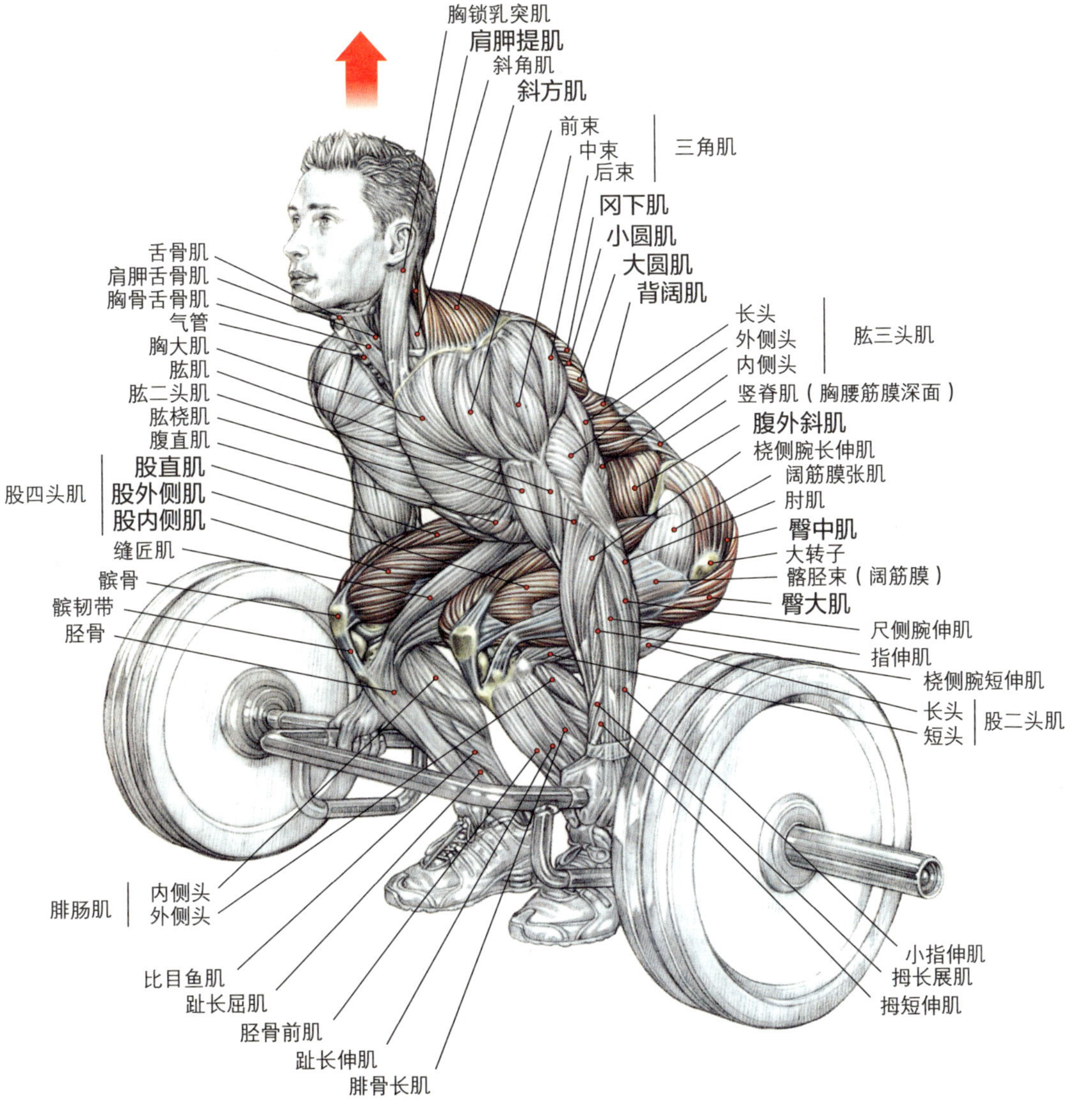

- 站于杠铃正中间（注意：如果没有站在正中间可能导致抬起杠铃时某一侧不稳定），两腿略分开，保持背部挺直，微反弓；
- 屈腿使大腿基本到达水平位置，可以根据个人身体形态和脚踝灵活性进行调整（股骨短手臂短的人群可将大腿屈至水平位置；股骨长手臂长的人群大腿可稍高于膝部）；
- 伸直手臂握住杠铃正中间（注意：进行大负荷六角杠铃练习时，如果抓握不当可能使杠铃向前或向后滚动）；
- 吸气，屏住呼吸，收缩腹部和腰部肌肉。伸直腿拉起杠铃，挺直上半身，注意不要弓背。结束发力时呼气。

保持身体拉伸几秒，随后保持腹部和腰部肌肉收缩将杠铃放回地上。

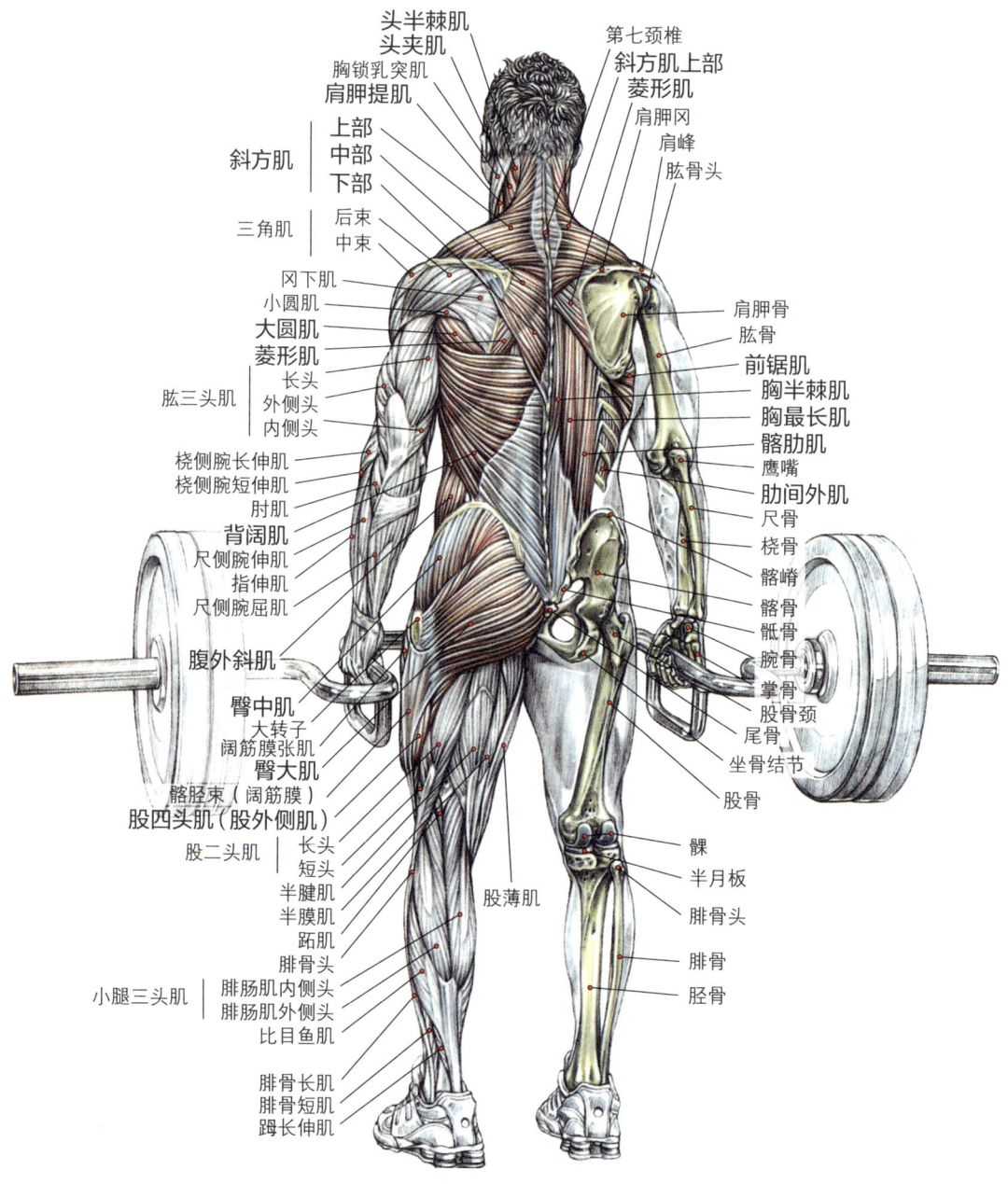

　　与经典的屈腿硬拉练习（详见第135页）一样，六角杠铃硬拉可以锻炼身体所有肌肉，不过站在杠铃正中间位置会限制上半身前倾，降低对腰部和臀部的锻炼强度，而更多锻炼股四头肌。

　　因此该练习也可加入臀部专门训练项目中，甚至在一些情况下可以代替深蹲。

　　大负荷训练时可以高强度锻炼斜方肌上部。

> 对下背部疼痛的人群来说，该练习比经典直杆哑铃硬拉更安全。

背部训练

不同硬拉动作刺激的肌肉部分

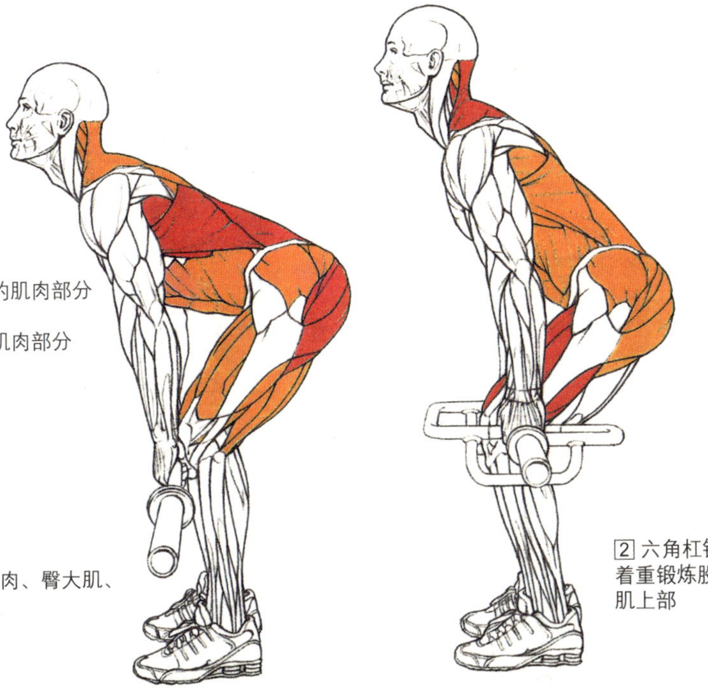

■ 受强刺激的肌肉部分
■ 受刺激的肌肉部分

① 经典硬拉：
着重锻炼腰部肌肉、臀大肌、背阔肌和大圆肌

② 六角杠铃硬拉：
着重锻炼股四头肌和斜方肌上部

不同硬拉时上半身前倾程度

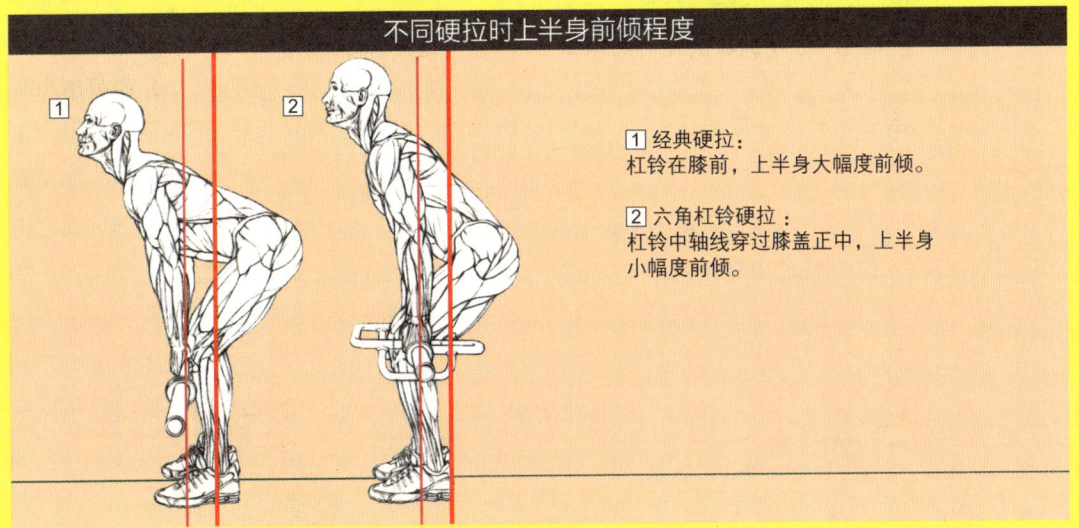

① 经典硬拉：
杠铃在膝前，上半身大幅度前倾。

② 六角杠铃硬拉：
杠铃中轴线穿过膝盖正中，上半身小幅度前倾。

下背痛

下背痛是最常见的腰部疼痛。

通常下背痛是由背部深层与脊椎平行连接椎骨横突的短肌痉挛导致的。

如果脊柱旋转或后伸不当,某块短肌可能过度拉伸或轻微撕裂,出现自发性收缩,带动周围短肌以及表层竖脊肌收缩,引起背部痉挛疼痛。不过这种痉挛同时也限制了相应肌肉活动,防止肌肉进一步撕裂或加重损伤。

通常,背部局部肌肉痉挛在深层短肌痊愈后就消失了。不过有时背部局部肌肉痉挛会持续数周,有的人甚至会持续数年,即使恢复以后,下背部还会一直疼痛。

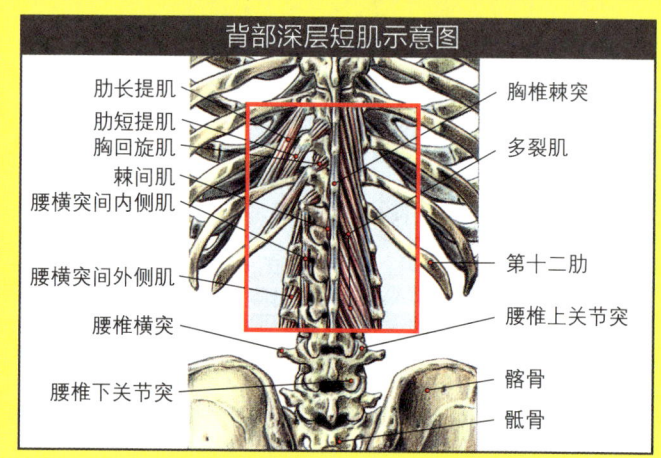

背部深层短肌示意图

虽然下背部疼痛通常由背部肌肉痉挛引起,一般不严重,但有可能伴随更为严重的脊柱损伤,如椎间盘突出、椎旁肌肉及韧带撕裂或断裂。

你可以反弓背吗?

没有脊柱疾病的人,在训练时反弓背不会有危险。在进行诸如深蹲和硬拉等会不自觉弓背的动作时,反弓背可以避免受伤。

但对一些人来说,训练时反弓背部会十分危险:

• 先天椎弓发育不全(椎弓未愈合)者,反弓背可能使椎骨滑动(脊柱滑脱症),压迫神经组织引起坐骨神经痛;

• 未发育完全或是因为上了年纪骨质疏松的人群,反弓背可能使椎弓骨折。脊椎后侧固定系统被破坏,导致椎骨向前滑动严重压迫神经组织,引起坐骨神经痛。

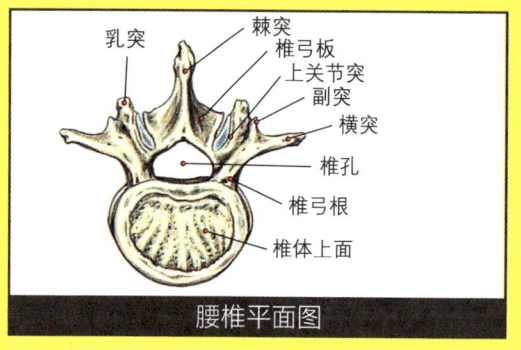

腰椎平面图

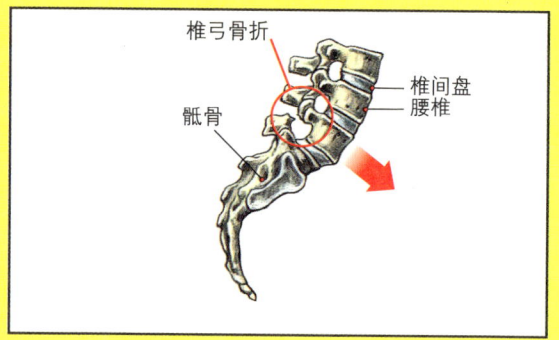

罗马椅俯卧挺身 19

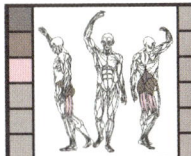

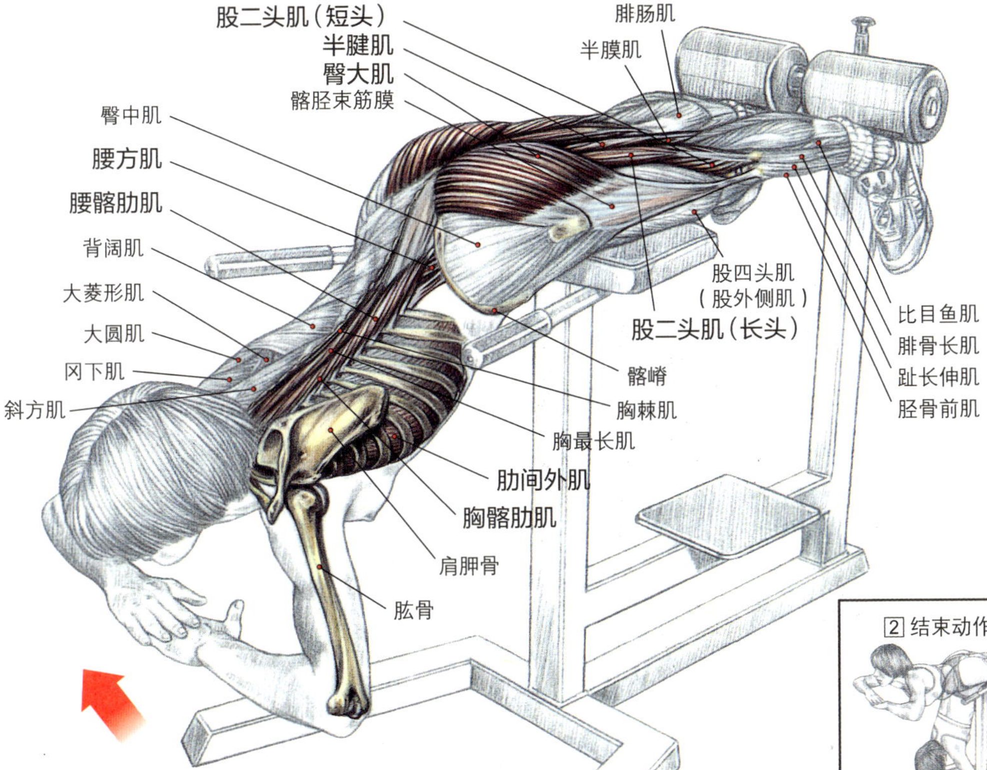

股二头肌（短头）
半腱肌
臀大肌
髂胫束筋膜
臀中肌
腰方肌
腰髂肋肌
背阔肌
大菱形肌
大圆肌
冈下肌
斜方肌
腓肠肌
半膜肌
股四头肌
（股外侧肌）
股二头肌（长头）
比目鱼肌
腓骨长肌
趾长伸肌
胫骨前肌
髂嵴
胸棘肌
胸最长肌
肋间外肌
胸髂肋肌
肩胛骨
肱骨

俯卧于罗马椅上，踝部置于海绵固定轴下，因为以身体髋关节为轴屈伸，所以耻骨位于支撑垫边缘：

- 伸背，使躯干从前屈位至水平位，抬起头；
- 随后通过反弓腰部进行过伸。训练时要注意保护背部。

该练习主要强化脊柱两侧的竖脊肌（髂肋肌、胸最长肌、胸棘肌、夹肌和头半棘肌）和腰方肌。臀大肌和腘绳肌（股二头肌短头除外）也得到一定锻炼。另外，躯干完全弯曲时，可以加强腰骶部柔韧性的锻炼。将髋部置于支撑垫上时，身体弯曲的轴线向身体前侧移动，运动完全集中于腰骶部。但因为运动幅度减小，杠杆力量加强，该动作强度减小。

可以在伸展动作最后，保持身体水平位停留几秒钟强化效果。初学者可以使用斜板练习，动作做起来更容易些。

2 结束动作
1 开始动作
动作示意图

动作变化
将一横杠置于肩背部

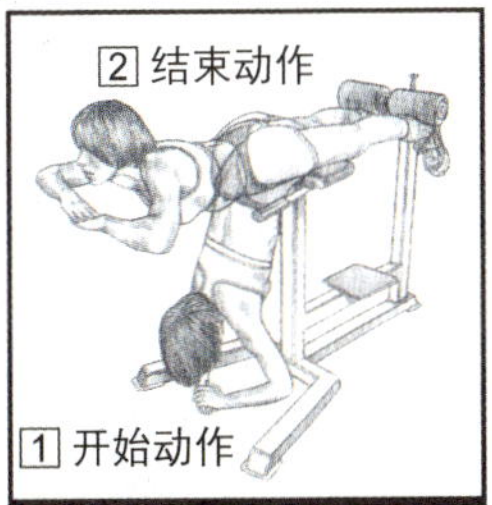

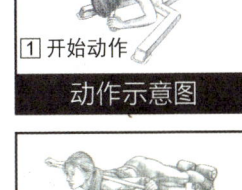

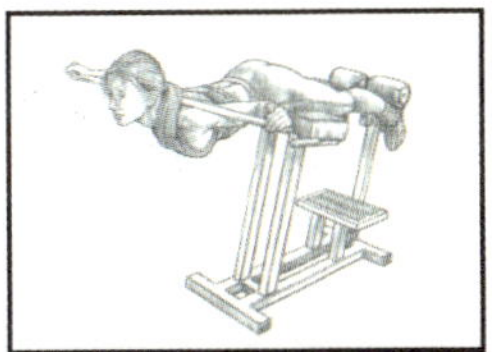

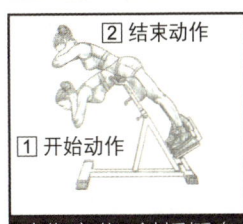

2 结束动作
1 开始动作
动作变化 斜板挺身

变化动作

- 伸展躯干时，可将一横杠置于肩背部，使上背部保持稳定，从而专注锻炼竖脊肌下部。
- 使用背部伸展机练习有利于集中锻炼竖脊肌腰骶部（详见下页）。
- 若要加强训练强度，可在胸部或颈后增加负重。

20 背屈伸

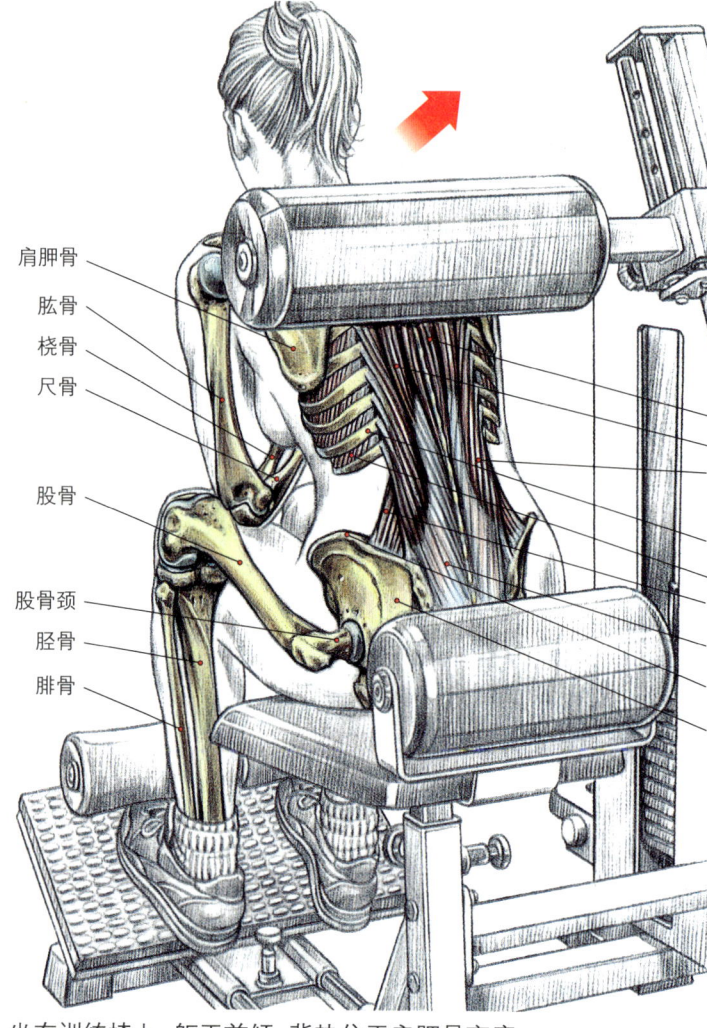

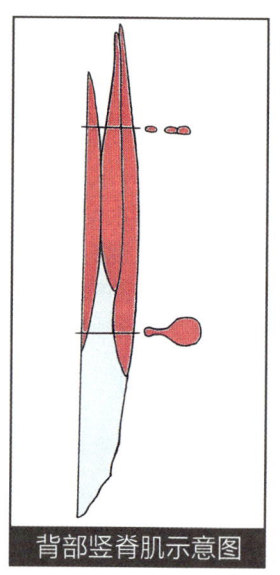

动作示意图

背部竖脊肌示意图

坐在训练椅上，躯干前倾，背垫位于肩胛骨高度：
- 吸气，背部向后压，躯干尽量挺直；
- 呼气缓缓回到初始位置，重复练习。

该动作锻炼竖脊肌，集中锻炼下背部，尤其是竖脊肌的腰骶部。

此项练习非常适合初学者，可以进行每组10~20次的重复练习，有利于增强背部力量，为后续更复杂的背部练习做准备。

也可以增加训练负荷，减少重复次数。

可以通过调整训练机的运动幅度和负重，在同一次训练中可以采用不同幅度和负重，重复次数可以有所变化。

例如：两组轻负荷最大幅度练习，每组重复15次，接着进行两组大负荷降低运动幅度的练习，每组重复7次。

单杠背部拉伸

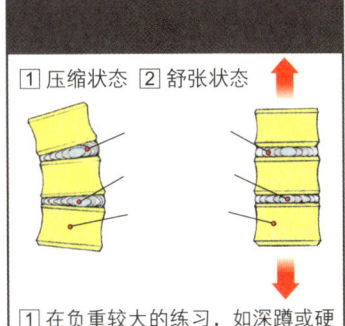

① 压缩状态　② 舒张状态

① 在负重较大的练习，如深蹲或硬拉时，椎间盘可能弯曲挤压，导致髓核向外移动。

② 悬空吊在单杠上时，椎间短肌肉和韧带被拉伸。椎骨分开，椎间盘受到的压力减小，髓核重新回到椎间盘中间。

吊在单杠上，两手分开，正手握杠（拇指向内）：
- 缓慢呼吸，放松身体。这也可以舒展背部肌肉，平衡椎间盘压力，也舒展连接椎骨的椎间短肌肉。椎间短肌肉挛缩会导致腰部疼痛；
- 完全放松后，将头向前倾斜，尝试用下巴靠近胸部。这样可以拉伸背部上部和中部。

为了加强拉伸，可以轻微晃动，或是请一名搭档抓住两边骨盆将你慢慢向下拉动。

该拉伸很重要，可以在深蹲和大负荷硬拉训练（或其他会压缩脊柱的练习）最后进行。长期坚持，有利于减轻椎间盘磨损，减小腰椎间盘突出风险（详见第171页）。

变化动作

减小握距，可以加强对背阔肌和大圆肌的拉伸。

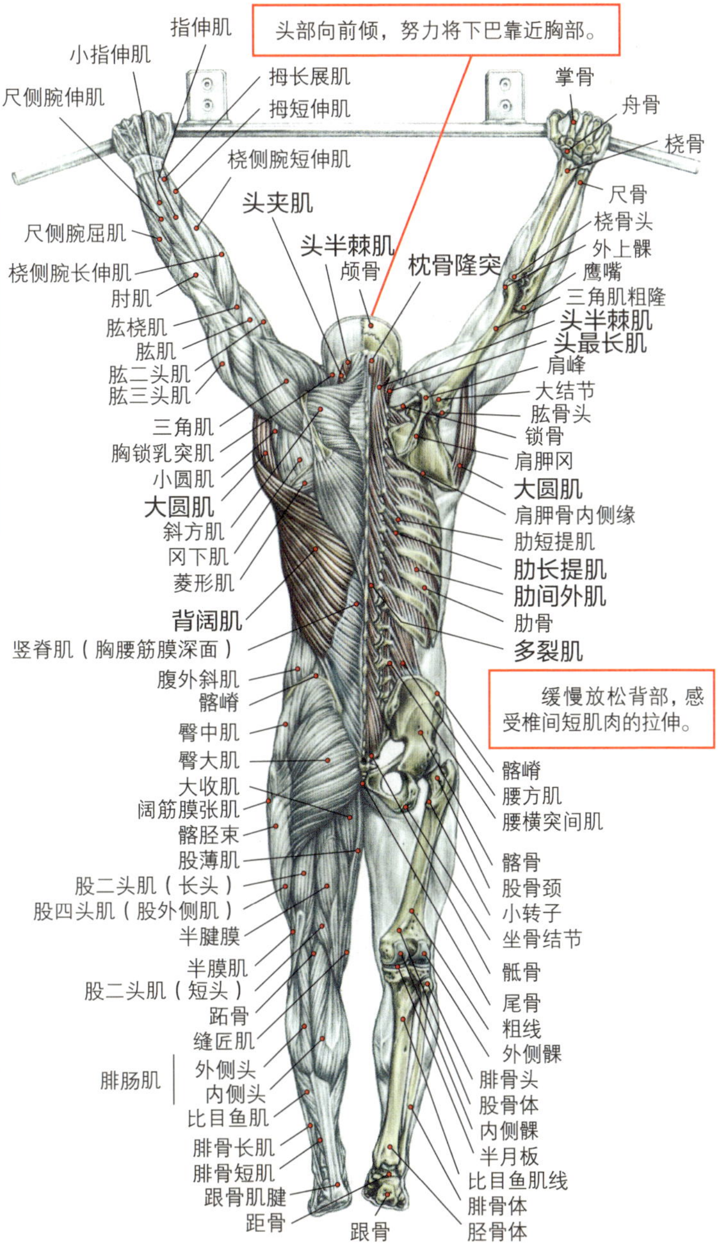

头部向前倾，努力将下巴靠近胸部。

缓慢放松背部，感受椎间短肌肉的拉伸。

在进行此项练习时，可能在感觉背部放松舒适的时候经常听见脊柱的"咔啦"声。

这是因为椎旁肌肉放松时，椎间和肋椎短肌肉忽然失去压力，像小吸盘被拔掉一样发出声音，并不严重。

21 杠铃耸肩

动作结束时
斜方肌收缩

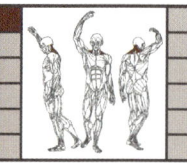

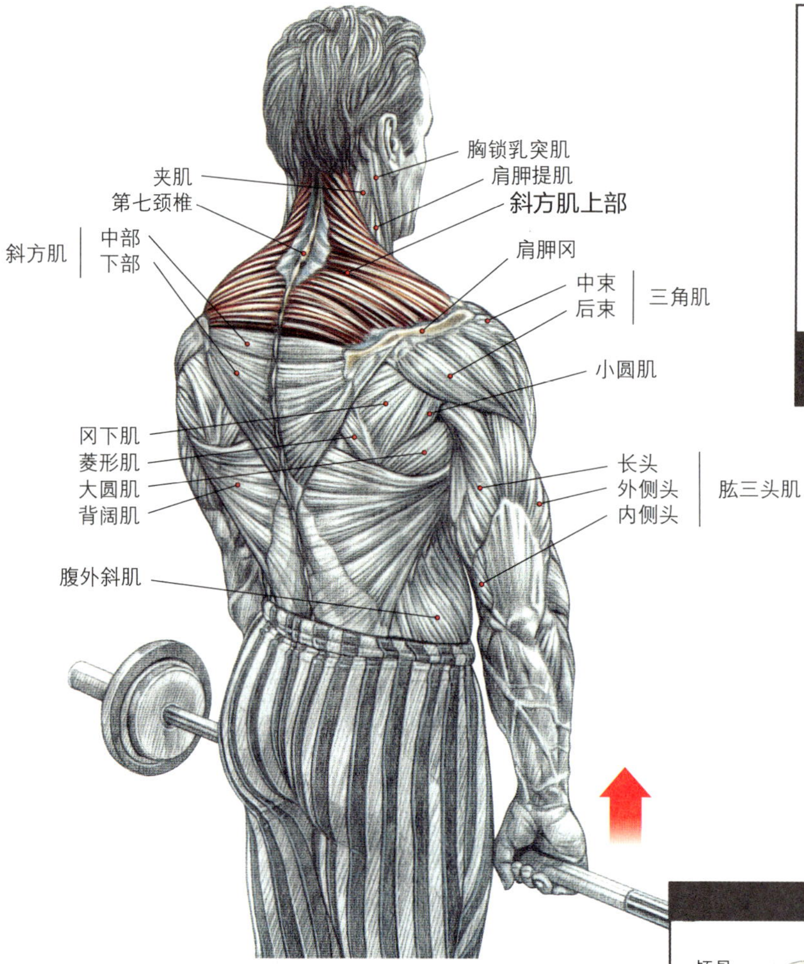

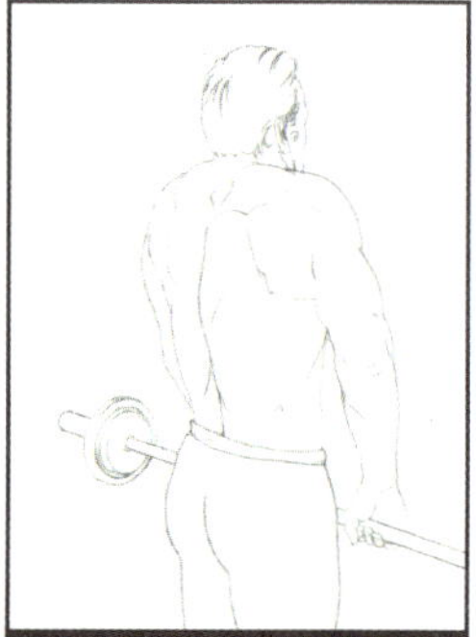

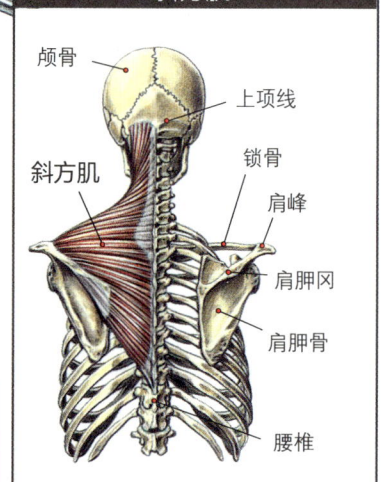

两腿稍分开，面向杠铃站立。杠铃可以放在地上或支架上：

• 正手握杠，握距略大于肩宽。如果负荷较重时可采用正反手握杠；

• 手臂放松，背部挺直，腹部收缩，耸起肩膀。

该练习可以锻炼斜方肌上部（尤其是肩锁部）和肩胛提肌。

斜方肌

如果重负荷训练采取正反手握杠，建议在每组训练时交换两手握法，即一组右手正握左手反握，下一组右手反握左手正握。这样能更均衡地锻炼斜方肌。

哑铃耸肩 22

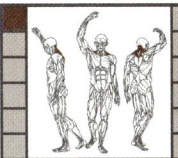
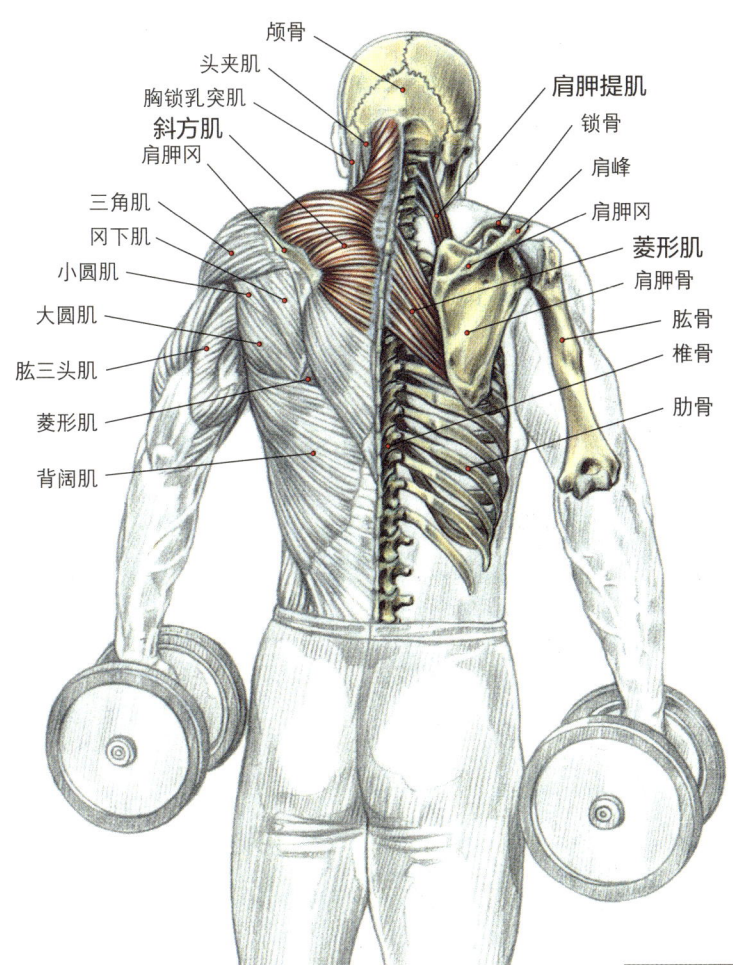

开始动作

双腿略分开站立,头部挺直或略向前倾斜,双臂放松垂于身体两侧,两手各持一个哑铃:
- 耸肩,从前向后转动肩膀,随后回到起始位置。

该练习锻炼斜方肌上部,当肩部向后旋转肩胛骨相互靠近时,也锻炼斜方肌中部、肩胛提肌和菱形肌。

大负荷练习时无法转动肩部。

动作结束时转动肩部

23　六角杠铃耸肩

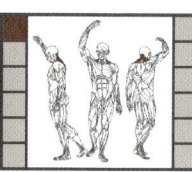

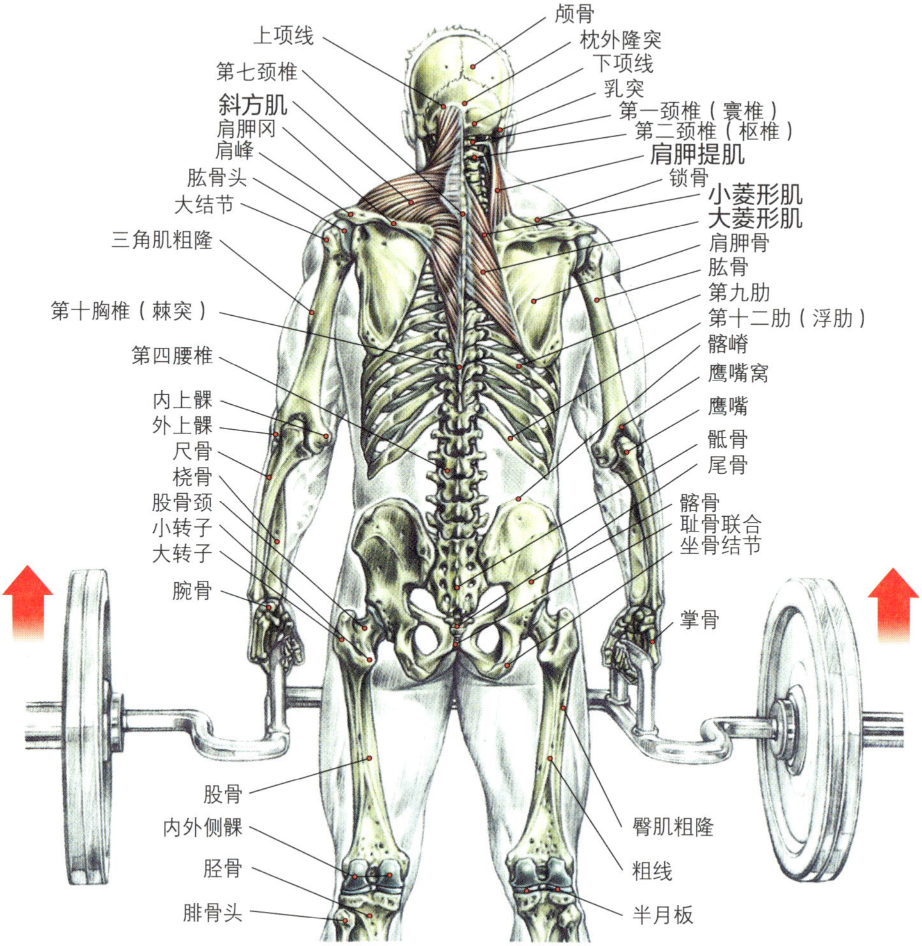

解剖图标注：
颅骨、上项线、枕外隆突、下项线、乳突、第一颈椎（寰椎）、第二颈椎（枢椎）、第七颈椎、斜方肌、肩胛冈、肩峰、肱骨头、大结节、三角肌粗隆、肩胛提肌、锁骨、小菱形肌、大菱形肌、肩胛骨、肱骨、第九肋、第十二肋（浮肋）、第十胸椎（棘突）、第四腰椎、髂嵴、鹰嘴窝、鹰嘴、内上髁、外上髁、尺骨、桡骨、骶骨、尾骨、股骨颈、小转子、大转子、髂骨、耻骨联合、坐骨结节、腕骨、掌骨、股骨、内外侧髁、胫骨、腓骨头、臀肌粗隆、粗线、半月板

开始动作

面向杠铃，两腿稍分开站立。杠铃可放在地上或支架上：
- 两手握住杠铃中间（在大负荷六角杠铃练习时，抓握不当可能导致杠铃向前或向后滚动）；
- 头挺直或略向前倾，放松手臂，背部挺直，收缩腹部，耸肩。

该练习主要锻炼三角肌上部、斜方肌（肩峰、肩胛冈至颅骨上项线区域）。

深层的大小菱形肌和肩胛提肌也得到锻炼。

六角杠铃最初就是为了锻炼斜方肌设计的，可以避免大腿部的摩擦，比起直杆杠铃或哑铃能承受更大负荷。

锁骨长的人群在大负荷练习时总是比锁骨短的人更难耸肩。

器械耸肩 24

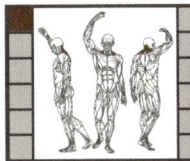

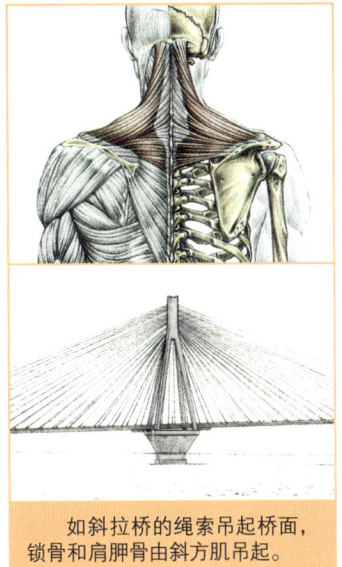

如斜拉桥的绳索吊起桥面，锁骨和肩胛骨由斜方肌吊起。

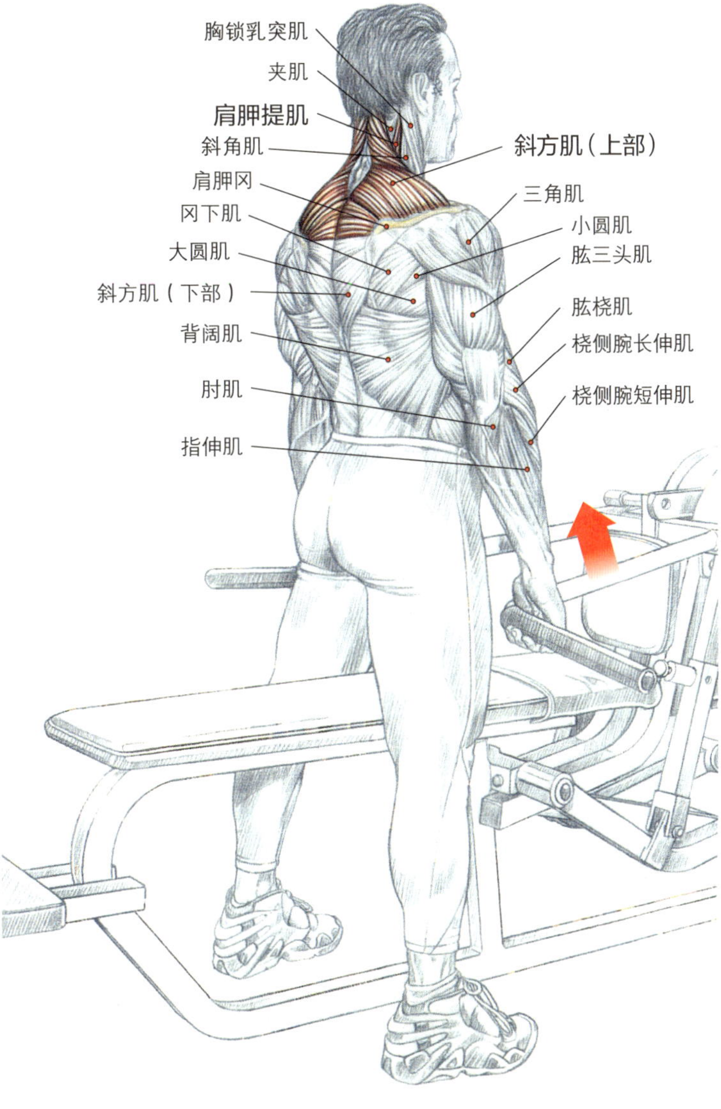

标注（自上而下，左侧）：胸锁乳突肌、夹肌、**肩胛提肌**、斜角肌、肩胛冈、冈下肌、大圆肌、斜方肌（下部）、背阔肌、肘肌、指伸肌

标注（右侧）：斜方肌（上部）、三角肌、小圆肌、肱三头肌、肱桡肌、桡侧腕长伸肌、桡侧腕短伸肌

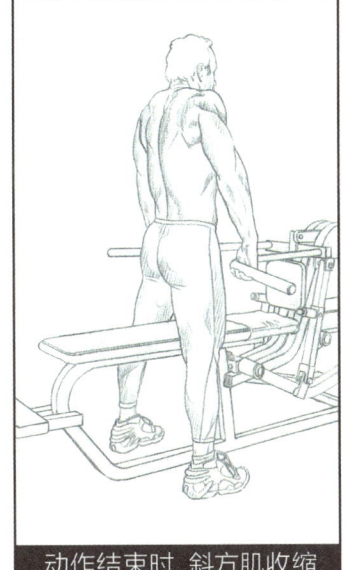

动作结束时　斜方肌收缩

面向器械站立，正手握杠，握距略比肩宽。如果器械允许，也可以双手半内旋，掌心相对握杠：

- 头部挺直，耸肩。

此项练习可以进行长时间多组训练。可以很好锻炼斜方肌上部和肩胛提肌。

锁骨长度对斜方肌发展的影响

| 长锁骨，斜方肌上部长 | 短锁骨，斜方肌上部短且凸出 |

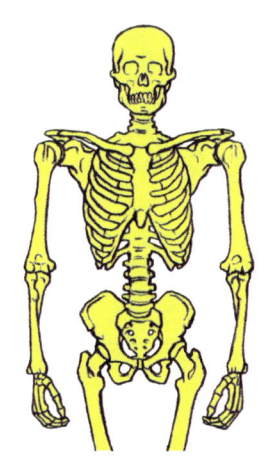 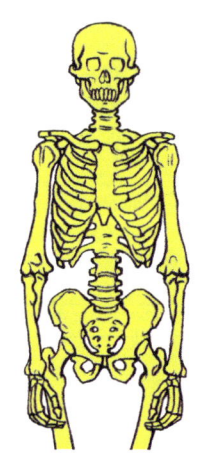

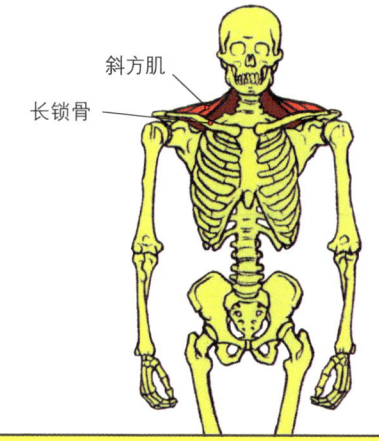 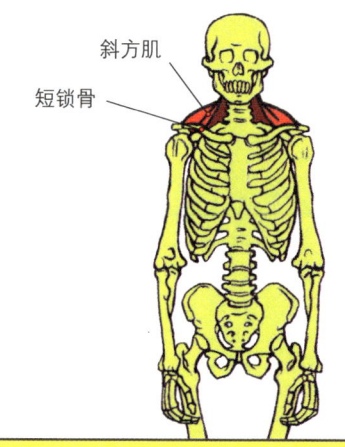

骨骼形态对每个人耸肩力度有很大影响。锁骨越长，就越难进行负重耸肩练习。因此，锁骨短的人比锁骨长的人更容易进行负重耸肩，不过耸起幅度会比较小。

另外，直锁骨的人群锻炼斜方肌可以更快见效，不过也会容易让人感觉他们肩膀下垂，使上半身形态看起来像瓶子一样。

长锁骨和短锁骨

长锁骨（通常比较直）

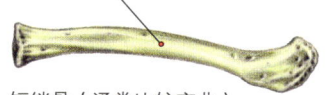

短锁骨（通常比较弯曲）

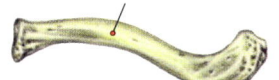

每个人的锁骨长度和曲度都不同。

背部训练

德拉威尔式耸肩 25

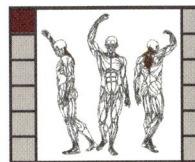

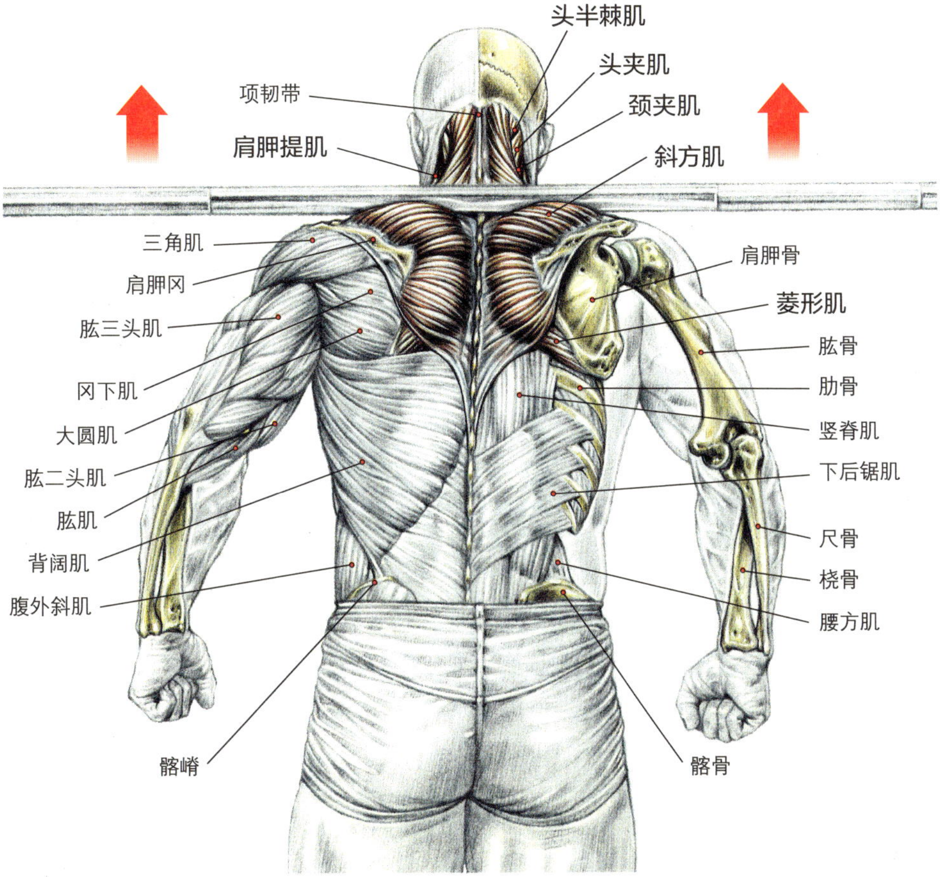

头半棘肌
头夹肌
项韧带
颈夹肌
肩胛提肌
斜方肌

三角肌
肩胛冈
肱三头肌
冈下肌
大圆肌
肱二头肌
肱肌
背阔肌
腹外斜肌

肩胛骨
菱形肌
肱骨
肋骨
竖脊肌
下后锯肌
尺骨
桡骨
腰方肌

髂嵴
髂骨

将横杠用支架安全固定在斜方肌高度。将斜方肌上部置于杠下，手臂垂于体侧：
- 轻微弓背部，收缩腹部。吸气并耸起肩部。

该练习主要锻炼斜方肌上部，斜方肌中部、深层的大小菱形肌、肩胛提肌、颈夹肌、头夹肌和头半棘肌也得到锻炼。

> 这是少见的不需要用手承重就可以进行的斜方肌训练。因此有腕部问题或是手不能抓握重物的人群也可以进行此练习。

开始动作

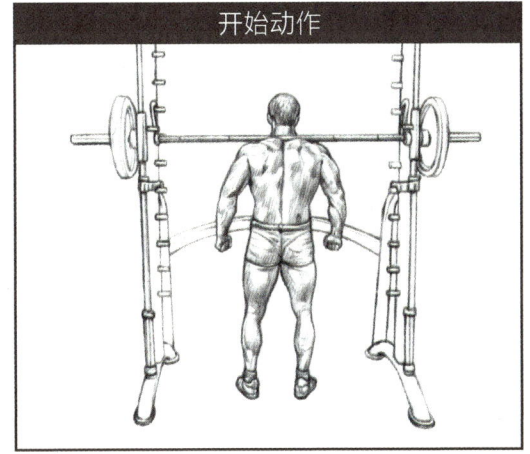

26 高位头部前抛

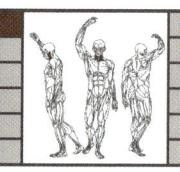

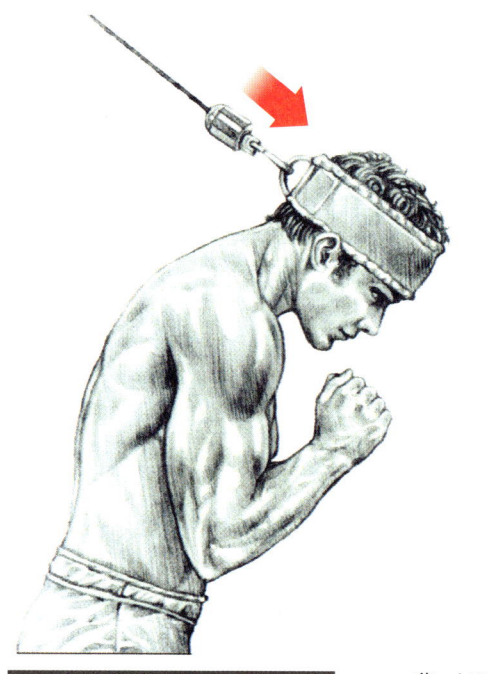

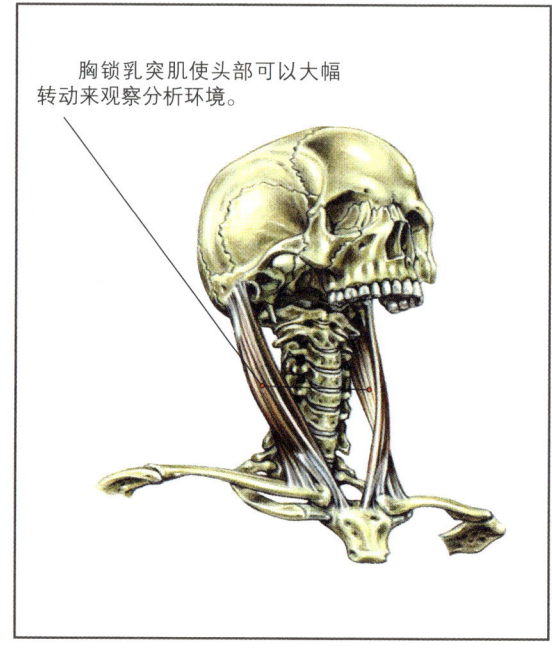

胸锁乳突肌使头部可以大幅转动来观察分析环境。

背对器械站立,将软垫带绑在额头位置,上半身稍向前倾:
- 下巴稍向下弯曲,将脖子向前伸;
- 缓慢回到起始位置,注意不要让头后倾。该练习主要锻炼胸锁乳突肌。每组进行20~30次长时间反复训练。处于安全考虑,不建议使用重负荷练习。

变化动作

头伸直站立,下巴稍向下,攥紧拳头放在下巴下:
- 使用颈部力量,尽可能用力推拳头,同时拳头给到同等的推力;
- 保持五秒钟,随后重复动作。

变化动作 颈后肌肉收缩

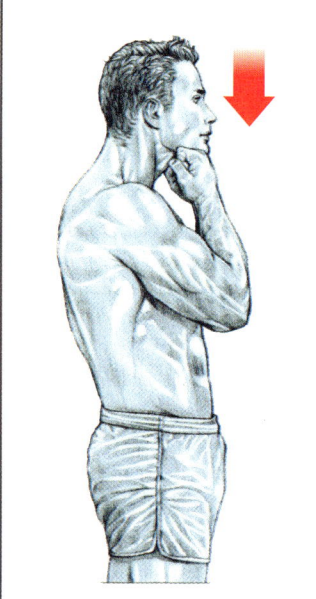

可以通过颈后肌肉收缩进行无器械锻炼。

胸锁乳突肌动作

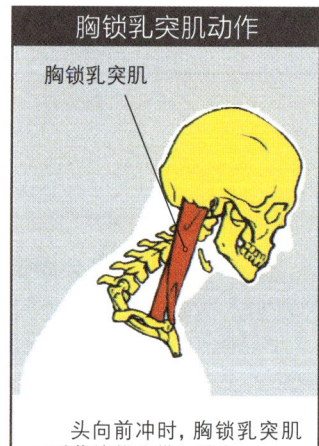

胸锁乳突肌

头向前冲时,胸锁乳突肌同时收缩将头带向前方。

该练习锻炼胸锁乳突肌和进行吞咽动作的短肌肉。

灵活的颈部可以让顶端的头部像是潜水艇的潜望镜一样,通过旋转勘探四周并分析环境。

背部训练

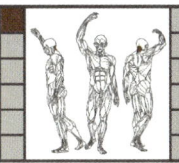

低位颈部伸展 27

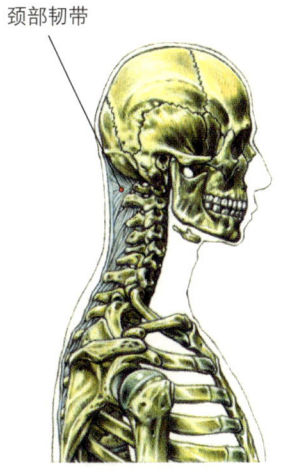

颈部韧带

颈部韧带

颈部韧带像颈部下方头颅底部的纤维膜,能增加颈部硬度并保护颈部,头部大幅度运动时可以防止脊髓损伤。

面向器械站立,膝盖微屈,上半身前倾,两手撑在大腿上,颈部向前弯曲,下巴内收。将软垫带绑在额头:
- 上半身保持不动,轻轻抬起头部,避免将头抬得过度;
- 慢慢回到起始位置,重复练习。

该练习主要锻炼颈部深层肌肉。这些肌肉与颈韧带侧面相连,附着在棘突上。

进行该练习时需要非常慎重,但锻炼得当的话可以强化颈部,保护颈椎免受冲击。

最好不要进行高强度练习,每组进行10~20次重复练习效果最佳。

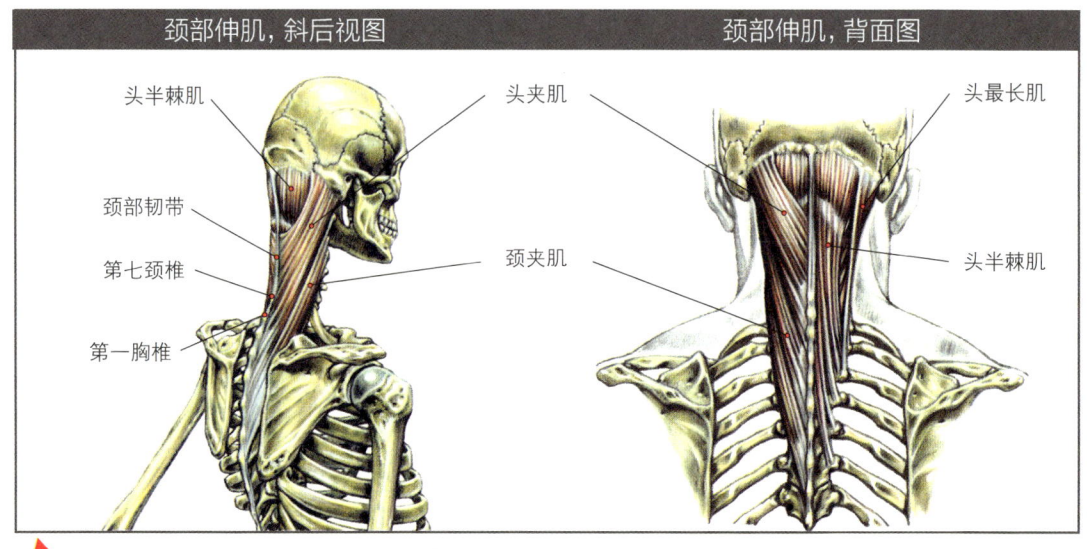

| 颈部伸肌，斜后视图 | 颈部伸肌，背面图 |

标注（斜后视图）：头半棘肌、颈部韧带、第七颈椎、第一胸椎、头夹肌、颈夹肌

标注（背面图）：头最长肌、头半棘肌

⚠️ 由于颈部灵活性较大，颈椎比较脆弱，在进行所有颈部强化练习时必须非常谨慎。因此，要有控制地缓慢进行动作。在进行颈部伸展时应注意不要把头过度靠后，避免压迫神经和通过颈椎横突的小动脉。这会导致一些人头晕，有时甚至会失去意识。

颈部

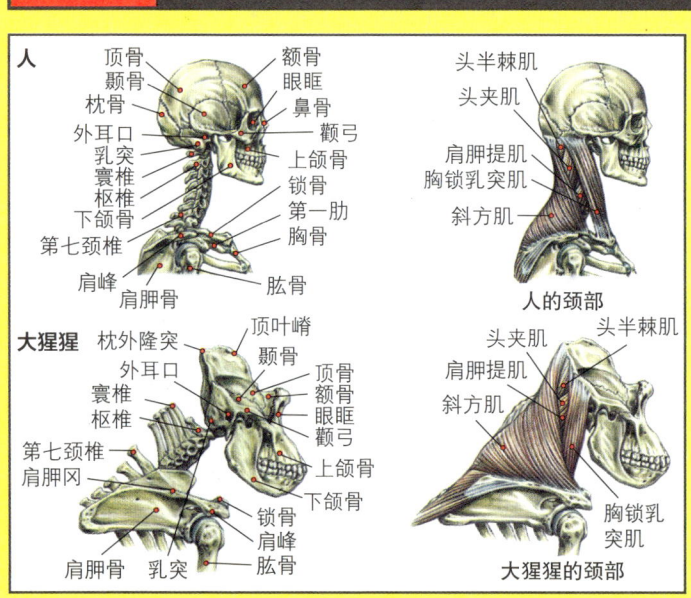

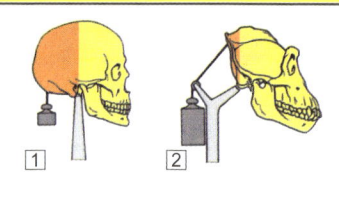

① 人类进化到两足行走，脸部缩小大脑发达，枕骨大孔移动到颅骨中间。头位于颈椎顶端，颈部肌肉主要起到支撑作用。

② 大猩猩大部分时候四肢行走，脸部较大，枕骨大孔靠后，颈部肌肉尤其发达有力，可以避免头部向前晃动。

四足动物和类人猿（如大猩猩）的颈部肌肉尤其发达有力，可以起支撑作用，避免头部向前晃动。

相反，人类进化到两足行走后，身体竖直，头位于脊柱顶端。颈部肌肉不再需要强力支持头部让头部挺直，更多是维持头部的微妙平衡。

三角肌、斜方肌和颈部拉伸

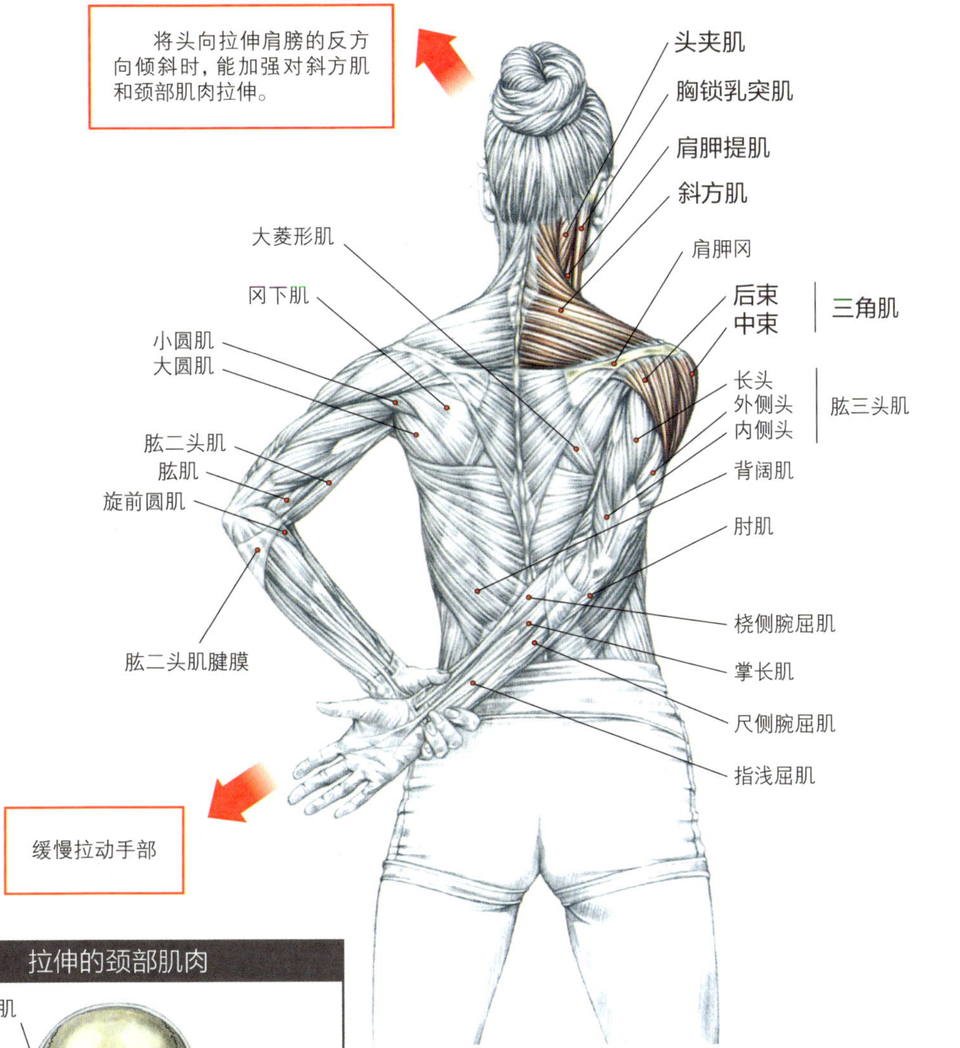

将头向拉伸肩膀的反方向倾斜时，能加强对斜方肌和颈部肌肉拉伸。

图中标注（自上而下）：
- 头夹肌
- 胸锁乳突肌
- 肩胛提肌
- 斜方肌
- 肩胛冈
- 后束 / 中束 ｜ 三角肌
- 长头 / 外侧头 / 内侧头 ｜ 肱三头肌
- 背阔肌
- 肘肌
- 桡侧腕屈肌
- 掌长肌
- 尺侧腕屈肌
- 指浅屈肌

左侧标注：
- 大菱形肌
- 冈下肌
- 小圆肌
- 大圆肌
- 肱二头肌
- 肱肌
- 旋前圆肌
- 肱二头肌腱膜

缓慢拉动手部

拉伸的颈部肌肉

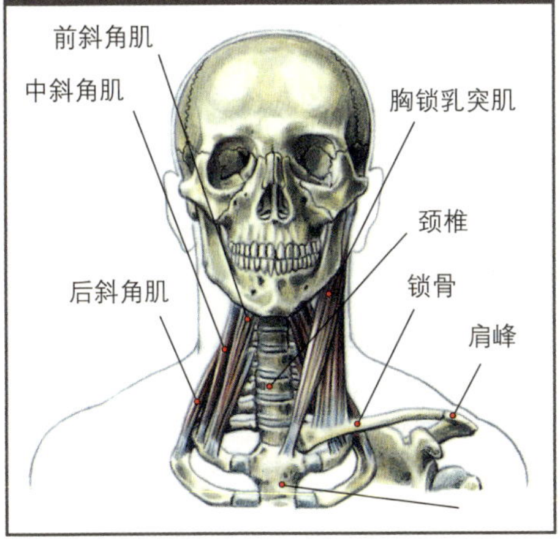

- 前斜角肌
- 中斜角肌
- 后斜角肌
- 胸锁乳突肌
- 颈椎
- 锁骨
- 肩峰

两腿略分开站立，背部挺直，一只手放在背后，另一只手抓住该手手腕，慢慢向外和向下拉动手臂，感受三角肌（主要是三角肌中束与后束）和斜方肌的拉伸。

变化动作

为了更好地感受颈部拉伸，在做该练习时可以将头向拉伸肩膀的反方向倾斜。

这样能拉伸颈椎周围深层和复杂的肌肉以及斜角肌和胸锁乳突肌。

斜方肌和颈部拉伸

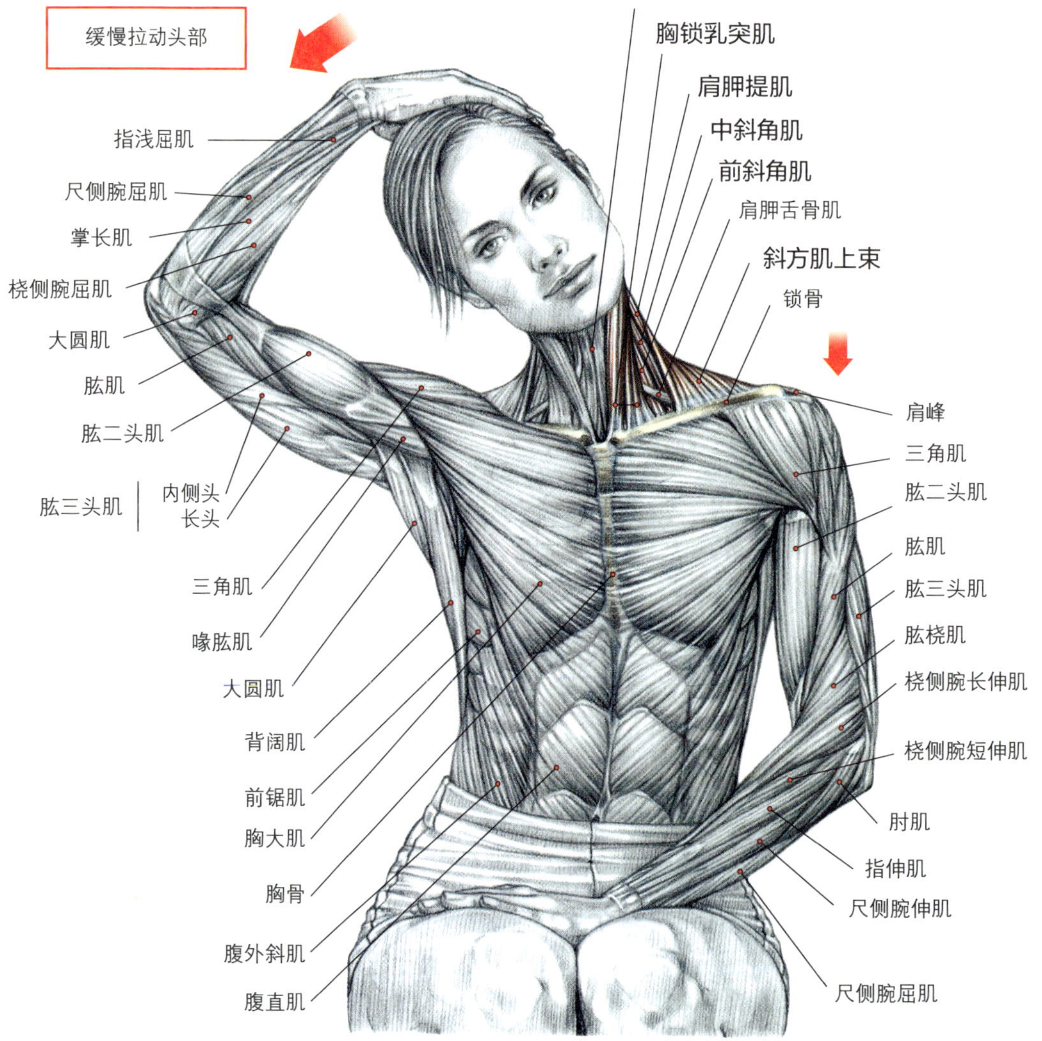

缓慢拉动头部

标注（左侧，自上而下）：指浅屈肌、尺侧腕屈肌、掌长肌、桡侧腕屈肌、大圆肌、肱肌、肱二头肌、肱三头肌（内侧头、长头）、三角肌、喙肱肌、大圆肌、背阔肌、前锯肌、胸大肌、胸骨、腹外斜肌、腹直肌

标注（右侧，自上而下）：胸骨舌骨肌、胸锁乳突肌、肩胛提肌、中斜角肌、前斜角肌、肩胛舌骨肌、斜方肌上束、锁骨、肩峰、三角肌、肱二头肌、肱肌、肱三头肌、肱桡肌、桡侧腕长伸肌、桡侧腕短伸肌、肘肌、指伸肌、尺侧腕伸肌、尺侧腕屈肌

一只手放在头上，慢慢拉动头顶，使其身侧面倾斜。

该练习可以拉伸胸锁乳突肌、整个斜角肌群、斜方肌上束、头夹肌、颈夹肌，以及位于深层的半棘肌和脊柱小肌肉，如颈最长肌、头前直肌、头侧直肌和头长肌等。

> 做该练习时，要注意循序渐进，拉动头部时要始终小心谨慎。

> 为了更好感受斜方肌上束的拉伸，建议在拉伸的同时沉肩。

05 腿部训练

01 / 哑铃深蹲 159
02 / 单哑铃深蹲 160
03 / 前蹲 161
➕ 疝气 162
04 / 杠铃深蹲 163
🔲 深蹲专项拉伸 165
05 / 宽距深蹲 166
🔲 根据身体结构调整训练 167
➕ 椎间盘突出 171
🔲 训练中需要考虑的男女身体结构
　　差异 173
🔲 髋部骨结构对深蹲的影响 175
06 / 哈克深蹲 177
07 / 腿举 178
➕ 肌肉训练中导致椎间盘突出的主要
　　原因 179
08 / 箱式深蹲强化训练法 181
09 / 腿屈伸 182
➕ 韧带过度松弛 183

➕ 髌骨脱臼 183
↗ 股四头肌拉伸 184
10 / 俯卧腿弯举 185
11 / 站姿腿弯举 186
12 / 坐姿腿弯曲 187
➕ 腘绳肌拉伤 188
13 / 早安式深蹲 189
↗ 腘绳肌拉伸 191
14 / 拉力器直腿内收 193
15 / 内收机练习 194
16 / 足部屈伸 195
17 / 站姿提踵 196
18 / 哑铃提踵 197
19 / 驴式提踵 198
20 / 坐姿提踵 199
21 / 坐姿杠铃提踵 200
↗ 小腿拉伸 201
➕ 小腿长和小腿短 201
🔲 人类跑步时的肌肉分析 202

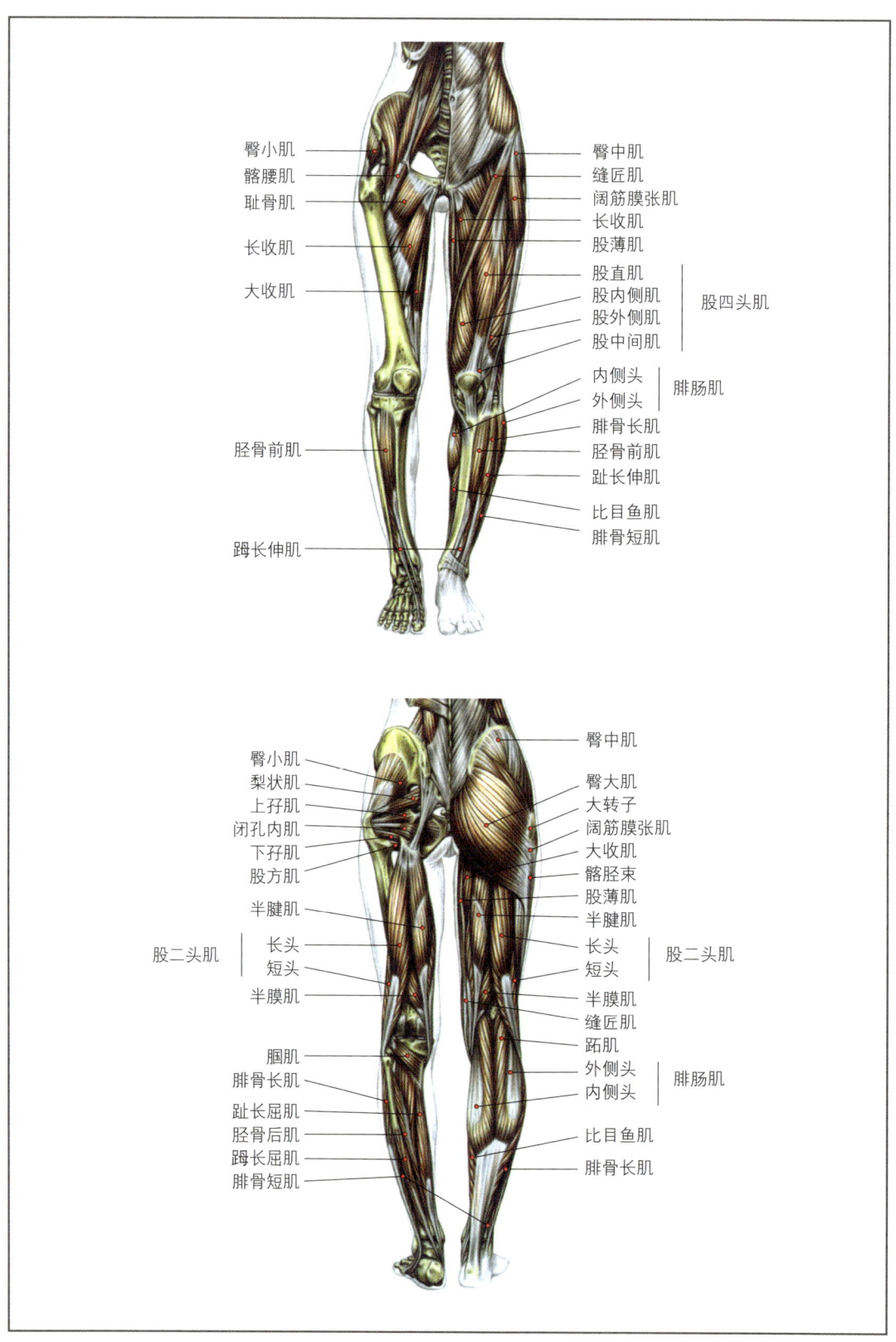

哑铃深蹲 01

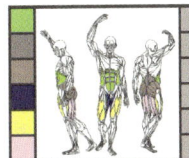

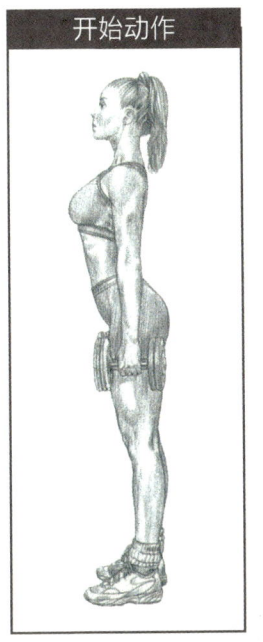
开始动作

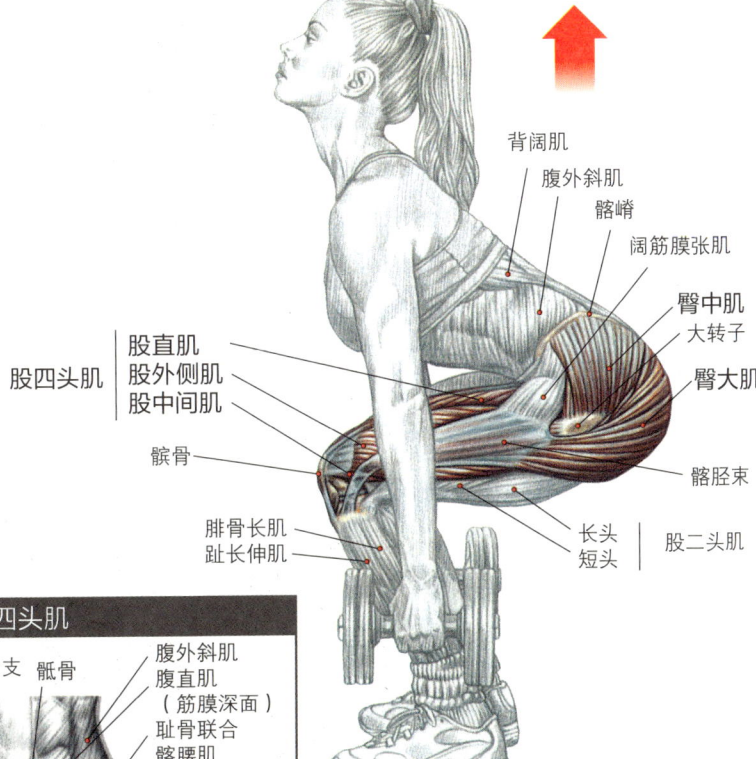

两腿略分开站立，手臂放松，两手各持一哑铃：
- 吸气，挺直背部，屈膝下蹲，目视前方；
- 当股骨到达水平位时，蹬直腿部，回到起始姿势；
- 动作结束时呼气。

该运动主要锻炼股四头肌和臀肌。

> 没必要进行大重量训练，进行每组10~15次的轻负荷反复练习效果最佳。

02 单哑铃深蹲

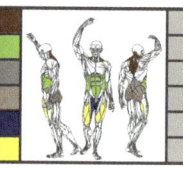

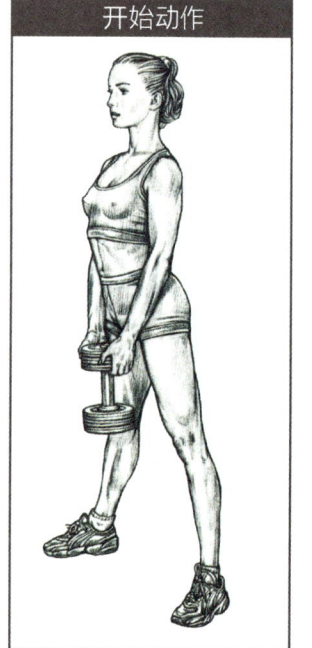

开始动作

标注（左侧）： 耻骨肌、长收肌、大收肌、股薄肌、缝匠肌、半膜肌、半月板、腓肠肌内侧头、比目鱼肌、胫骨、趾长屈肌

标注（右侧）： 腹外斜肌、阔筋膜张肌、臀中肌、大转子、臀大肌、髂胫束、股直肌、股外侧肌、股内侧肌｜股四头肌、长头、短头｜股二头肌、股四头肌（股中间肌）、髌骨、腓肠肌（外侧头）、腓骨长肌、比目鱼肌、趾长伸肌、胫骨前肌、腓骨短肌、踇长伸肌、第三腓骨肌

两脚开立，脚尖朝外，双手在腿间握住哑铃：
- 直视前方，挺直背部，吸气，屏住呼吸，屈膝下蹲；
- 当股骨达到水平位置时，蹬直双腿，回到起始姿势；
- 动作结束时呼气。

该练习可以锻炼股四头肌和臀肌。

> 需要注意，分开大腿有利于锻炼内收肌

腿部训练

前蹲 03

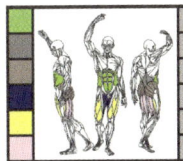

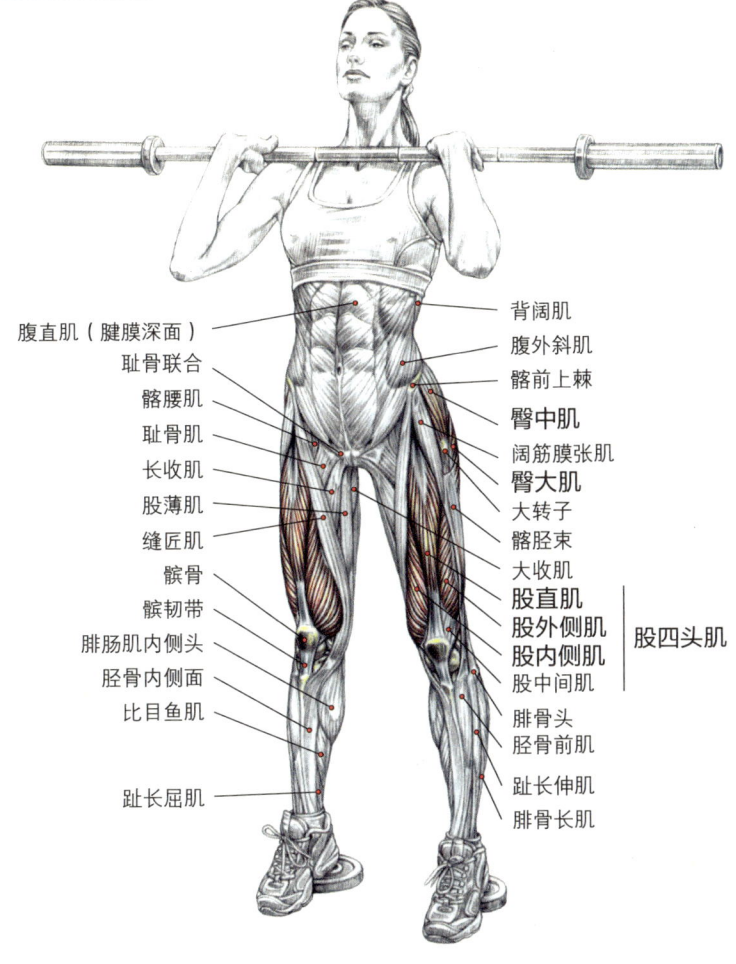

腹直肌（腱膜深面）
耻骨联合
髂腰肌
耻骨肌
长收肌
股薄肌
缝匠肌
髌骨
髌韧带
腓肠肌内侧头
胫骨内侧面
比目鱼肌
趾长屈肌

背阔肌
腹外斜肌
髂前上棘
臀中肌
阔筋膜张肌
臀大肌
大转子
髂胫束
大收肌
股直肌
股外侧肌
股内侧肌   股四头肌
股中间肌
腓骨头
胫骨前肌
趾长伸肌
腓骨长肌

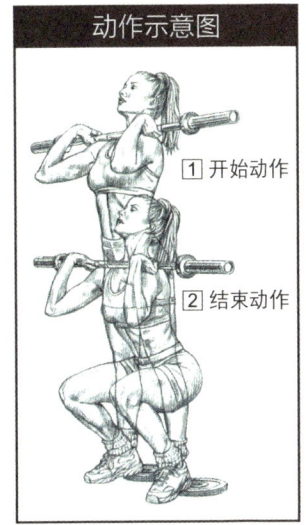

动作示意图
1 开始动作
2 结束动作

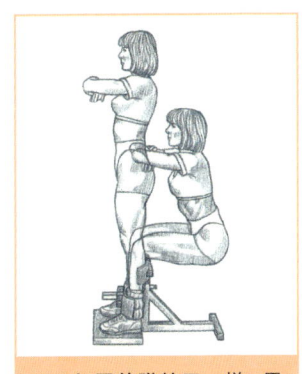

如同前蹲练习一样，用器械固定双腿进行深蹲可以集中锻炼股四头肌。

两脚开立，与肩同宽，正手抓握杠铃，置于胸大肌上部和三角肌前束：
• 深吸气保持胸腔内压力（这样可以防止躯干向前塌陷），收缩腹部核心肌群，屈膝至水平位；
• 回到起始姿势，动作结束时呼气。
为了避免杠铃向前滑动，需要挺胸并尽量抬高肘部。
杠铃在前方能防止躯干前倾，使背部始终保持挺直。可以在脚跟下放上垫板使训练更容易进行。
此深蹲练习主要锻炼股四头肌，比常规深蹲练习强度小。整体动作也使臀肌、腘绳肌、腹部核心肌群和竖脊肌得到锻炼。该运动经常用于举重训练，因为它与挺举动作和抓举最后动作时的大腿运动状态非常吻合。

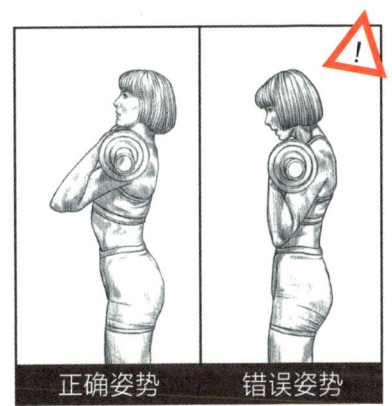

正确姿势　　错误姿势

161

疝气

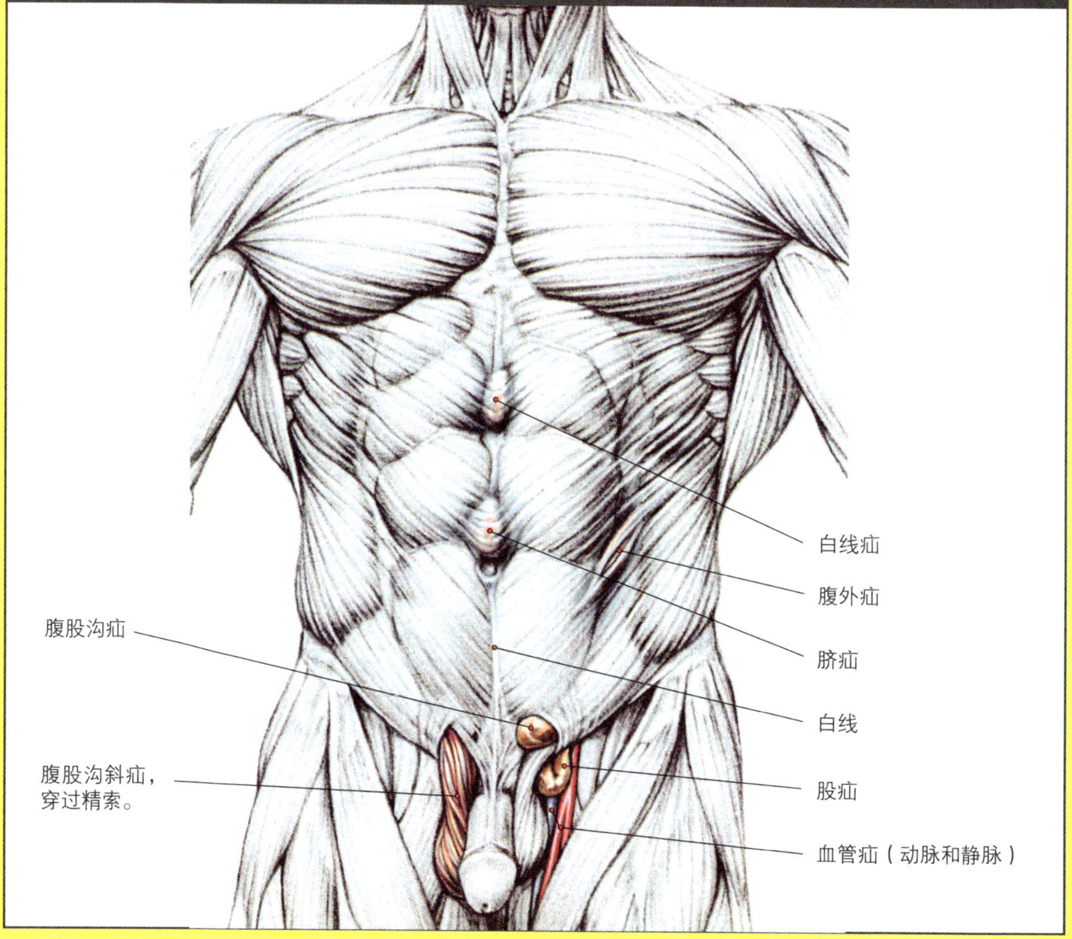

- 白线疝
- 腹外疝
- 脐疝
- 白线
- 股疝
- 血管疝（动脉和静脉）
- 腹股沟疝
- 腹股沟斜疝，穿过精索。

　　如果一个人支持性的结缔组织因存在结构性缺陷而变得脆弱，可能在腹壁、股部、腹股沟区域出现疝气。负重深蹲和硬拉等动作会改变身体内部压力，大大增加得疝气的风险。

　　如同撕裂的组织一样，疝气无法自行康复，只会越来越严重。因此一经诊断，就需要咨询外科医师确认是否需要接受手术。

　　脐疝和腹部疝气会影响白线，在较少情况下也会引起并发症。但腹股沟疝和股疝如果没有得到手术治疗，很可能出现严重后果。肠段可能出现筋膜开裂和扭曲，造成血液和肠道消化系统严重堵塞，造成梗阻。这是很严重的疾病，会导致肠梗阻和内脏梗阻缺血，必须尽快进行手术。

杠铃深蹲 04

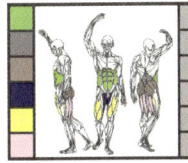

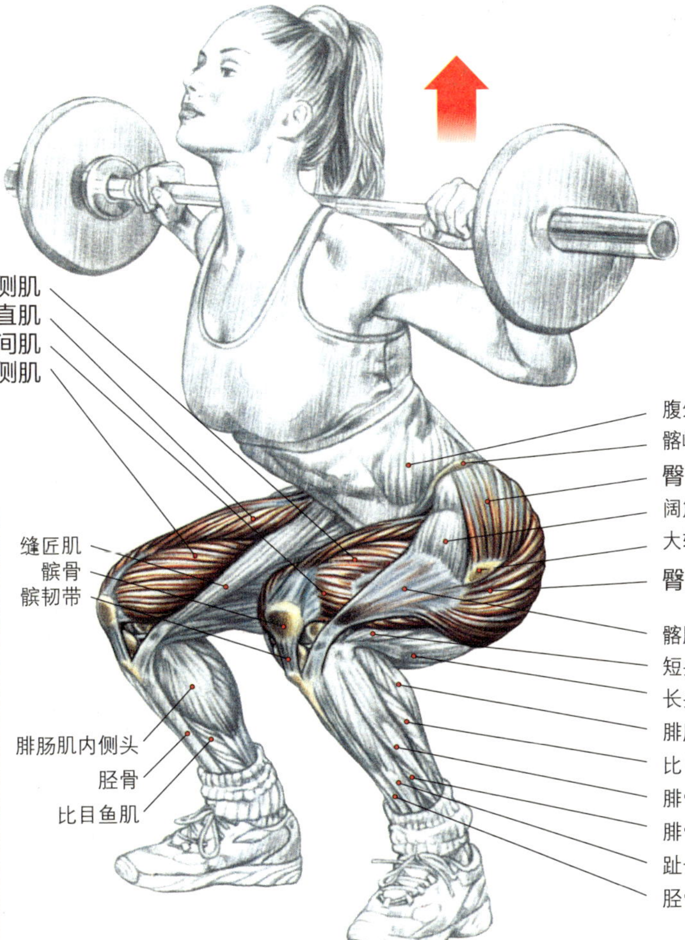

股四头肌
- 股外侧肌
- 股直肌
- 股中间肌
- 股内侧肌

- 腹外斜肌
- 髂嵴
- **臀中肌**
- 阔筋膜张肌
- 大转子
- **臀大肌**
- 髂胫束
- 短头 ┐
- 长头 ┘ 股二头肌
- 腓肠肌外侧头
- 比目鱼肌
- 腓骨长肌
- 腓骨短肌
- 趾长伸肌
- 胫骨前肌

- 缝匠肌
- 髌骨
- 髌韧带
- 腓肠肌内侧头
- 胫骨
- 比目鱼肌

两种握杠方式

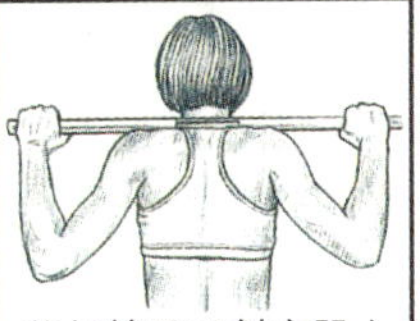

将杠铃置于斜方肌上

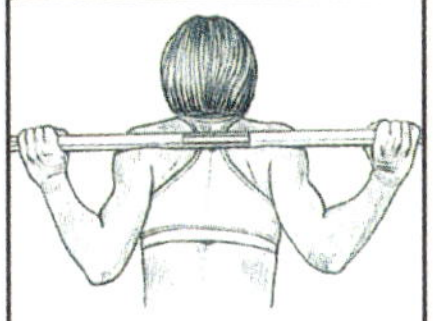

将杠铃置于三角肌和斜方肌上

    杠铃深蹲是最经典的健身动作之一，可以锻炼全身大部分肌肉，对锻炼心血管系统也很有好处，还可以使胸廓外张，增加肺活量：

- 将杠铃放在支架上，蹲于杠铃下，将其放在斜方肌略高于三角肌后部的地方。双手以舒适的姿势握杠，根据自身身体形态调整握距，肘部向后；
- 深吸气（保持胸内压，防止躯干前倾），挺直腰背，收缩腹部核心肌群，直视前方，将杠铃从支架上取下；
- 后退一两步，两脚平行与肩同宽（或脚尖稍向外）；背部向前倾斜（以髋关节为轴），有控制地下蹲。注意不能弯曲脊椎，避免受伤；
- 当股骨到达水平位时，蹬直双腿，抬起上半身，回到起始姿势。

    杠铃深蹲主要锻炼股四头肌、臀肌、收肌肌群、竖脊肌、腹肌和腘绳肌。

> 深蹲是塑造臀部曲线的最佳运动。为了更好感受臀部肌肉发力，下蹲时注意要使大腿尽可能与地面平行。

不同身体结构躯干前倾状态

1 腿短，躯干长
前倾幅度小，悬空部分小。

2 腿长，躯干长
前倾幅度大，悬空部分大。

变化动作

- 踝关节不够灵活或股骨长的人，在进行锻炼时可以在脚跟下加一块垫板以防上半身过度前倾。此方法可以让股四头肌承担部分发力。
- 改变杠铃位置，将杠铃降到三角肌后部，可以减小悬空部分负重增加背部杠杆力量，从而举起更大重量。这是举重运动员常用的基本方法。
- 可以使用支架进行杠铃深蹲，防止上半身前倾，可以集中锻炼股四头肌。

深蹲训练中双脚摆放姿势

在进行常规深蹲时，两脚间距与肩同宽，还需要注意脚的朝向：两脚平行或脚尖稍向外。不过任何情况下都必须根据个人身体结构进行调整，使双脚和膝关节在同一直线上。例如：如果走路时自然呈外八字，在进行深蹲训练时也应该脚尖向外。

1 正确姿势
在进行深蹲时，保持背部挺直。考虑到身体结构的个体差异（双腿长度和脚踝灵活度不同）以及锻炼方法差异（两脚间距、是否使用垫板和杠铃位置高低），上半身前倾幅度也可以有所变化。不过要保证从髋关节开始弯曲。

2 错误姿势
在进行深蹲时一定不能弓背。这种错误姿势是造成大多数腰背损伤，特别是椎间盘突出的主要原因。

1 2 3 下蹲阶段
4 完全下蹲

大腿到达水平位后继续下蹲，可以更好感受臀肌发力。不过这种动作只适合踝关节灵活或股骨短的人。另外，进行完全下蹲时需要非常谨慎，避免下背部弓起，否则可能导致严重损伤。

传统水平位深蹲 | **完全下蹲**

无论进行哪种负重训练，都必须"锁定"身体：
1. 深呼吸隆起胸廓屏住呼吸，使肺部充盈，支撑起胸廓避免上半身前倾。
2. 收缩腹肌增加腹内压，防止躯干前倾。
3. 最后，收缩腰部肌肉挺起下背部，伸展脊柱底部。

这三个动作同时进行，称为"锁定"身体，可以避免弓起背部或脊椎弯曲，从而防止大负荷训练时出现椎间盘突出（详见第171页）。

腿部训练

深蹲专项拉伸

为了避免半月板损伤,建议要缓慢进行此拉伸动作。

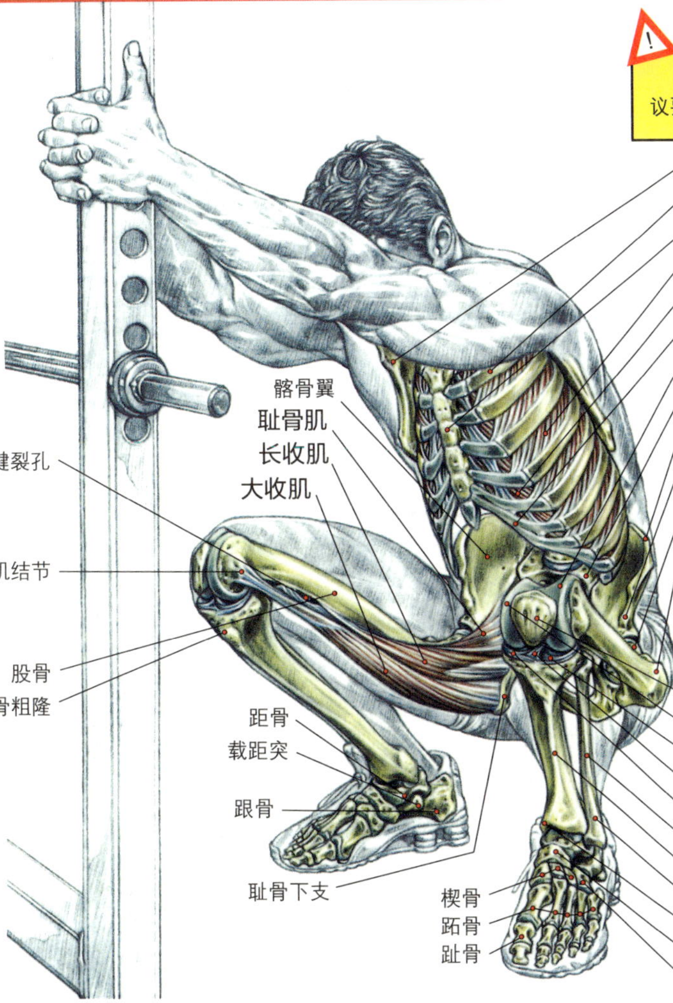

标注（自上而下，左侧）：
- 肩胛骨
- 肋骨
- 胸骨
- 肋间外肌
- 肋间内肌
- 肋软骨
- 外上髁
- 骶骨
- 髂嵴
- 髂前上棘
- 股骨头
- 大转子
- 髌骨
- 内上髁
- 外侧半月板
- 膝前后交叉韧带
- 内侧半月板
- 腓骨
- 胫骨
- 外踝
- 内踝
- 足舟骨
- 骰骨

标注（左侧）：
- 髂骨翼
- 耻骨肌
- 长收肌
- 大收肌
- 收肌腱裂孔
- 收肌结节
- 股骨
- 胫骨粗隆
- 距骨
- 载距突
- 跟骨
- 耻骨下支
- 楔骨
- 跖骨
- 趾骨

为了避免练习深蹲时撕裂肌肉,建议在热身运动和第一组训练之间做拉伸练习。

举重运动员最常进行的一项拉伸练习是扶着稳定支撑物（如竖杆或肌肉训练器械的支架）缓慢下蹲,完全弯曲大腿。

该动作与深蹲中腿部弯曲完全一致,可以很好拉伸收肌,尤其是大收肌。在大负荷练习中,如果上半身过度前倾,大收肌很容易被拉伤。

股四头肌（股直肌除外）、臀大肌和髋部外旋肌的深层短肌肉群在下蹲时,能够稳定骨盆,减缓骨盆向前摆动。

> 为了更好感受腿部内侧拉伸,可以将身体重心交替放在两腿上（如先将重心放在右腿上,然后再将重心移到左腿上）。

05 宽距深蹲

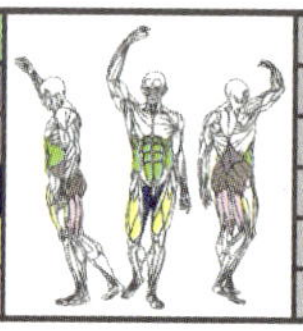

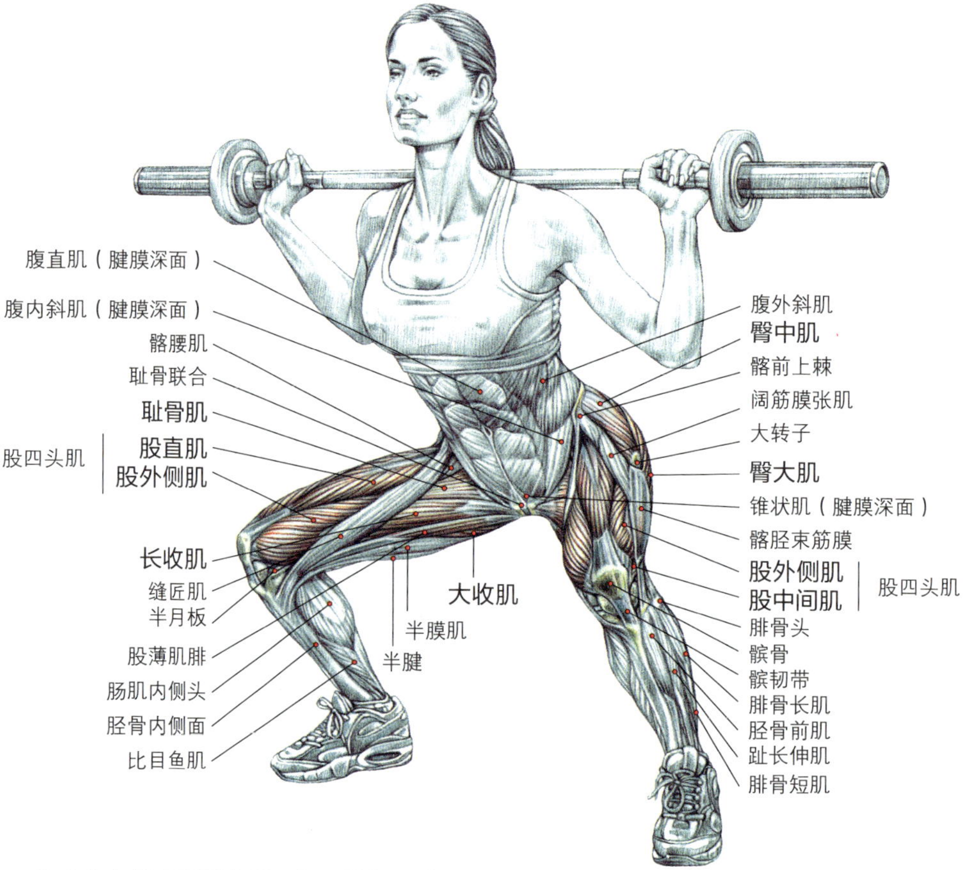
腹直肌（腱膜深面）
腹内斜肌（腱膜深面）
髂腰肌
耻骨联合
耻骨肌
股四头肌
股直肌
股外侧肌
长收肌
缝匠肌
半月板
股薄肌腱
腓肠肌内侧头
胫骨内侧面
比目鱼肌
大收肌
半膜肌
半腱
腹外斜肌
臀中肌
髂前上棘
阔筋膜张肌
大转子
臀大肌
锥状肌（腱膜深面）
髂胫束筋膜
股外侧肌
股中间肌
股四头肌
腓骨头
髌骨
髌韧带
腓骨长肌
胫骨前肌
趾长伸肌
腓骨短肌

此动作与常规深蹲相似，但两腿间距离更大，脚尖朝外，可以重点锻炼大腿内侧肌肉。

锻炼的肌肉有：

- 股四头肌
- 大腿收肌肌群（大收肌、长收肌、短收肌、小收肌、耻骨肌和股薄肌）
- 臀肌
- 腘绳肌
- 腹肌
- 腰骶部肌群

宽距深蹲时，躯干前倾程度比常规深蹲小，一些举重运动员会采用此技巧减少背部发力。大体重的举重运动员偏好常规深蹲姿势，这样能将腹部靠在大腿上，减轻下背部负担。

深蹲的三种步距

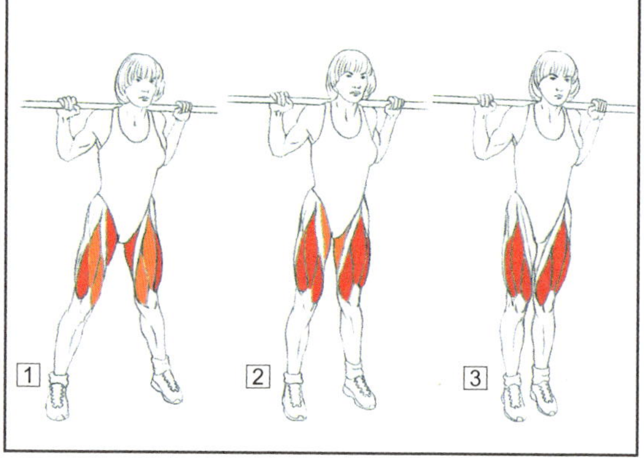
1
2
3

根据身体结构调整训练

四肢短和四肢长

在肌肉训练，尤其是深蹲和硬拉训练中，需要考虑身体结构的个体差异。

可以看到，四肢短和四肢长的人在进行这两项训练时，肌肉运动状态非常不同。

四肢长短是根据四肢与躯干比例进行判断的，与个体身材、肌肉发达程度或脂肪厚度无关（可能有人身材矮壮但四肢长，有人身材高瘦但四肢短）。

四肢短的人做深蹲动作更容易。由于他们的股骨较短，躯干前倾幅度小，减小后背部和腘绳肌受到的张力，从而可以集中锻炼股四头肌。因此，也就不难理解为什么几乎所有的杠铃深蹲冠军都是四肢短的类型。极端的例子可能是矮个子垄断举重项目的领奖台。而四肢长的人很难进行深蹲。因为他们股骨比较长，躯干会大幅前倾，给腘绳肌、大收肌和股薄肌造成巨大压力。因此，四肢长的人需要持续对抗身体前倾倾向。

他们还必须注意不能弓背，如果姿势不当可能会导致严重的脊柱损伤。

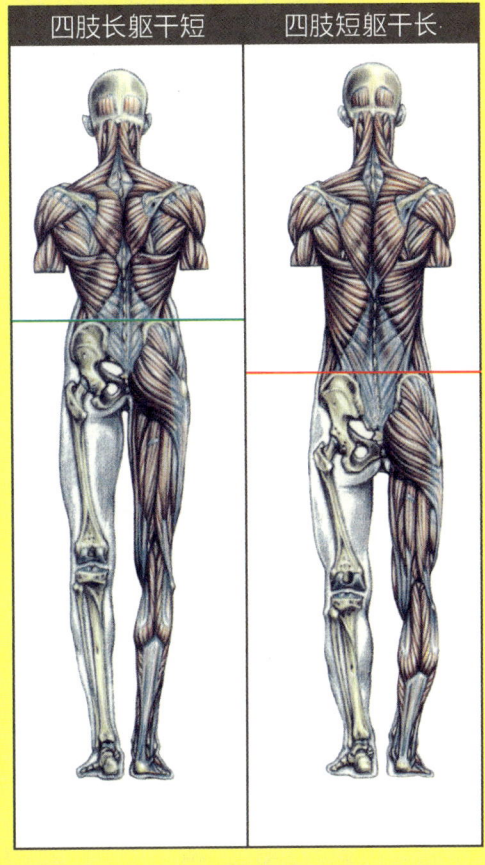

四肢长躯干短　　四肢短躯干长

举重运动和深蹲运动一样，双腿长度对躯干前倾程度有很大影响。

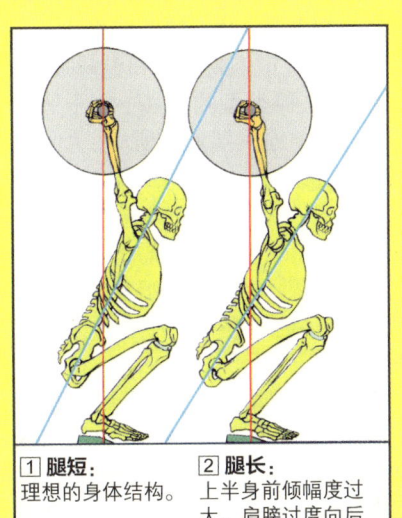

① **腿短**：理想的身体结构。

② **腿长**：上半身前倾幅度过大，肩膀过度向后拉伸易造成危险。

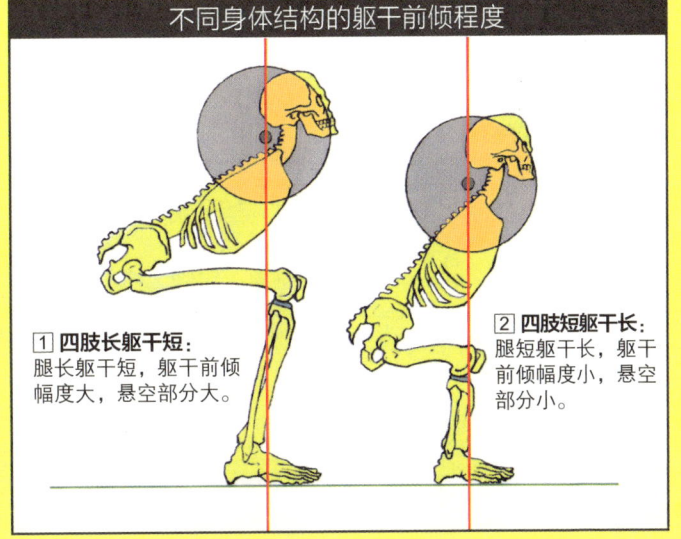

不同身体结构的躯干前倾程度

① **四肢长躯干短**：腿长躯干短，躯干前倾幅度大，悬空部分大。

② **四肢短躯干长**：腿短躯干长，躯干前倾幅度小，悬空部分小。

躯干前倾深蹲会高强度锻炼臀大肌和髂嵴肌。臀大肌起挺直骨盆和上半身的作用,髂嵴肌使背部避免弓起。

因此,对于四肢长的人来说,深蹲利于臀大肌和腰肌发达有力,不过做该动作时需要特别注重姿势。

但一旦进行大负荷练习,该动作就会变得危险。四肢长的人如果想要集中锻炼股四头肌最好能用器械进行,特别是哈克深蹲(详见177页)。

四肢短的人群非常善于深蹲,但做硬拉会比较困难。为了抓握地面上的杠铃,需要屈腿使股骨几乎完全水平,这个姿势使得开始运动时需要巨大的力量。

而四肢长的人群在开始举重时腿部半屈,这一姿势可以使股四头肌充分发力。尽管他们的上半身倾斜程度略大,而且臀部和竖脊肌的工作强度更大,但这一身体结构使得四肢长的人能比四肢短的人举起更大负荷。这就是为什么硬拉冠军通常都是四肢长的人。

不同身体结构的硬拉起始动作

① **四肢长躯干短**:大腿半屈,上半身前倾。

② **四肢短躯干长**:大腿与地面平行,上半身前倾幅度小。

脚踝柔韧性对深蹲的影响

① **脚踝柔韧**:腿部更弯曲,躯干前倾幅度小,悬空部分小。

② **脚踝僵硬**:腿部几乎不弯曲,躯干前倾幅度大,悬空部分大。

尽管在①和②姿势中,大腿都屈至水平位置,②姿势中大腿弯曲幅度要比①姿势小。

脚踝柔韧性

脚踝柔韧程度对深蹲练习有很大影响。不管是由于肌肉、肌腱限制(如小腿收缩程度)还是骨骼限制,如果勾脚背时脚背上抬幅度减小,就会严重影响深蹲技巧。

脚踝不灵活会限制胫骨向前摆动,从而限制膝盖前伸,因此在进行深蹲时,大腿很靠后,背部前倾幅度大。这样能够高强度锻炼臀大肌和竖脊肌。

不过这种类型的深蹲,由于躯干过度前倾,会给大腿后侧肌肉、大收肌和股薄肌带来巨大压力,增加肌肉撕裂风险。另外,股骨降到水平位以下导致下背部不得不弓起,增加脊柱病变风险。因此需要特别集中精力保持正确姿势,尽量减少进行高风险的大负荷锻炼。

与常规深蹲相比,脚踝僵硬也使得腿部弯曲程度有限,大腿很难到达水平位。这种深蹲姿势比常规深蹲时身体悬空部分更大,使得股四头肌向上发力伸展大腿和小腿。

腿部训练

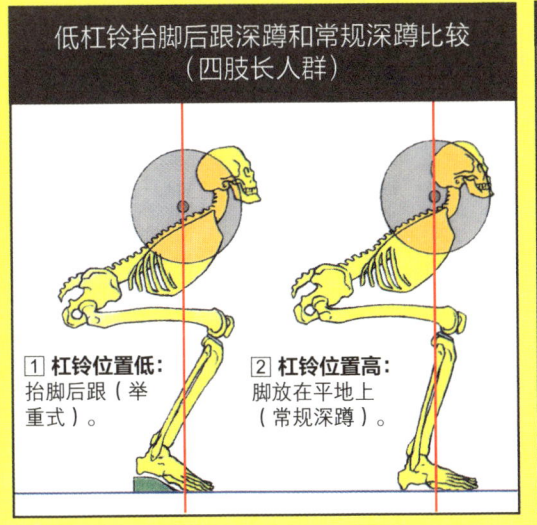

低杠铃抬脚后跟深蹲和常规深蹲比较（四肢长人群）

① 杠铃位置低：抬脚后跟（举重式）。

② 杠铃位置高：脚放在平地上（常规深蹲）。

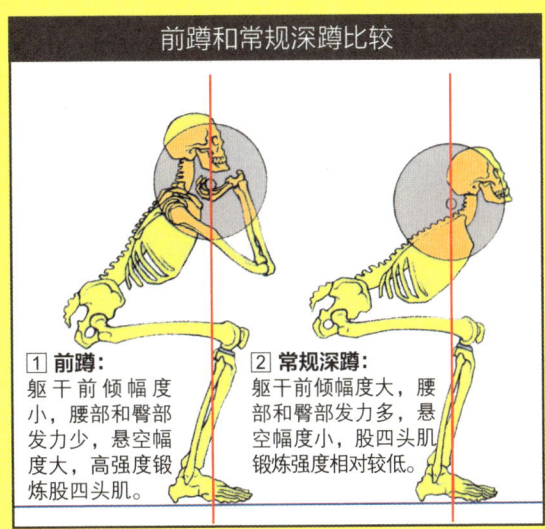

前蹲和常规深蹲比较

① 前蹲：躯干前倾幅度小，腰部和臀部发力少，悬空幅度大，高强度锻炼股四头肌。

② 常规深蹲：躯干前倾幅度大，腰部和臀部发力多，悬空幅度小，股四头肌锻炼强度相对较低。

为了放松下背部，减少腘绳肌压力，可以像举重运动员一样，将杠铃下降到三角肌后部。

这样能减少身体悬空部分，增加背部杠杆力量，有利于举起更大重量。

可以在脚跟下垫一个垫子，或穿有刚性鞋跟的举重运动鞋，通过膝盖前伸限制臀部后突，从而减小悬空部分，可以更大幅度地弯曲大腿。

通过这种方法可以限制躯干前倾以及臀大肌和竖脊肌发力，更好感受股四头肌发力。

低杠铃抬脚跟的组合方式可以举起更大重量。建议四肢长和脚踝僵硬的人群采取这种方法来纠正深蹲姿势。

前蹲集中锻炼股四头肌，通过限制躯干前倾程度，减小下背部发力以及腘绳肌和大收肌压力。

该动作通过增加身体悬空幅度，加强股四头肌发力来伸展大腿。

因此这是很好的锻炼大腿的深蹲方式，不过需要比常规深蹲采取更轻负荷。为了保持身体稳定性，建议垫脚跟进行练习。

不过，四肢长的人群很难完成前蹲动作。由于他们躯干更加前倾，不容易握住杠铃，很容易脱手使杠铃落到身前。

1

2

① 在举重运动中，宽距深蹲可以限制上半身前倾和大腿弯曲，不过只有髋部骨骼结构合适的人才能采用。

② 大肚会像一个气球一样夹在大腿和躯干之间，阻碍背部前倾。

169

分开两腿挺直躯干

在深蹲时，为了限制上半身过度倾斜带来危险，可以让脚尖冲外尽量分开两腿。一些举重运动员将这种技术运用到极致，他们在进行深蹲时，最大限度打开双腿（这也能够限制腿部弯曲）。

这种双腿大大分开的深蹲要求大腿内收肌有很好的柔韧度，尤其是髋关节要有适合的骨骼结构。

因此，不是所有人都能采用这种深蹲方式。

肚子大的好处

实际上，大肚通过压迫大腿，在深蹲和硬拉时能够限制上半身前倾和弓背，从而保护背部降低椎间盘突出风险。

因此许多举重运动员和大重量举重选手都具有这种体型特征。他们通过非常丰富的食物来保持这种体型。

不同的膝盖形态

在肌肉训练中，考虑个体的身体结构差异是非常重要的，尤其是膝部的差异。

虽然弓型腿（膝内翻）通常情况下并不会比常规膝盖结构有更多风险，但X型腿（膝外翻）或能够过度伸展的大腿（膝反屈）有时不能进行负重肌肉训练。

膝外翻主要常见于：

1. 年轻时超重的人群。当时尚未完全发育且仍有可塑性的腿骨在超重的情况下变形，呈现出这种X型腿。

2. 女性。因为女性的生殖功能，髋部宽度很大，这可能影响股骨朝向，股骨更为倾斜。

如果膝外翻过于明显，关节受到压力过大，内侧副韧带被过度拉伸，外侧半月板、股骨外侧髁及胫骨外侧粗隆的软骨关节面受到过度摩擦，可能导致磨损性疾病。

另一方面，膝反屈主要见于身体过度柔韧的人群，尤其是女性中。这种肌肉和韧带的过度松弛与其生育功能直接相关。

在一些罕见情况下，膝反屈有时可能导致并发症，如挤压半月板，有时会使膝盖过快伸展，半月板来不及滑动或在大负荷训练中使大腿承受过重压力。

因此，建议膝反屈的人群在深蹲最后伸直腿部时或腿举时，不要完全锁住膝盖。

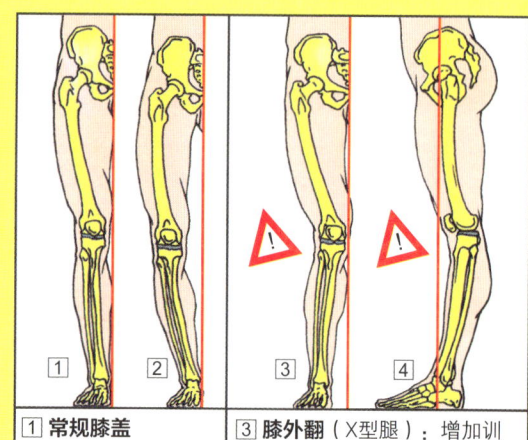

① 常规膝盖
② 膝内翻（弓形腿）
③ 膝外翻（X型腿）：增加训练时患磨损性疾病的风险。
④ 膝反屈：增加半月板受挤压风险。

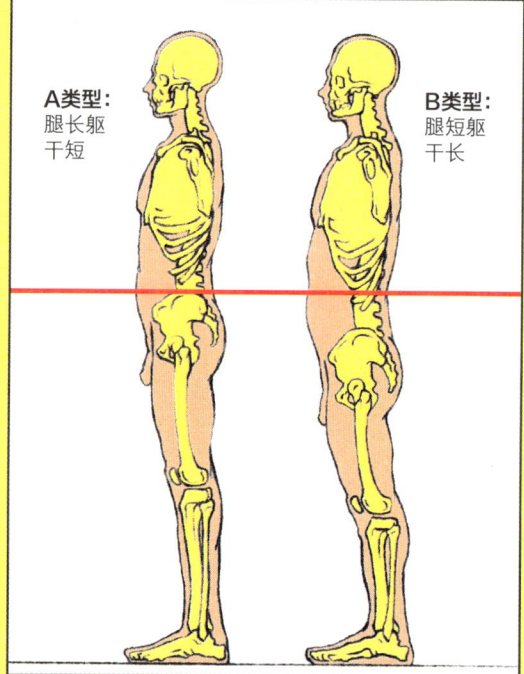

A类型：腿长躯干短

B类型：腿短躯干长

身高相同的人，需要考虑腿和躯干比例关系：
类型A： 从比例上来说，腿长躯干短的人群要不过度前倾躯干完成标准深蹲会更困难。
不过，躯干短的人群通过限制身体悬空部分，在进行早安式深蹲、常规硬拉和直腿硬拉时会更容易。
类型B： 从比例上来说，躯干长腿短的人群因为做深蹲练习时背部不会过度倾斜，做该动作更容易也更安全。因此很多深蹲举重冠军都是这一体型。

椎间盘突出

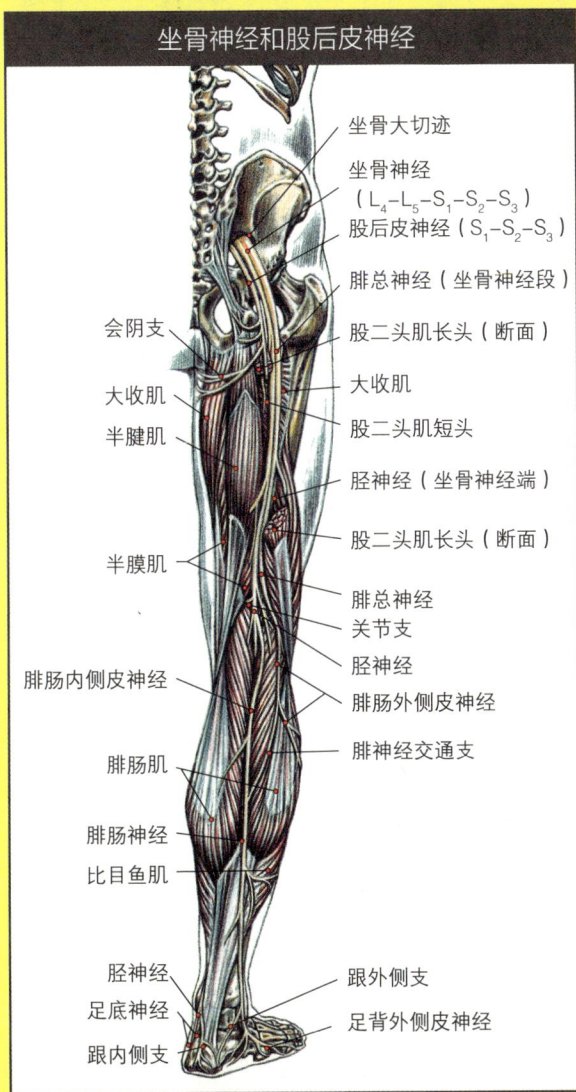

坐骨神经和股后皮神经

椎间盘突出是举重运动中比较常见的损伤，多是在进行某些动作（如深蹲、硬拉和俯身划船）过程中背部姿势不正确导致的。

在进行这些练习时，常见的错误姿势有弓背和脊柱弯曲，这样椎间盘会向前或向后豁开。如果椎间盘发生断裂或老化，胶冻状的髓核就会向后突出，可能压迫脊髓或脊神经。症状取决于损伤的性质、髓核突出的多少以及被压迫结构面积。可能只是椎间盘突出，更严重的情况是髓核可能冲破周围的纤维环，有时甚至会使连接椎骨的后韧带撕裂。由纤维环断裂压迫神经元导致的剧烈疼痛可能使人失去运动能力。

在健美运动中，椎间盘突出主要发生在腰部，最常见于第三和第四腰椎之间或第四和第五腰椎之间。

腰椎间盘突出会引起钝痛，有时伴有麻木和刺痛。

疼痛部位在背部中间，经常发生在一侧，辐射到臀部、骨盆、耻骨，如果神经根部受到挤压会沿着坐骨神经影响到腿部（这种疼痛也被叫做坐骨神经痛）。

一般来说，椎间盘突出可以自行回缩恢复，疼痛会逐渐消失。但在某些情况下，椎间盘没有回缩，而是持续压迫神经造成疼痛，或是有一小块椎间软骨脱落压迫神经。在这两种情况下，可以通过外科手术使压迫神经的部分回缩。

为避免椎间盘突出，在进行有些有风险的杠铃训练（如深蹲、硬拉、早安式深蹲或划船时），要注意练习技巧和使用正确姿势。

建议在大负荷训练后，通过单杠拉伸脊椎，注意放松身体，从而放松背部肌肉，重新平衡椎间盘内部压力。

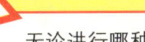 无论进行哪种负重训练，都必须"锁定"身体：
1. 深呼吸隆起胸廓屏住呼吸，使肺部充盈，支撑起胸廓避免身体上半身前倾。
2. 收缩腹肌增加腹内压，挺直腹部，避免上半身向前塌陷。
3. 最后，收缩腰部肌肉挺起下背部，伸展脊柱底部。
这三个动作同时进行，称为"锁定"身体，可以避免弓起背部或脊椎弯曲，从而防止大负荷训练时出现椎间盘突出。

错误姿势

不管是进行硬拉还是深蹲练习,都需要避免弓背降低腰部损伤风险。

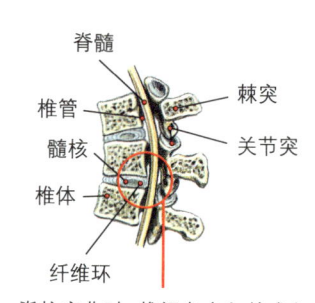

脊柱弯曲时,椎间盘会向前或向后豁开。胶冻状的髓核就会向后脱出,可能压迫神经(出现坐骨神经痛)。

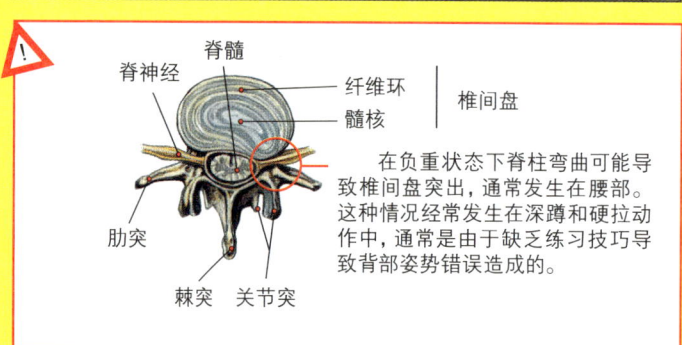

在负重状态下脊柱弯曲可能导致椎间盘突出,通常发生在腰部。这种情况经常发生在深蹲和硬拉动作中,通常是由于缺乏练习技巧导致背部姿势错误造成的。

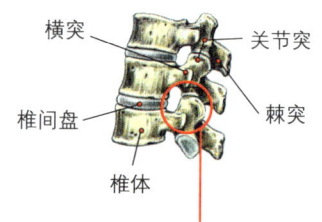

椎间孔(神经通过此处穿过脊髓)。

年龄对椎间盘脱出的影响(切面)

脊椎切面图

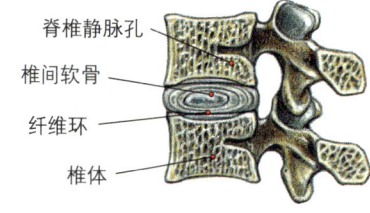 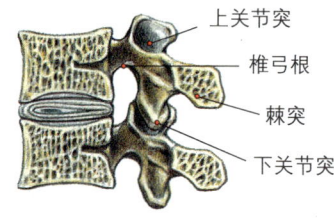

① 年轻人的椎骨:

椎间盘仍处于健康状态。椎间盘从30岁开始退化,纤维环出现裂缝,髓核逐渐干涸。相较而言,青年人椎间盘突出通常是由于大量髓核胶状物质脱出,使得神经受到压迫,导致疼痛和神经性功能障碍。因此年轻运动员更常出现椎间盘脱出。

② 老年人的椎骨:

随着年龄增长,纤维环出现裂缝,髓核或胶质黏液逐渐干涸。椎间盘变薄,脊椎活动性降低。更年长的运动员椎间盘可能更僵硬并缺少弹性,脊柱活动受到限制。不过,随着髓核干涸,胶质黏液逐渐减少,髓核滑动压迫神经的风险也大大降低。

训练中需要考虑的男女身体结构差异

训练中需要考虑的女性下肢骨骼特征

- 从比例上骨盆比男性更宽更矮。
- 髋臼之间的距离更大。
- 两个转子之间的距离更大。
- 骨盆过宽和股骨过度倾斜可能导致女性的膝外翻（X型腿）。膝关节受力过大，内侧副韧带过度紧绷，外侧半月板、股骨外髁和胫骨外侧结节的软骨关节面受力过大，导致过早磨损。
- 骶骨比男性更宽。
- 女性骶骨距离大导致骨盆环直径长。
- 女性股骨相对不太直，更加倾斜。
- 膝外翻（X型腿）可能导致足弓脆弱，或是扁平足。由于足底肌受到过度压力，扁平足可能伴随腿脚疼痛。

男性和女性骨盆结构比较 骨骼对外在形态的影响

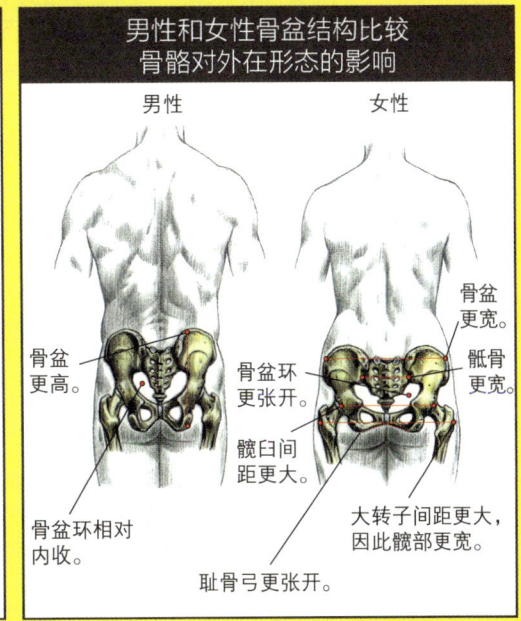

男性 / 女性

- 骨盆更高。
- 骨盆环相对内收。
- 骨盆更宽。
- 骶骨更宽。
- 骨盆环更张开。
- 髋臼间距更大。
- 大转子间距更大，因此髋部更宽。
- 耻骨弓更张开。

男性和女性骨盆下口比较

男性骨盆

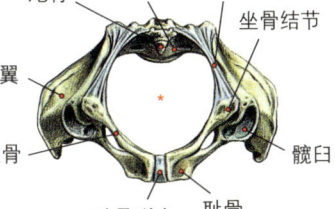

女性骨盆：尾骨、骶骨、结节韧带、坐骨结节、髂骨翼、坐骨、耻骨联合、耻骨、髋臼

* 女性的骨盆环更宽更圆

女性骨盆（显示新生儿头部）

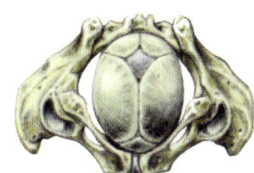

女性的骨盆比男性更宽更张开，在结构上为分娩做准备。

相同解剖部位女性和男性的形态特征大小和比例上都不同。

一般来说，女性骨架比男性骨架更轻、表面更光滑，骨骼轮廓更精致，压迹、下陷、表面凹凸相对不明显（这是由肌肉附着或肌腱路径决定的。通常男性肌肉组织更发达，因此更能凸显骨骼）。女性的胸廓通常比男性的胸廓圆且小。

从比例上看，女性肩部骨骼宽度与男性相同，但因为男性肌肉更发达使肩部显得更宽。

女性的腰部曲度更明显些，骨盆向前倾斜，显得腰弓比实际更大。

女性身材更苗条，是因为女性的胸廓更窄且通常女性骨盆更低，从比例上看骨盆比男性更宽。

因此，男性和女性骨骼之间最重要的区别是在骨盆。女性的骨盆适应于妊娠和分娩，骶骨更宽，骨盆环更圆，便于生产时婴儿通过。

由于女性的骨盆环更宽，髋臼（容纳股骨头的窝）的间距更大，这同时也增加了大转子之间的距离，髋部也就越宽。因此，女性髋部的宽度对股骨位置有直接的影响。相较于男性，女性的股骨相对更向内倾斜，腿部略呈X型。

骨盆宽大和股骨过度向内倾斜可能导致膝外翻。而女性的生育功能使得她们身体非常柔韧，可能会加重膝外翻情况。腿部呈现出典型的X型：膝关节受力过大，内侧副韧带过度紧绷，外侧半月板、股骨外髁和胫骨外侧结节的软骨关节面受力过大，导致过早磨损。

有时，病理性的膝外翻会伴随着踝关节的内塌和足弓的消失（扁平足），由于脚底某些肌肉、韧带和筋膜被过度拉伸，可能会引起疼痛。

因此，训练中考虑到个体和性别的身体结构差异是非常重要的。要记住女性更经常受到与膝外翻有关的疾病影响，而男性更常出现弓形腿（膝内翻），这种形态相对较少引起膝部并发症。

膝外翻非常明显的人群锻炼时应非常小心，在深蹲或腿举等弯曲大腿的运动中避免负荷过重，并需要始终有控制地进行练习。在屈大腿时，不要收紧膝盖，避免加剧膝盖问题和膝内翻导致的胫骨平台塌陷问题。

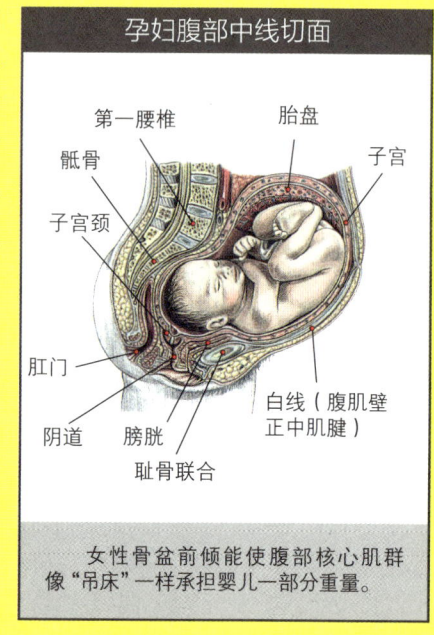

孕妇腹部中线切面

第一腰椎　胎盘
骶骨　子宫
子宫颈
肛门
白线（腹肌壁正中肌腱）
阴道　膀胱
耻骨联合

女性骨盆前倾能使腹部核心肌群像"吊床"一样承担婴儿一部分重量。

女性和男性骨盆前倾比较

与男性相比，女性普遍骨盆会向前倾斜，导致女性臀部会更"突出"，耻骨更"收回"大腿间，显得下腹部轻微鼓起。女性典型的"小肚子"与男性挺直的腹肌壁形成对比，男性骨盆前倾幅度小。

女性特殊的骨盆姿势可以避免怀孕时孩子过度压迫内脏，因为这能使孩子一部分重量被转移到腹部肌群上。

● 髂前上棘
● 耻骨结节

髋部骨结构对深蹲的影响

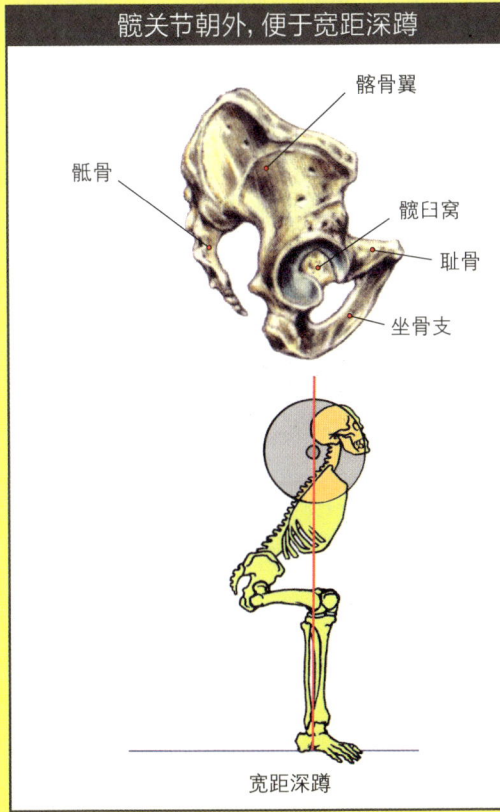

髋关节朝外，便于宽距深蹲

髂骨翼
骶骨
髋臼窝
耻骨
坐骨支

宽距深蹲

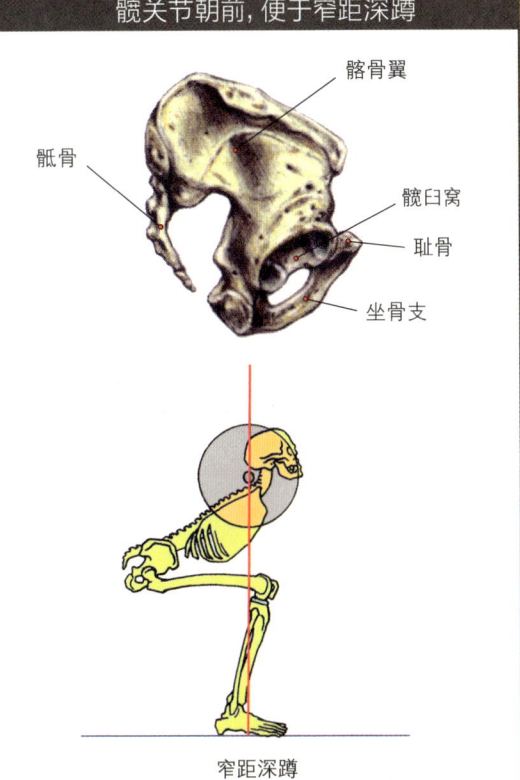

髋关节朝前，便于窄距深蹲

髂骨翼
骶骨
髋臼窝
耻骨
坐骨支

窄距深蹲

在深蹲时，对于四肢长或脚踝灵活度不高的人来说，最好分开两腿间距，脚尖朝外来限制躯干前倾。如果负荷较重，身体前倾会导致身体重心偏前，弓起腰椎，增加椎间盘突出的风险。

举重运动员经常利用这种技巧来优化深蹲时的杠杆力量，不过只有髋关节骨结构合适的人才能使用此项技术。

事实上，只有髋臼向外、股骨颈相对垂直的人才能将大腿张开到足够宽的距离进行此类型的深蹲。

其他人，即髋臼前倾和股骨颈相对更平的人，只能进行常规深蹲，即大腿蹲至平行状态或略分开双腿进行深蹲。

让骨骼形态不适合的人进行宽距深蹲是一种畸形的做法，因为会强迫形态不合适的髋骨打开，时间一长可能因过度摩擦导致髋关节逐渐退化，可能表现为特别疼痛和丧失运动能力的关节病。

> 因为自身妊娠功能，女性通常有很好的柔韧性，可以更容易张开大腿。在发育时，由于体重更轻，也很少像男性那样容易出现股骨颈下陷的情况。
> 不过无论是什么性别，随着年龄增长和骨骼钙质流失，股骨颈都可能出现下陷，丧失张开大腿时的灵活性。

在深蹲时分开大腿，可以限制躯干前倾。不过只有髋部骨骼结构合适的人可以进行此项练习。

股骨颈对髋部灵活性的影响

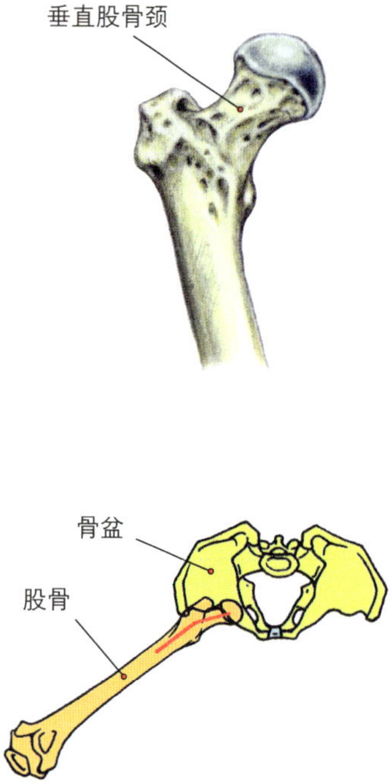
垂直股骨颈
骨盆
股骨

股骨颈垂直能让大腿打开幅度更大。

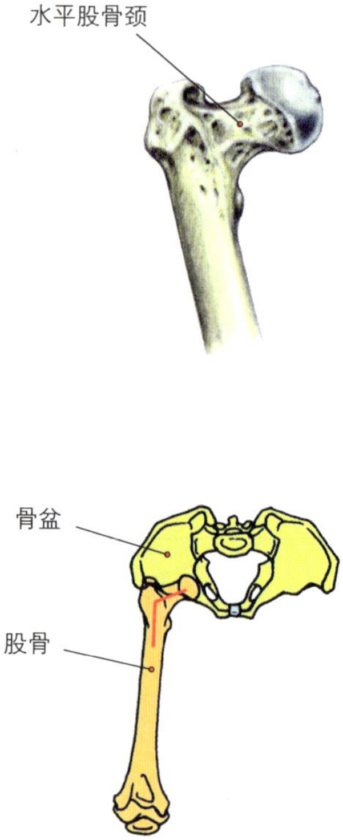
水平股骨颈
骨盆
股骨

股骨颈水平限制大腿打开。

髋部关节炎

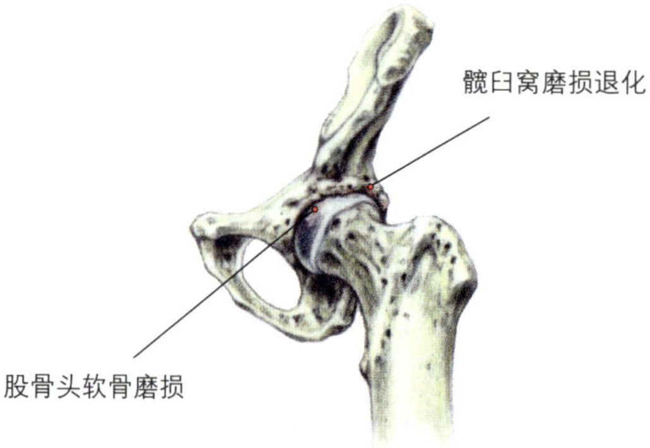
髋臼窝磨损退化
股骨头软骨磨损

髋部运动时过分灵活，长远来看可能会损伤软骨和骨骼。

腿部训练

哈克深蹲 06

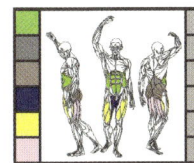

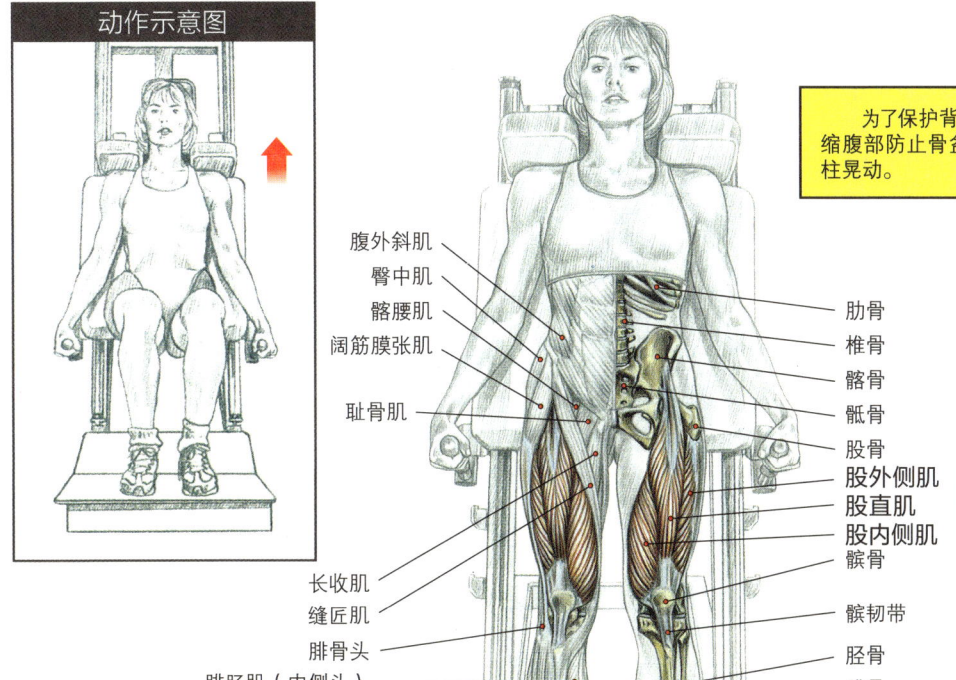

动作示意图

为了保护背部，需要收缩腹部防止骨盆外侧或脊柱晃动。

腹外斜肌
臀中肌
髂腰肌
阔筋膜张肌
耻骨肌
长收肌
缝匠肌
腓骨头
腓肠肌（内侧头）
胫骨前肌
比目鱼肌
趾长伸肌
腓骨长肌
腓骨短肌

肋骨
椎骨
髂骨
骶骨
股骨
股外侧肌
股直肌 ｜ 股四头肌
股内侧肌
髌骨
髌韧带
胫骨
腓骨

双腿伸直，背靠椅垫，双肩抵在肩垫下，两脚适度分开：
• 吸气，松开安全把手，屈腿；
• 回到起始姿势，动作结束时呼气。

该动作可以集中锻炼股四头肌：双脚越向前，就越能锻炼臀肌；双脚分得越开，就越能锻炼收肌。

适应双足行走

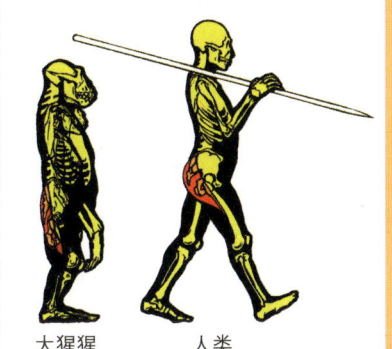

大猩猩　　人类

我们的近亲大猩猩躯干发达但臀大肌并不发达，因此很难挺直躯干保持直立，双足行走时比较笨拙。

人类是唯一完全适应双足行走的灵长类动物。除了发达的臀大肌之外，人类的身体结构也更适应双足行走。如躯干较小，使人更容易挺直躯干。与大猩猩和黑猩猩不同，人类可以在腿部伸直时锁住膝关节，这样保持站立姿势时不容易疲劳。

07 腿举

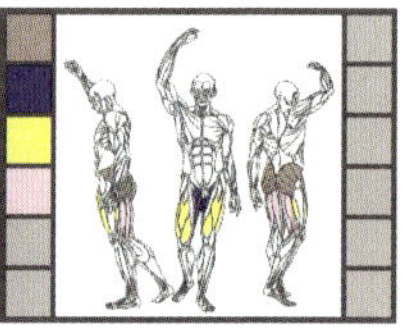

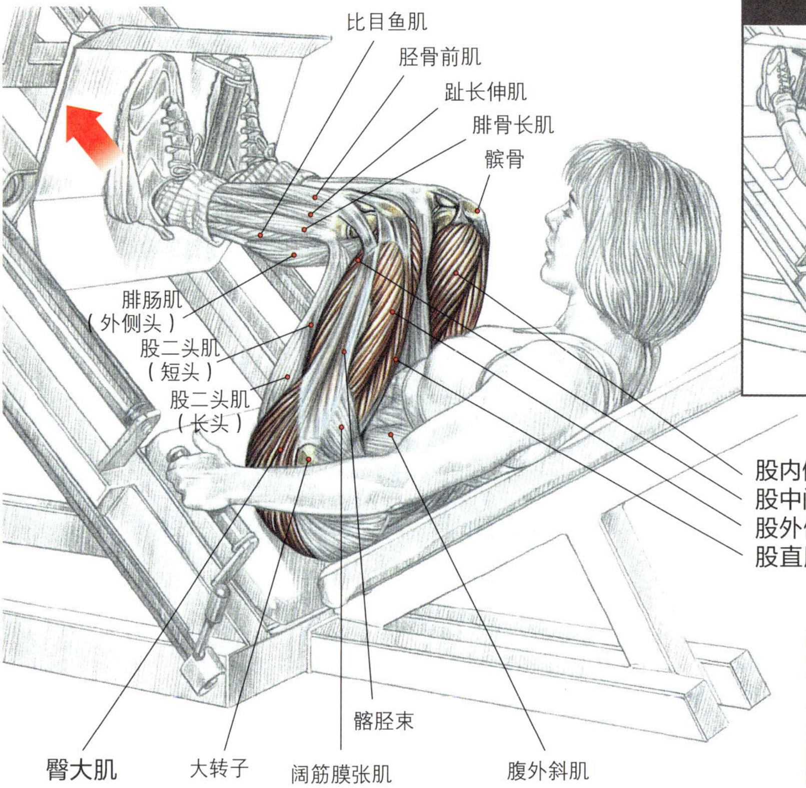

比目鱼肌
胫骨前肌
趾长伸肌
腓骨长肌
髌骨

腓肠肌（外侧头）
股二头肌（短头）
股二头肌（长头）

股内侧肌
股中间肌 } 股四头肌
股外侧肌
股直肌

臀大肌　大转子　阔筋膜张肌　髂胫束　腹外斜肌

开始动作

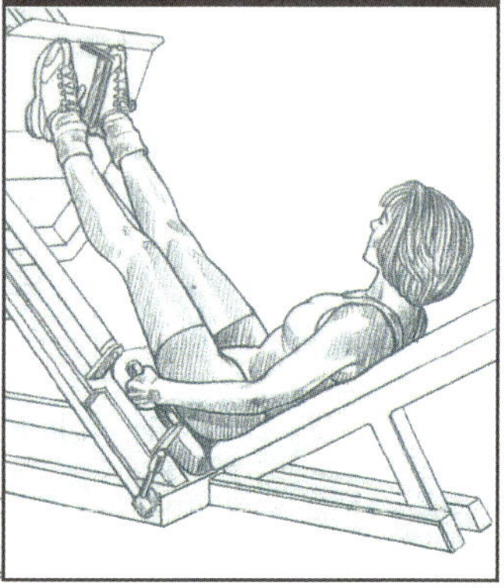

⚠ 某些人进行大重量腿举训练时，骶髂连接处可能移位，引起肌肉剧烈疼痛和痉挛。

坐在训练器上，背部紧贴椅背，两脚适度分开：
- 吸气，松开安全把手，尽量屈膝使大腿靠近身体；
- 回到起始位置，动作结束时呼气。

如果将脚放在踏板下部，可重点锻炼股四头肌；如果放在踏板上部，更多锻炼臀肌和腘绳肌。如果两脚分开，可以更多锻炼内收肌。

> 背部不适不能进行深蹲训练的人群可以采用此练习方法，不过要注意臀部绝不能离开垫子。

脚的不同位置

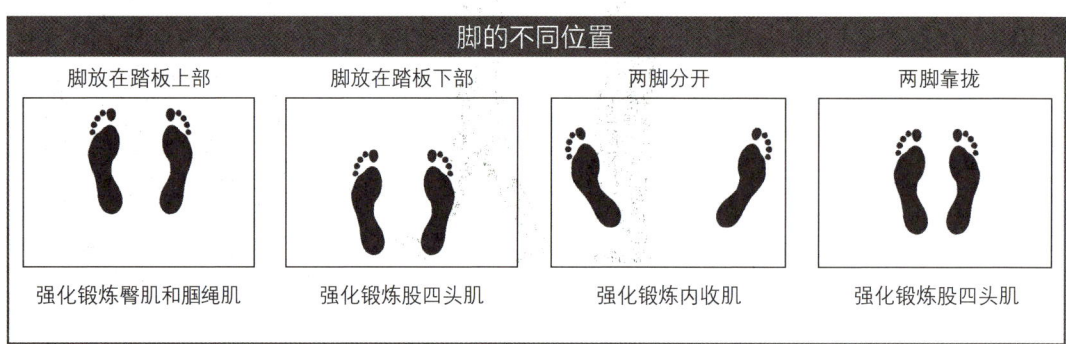

脚放在踏板上部	脚放在踏板下部	两脚分开	两脚靠拢
强化锻炼臀肌和腘绳肌	强化锻炼股四头肌	强化锻炼内收肌	强化锻炼股四头肌

肌肉训练中导致椎间盘突出的主要原因

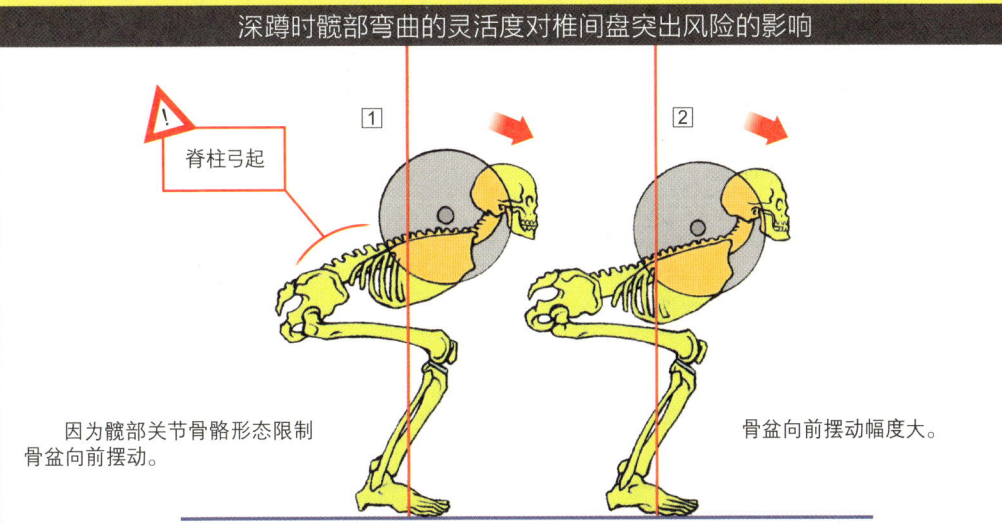

深蹲时髋部弯曲的灵活度对椎间盘突出风险的影响

脊柱弓起

因为髋部关节骨骼形态限制骨盆向前摆动。

骨盆向前摆动幅度大。

1 髋部关节向前移动幅度小：限制骨盆前倾，在深蹲中，如果躯干前倾导致不平衡，身体会通过弓起腰椎进行补偿，这可能导致脊柱疾病，其中就包括会带来强烈疼痛、使人失去运动能力的椎间盘突出（详见第171页）。

2 髋部关节向前移动幅度大：在深蹲中，如果上半身前倾导致不平衡，可以向前摆动骨盆，保护腰椎和椎间盘完好。

椎间盘突出多少都与其早期退化有关。再加上运动时动作不标准，下背部弓起使得椎间盘前部承受压力，从而压迫神经。不过在肌肉健美中，加剧这一问题的首要因素是身体结构。

实际上，如果髋关节向前弯曲程度有限，这样的骨骼结构使得大腿前屈程度无法很大。在进行深蹲和腿举运动时，椎间盘突出风险会大大增加，长期来看几乎不可避免。

如果大腿前曲程度受到髋关节骨骼限制，在深蹲时下降幅度会因为髋关节缺乏灵活度而受限，但个人可能感觉不到，而迫使下背部弓起将杠铃保持在重力轴上，避免身体前倾。

更糟糕的是，如果训练者在进行深蹲练习时，在屈腿动作最后失去平衡身体前倾，摔倒时，骨盆不会向前摆动，而会锁定在髋骨位置。这会导致腰椎灾难性弓起，几乎肯定会使椎间盘或多或少受到损害。

同样，如果髋关节前倾受限，在腿举时若滑块过度下降，腰部会不可避免地弓起进行补偿，可能导致椎间盘磨损。

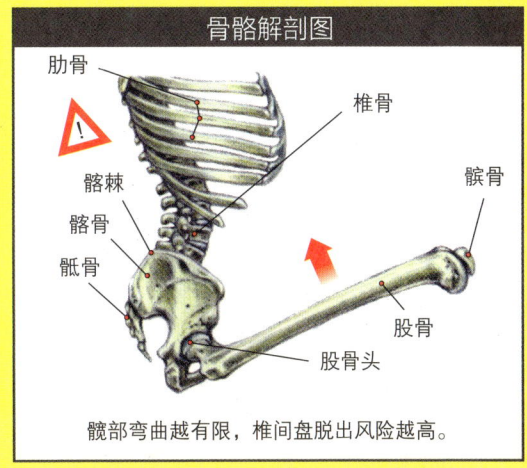

骨骼解剖图

肋骨
椎骨
髂棘
髌骨
髂骨
骶骨
股骨
股骨头

髋部弯曲越有限，椎间盘脱出风险越高。

为了避免椎间盘突出，需要考虑髋部骨骼结构，保证大腿可以很好向前移动。

如果大腿前屈幅度因为骨骼结构受限，在深蹲时，需要注意不要过度下降，优先采用半蹲而不是全蹲。在身体不平衡向前倾时，松手让杠铃向后滑，避免下背部弓起造成危险。

腿举时髋部弯曲的灵活性对椎间盘突出风险的影响

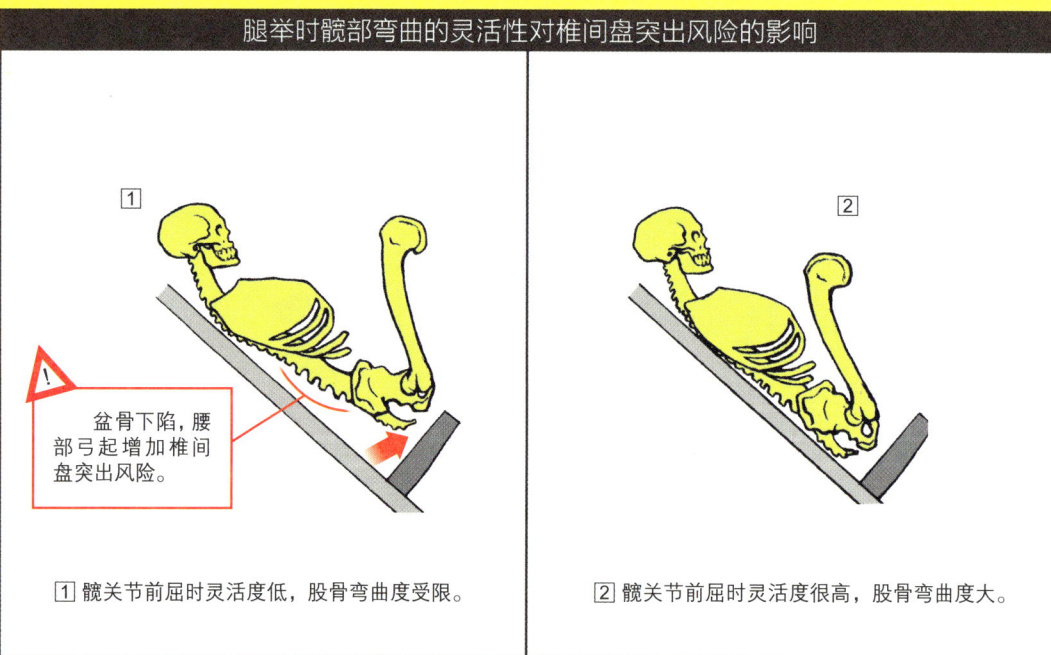

① 髋关节前屈时灵活度低,股骨弯曲度受限。

② 髋关节前屈时灵活度很高,股骨弯曲度大。

盆骨下陷,腰部弓起增加椎间盘突出风险。

为了避免腿举时腰部过度弓起,需要限制滑块下降幅度,避免在髋关节锁定时下腰部弓起,并将靠背调至最佳位置,避免髋部过度弯曲。

腿举时髋部弯曲的灵活性对椎间盘突出风险的影响

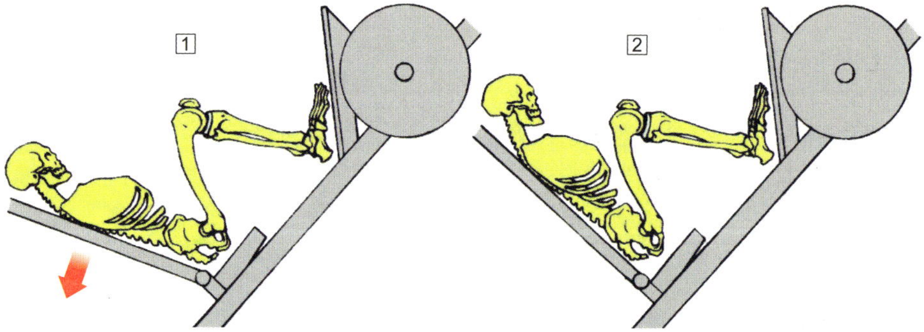

① 如果髋部骨骼结构限制其弯曲,建议降低器械靠背,避免过度弓起腰椎,从而减少椎间盘突出风险。

② 腿举时必须考虑靠背倾斜度以避免对腰椎造成伤害。只有髋部骨骼结构良好,有利于屈大腿的人群,才能在做此练习时竖起靠背却不会弓起腰部。而弓腰可能导致椎前盘突出。

箱式深蹲强化训练法 08

动作示意图

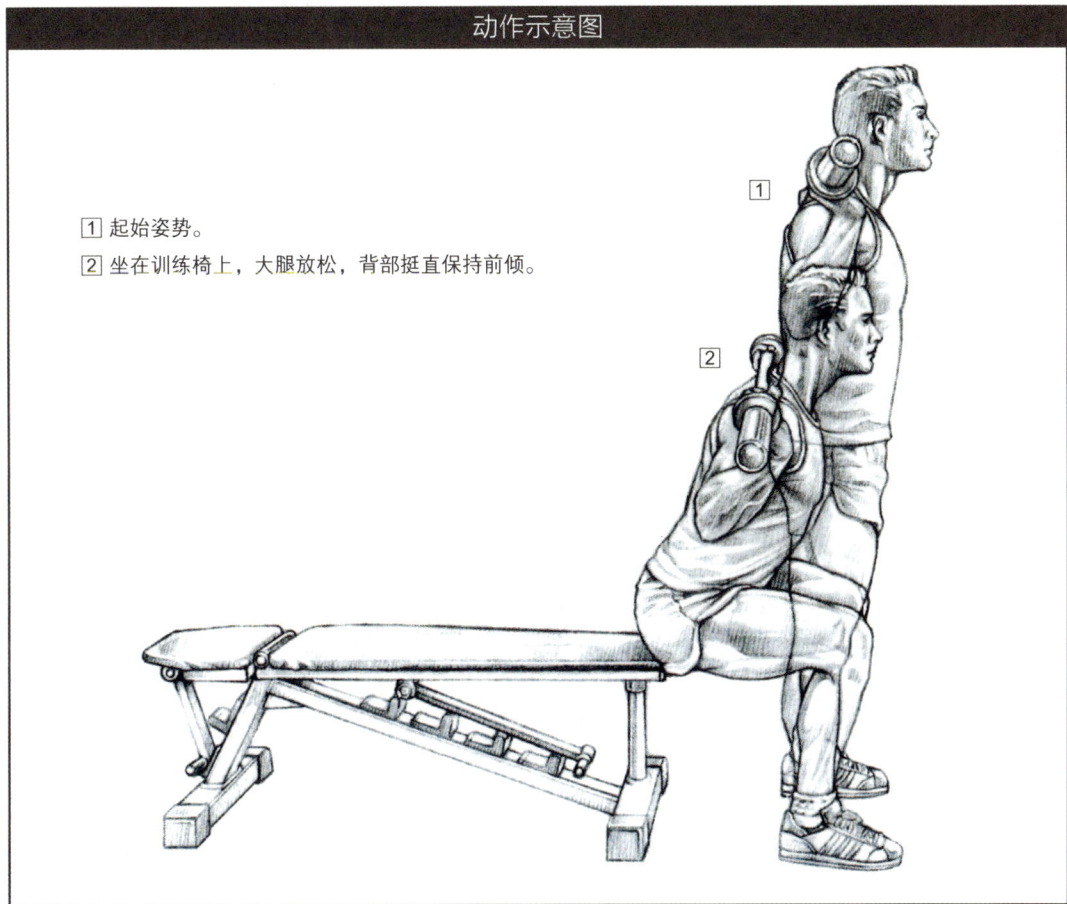

1 起始姿势。
2 坐在训练椅上,大腿放松,背部挺直保持前倾。

运动员经常使用箱式深蹲练习来增加下蹲时的力量。通过坐在训练凳上1~2秒,随后站起来进行深蹲练习。

在常规深蹲中,肌肉在下降阶段所积累的张力(就像橡皮筋被拉伸)在上升阶段得到恢复。而在箱式深蹲中,坐在凳子上使大腿肌肉放松,因此不再能将下降阶段积累的能量用于上升阶段。

在相同负荷训练时,箱式深蹲训练中股四头肌工作强度比常规深蹲大,因此它是很好的集中锻炼大腿的运动方式。

腿长的运动员通常在深蹲时难以感受到股四头肌做功,因此可以将箱式深蹲纳入训练项目。

此外,从坐姿开始深蹲,可以使训练者在做常规深蹲时保持上推习惯,使上升阶段更快更有力。

> ⚠ 尽管深蹲是很好的练习方法,在锻炼时需要尤其注意:下降时始终保持控制,轻柔地坐在训练凳上;如果下降速度过快,臀部撞击凳面,可能由于冲击或椎关节受到过度压力导致剧烈疼痛。

> 有能够调节高度的训练椅来适应个人身体结构差异,通过软垫缓冲下降时的冲击力,减少脊柱因压力受伤的风险。要完成此动作,需要始终保持背部轻微前倾,如果起立时背部太直,很难完成此练习。

09 腿屈伸

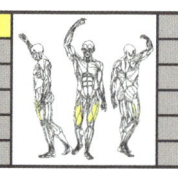

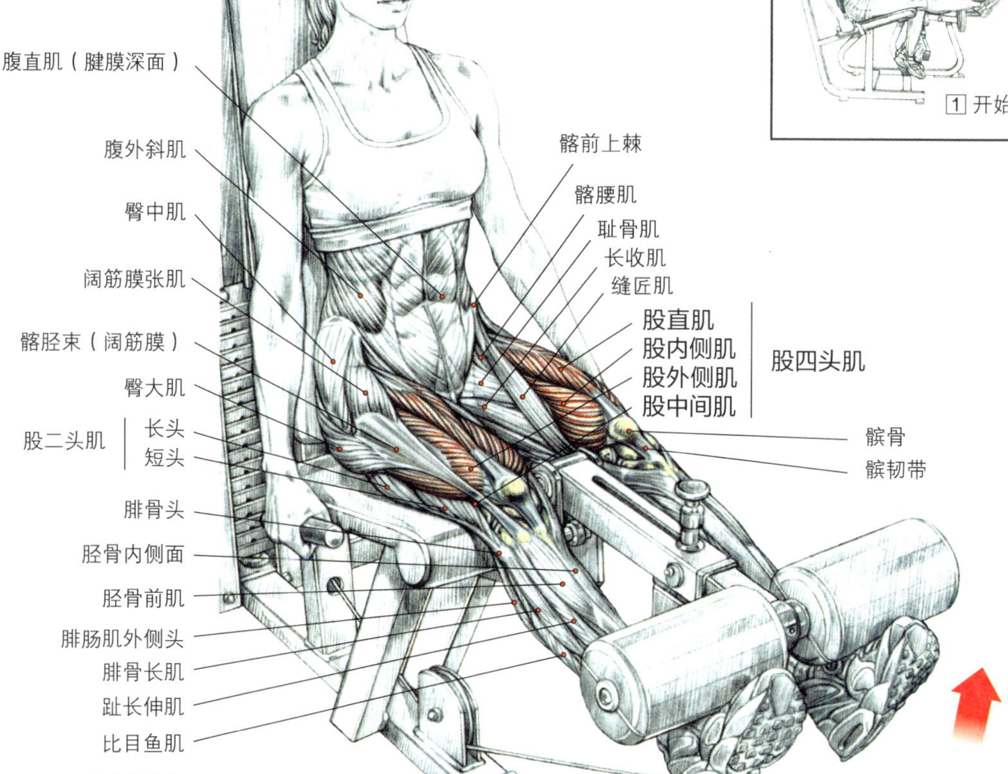

动作示意图
2 结束动作
1 开始动作

肌肉标注（左侧）：
- 腹直肌（腱膜深面）
- 腹外斜肌
- 臀中肌
- 阔筋膜张肌
- 髂胫束（阔筋膜）
- 臀大肌
- 股二头肌 长头 / 短头
- 腓骨头
- 胫骨内侧面
- 胫骨前肌
- 腓肠肌外侧头
- 腓骨长肌
- 趾长伸肌
- 比目鱼肌

肌肉标注（右侧）：
- 髂前上棘
- 髂腰肌
- 耻骨肌
- 长收肌
- 缝匠肌
- 股直肌
- 股内侧肌 — 股四头肌
- 股外侧肌
- 股中间肌
- 髌骨
- 髌韧带

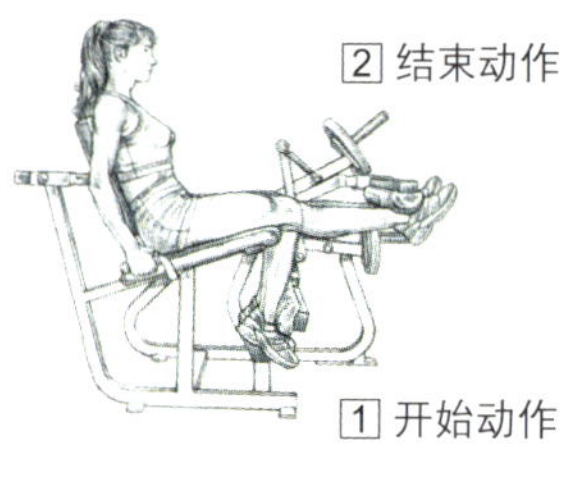

坐在训练机上，双手抓握两侧手柄或放在凳面上，保持身体稳定。屈膝，脚踝放在脚托滚轴下，脚背钩住滚轴：
- 吸气，腿抬至水平位；
- 动作结束时呼气。

这是强化训练股四头肌的最佳方式。椅背越向后倾，骨盆也越向后倾。股直肌得到拉伸，在伸小腿时加强对此处的锻炼。

推荐初学者通过此训练增加肌肉力量，为之后进行技巧更加复杂的训练作准备。

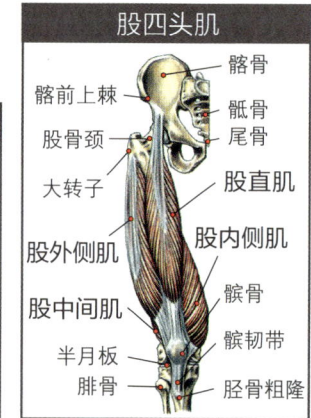

股四头肌在股骨的附着点

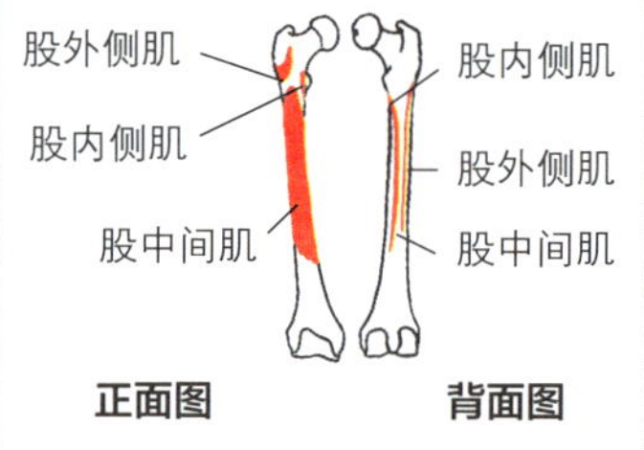

正面图：股外侧肌 / 股内侧肌 / 股中间肌
背面图：股内侧肌 / 股外侧肌 / 股中间肌

股四头肌
- 髂骨
- 髂前上棘
- 骶骨
- 股骨颈
- 尾骨
- 大转子
- 股直肌
- 股外侧肌
- 股内侧肌
- 股中间肌
- 髌骨
- 髌韧带
- 半月板
- 腓骨
- 胫骨粗隆

韧带过度松弛

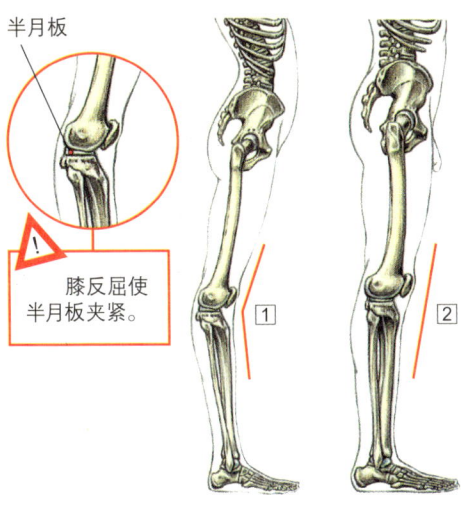

女性的生殖功能使她们的韧带过度松弛，允许骨盆灵活度低的关节（骶髂关节和耻骨）进行小幅运动，这有利于分娩时让孩子通过。

韧带过度松弛可能使得身体结构出现一些特征，如膝反屈，即膝关节在伸展时受到阻碍。

少数情况下，膝反屈可能使一些人出现并发症，如膝盖快速伸展半月板没时间滑动或进行大负荷训练时半月板受挤压。

由于这些原因，在集体课程中教练通常会建议在做动作时不要完全伸展膝盖。并且在进行额外的负重训练，如腿举或深蹲时，建议不要在伸展时锁定膝盖。

不过这个谨慎建议只对膝反屈的人群有用。大部分人群的关节堆积成柱状，可以在伸展时安全地锁住膝盖。

半月板
膝反屈使半月板夹紧。

① 女性典型的膝反屈腿形。
② 男性典型腿形，关节堆积成类似柱子的形状。

髌骨脱臼

股四头肌沿股骨轴方向，即斜向外方向拉动髌骨。髌骨外侧可能向外脱位，但因为股骨外侧髁更为突出，且股内侧肌下部纤维通过牵引力将它向内拉，可防止髌骨向外脱位。

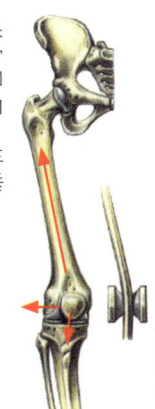

股四头肌沿股骨轴方向，即斜向外方向拉动髌骨，而股骨滑车间沟是垂直的。

股四头肌沿股骨轴方向向外斜，使得髌骨向外。

女性的股骨外斜程度更大。这与股骨外侧髁突起更小有关，同时韧带也有较大的柔韧性，有时股外侧肌和股内侧肌下部缺乏紧张感，导致髌骨向外侧脱位更加频繁。

坐姿腿屈伸（详见第182页）可以通过加强股四头肌下部，尤其是股内侧肌预防股骨脱位。

女性韧带柔韧性会根据月经周期有所变化，在排卵期达到最大程度。因此这也是膝关节受伤风险最高的时期。

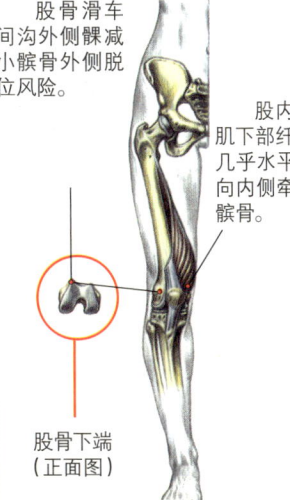

股骨滑车间沟外侧髁减小髌骨外侧脱位风险。

股内侧肌下部纤维几乎水平，向内侧牵拉髌骨。

股骨下端（正面图）

股四头肌拉伸

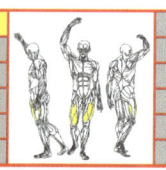

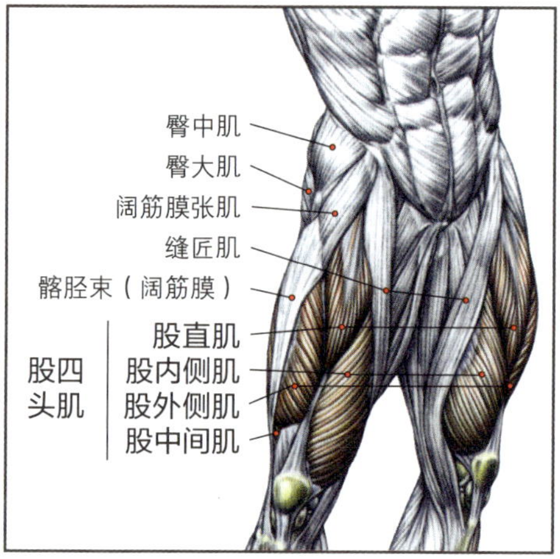

图示标注（右上）：
- 臀中肌
- 臀大肌
- 阔筋膜张肌
- 缝匠肌
- 髂胫束（阔筋膜）
- 股四头肌：股直肌、股内侧肌、股外侧肌、股中间肌

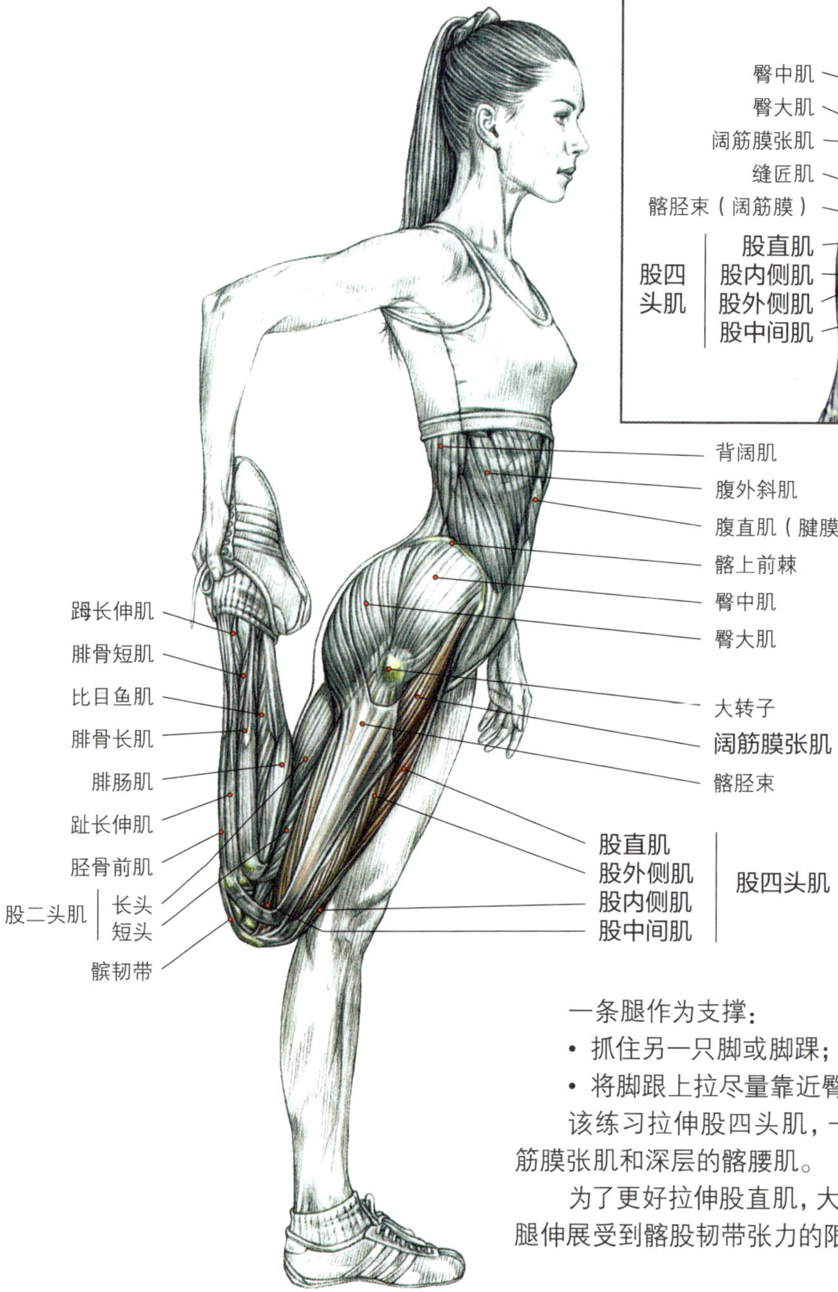

图示标注（主图右侧）：
- 背阔肌
- 腹外斜肌
- 腹直肌（腱膜深面）
- 髂上前棘
- 臀中肌
- 臀大肌
- 大转子
- 阔筋膜张肌
- 髂胫束
- 股直肌
- 股外侧肌
- 股内侧肌
- 股中间肌
- 股四头肌

图示标注（主图左侧）：
- 蹞长伸肌
- 腓骨短肌
- 比目鱼肌
- 腓骨长肌
- 腓肠肌
- 趾长伸肌
- 胫骨前肌
- 股二头肌 长头 短头
- 髌韧带

一条腿作为支撑：
- 抓住另一只脚或脚踝；
- 将脚跟上拉尽量靠近臀部。

该练习拉伸股四头肌，一定程度上也拉伸阔筋膜张肌和深层的髂腰肌。

为了更好拉伸股直肌，大腿需要尽量后抬。大腿伸展受到髂股韧带张力的限制。

> 为了保持身体平衡，另一只手可以撑在墙上或固定物体上。

俯卧腿弯举 10

动作示意图

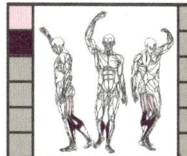

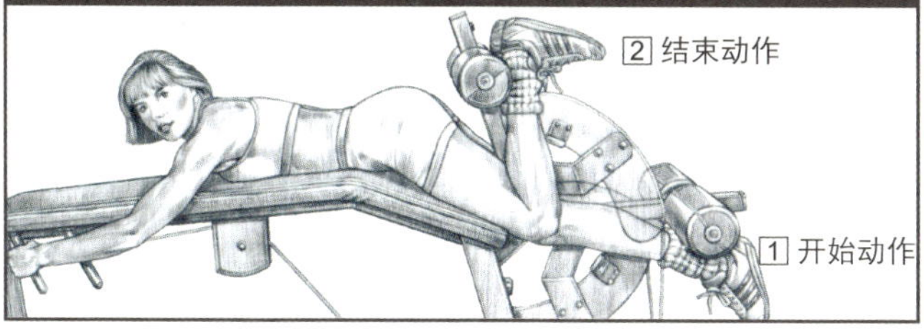

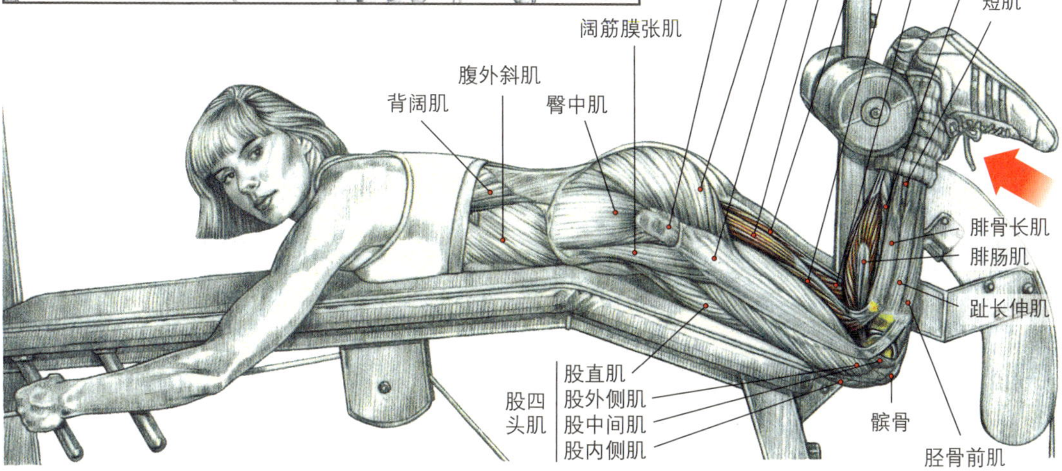

俯卧于训练机上，双手握住手柄，腿伸直，脚踝放在滚轴垫下方：

- 吸气，双腿同时屈起，尽量用脚跟触及臀部；
- 动作结束时呼气；有控制地回到起始姿势。

该练习锻炼腘绳肌和腓肠肌以及深层的腘肌。从理论上说，屈腿时脚内旋可以加强对半腱肌和半膜肌的锻炼，脚外旋可以加强对股二头肌长头和短头的锻炼。但在实践中做到这一点非常困难，而以下训练方式相对容易实现：

- 双脚跖屈（脚尖朝上），重点锻炼腘绳肌；
- 双脚背屈（脚尖朝下绷直），重点锻炼腓肠肌。

脚踝哑铃 变化动作

腘绳肌

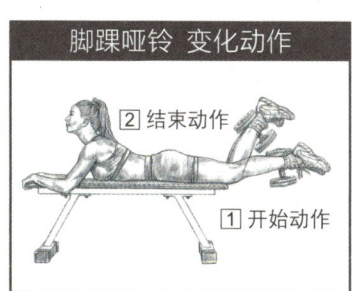

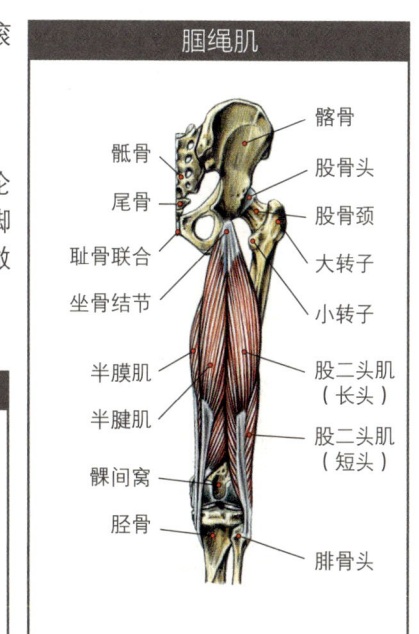

11 站姿腿弯举

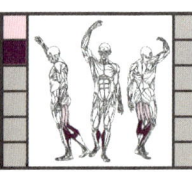

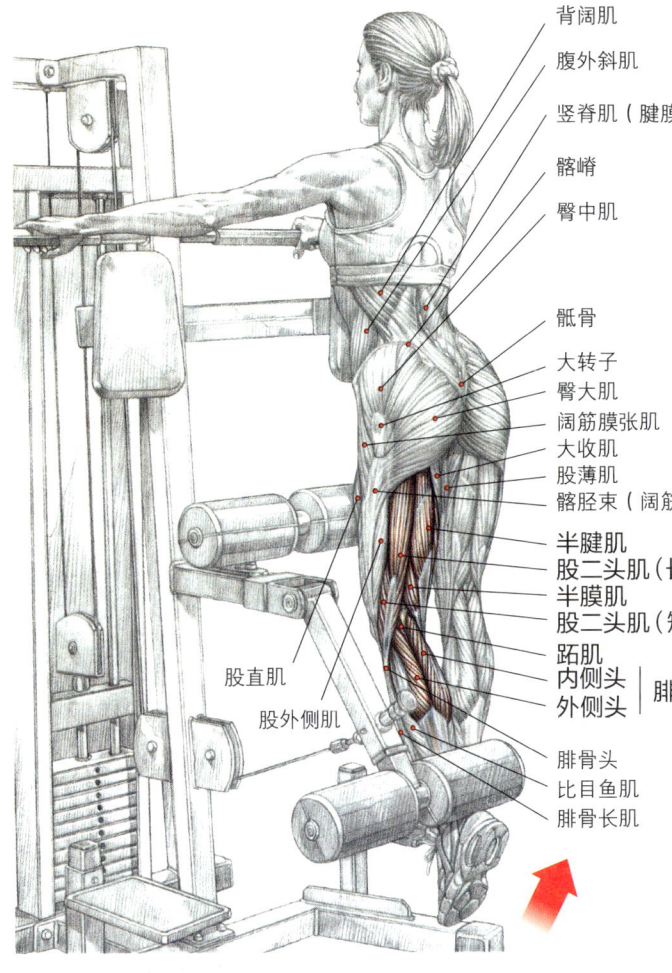

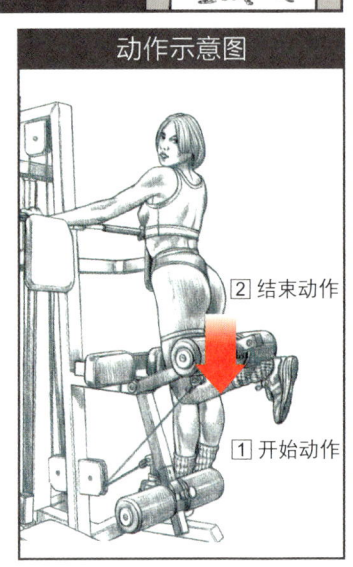

动作示意图

①开始动作
②结束动作

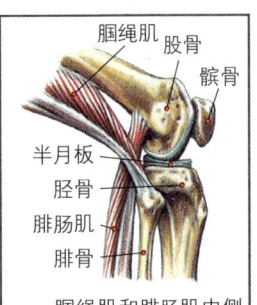

腘绳肌和腓肠肌内侧头和外侧头同时收缩，带动膝关节弯曲。

躯干紧贴靠垫站立，大腿靠在垫子上，腿伸直，将脚踝放在滚轴下：
- 吸气并弯曲膝盖；
- 动作结束时呼气。

该练习锻炼腘绳肌（半腱肌、半膜肌、股二头肌长头和短头），并在一定程度上锻炼腓肠肌。为了更好锻炼腓肠肌，可以在屈膝的同时弯曲脚踝。如果想减少对腓肠肌的锻炼（大家普遍追求的目标），可以绷脚。

股二头肌短头

在所有屈肌中，只有股二头肌短头只跨过一个关节，作用为屈膝关节。

腿部训练

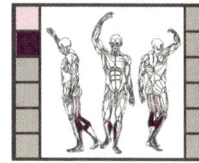

坐姿腿弯曲 12

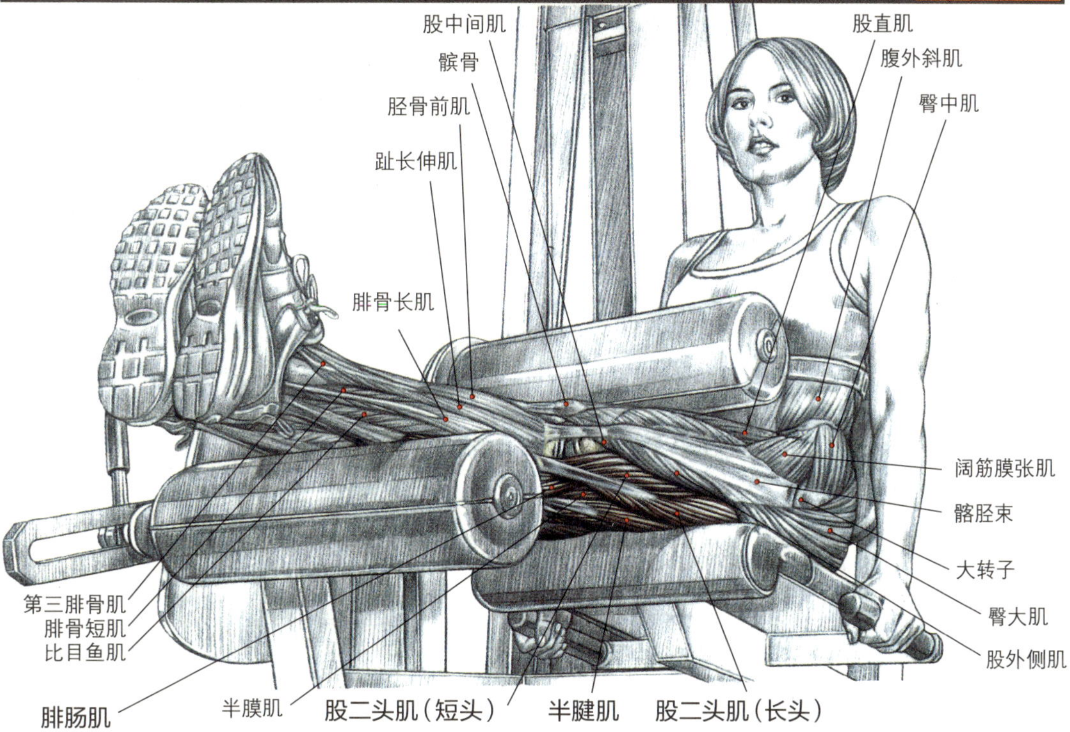

肌肉标注（上图）：
股中间肌、髌骨、胫骨前肌、趾长伸肌、腓骨长肌、第三腓骨肌、腓骨短肌、比目鱼肌、腓肠肌、半膜肌、股二头肌（短头）、半腱肌、股二头肌（长头）、股直肌、腹外斜肌、臀中肌、阔筋膜张肌、髂胫束、大转子、臀大肌、股外侧肌

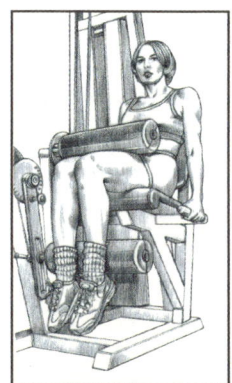

结束动作

坐在训练椅上，骨盆前倾，有利于拉伸半膜肌、半腱肌和股二头肌长头，从而能很好集中锻炼这一肌群。

两腿伸直坐在训练机上，脚踝放在滚轴上，大腿固定在滚轴之间，双手握住手柄：
- 吸气并屈腿；
- 动作结束时呼气。

该练习锻炼腘绳肌以及深部的腘肌，在一定程度上也锻炼腓肠肌。

变化动作
- 进行此练习时双脚背屈（脚尖朝上），可强化对腓肠肌的锻炼。
- 进行此练习时双脚跖屈（脚尖朝下绷直），可强化对腘绳肌的锻炼。

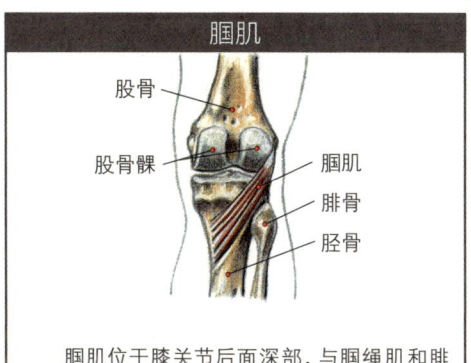

腘肌

股骨、股骨髁、腘肌、腓骨、胫骨

腘肌位于膝关节后面深部，与腘绳肌和腓肠肌一起带动小腿弯曲。

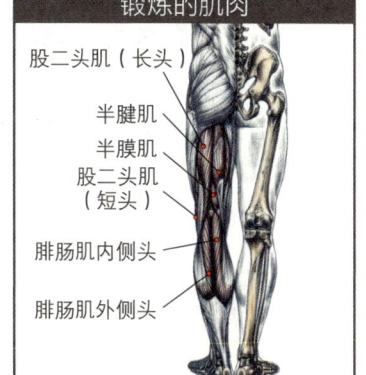

锻炼的肌肉

股二头肌（长头）、半腱肌、半膜肌、股二头肌（短头）、腓肠肌内侧头、腓肠肌外侧头

187

腘绳肌拉伤

深蹲时腘绳肌运动状态

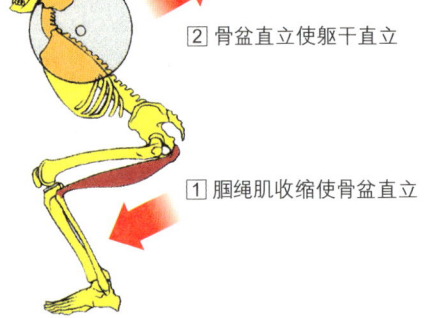

② 骨盆直立使躯干直立

① 腘绳肌收缩使骨盆直立

在进行深蹲时，腘绳肌收缩时使骨盆直立，同时避免身体过度前倾。腹肌和腰肌肌肉收缩使骨盆居中，与躯干位于同一直线上。

腘绳肌拉伤

在肌肉锻炼过程中，腘绳肌经常容易拉伤。最常见的原因是深蹲时躯干过度前倾。腘绳肌（股二头肌短头除外）处于极度拉伸状态时会强力收缩，使骨盆挺直，可能导致肌肉撕裂，通常发生于腘绳肌中上部。

使用屈腿训练机进行大负荷训练时，腿部伸直拉伸肌肉，也可能拉伤腘绳肌。

一般情况下，腘绳肌拉伤一般范围不大也不会很严重（很难出现肌肉严重撕裂或肌腱断裂），不过会引起疼痛并引起并发症。

腘绳肌拉伤后常常留下纤维化疤痕，撕裂部位会引起剧烈疼痛，导致无法进行一些体育运动。此外，疤痕处缺乏弹性，在剧烈运动时很容易被再次拉伤。

预防腘绳肌拉伤

为了避免腘绳肌拉伤，可以在热身运动时增加特定的拉伸训练或在深蹲、硬拉和大腿后侧训练中间穿插腘绳肌拉伸动作。

另一方面，"早安式"深蹲、直腿硬拉和"罗马尼亚"硬拉等动作因为组合了肌肉强化训练和拉伸，是保护腘绳肌的很好方式。

腘绳肌拉伤之后的处理措施

为了防止肌肉拉伤后形成纤维化疤痕，需要尽快重新锻炼这一肌肉群。肌肉拉伤一周后，进行柔和的大腿后侧拉伸运动来拉伸受伤肌肉，软化疤痕组织，避免疤痕在恢复训练后再次撕裂。

> 按摩师也可以使用相似的方式治疗纤维疤痕，通过人工或机械按摩的方式软化受伤组织。

腘绳肌

腹外斜肌
臀中肌
臀大肌
阔筋膜张肌
大转子
大收肌
髂胫束（阔筋膜）
股薄肌
股外侧肌
半腱肌
股二头肌 长头 短头
半膜肌
跖肌
腓肠肌内侧头
腓肠肌外侧头

髂嵴
髂骨
骶骨
尾骨
耻骨联合
股骨颈
大转子
坐骨结节
小转子
股二头肌长头（断面）
半腱肌（断面）
股骨粗线
Fémur
短头
长头（断面） 股二头肌
半膜肌
股骨髁
半月板
腓骨头
比目鱼肌线

腿部训练

早安式深蹲 13

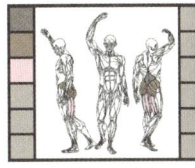

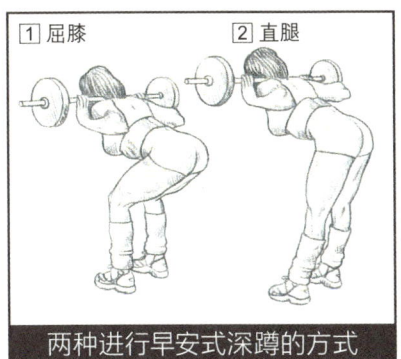

① 屈膝　② 直腿

两种进行早安式深蹲的方式

两脚开立，杠铃放在斜方肌上或向下置于三角肌后束；
- 以髋关节为转动轴；吸气，躯干前屈至水平位置，保持背部挺直；
- 回到起始姿势并呼气。

可以通过轻微弯曲膝盖使训练更容易进行。

该动作锻炼臀大肌和竖脊肌，对腘绳肌（除了股二头肌短头）锻炼作用显著。

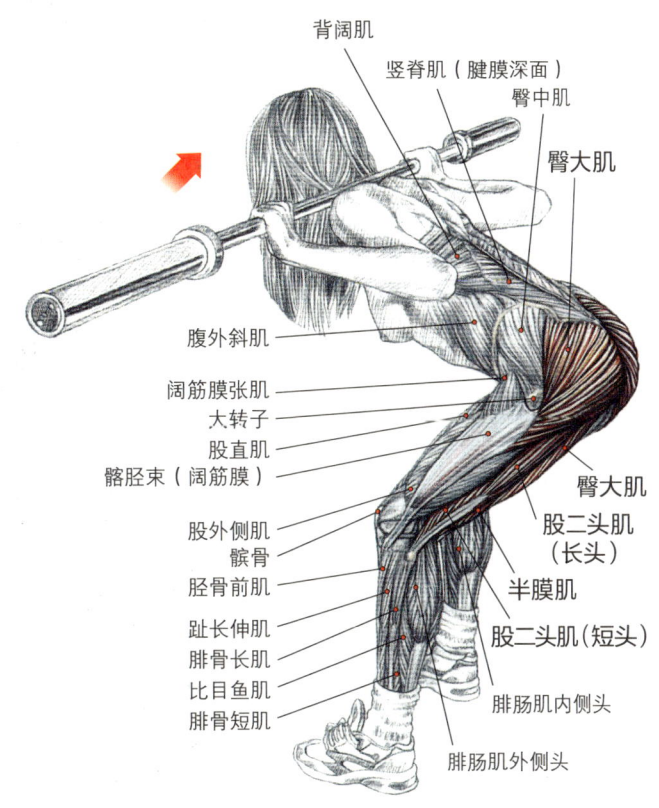

背阔肌
竖脊肌（腱膜深面）
臀中肌
臀大肌
腹外斜肌
阔筋膜张肌
大转子
股直肌
髂胫束（阔筋膜）
股外侧肌
髌骨
胫骨前肌
趾长伸肌
腓骨长肌
比目鱼肌
腓骨短肌
臀大肌
股二头肌（长头）
半膜肌
股二头肌（短头）
腓肠肌内侧头
腓肠肌外侧头

腘绳肌回缩

腰部曲度减小
骨盆后倾
腘绳肌

腘绳肌回缩导致骨盆后倾，使得腰部曲度减小，时间一长可能导致脊椎疾病。

在现代社会，每天久坐可能导致一些人腘绳肌回缩。大腿后侧肌肉回缩使得骨盆后倾，导致脊柱位置不佳，腰部正常曲度减小。

坐姿不良，如臀部内缩与弓背，时间久了可能引起脊椎疾病。为了避免这种较为常见的腘绳肌回缩，建议在进行大腿后侧训练，如轻负荷早安式深蹲和轻负荷硬拉时进行拉伸练习。另外，在腘绳肌练习后，建议进行专门的拉伸（详见第191页）。

腿部姿势

① ②

① 身体前倾时屈膝可以使腘绳肌放松，有助于髋部弯曲。

② 身体前倾时伸直双腿可以拉伸腘绳肌，有助于在挺直躯干时更好体会肌肉收缩的感觉。

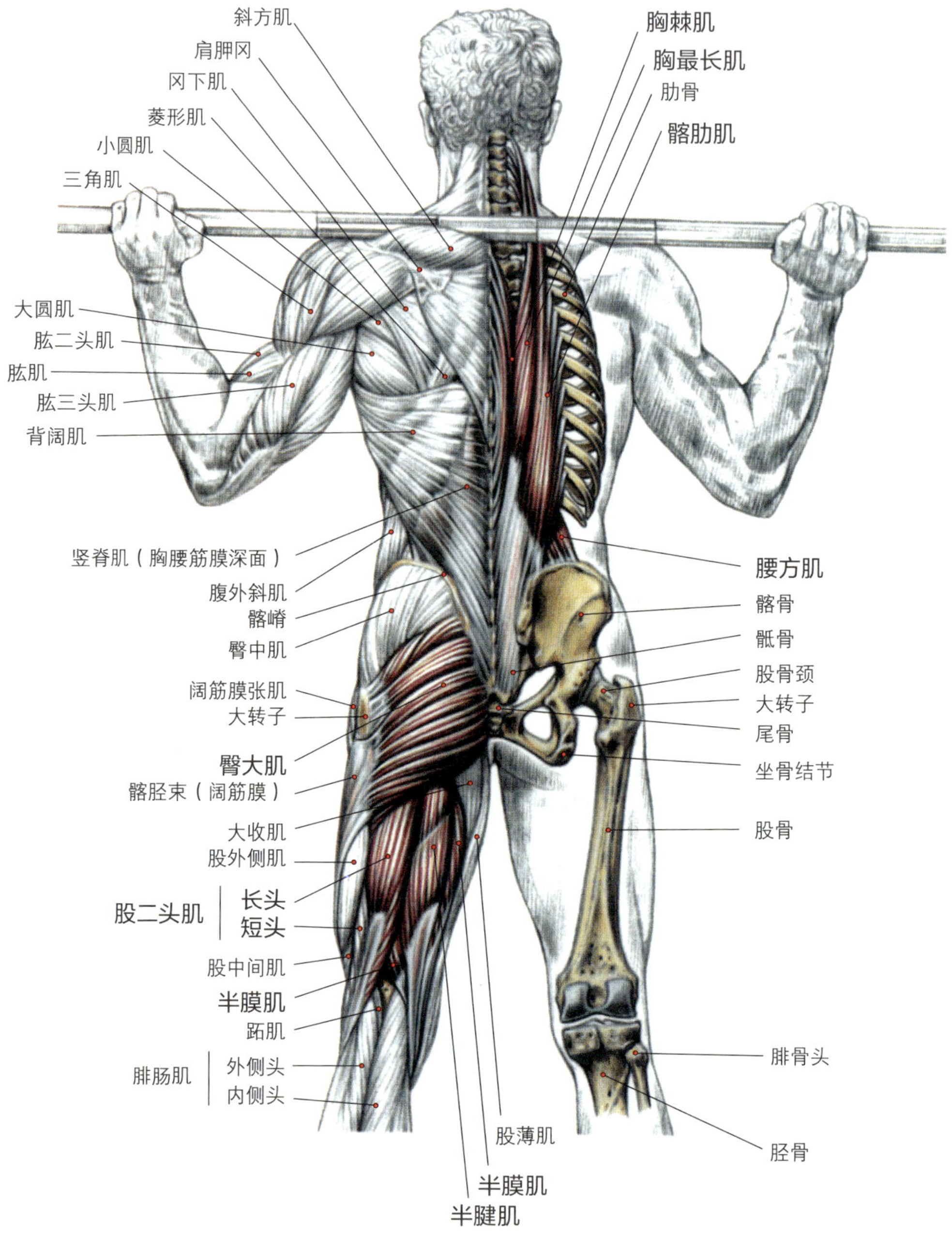

除了屈膝功能之外，腘绳肌主要功能是使骨盆后倾。当腹部核心肌和骶腰肌收缩，将骨盆固定于躯干时，使躯干挺直。

为了更好感受腘绳肌发力，建议不要进行太大负荷练习。

早安式深蹲中，下蹲阶段有利于大腿后侧拉伸。经常进行此练习，有利于防止在大负荷深蹲时受伤。

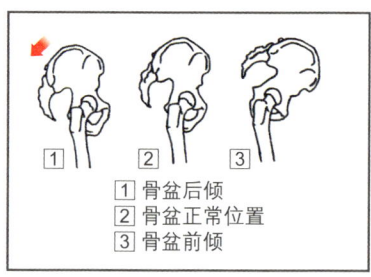

1 骨盆后倾
2 骨盆正常位置
3 骨盆前倾

腘绳肌拉伸

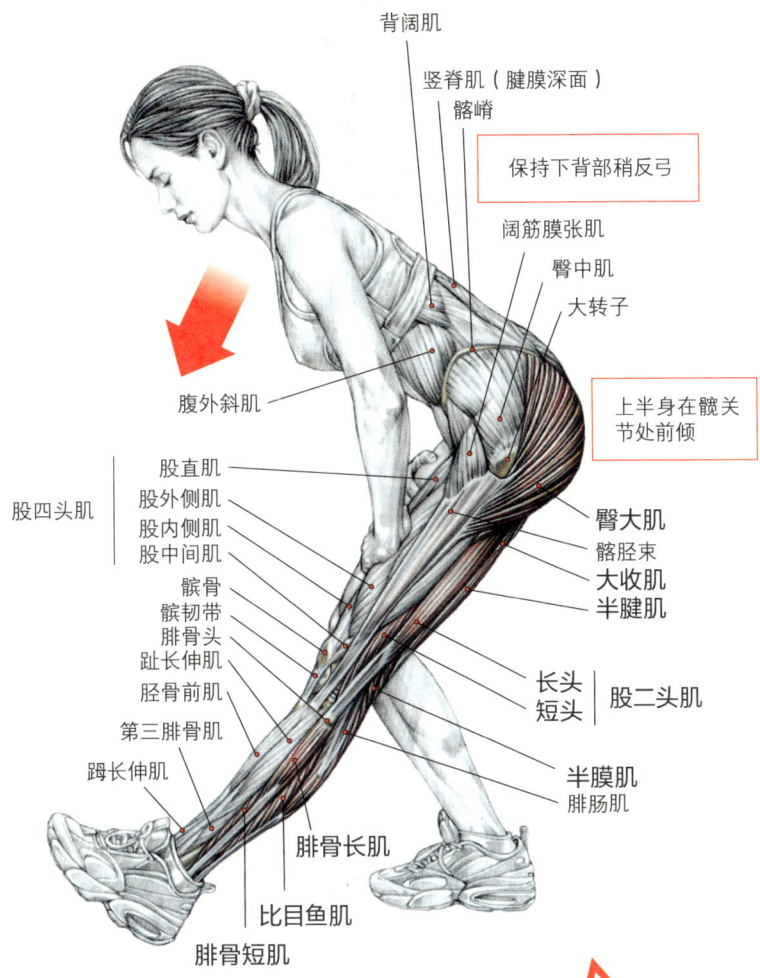

单腿支撑站立，膝盖微屈，另一条腿伸直，前脚掌上弯，脚跟蹬地：

- 两手放在大腿上，背部挺直，将上半身缓慢向前倾，关注大腿后侧拉伸和骨盆摆动；
- 保持此动作二十秒左右，缓慢回到起始位置，然后换边练习。

该练习主要拉伸腘绳肌、大收肌、腓肠肌和比目鱼肌。臀大肌也得到一定程度锻炼。

> 在肌肉训练时，拉伸练习主要是为了平衡肌肉内部纤维受到的张力，降低受伤风险。
> 在大负荷练习时，肌肉内部纤维承担的张力不均匀，绷得最直的纤维可能撕裂。
> 因此建议在开始训练时，几组热身运动之间穿插进行锻炼肌肉的专门拉伸练习。
> 拉伸训练都需要轻柔地进行，保护关节，避免韧带过度拉伸导致关节失去平衡，引起炎症等疾病。

为了降低深蹲和硬拉时受伤风险，可以在第一组练习前进行此拉伸练习。

骨盆前倾

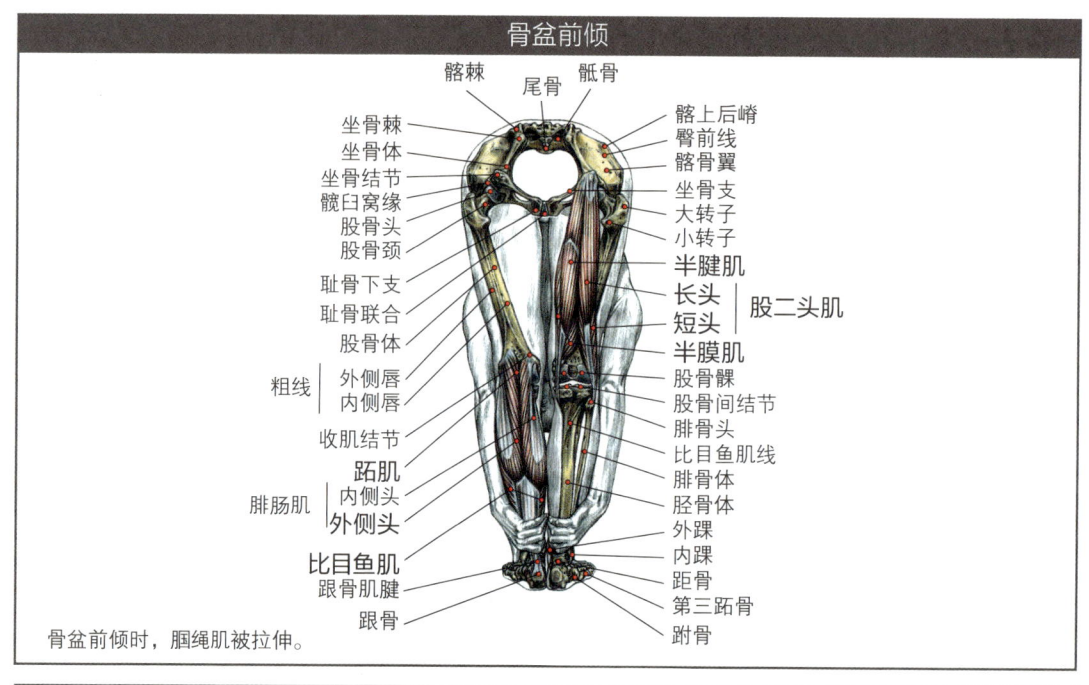

骨盆前倾时，腘绳肌被拉伸。

利用长凳进行变化动作练习

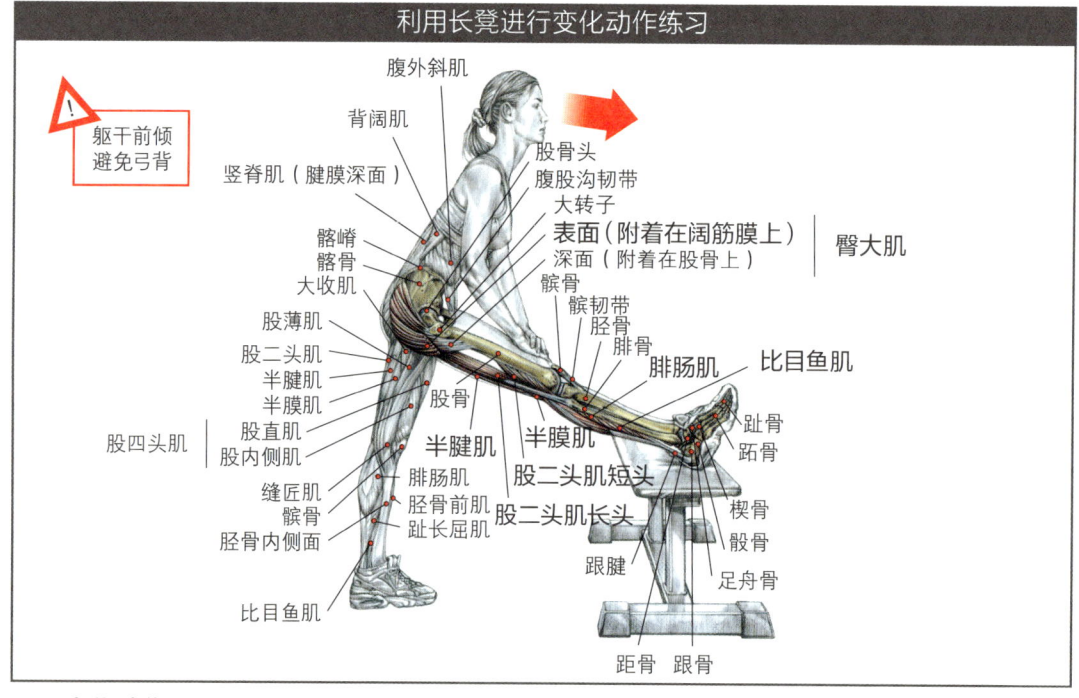

变化动作

以单腿为支撑站立，另一条腿伸直放在长凳上，前脚掌上弯：

- 双手放在前伸的大腿上，背部挺直，躯干稍向前倾，专注感受大腿后侧拉伸，摆动骨盆；
- 保持此动作二十秒左右；
- 缓慢回到起始位置然后换另一边练习。

为了更好拉伸腘绳肌，可以将前伸的脚跖屈（绷脚背）放松腿肚。

腿部训练

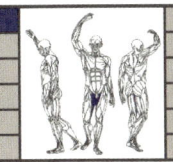

拉力器直腿内收 14

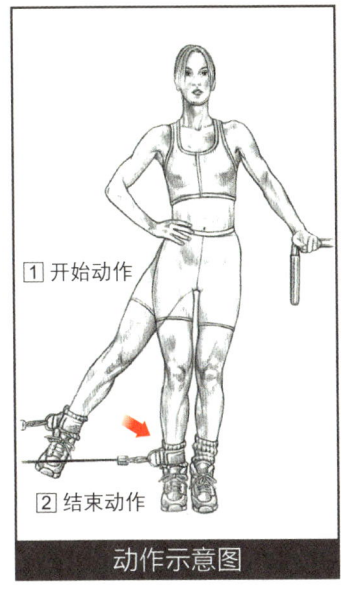

① 开始动作
② 结束动作
动作示意图

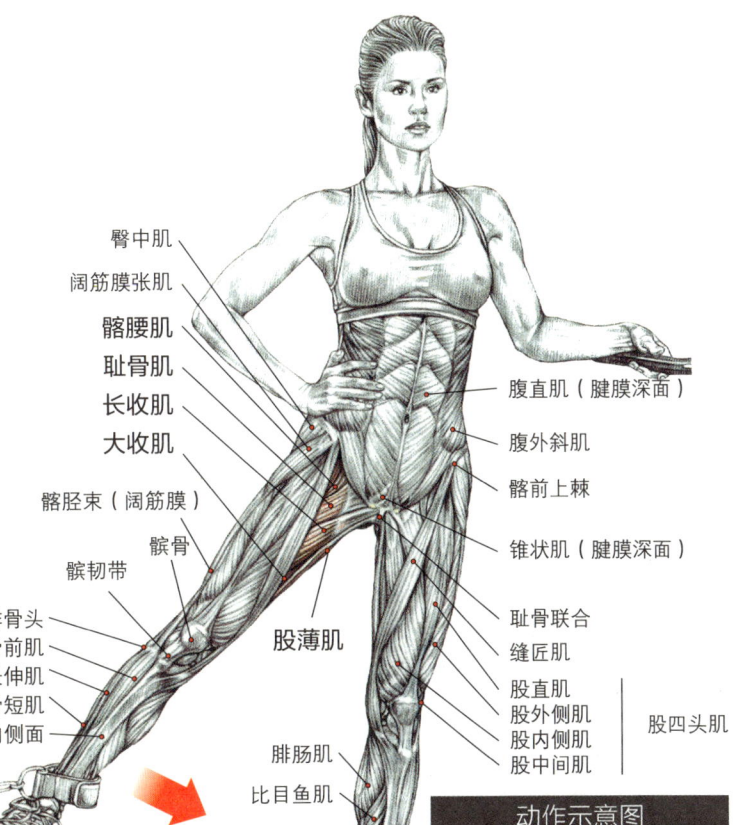

单腿站立，将拉力器系于另一侧腿的踝关节，支撑腿同侧的手握住健身器械扶手或其他支撑物：
- 将连结拉力器的腿内收与支撑腿并拢或在支撑腿前相交叉。

该练习锻炼大腿内收肌群（耻骨肌、短收肌、长收肌、大收肌和股薄肌）。可以通过多组数重复练习强化大腿内侧肌肉。

193

15 内收机练习

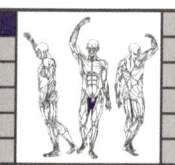

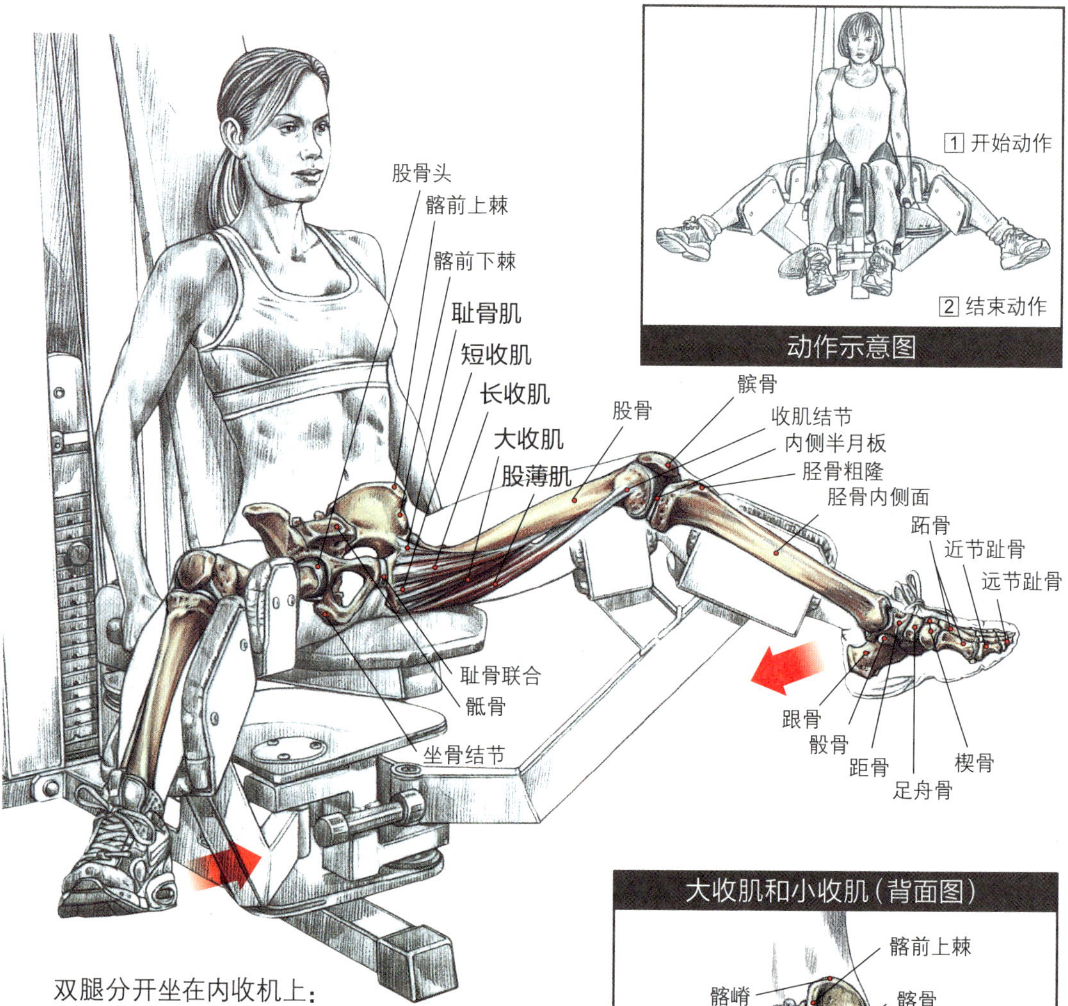

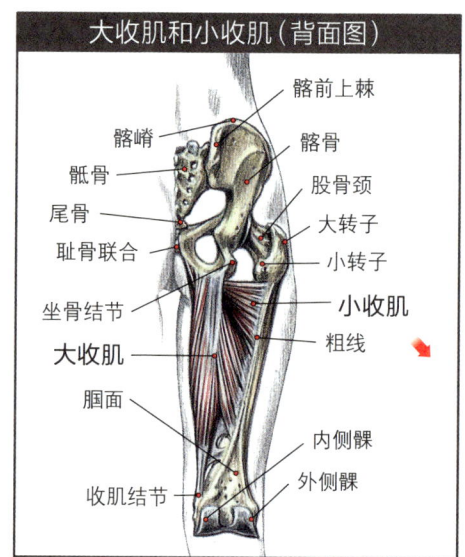

1 开始动作
2 结束动作
动作示意图

股骨头
髂前上棘
髂前下棘
耻骨肌
短收肌
长收肌
大收肌
股薄肌
股骨
髌骨
收肌结节
内侧半月板
胫骨粗隆
胫骨内侧面
跗骨
近节趾骨
远节趾骨
耻骨联合
骶骨
坐骨结节
跟骨
骰骨
距骨
楔骨
足舟骨

大收肌和小收肌（背面图）

髂嵴
骶骨
尾骨
耻骨联合
坐骨结节
髂前上棘
髂骨
股骨颈
大转子
小转子
小收肌
粗线
大收肌
腘面
内侧髁
外侧髁
收肌结节

双腿分开坐在内收机上：
- 大腿内收肌收缩，使两腿相互靠拢；
- 控制动作，缓慢还原至起始姿势。

该训练锻炼大腿内收肌群（耻骨肌、小收肌、大收肌、长收肌、短收肌和股薄肌）。可以使用比拉力器内收力量更大的负荷进行练习，不过需要减小锻炼幅度。进行多组数反复练习直到肌肉轻微发热，锻炼效果最佳。

> 该练习可强化大腿内收肌群。这组肌肉在进行剧烈运动时常会受伤。因此，建议在进行大重量训练时可以逐渐增加负荷，并在训练结束时做内收肌放松练习。

腿部训练

足部屈伸 16

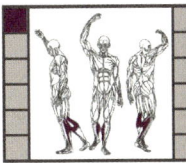

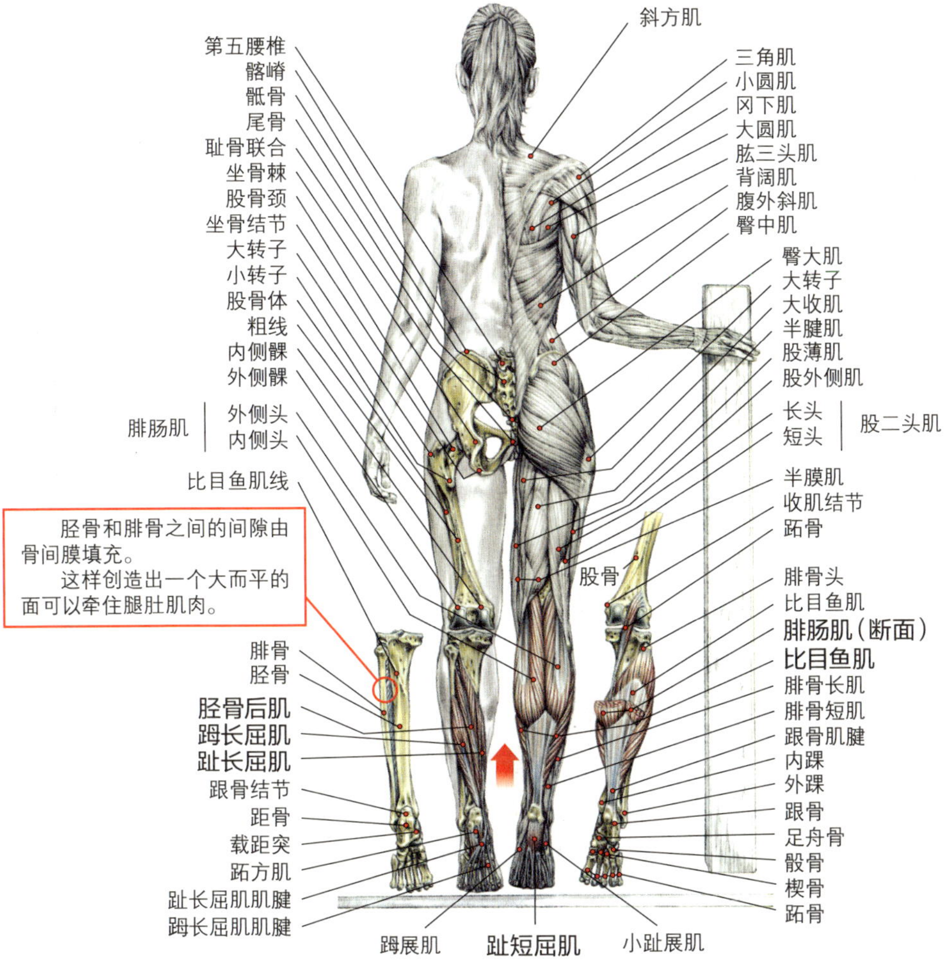

解剖标注（从左到右、从上到下）：
- 第五腰椎、髂嵴、骶骨、尾骨、耻骨联合、坐骨棘、股骨颈、坐骨结节、大转子、小转子、股骨体、粗线、内侧髁、外侧髁
- 腓肠肌（外侧头、内侧头）
- 比目鱼肌线
- 腓骨、胫骨
- 胫骨后肌、跨长屈肌、趾长屈肌
- 跟骨结节、距骨、载距突、跖方肌
- 趾长屈肌肌腱、跨长屈肌肌腱
- 斜方肌、三角肌、小圆肌、冈下肌、大圆肌、肱三头肌、背阔肌、腹外斜肌、臀中肌
- 臀大肌、大转子、大收肌、半腱肌、股薄肌、股外侧肌
- 股二头肌（长头、短头）
- 半膜肌、收肌结节、跖骨
- 腓骨头、比目鱼肌、腓肠肌（断面）、比目鱼肌、腓骨长肌、腓骨短肌、跟骨肌腱、内踝、外踝
- 跟骨、足舟骨、骰骨、楔骨、跖骨
- 跨展肌、趾短屈肌、小趾展肌

> 胫骨和腓骨之间的间隙由骨间膜填充。这样创造出一个大而平的面可以牵住腿肚肌肉。

呈站姿，一只脚前伸一步，一只手撑着墙或扶手保持身体稳定性：

- 缓慢勾脚尖（背屈）拉伸腿肚；
- 随后踮脚（跖屈），保持膝关节伸直或轻微弯曲。

该动作可以缓慢进行多组次练习，直到产生灼热感。

通过交替拉伸和收缩肌肉，可以在小腿训练前的热身运动中进行此练习防止受伤或在结束训练后进行此练习感受肌肉充血。

该练习主要锻炼由腓肠肌和比目鱼肌组成的小腿三头肌。也锻炼深层的跨长屈肌、胫骨后肌和趾长屈肌。

> 该动作也能很好拉伸足底层肌肉，如趾屈肌和跖方肌，也可以放松足底筋膜。

动作示意图

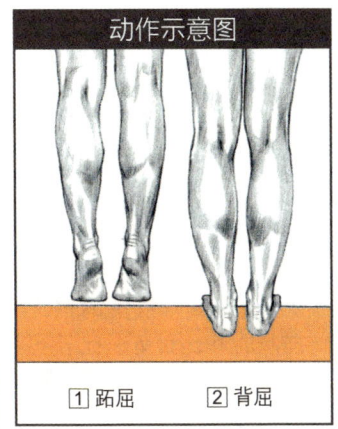

1 跖屈 2 背屈

17 站姿提踵

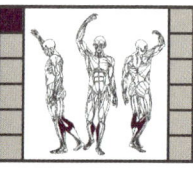

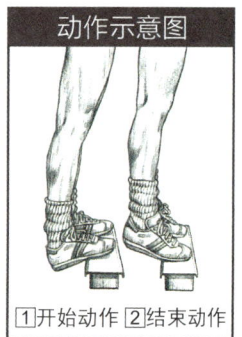

① 开始动作　② 结束动作

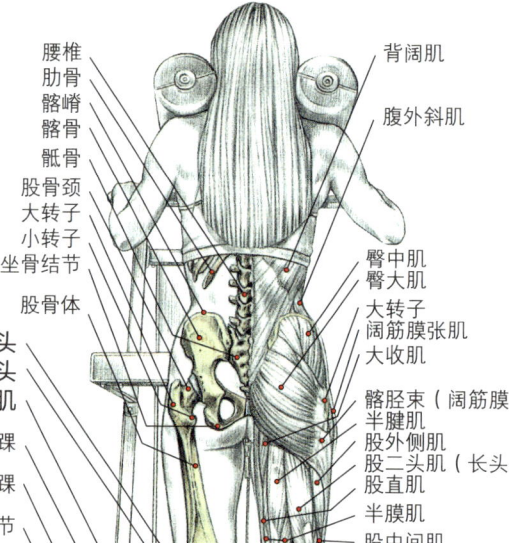

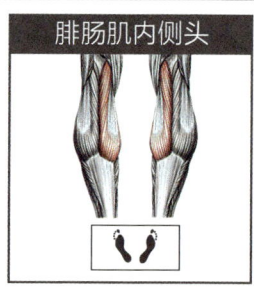

腓肠肌内侧头

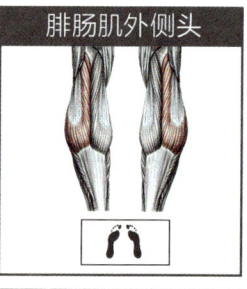

腓肠肌外侧头

自由杠铃 变化动作

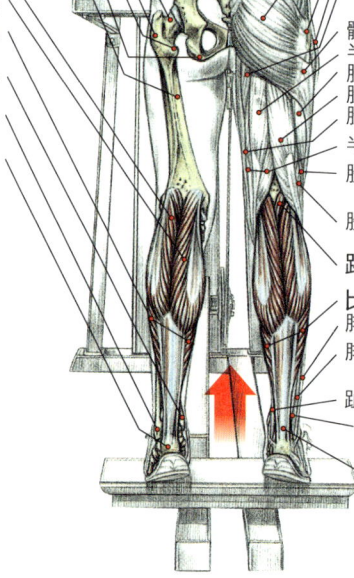

使用斜蹲机锻炼，能在防止背部过度发力的情况下锻炼小腿。

背部挺直站在训练机上，肩部放在肩托下，双脚前脚掌站在踏板上，足跟下垂：

- 抬高脚跟（双脚跖屈），膝部保持挺直。

该动作锻炼小腿三头肌（包括比目鱼肌和腓肠肌内、外侧头）。每次动作都要尽量抬高脚跟来拉伸肌肉。

从理论上说，可以对腓肠肌内侧头（脚尖向外）和外侧头（脚尖向内）进行单独强化训练。不过在实际锻炼时很难实现，只有单独强化腓肠肌和比目鱼肌比较容易实现（通过弯曲膝关节可以放松腓肠肌，将一部分力量放在比目鱼肌上）。

变化动作

- 在有支架的情况下进行此练习，脚下可以放一块楔形垫板；或脚下不放垫板，使用自由杠铃，能更好地保持平衡，但这样也会减小运动幅度。

- 也可以使用斜蹲机进行锻炼，能在防止背部过度发力的情况下锻炼小腿。

> 小腿三头肌非常有力，在我们每天行走时，它独自将整个身体的重量托起上千次。因此可以毫不犹豫对小腿三头肌进行高强度练习。

腿部训练

哑铃提踵　18

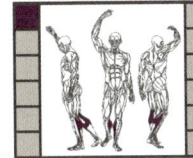

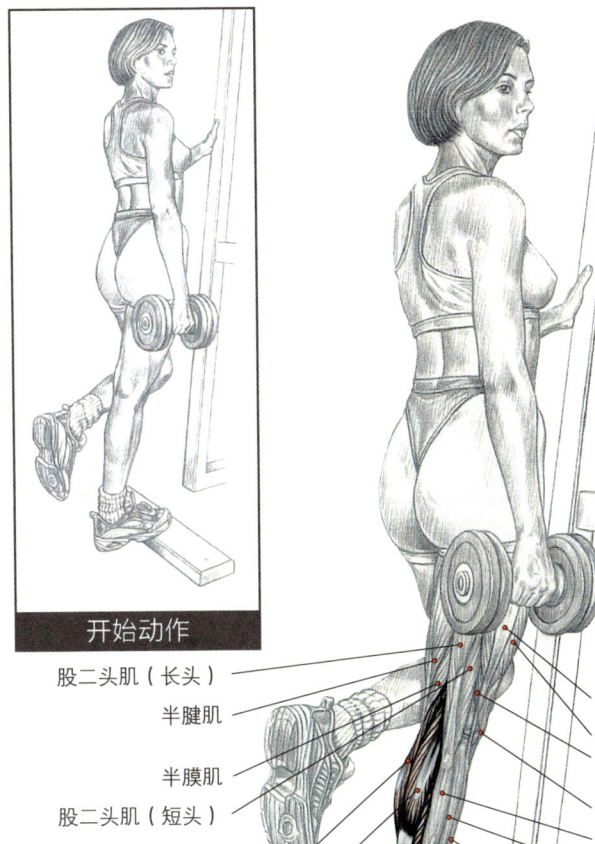

开始动作

股二头肌（长头）
半腱肌
半膜肌
股二头肌（短头）

小腿三头肌 { 腓肠肌内侧头
腓肠肌外侧头
比目鱼肌 }

跟腱
跟骨
第三腓骨肌

髂胫束
股外侧肌
股中间肌 } 股四头肌
髌骨
腓骨长肌
趾长伸肌
胫骨前肌
腓骨短肌
踇长伸肌

两种类型的小腿肚

股骨
跖骨
腓肠肌外侧头
腓肠肌内侧头 } 小腿三头肌
比目鱼肌
跟腱
跟骨

① ②

① 小腿肚长：腓肠肌和比目鱼肌位置较低。
② 小腿肚短：腓肠肌和比目鱼肌位置高，肌腱较长。

一些人的小腿三头肌不会因为锻炼而增大体积，只会增强力量。小腿肚长，也就是腓肠肌和比目鱼肌较低的人，小腿很容易通过锻炼变得发达，而小腿肚短的人群肌肉很难增加体积。

小腿三头肌

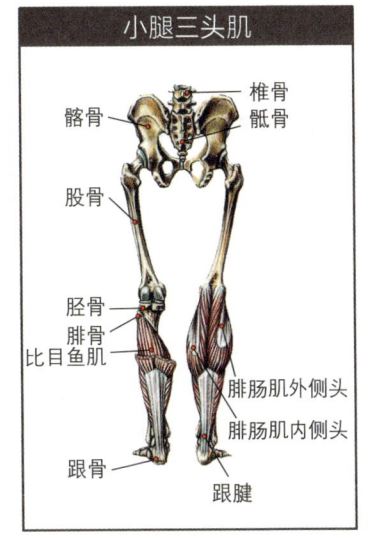

椎骨
骶骨
髂骨
股骨

胫骨
腓骨
比目鱼肌
腓肠肌外侧头
腓肠肌内侧头
跟骨
跟腱

　　单腿站立，前脚掌站在踏板上，单手持哑铃，另一只手抓住支撑物保持平衡：
- 上抬足跟（足跖屈），膝关节伸直或微屈；
- 回到起始姿势。

　　该练习锻炼小腿三头肌（包括比目鱼肌、腓肠肌内侧头和外侧头）。每次动作时都尽量将足跟抬到最高位置伸小腿三头肌。通过多组数反复练习直至有灼热感，训练效果最佳。

19 驴式提踵

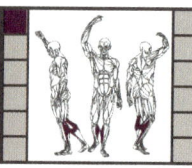

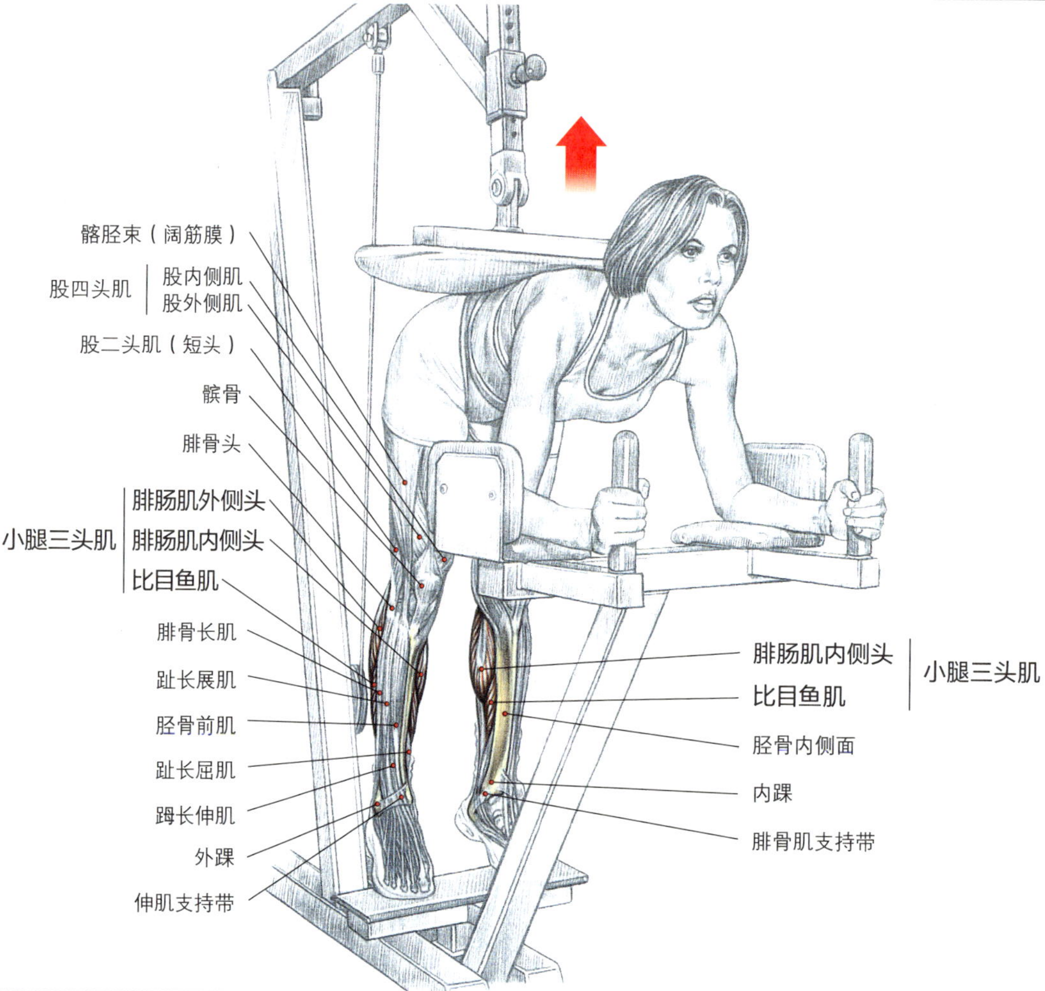

标注（上图）：
- 髂胫束（阔筋膜）
- 股四头肌
  - 股内侧肌
  - 股外侧肌
- 股二头肌（短头）
- 髌骨
- 腓骨头
- 小腿三头肌
  - 腓肠肌外侧头
  - 腓肠肌内侧头
  - 比目鱼肌
- 腓骨长肌
- 趾长展肌
- 胫骨前肌
- 趾长屈肌
- 蹑长伸肌
- 外踝
- 伸肌支持带

标注（右侧）：
- 腓肠肌内侧头
- 比目鱼肌 ｜小腿三头肌
- 胫骨内侧面
- 内踝
- 腓骨肌支持带

小腿三头肌附着

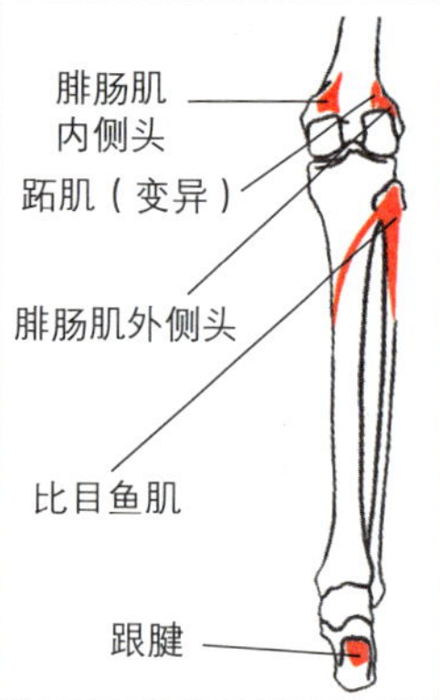

- 腓肠肌内侧头
- 跖肌（变异）
- 腓肠肌外侧头
- 比目鱼肌
- 跟腱

双腿伸直，脚尖放在踏板上，足跟下垂。躯干前倾，前臂支撑在前方支架上。骨盆贴在起降台下面：
- 抬起脚跟（足跖屈）。

该动作锻炼小腿三头肌，特别是腓肠肌。

变化动作

如果没有健身器械，可以在锻炼时在脚下方垫一块垫板，身体前倾，前臂放在支撑物上，让搭档跨坐在骨盆或下背部进行练习。

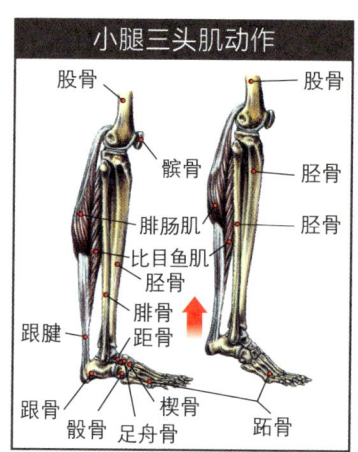

小腿三头肌动作： 股骨、髌骨、胫骨、腓肠肌、比目鱼肌、胫骨、腓骨、跟腱、距骨、跟骨、骰骨、足舟骨、楔骨、跖骨

坐姿提踵 20

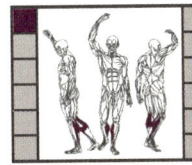

变化动作 将杠铃置于大腿上

①开始动作

②结束动作

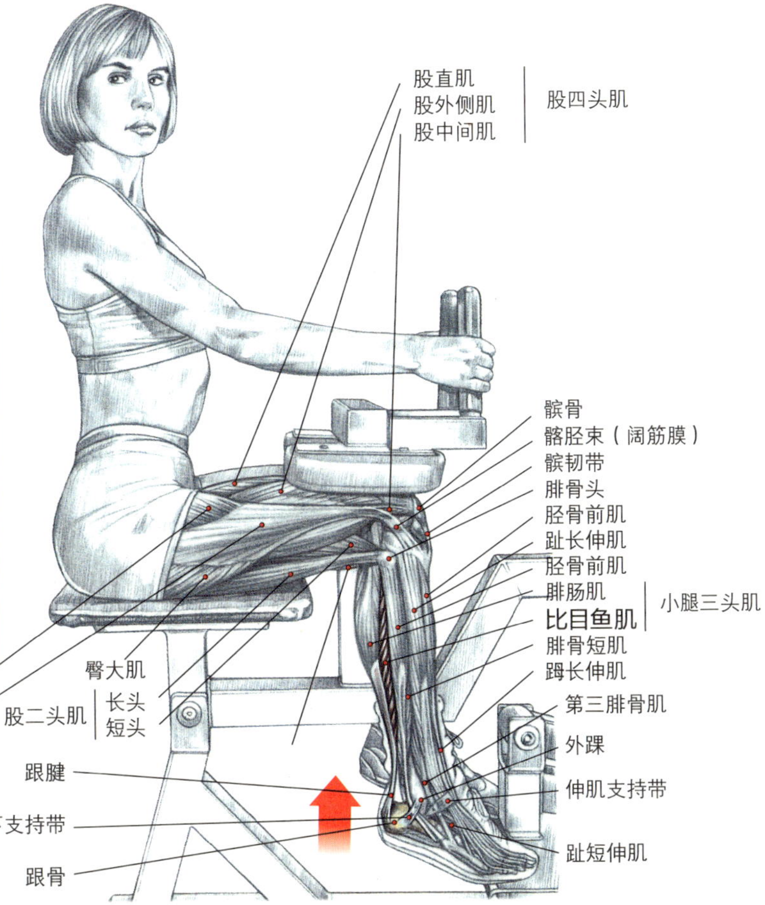

坐在训练机座椅上,将大腿下部放在垫子下,前脚掌放在踏板上,放松并弯曲踝关节:

- 抬起脚跟(足跖屈)。

该练习主要锻炼比目鱼肌,因这块肌肉形状扁平形似比目鱼而得名。比目鱼肌上部附着在膝关节下方的胫骨和腓骨上,下部通过跟腱附着在跟骨上。其功能是伸展脚踝。膝部弯曲可以放松腓肠肌。腓肠肌上部附着于膝关节上方,下部附着于跟腱,其作用是限制脚踝伸展。

变化动作

可以坐在长凳上进行此练习,脚下放上垫板,并将杠铃放在大腿前端。

需要将杠铃用橡胶软套包裹起来或在大腿上垫上布,在动作时减少疼痛。

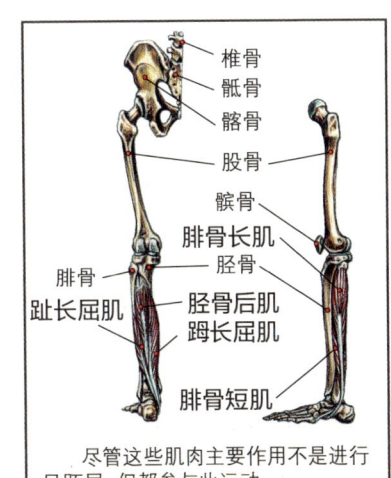

尽管这些肌肉主要作用不是进行足跖屈,但都参与此运动。

21 坐姿杠铃提踵

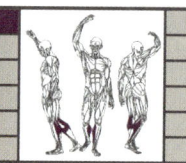

坐在训练椅上，前脚掌放在踏板上，杠铃放在大腿前端：
- 抬起脚跟（足跖屈）。

该练习主要锻炼比目鱼肌。比目鱼肌是小腿三头肌的一部分，上部附着在膝关节下部的胫骨和腓骨上，下部通过跟腱附着于跟骨，其主要作用是伸展脚踝。与其他可以大负荷进行的提踵训练不同，因为做这个动作时难以负重，不能进行大负荷训练。为了取得最佳训练效果，建议每组至少进行15~20次反复练习。

变化动作

可以不负重在椅子或长凳上进行此项练习。此时需要增加重复次数直至肌肉产生灼热感。

> ⚠ 建议在做此动作时，在杠铃上套上橡胶软套或裹上布，或者将布放在大腿上，在动作时减少疼痛。

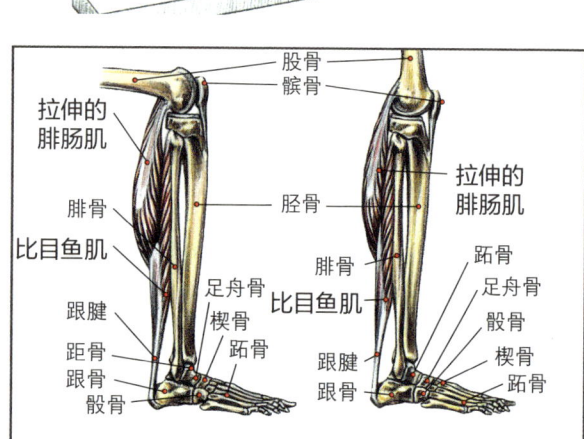

① 屈膝时，附着于膝关节上方的腓肠肌放松。在这种姿势下，足部伸展（足跖屈）幅度小，主要由比目鱼肌发挥作用。

② 相反，膝部伸直时，腓肠肌被拉伸。在这种姿势下，腓肠肌积极参与足部伸展（足跖屈），比目鱼肌配合完成动作。

腿部训练

小腿拉伸

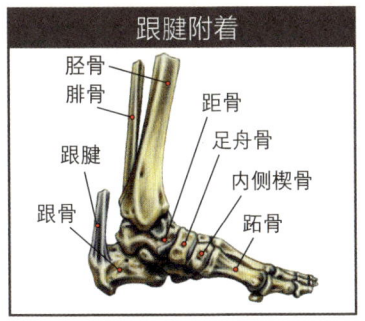

呈站姿，手扶髋，一只腿向前迈一步，脚和膝盖在一条线上：
- 弯曲前伸腿的膝盖，骨盆前倾。始终注意后侧腿保持伸直，脚跟踩地；
- 保持此姿势，感受后侧腿拉伸。

该练习主要拉伸小腿三头肌（包括两块腓肠肌和比目鱼肌）以及三头肌深层的趾屈肌和胫骨后肌。腓骨长肌和腓骨短肌也得到一定锻炼。

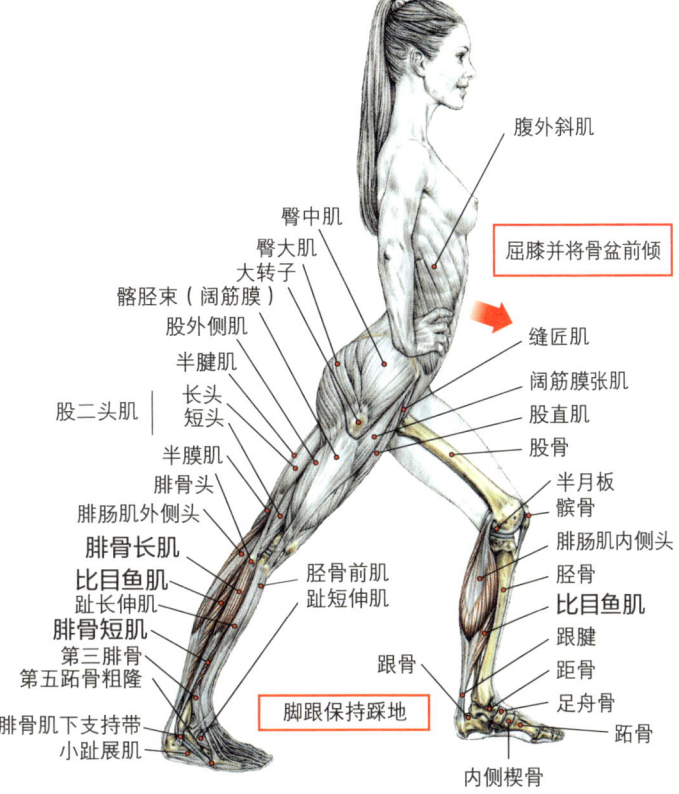

小腿长和小腿短

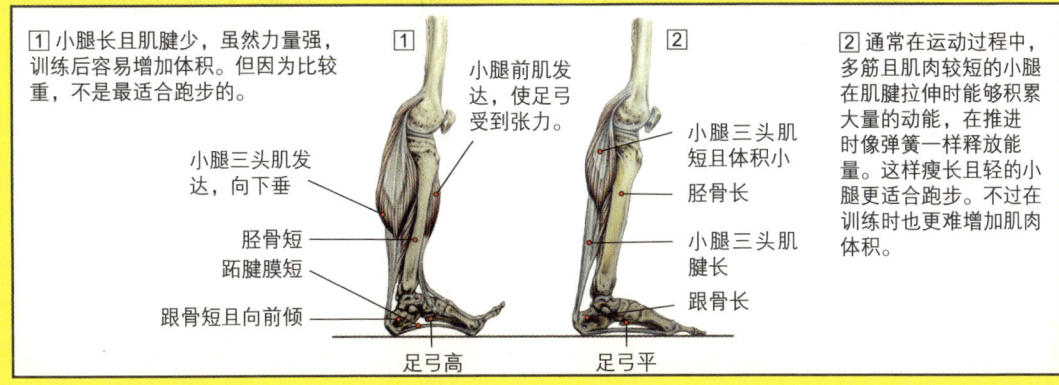

1 小腿长且肌腱少，虽然力量强，训练后容易增加体积。但因为比较重，不是最适合跑步的。

2 通常在运动过程中，多筋且肌肉较短的小腿在肌腱拉伸时能够积累大量的动能，在推进时像弹簧一样释放能量。这样瘦长且轻的小腿更适合跑步。不过在训练时也更难增加肌肉体积。

201

人类跑步时的肌肉分析

推进阶段肌肉收缩

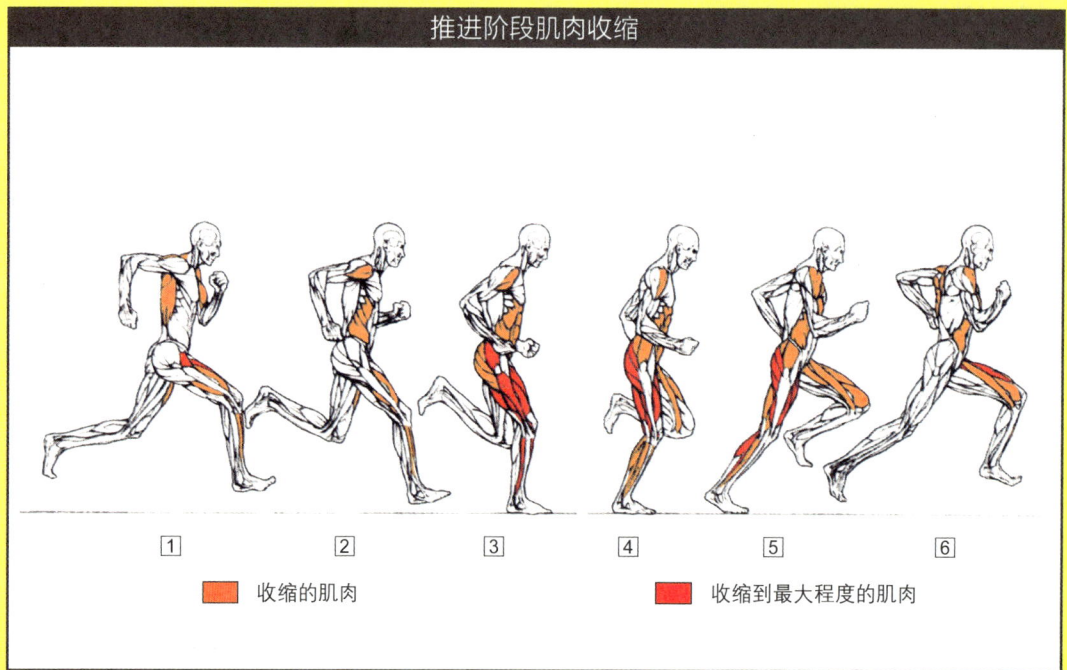

1　　2　　3　　4　　5　　6

■ 收缩的肌肉　　■ 收缩到最大程度的肌肉

动能积累阶段

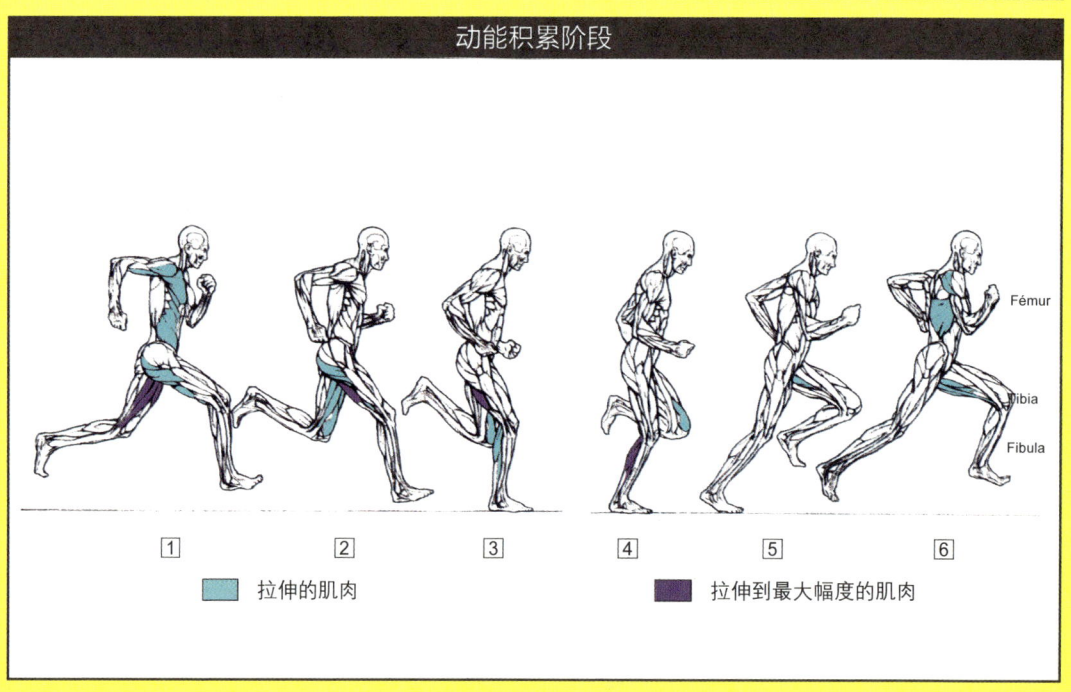

Fémur

Tibia

Fibula

1　　2　　3　　4　　5　　6

■ 拉伸的肌肉　　■ 拉伸到最大幅度的肌肉

06 臀部训练

01 / 箭步蹲 205
02 / 哑铃箭步蹲 206
✚ 膝关节的不稳定性 207
03 / 绳索臀屈伸 208
04 / 器械伸髋 209
05 / 臂屈伸器械辅助伸髋 210
06 / 跪姿单侧臀屈伸 211
07 / 臀桥 212
08 / 单腿臀桥 213

09 / 高位臀桥 214
◣ 女性和男性脂肪分布图 215
↗ 臀大肌和腘绳肌拉伸 216
10 / 拉力器髋外展 217
◣ 个体髋部活动性的差异 218
11 / 站姿器械髋外展 219
12 / 侧卧髋外展 220
13 / 坐姿器械髋外展 221
↗ 臀部拉伸 222

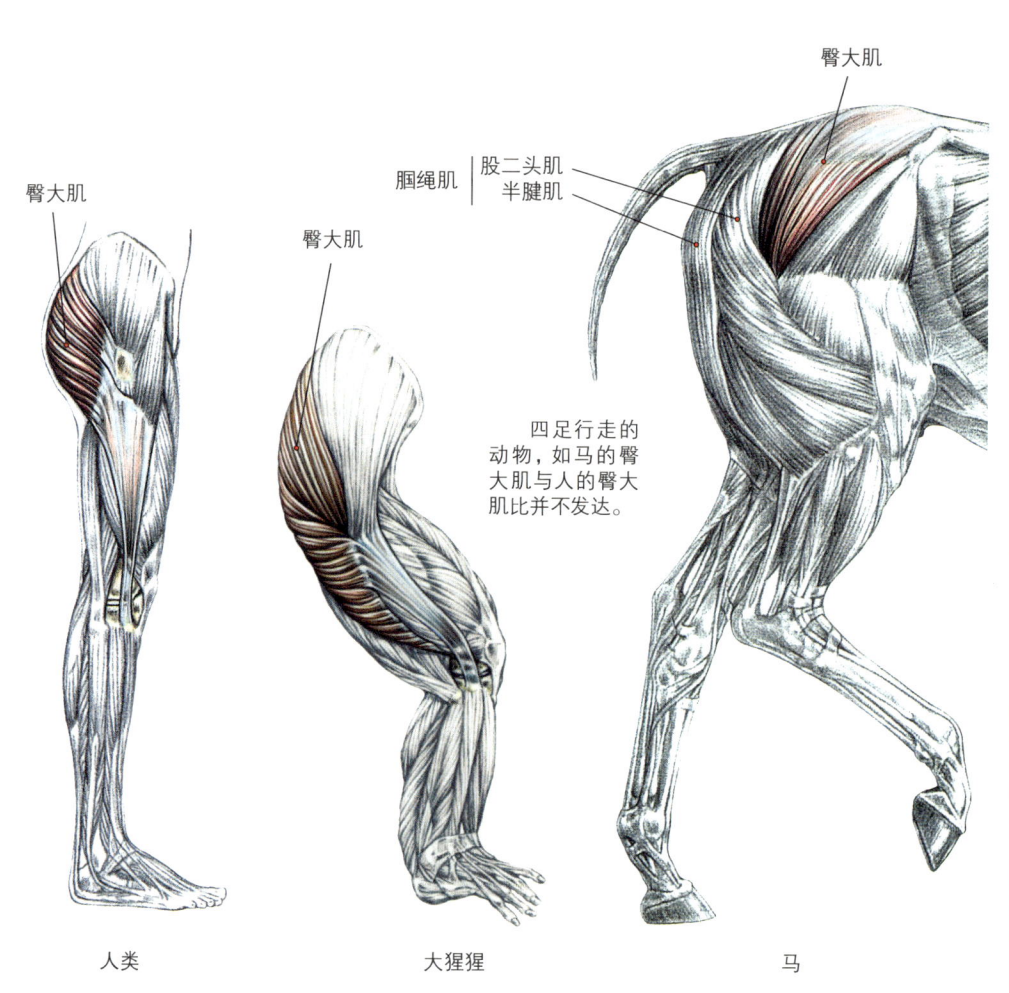

人类　　　　　　　　　大猩猩　　　　　　　　马

臀大肌（图中标注）
腘绳肌｜股二头肌｜半腱肌
臀大肌

四足行走的动物，如马的臀大肌与人的臀大肌比并不发达。

臀肌，人类的特点

尽管某些猿类偶尔可以两腿"行走"，但人类是唯一可以完全两腿行走的灵长类动物。臀大肌是人体中最大最有力的一块肌肉，这样的身体结构特征与两足行走的运动方式直接相关。

发达的臀肌是人类的显著特征。相较而言，四足动物的臀大肌从比例上来说发育较弱。马的臀部（相当于人的大腿后部）由腘绳肌构成。

人类的臀大肌是髋部伸肌，但并没有在步行中发挥重要作用。腘绳肌主要在挺直骨盆时（也就是伸展髋部时）发挥作用。如果在走路时将手放在臀部，就能感受到臀部肌肉收缩并不明显。

但是随着发力增大，如爬山、快走或跑步时，臀大肌发挥作用，有力伸展髋部并挺直躯干。

在进行专门锻炼臀大肌和腘绳肌的练习中，如早安式深蹲（详见第189页）和直腿硬拉（详见第133页）时，了解这些生物力学原理有助于我们更好认识到，在进行大负荷练习时，我们怎样更多锻炼臀大肌，更少锻炼腘绳肌。

臀部训练

箭步蹲 01

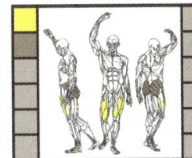

肌肉标注：
- 腹外斜肌
- 阔筋膜张肌
- 股四头肌：股直肌、股外侧肌、股内侧肌、股中间肌
- 髌骨
- 股二头肌（短头）
- 腓骨长肌
- 趾长伸肌
- 胫骨前肌
- 髂胫束（阔筋膜）
- 股二头肌（长头）
- 臀中肌
- 大转子
- **臀大肌**
- 大收肌
- 半腱肌
- 半膜肌
- 股薄肌
- 腓肠肌（外侧头）
- 比目鱼肌
- 缝匠肌
- 股内侧肌

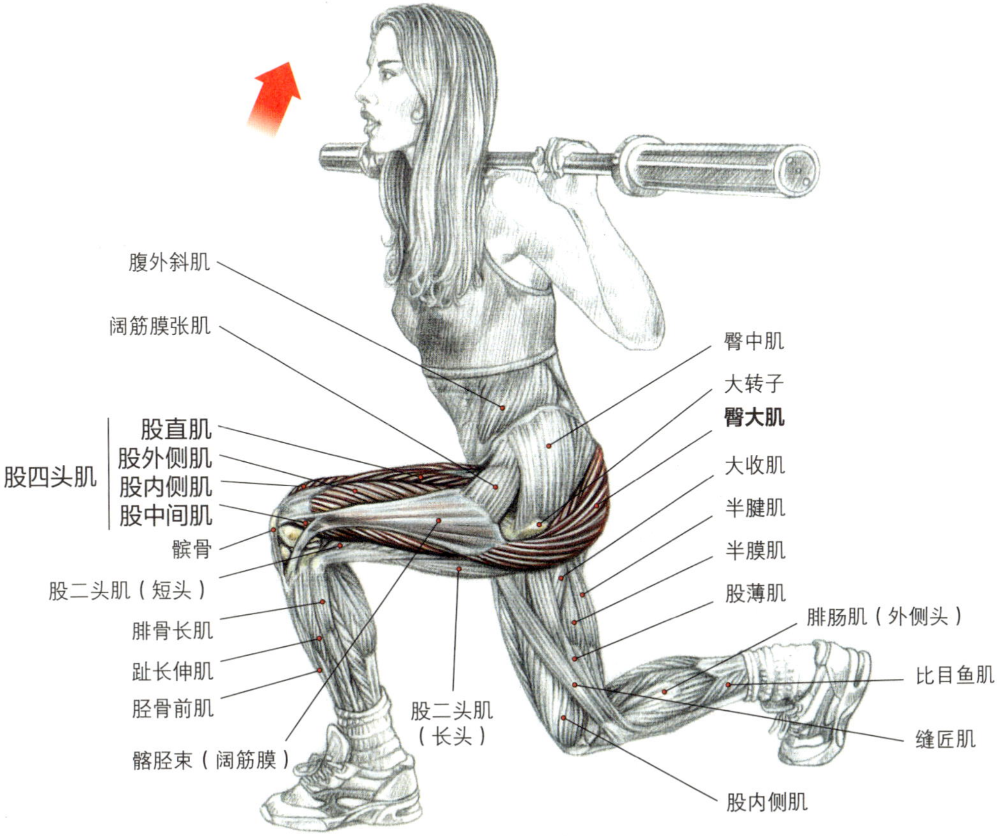

双脚开立，双手持杠铃置于颈后斜方肌上：
- 吸气并向前跨一大步，尽量保持躯干挺直。下蹲时，大腿下降至水平状态或再略低些位置；
- 回到起始姿势并呼气。

该练习主要锻炼臀大肌，有两种不同的锻炼方式：

向前跨一小步（着重锻炼股四头肌）；或向前跨一大步（加强对腘绳肌和臀大肌的锻炼，后腿的股直肌和髂腰肌受到拉伸）。

> 在弓步姿势时，身体重量集中于前腿，需要有很好的平衡感，因此建议从小负荷练起。

不同训练方式

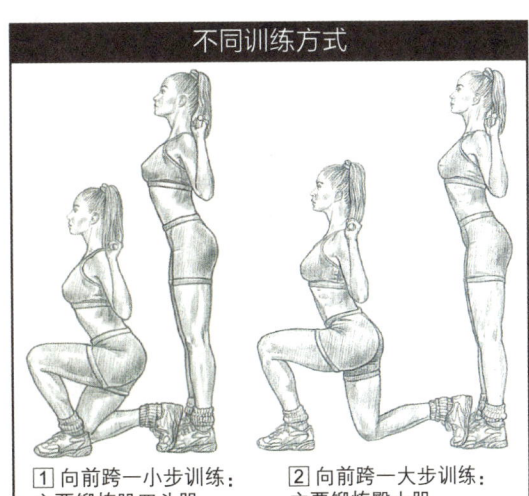

1 向前跨一小步训练：主要锻炼股四头肌
2 向前跨一大步训练：主要锻炼臀大肌

02 哑铃箭步蹲

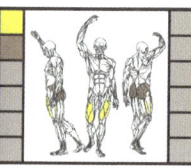

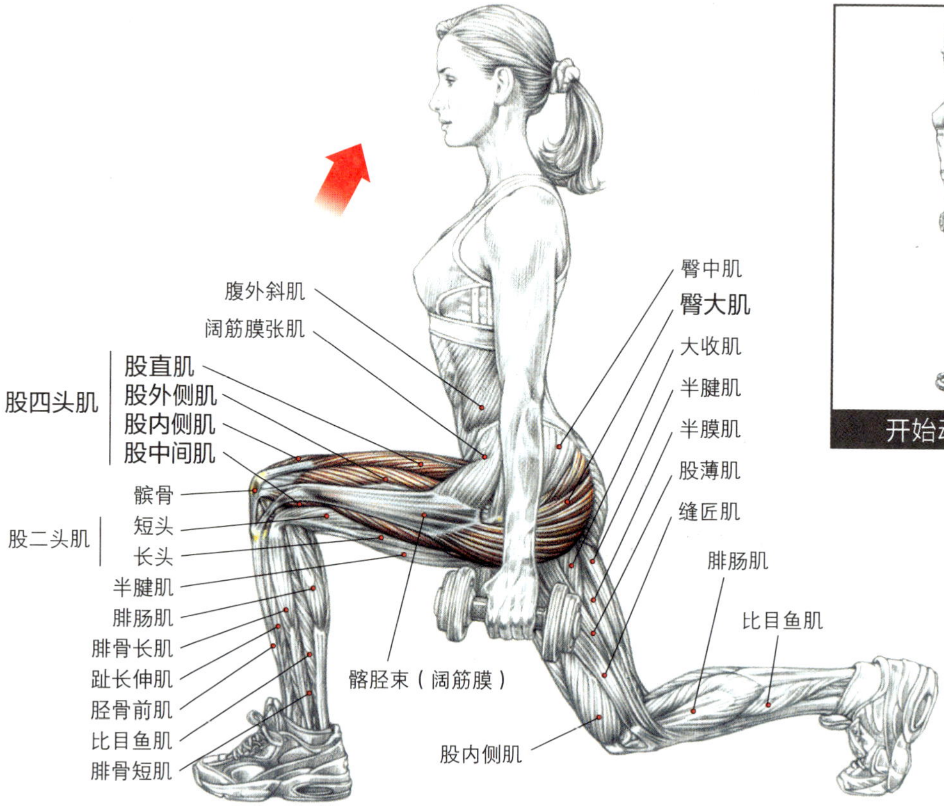

双脚开立，每只手各持一哑铃：
- 吸气并向前跨一大步，尽量保持躯干挺直；
- 前腿下蹲至大腿与地面平行或再略低些位置，伸展躯干回到起始位置；
- 动作结束时呼气。

该动作主要锻炼臀大肌和股四头肌。

向前跨的步子越大，越充分锻炼臀大肌，并拉伸后腿的髂腰肌和股直肌。向前跨的步子越小，着重锻炼前腿的股四头肌。

训练时可以一条腿做完一整套练习后再换另一条腿，或在同一组训练中两腿交替练习。

> 在弓步姿势时，身体重量集中于前腿，需要有很好的平衡感，因此建议从小负荷练起。

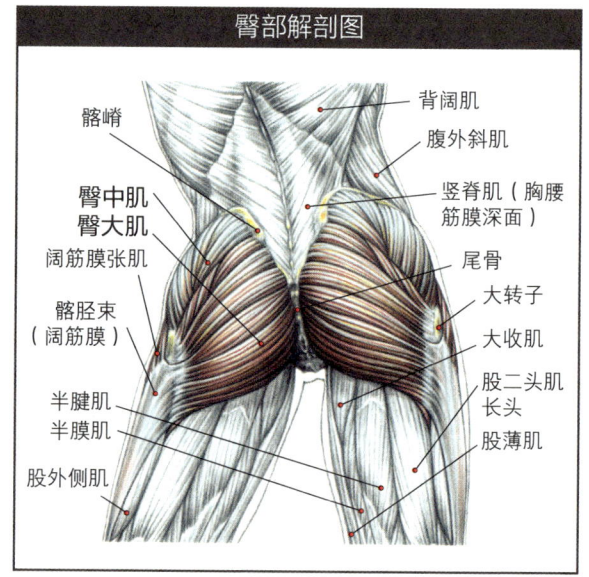

臀部解剖图

膝关节的不稳定性

伸膝时,内侧副韧带和外侧副韧带紧张,限制膝关节旋转。站立时膝盖伸展被锁定,无需肌肉来固定关节。

在屈膝时,外侧副韧带和内侧副韧带松弛,此时只有肌肉运动来维持膝部稳定。

屈膝时旋转膝关节,半月板向旋转方向前侧移动。如果关节伸展时控制不佳,半月板可能还未来得及复位,会被夹在两髁之间导致半月板撕裂。如果半月板被夹住时有部分撕裂,必须通过手术将这部分摘除。

在做非对称训练时,如箭步蹲,需要通过控制运动速度和幅度来保护膝关节,避免损伤。

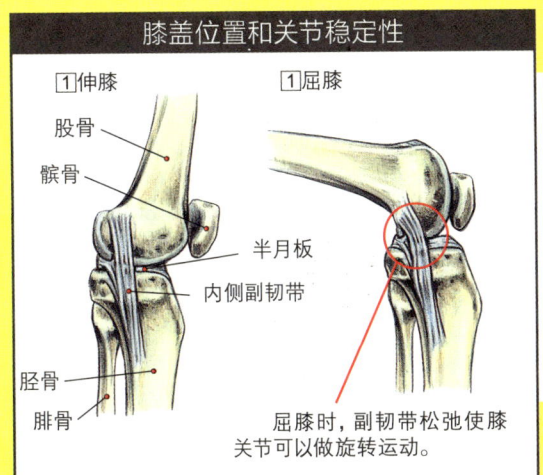

膝盖位置和关节稳定性

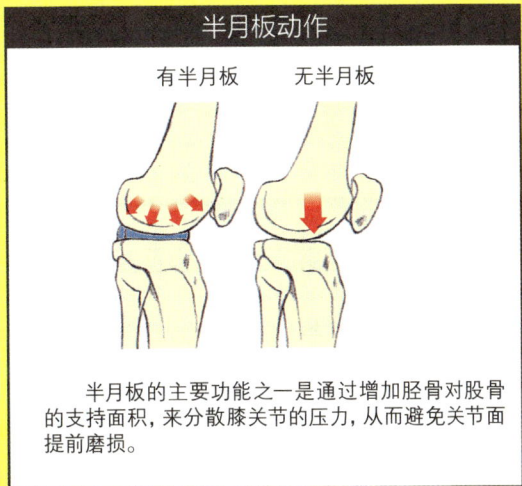

半月板动作

半月板的主要功能之一是通过增加胫骨对股骨的支持面积,来分散膝关节的压力,从而避免关节面提前磨损。

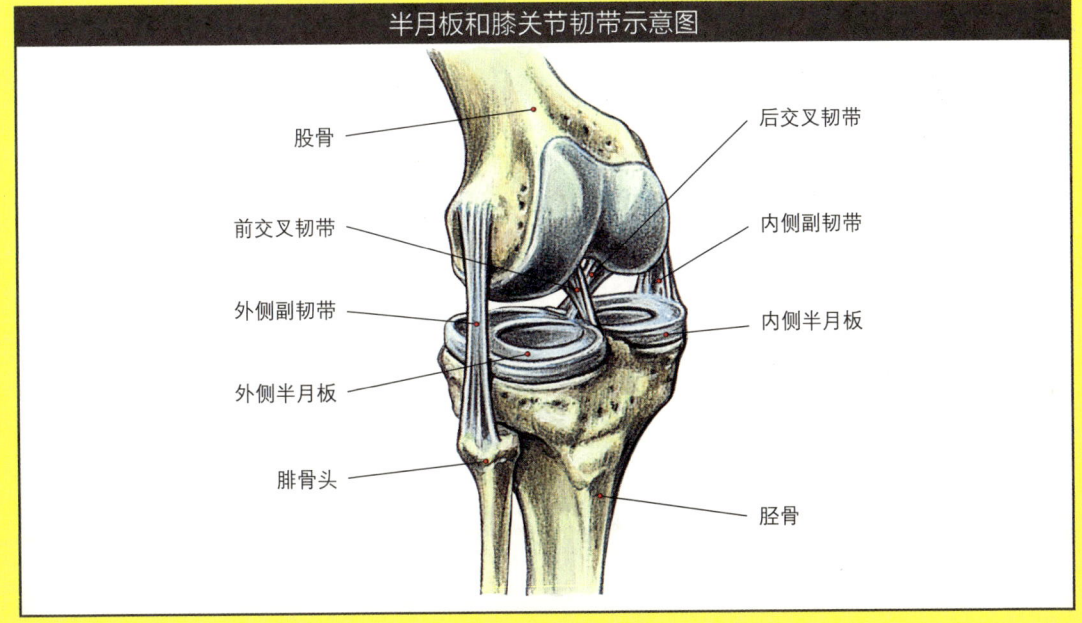

半月板和膝关节韧带示意图

03 绳索臀屈伸

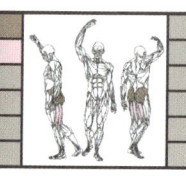

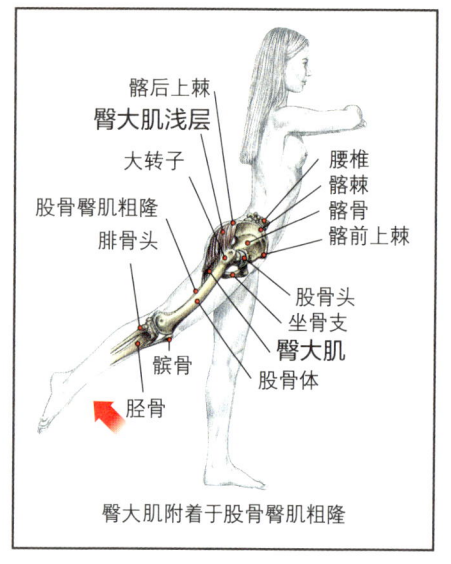

臀大肌附着于股骨臀肌粗隆

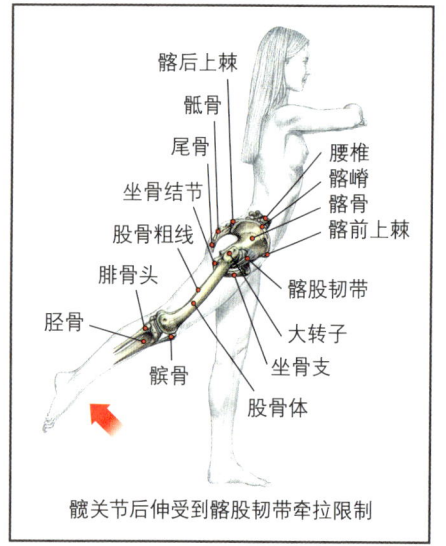

髋关节后伸受到髂股韧带牵拉限制

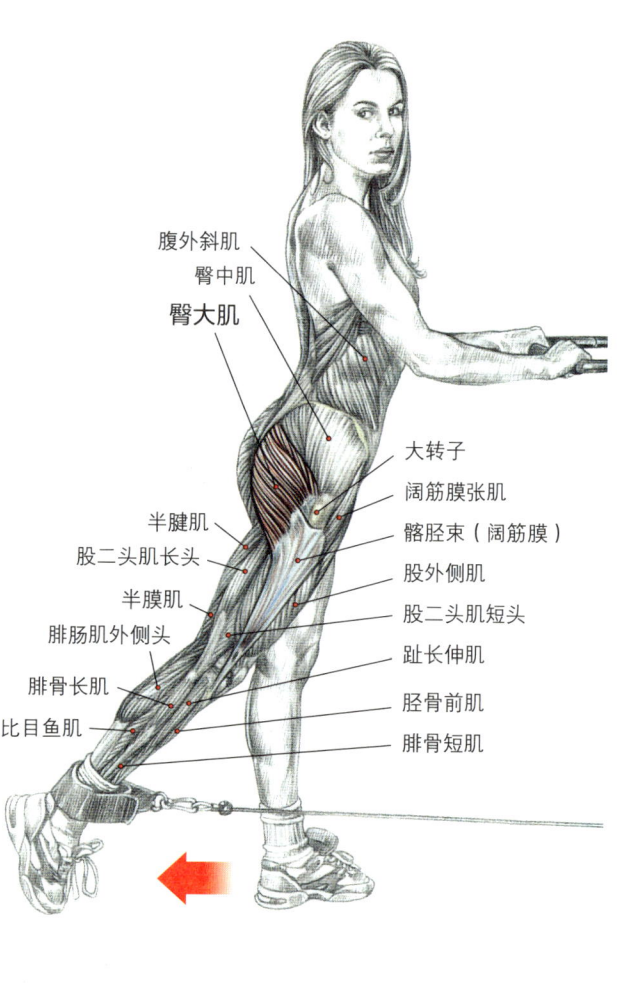

面向拉力器单腿站立，将低位拉力器固定在另一条腿的脚踝部位，骨盆前倾，双手抓握拉力器手柄：

- 伸展髋部，向后抬腿。需要注意髋关节后伸受到髂股韧带张力限制。

该练习主要锻炼臀大肌，也一定程度上锻炼腘绳肌（股二头肌短头除外）。该练习可以使臀部更加紧实并有利于塑造臀部线条。

器械伸髋 04

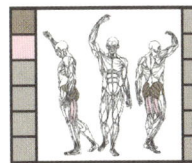

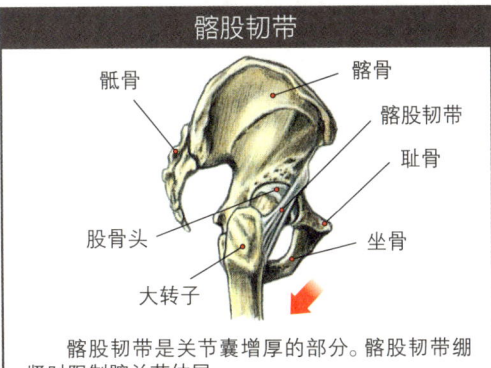

髂股韧带是关节囊增厚的部分。髂股韧带绷紧时限制髋关节伸展。

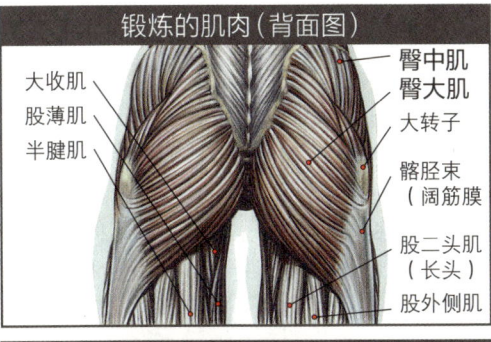

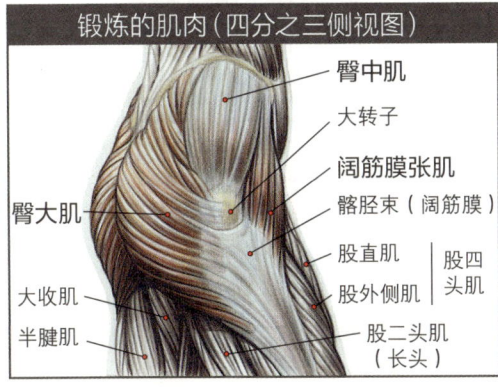

上半身稍向前倾，两手抓握手柄，单腿支撑站立。另一条腿略向前，膝关节和踝关节中间段的小腿贴着泡沫轴：
- 吸气，大腿后抬使髋部达到过伸状态；
- 保持几秒的收缩，回到起始位置；
- 动作结束时呼气。

该练习主要锻炼臀大肌，一定程度上也锻炼半腱肌、半膜肌和股二头肌长头。

05 臂屈伸器械辅助伸髋

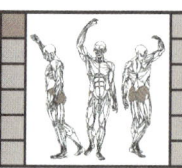

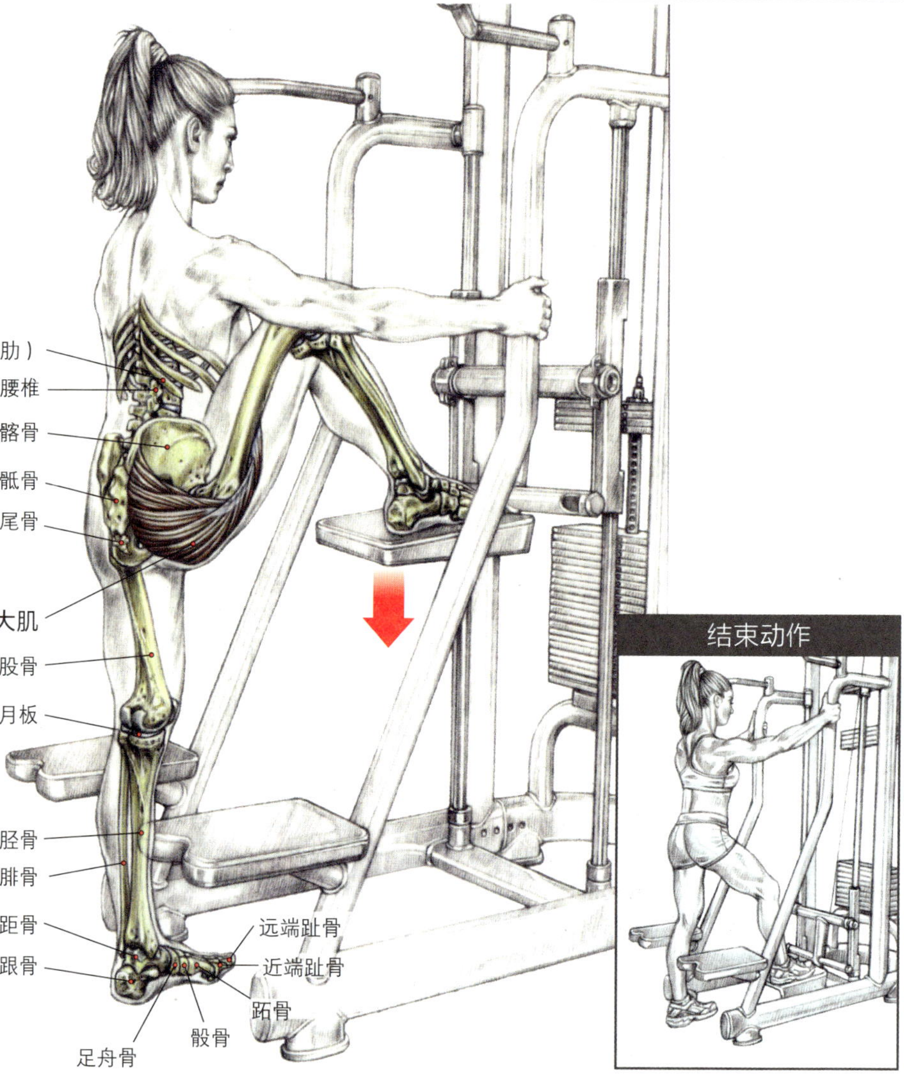

解剖标注：第十二肋（浮肋）、腰椎、髂骨、骶骨、尾骨、**臀大肌**、股骨、半月板、胫骨、腓骨、距骨、跟骨、远端趾骨、近端趾骨、跖骨、骰骨、足舟骨

结束动作

可以使用臂屈伸器械辅助进行伸髋练习。

一只脚踩地，一只脚屈膝放在器械踏板上，抓紧器械：

- 吸气，发力踩下踏板。动作结束时呼气；
- 有控制地回到起始姿势。

该练习主要锻炼臀大肌，也一定程度上锻炼股四头肌，并拉伸大收肌。

该动作主要优点是能在大腿弯曲时拉伸臀大肌，从而能更好感受这块肌肉发力。

臀肌较弱的人群在做此动作时也能很好地感受臀大肌发力，肌肉锻炼能很快见效。

每组重复10~20次此动作效果最佳。

> 为了保持平衡，负荷越重时，身体越应该前倾，越要抓紧器械。

臀部训练

跪姿单侧臀屈伸 06

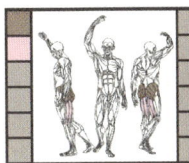

动作示意图

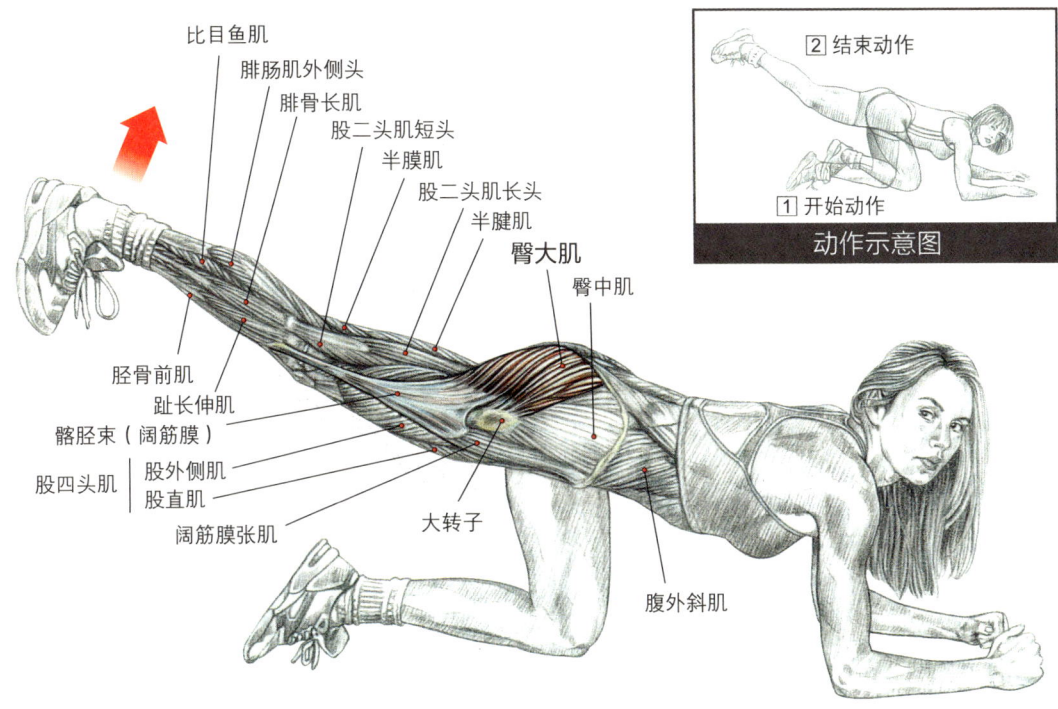

单腿跪地，另一条腿屈至胸前，手肘或两手撑地，伸直前臂：
- 将屈至胸前的腿向后伸，直至髋关节完全伸展。

伸腿动作锻炼腘绳肌和臀大肌。屈膝仅在一定程度上锻炼臀大肌。

可以进行大幅度运动或在伸腿最后阶段进行小幅运动。在动作最后可以保持动作几秒使肌肉持续收缩。

为了增加锻炼强度，可以增加踝部负重。

此训练简单易做，效果良好，经常被用于团体健身课。

使用长凳的变化动作

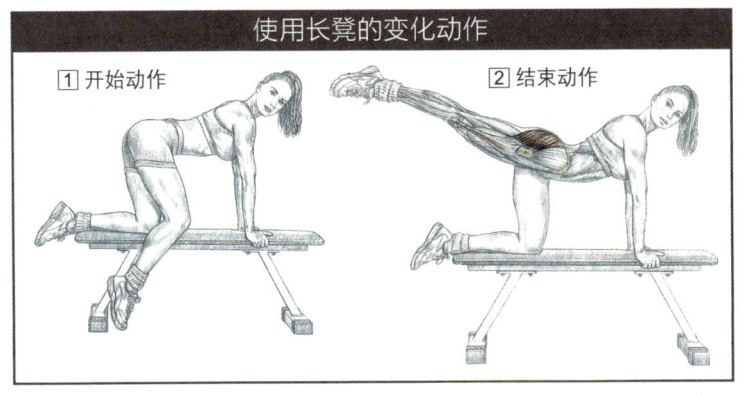

屈膝的变化动作

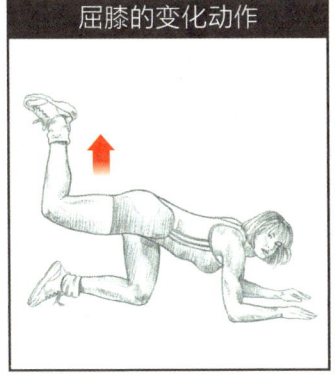

211

07 臀桥

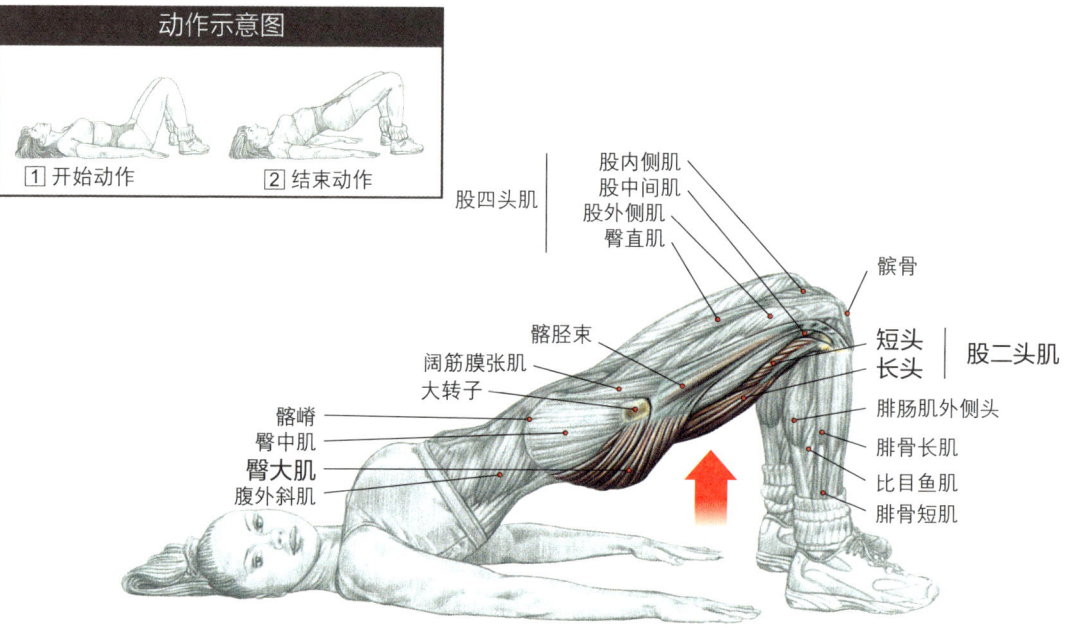

仰卧，双手平放于地面，两臂放在身体两侧，屈膝：
- 吸气，两脚用力将臀部上推，使其离开地面；
- 保持姿势几秒钟，降低骨盆但臀部不要接触地面；
- 呼气，重复上述动作。该练习主要锻炼腘绳肌和臀大肌。

进行多组数练习，重点是在骨盆上抬后感受肌肉收缩。可以在下降骨盆时减小运动幅度，不用太接近地面，肌肉产生灼热感即可。

变化动作 臀推

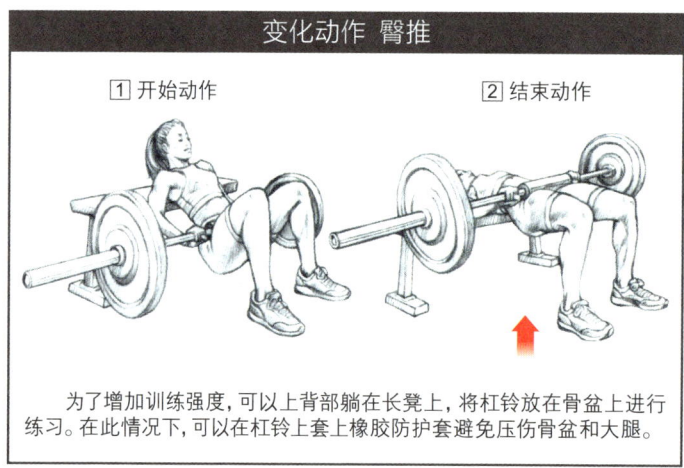

为了增加训练强度，可以上背部躺在长凳上，将杠铃放在骨盆上进行练习。在此情况下，可以在杠铃上套上橡胶防护套避免压伤骨盆和大腿。

> 臀桥练习动作简单又有效，团体课程中的很多训练都包含此动作。不过臀桥实际上是髋部伸展运动。

臀部训练

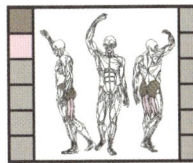

单腿臀桥 08

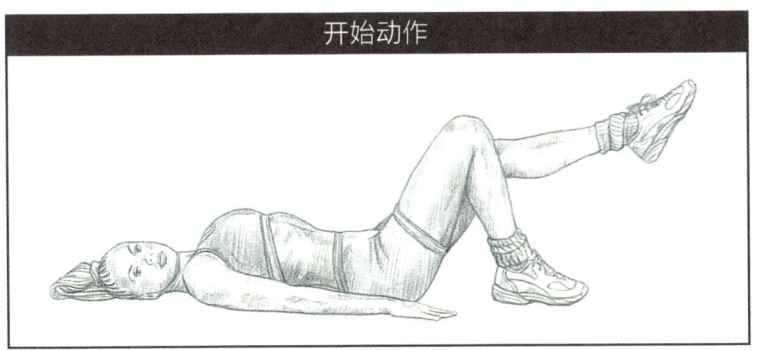

开始动作

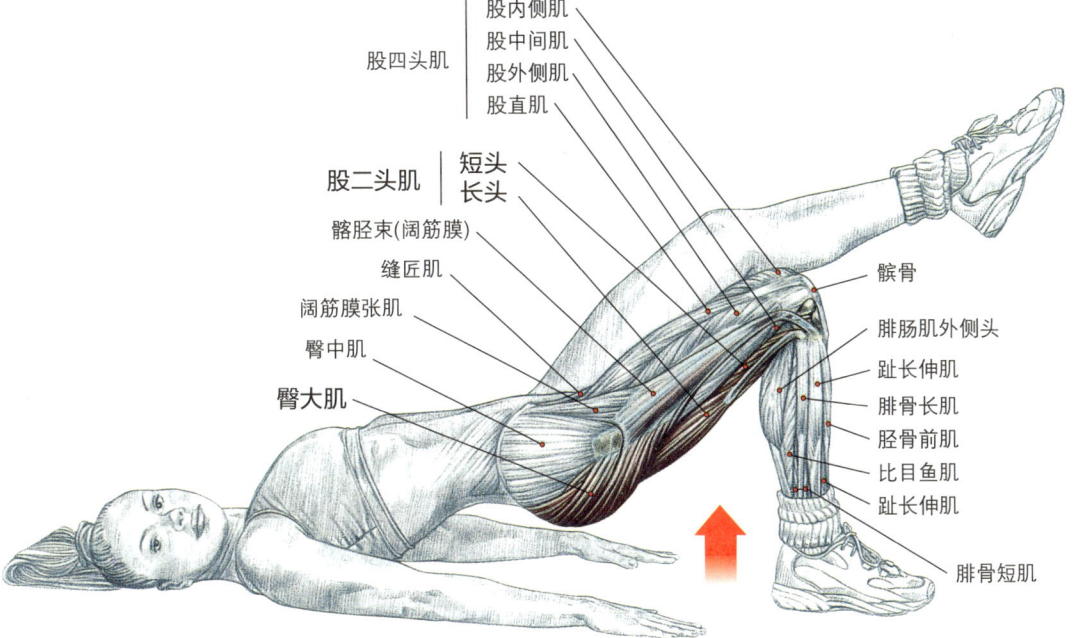

股四头肌
- 股内侧肌
- 股中间肌
- 股外侧肌
- 股直肌

股二头肌
- 短头
- 长头

髂胫束(阔筋膜)
缝匠肌
阔筋膜张肌
臀中肌
臀大肌

髌骨
腓肠肌外侧头
趾长伸肌
腓骨长肌
胫骨前肌
比目鱼肌
趾长伸肌
腓骨短肌

　　仰卧，双手平放于地面，两臂放在身体两侧。一条腿屈膝，脚放在地上，另一条腿伸直上抬，脚不触碰地面：
- 吸气，放在地上的脚用力将臀部尽量上推，使其离开地面；
- 保持姿势几秒钟，降低骨盆但臀部不要接触地面；
- 呼气，重复上述动作。

　　该练习主要锻炼腘绳肌(半腱肌、半膜肌和股二头肌)和臀大肌。进行多组数练习，重点是在骨盆上抬后感受肌肉收缩。

可以完成单侧完整练习后换边或在同一组练习中交替进行，动作交替间保持背部贴在地面上。

09 高位臀桥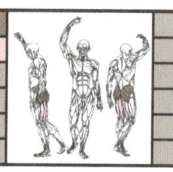

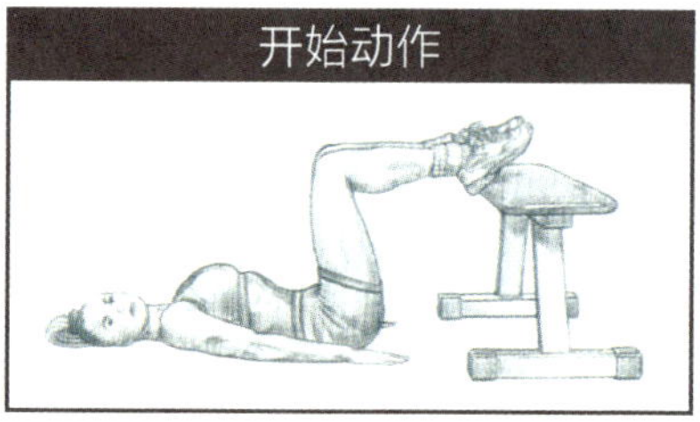

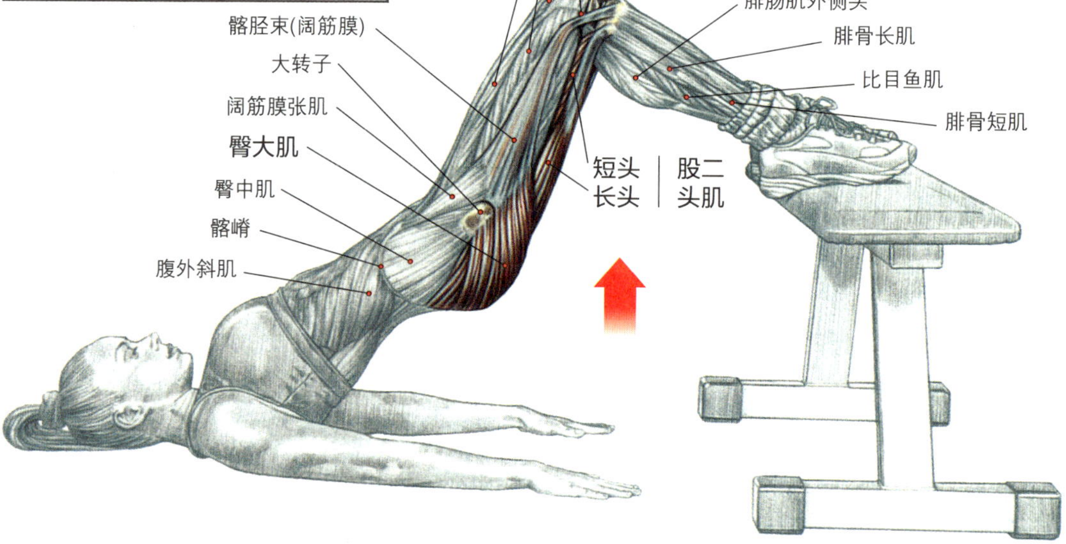

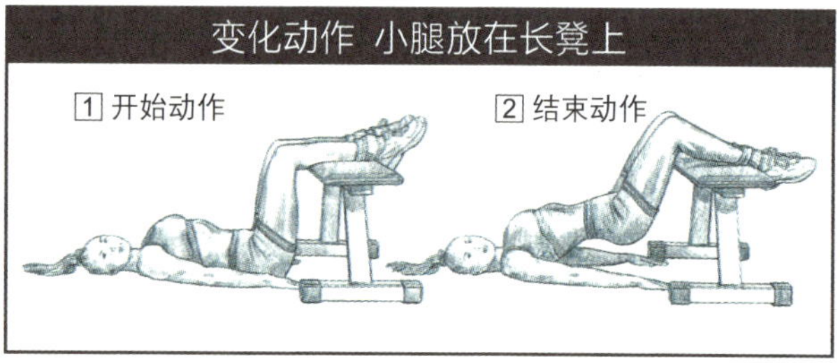

仰卧，双手平放于地面，两臂放在身体两侧。大腿呈直角，将双脚置于长凳上：
- 吸气并尽量上推臀部使其离开地面；
- 保持姿势几秒钟，降低骨盆但臀部不要接触地面；
- 呼气，重复上述动作。

该练习主要锻炼臀大肌和腘绳肌全部肌群。在骨盆抬离地面时，腘绳肌重点得到锻炼。

做该练习需要节奏缓慢，重点是感受肌肉收缩。每组重复10~15次效果最佳。

变化动作

- 可以在下降骨盆时减小运动幅度，不用太接近地面，肌肉产生灼热感即可。

- 小腿放在长凳上进行练习，可以进一步强化对腘绳肌的锻炼，同时也高强度锻炼腓肠肌。

臀部训练

女性和男性脂肪分布图

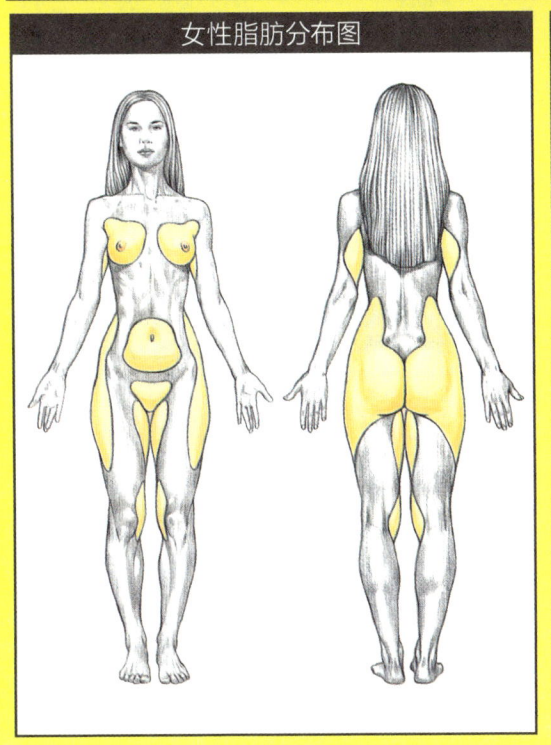
女性脂肪分布图

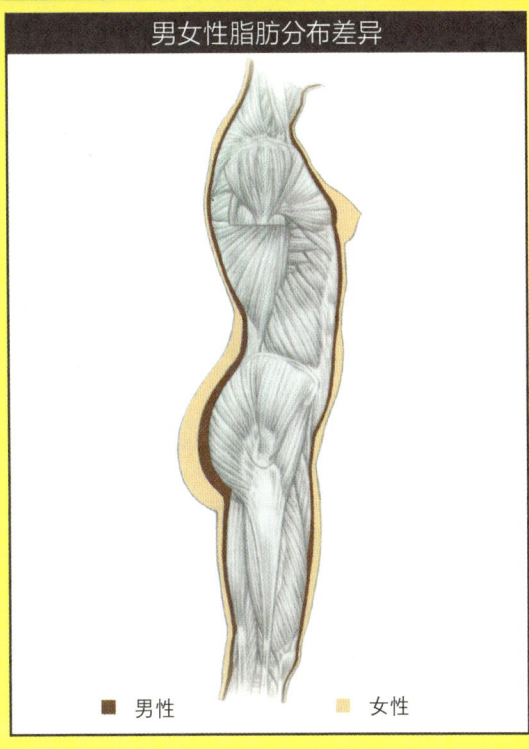
男女性脂肪分布差异

■ 男性　　■ 女性

男性和女性身体结构主要不同之一是女性脂肪更多,而脂肪柔和肌肉边缘,减少骨骼突出感,使表面看起来更圆润,形成女性身材的凹凸特征。

女性体脂率一般在18%~25%,而男性一般只有10%~15%。这是因为女性在生命的某个时刻可能会孕育胎儿并对其进行哺育。因此她必须通过脂肪形式储存能量,以备未来妊娠(以及饥饿时)需要。

必须指出每个健康的人都必须要有脂肪储备才能保证人体正常运转。不应该因为过度恐惧肥胖或是追求一些另类的美学标准而试图让脂肪完全消失。

实际上如果脂肪极低会引发激素问题,导致闭经或暂时停止排卵。

除了体脂率的整体差异外,男性与女性脂肪分布位置也有所不同。女性普遍臀部脂肪多,而男性腹部堆积脂肪更多。这与激素和生育功能有关。由于孕期时,女性要用腹部孕育孩子,所以脂肪不适合储存在那里。能量倾向储备在靠近重心的地方,以免影响行动。因此女性的脂肪通常分布在臀部、髋部和大腿上侧的皮下层。

而比起皮下区域,男性的脂肪倾向堆积在靠近身体重心的腹部内脏间。位于人体内部的肌肉容易被使用来迅速提供能量,而由于连结皮肤和肌肉筋膜或骨骼的纤维束限制,皮下脂肪更难代谢。

不过,尽管男性这种脂肪分布的位置优势可以在跑步或力量运动中立刻提供大量能量,但久坐或大量食物摄入可能使这一优势变为缺点,甚至带来危险。因为如果发福,没有被使用的内脏脂肪就会一直存在于血液中。如果动脉处于亚健康状态,时间一长,积累在组织甚至血管中的脂肪可能造成严重的血管疾病或退化疾病,如糖尿病。

臀大肌和腘绳肌拉伸

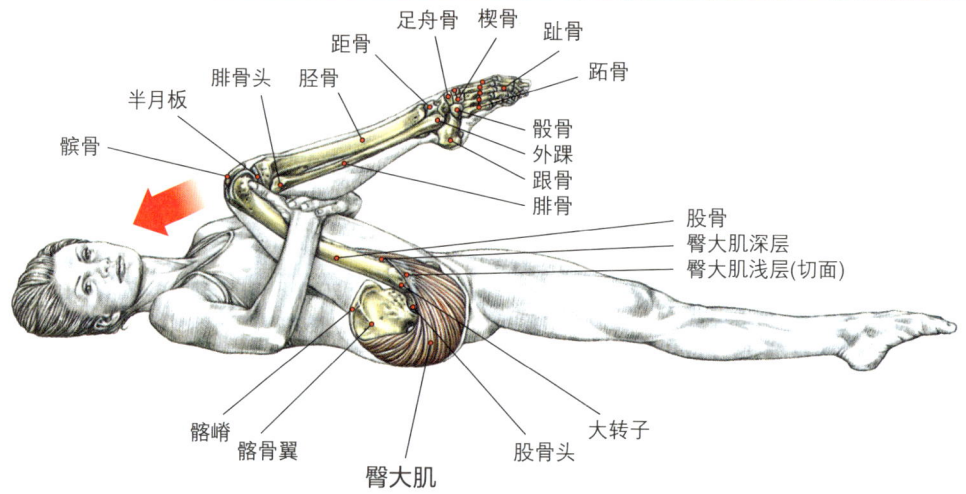

仰躺在地上，双腿伸直：
- 屈起一条腿，双手抱腿柔和地将腿贴近胸口（为了放松腘绳肌）；
- 保持此姿势并缓慢地呼吸，感受臀大肌地拉伸；
- 回到起始姿势，换腿重复上述动作。

变化动作

将腿贴近胸口时可以保持膝盖伸直。这样能强化对腘绳肌的拉伸，减弱对臀大肌的拉伸。不过需要注意，对某些人群来说，腘绳肌伸张会限制髋部弯曲。

变化动作 伸膝

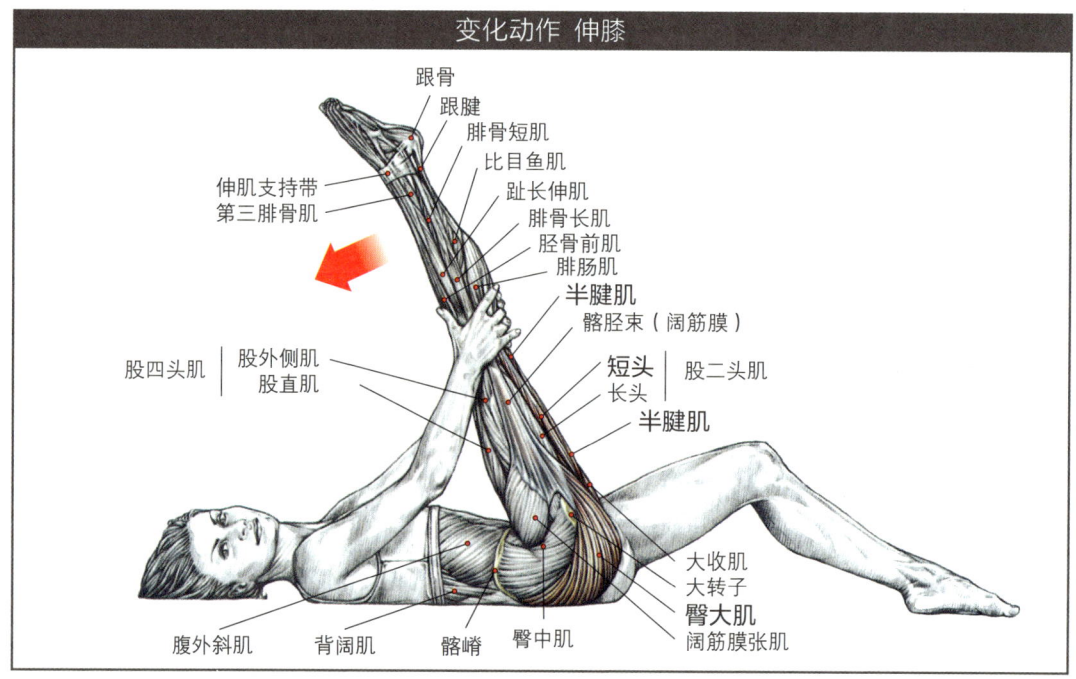

臀部训练

拉力器髋外展 10

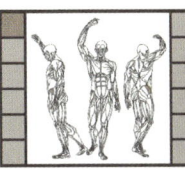

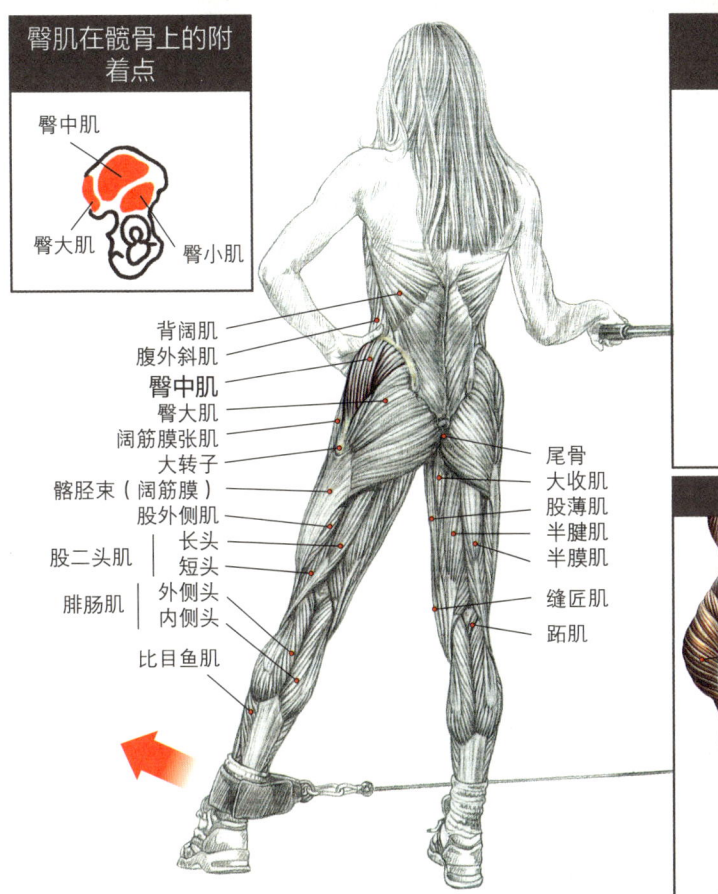

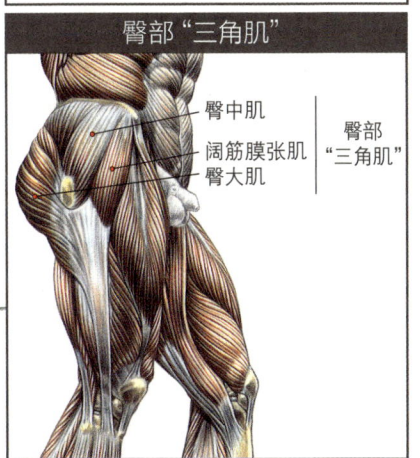

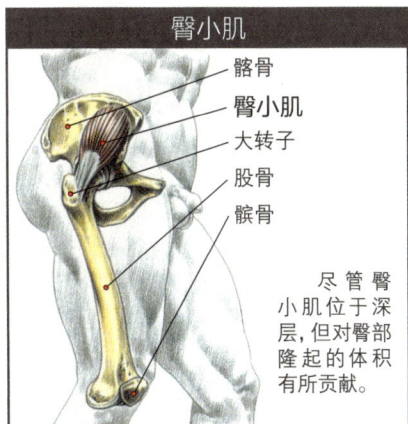

单腿站立，将低位拉力器固定在另一条腿的踝部。支撑腿侧的手握住支撑物保持身体平衡：
- 向外抬腿，尽量抬高。

该练习主要锻炼臀中肌和深层的臀小肌。多组数训练直至产生灼热感效果最佳。

个体髋部活动性的差异

除了肌肉弹性和韧带松弛度的个体差异外,髋关节骨骼形状对髋关节活动性也有很大影响。髋部外展幅度主要由骨骼结构决定。

举例来说:
- 几乎水平的股骨颈(髋内翻)与宽且覆盖面积大的髋臼上侧缘相连,限制外展运动。
- 几乎垂直的股骨颈(髋外翻)与窄的髋臼上侧缘相连,利于外展运动。

因此,如果身体结构不允许,侧抬腿时很难抬得很高。

如果强迫髋部外展,股骨颈将紧贴髋臼边缘。侧抬腿时,通过另一侧骨盆在股骨头的移动进行补偿。这样重复强迫髋关节外展,时间一长一些人可能会出现轻微创伤,这将导致髋臼边缘过度发展,限制髋关节活动,并可能引起疼痛和炎症。

臀小肌和臀大肌动作

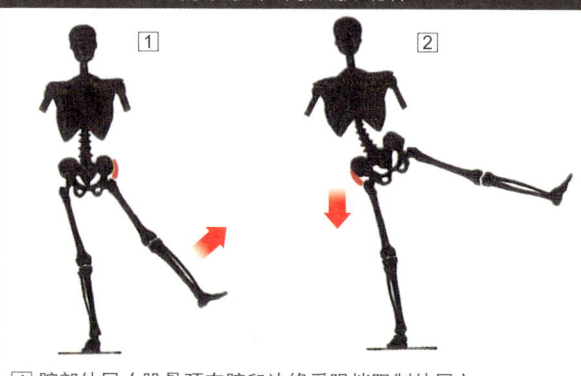

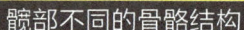

① 髋部外展(股骨颈在髋臼边缘受阻挡限制外展)
② 强制髋部外展(骨盆随另一侧股骨头移动)

髋部不同的骨骼结构

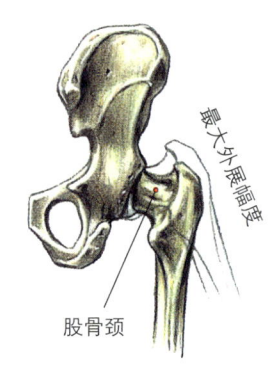

股骨颈接近水平也被称为髋内翻。由于股骨颈很快受到髋臼上侧缘阻挡,限制外展幅度。

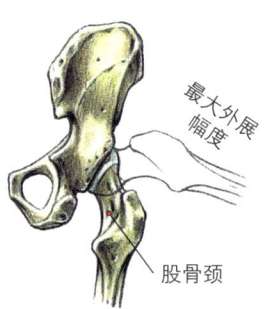

股骨颈接近垂直也被称为髋外翻。这样髋外展幅度可以很大。

髋关节

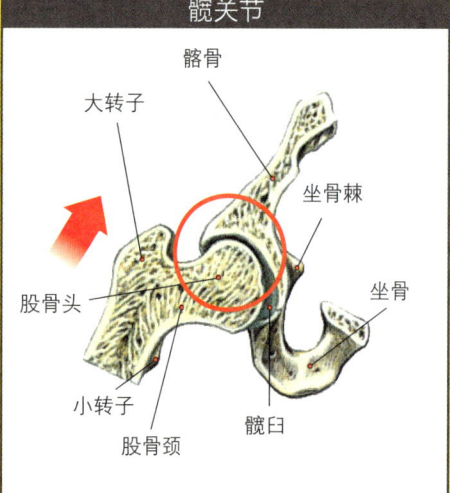

股骨颈在髋臼边缘受阻挡限制髋外展。

臀部训练

站姿器械髋外展 11

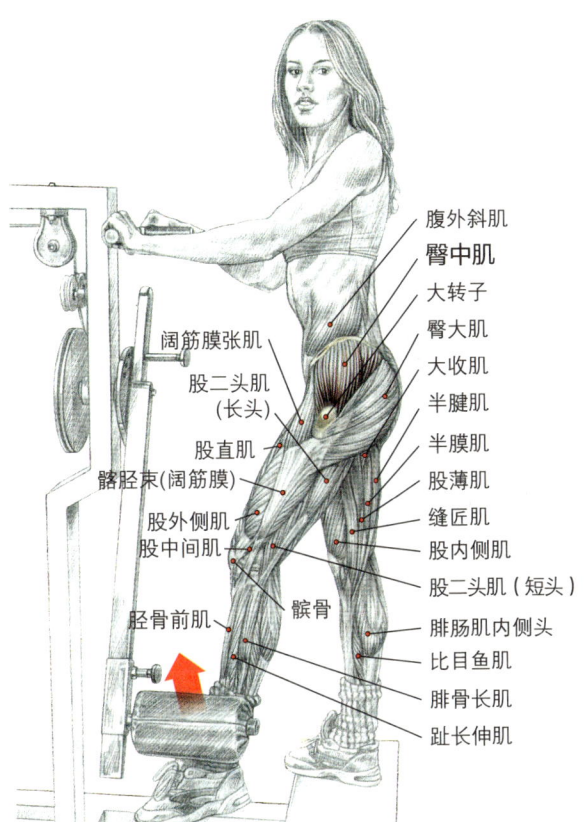

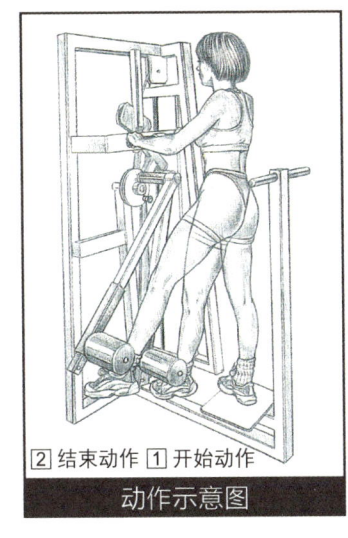

②结束动作 ①开始动作
动作示意图

面向机器单腿站立，另一条腿的踝关节外侧抵着泡沫轴：
- 向侧面尽量抬高腿；
- 缓慢回到起始姿势。需要注意，髋关节外展时，股骨颈与髋臼边缘接触很快受到阻挡，因此活动幅度受限。

该练习能很好锻炼臀中肌和深层的臀小肌。臀小肌的作用与臀中肌相同。为了达到更好的锻炼效果，建议进行多组数练习。

臀中肌和臀小肌

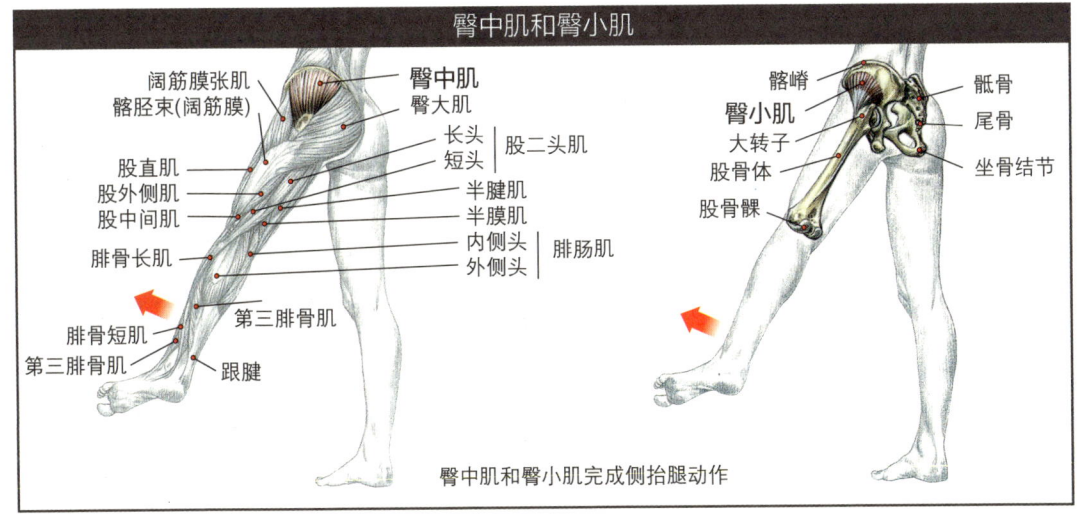

臀中肌和臀小肌完成侧抬腿动作

12 侧卧髋外展

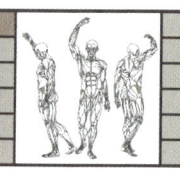

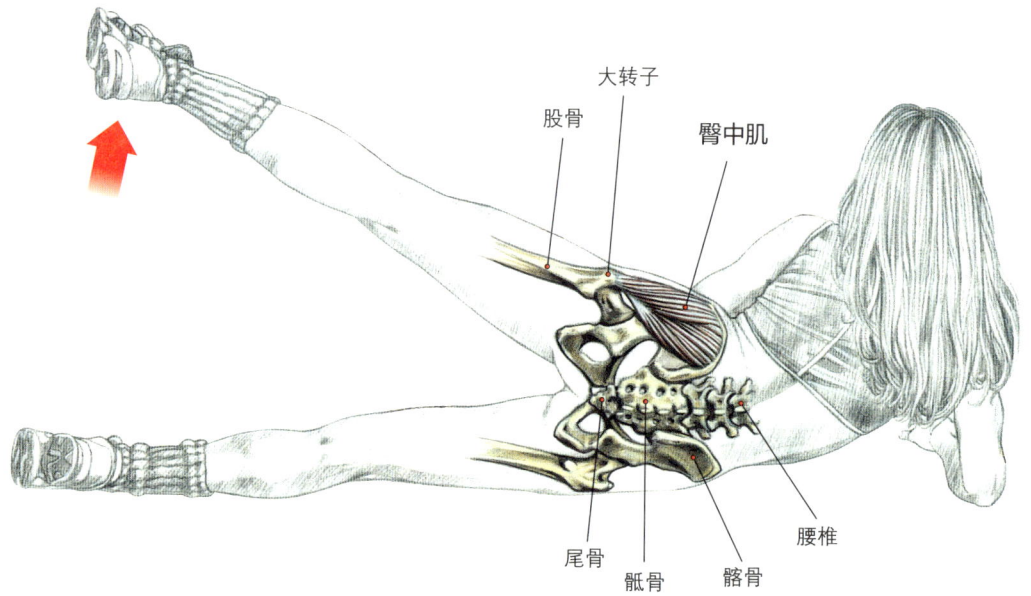

大转子 / 股骨 / 臀中肌 / 腰椎 / 髂骨 / 骶骨 / 尾骨

动作示意图

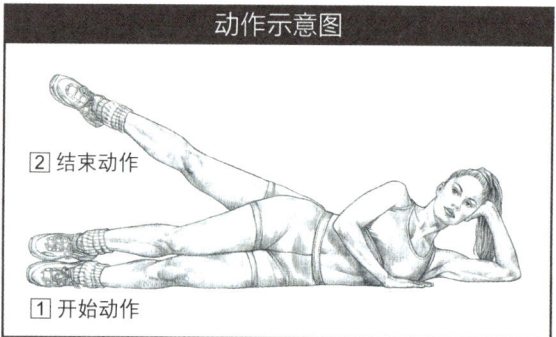

① 开始动作
② 结束动作

侧卧，一只手支撑头部：
- 保持膝盖伸直向上抬腿，髋部外展角度不要超过70°。

该练习可以锻炼臀中肌和臀小肌。可以进行大幅度练习或小幅度练习。在外展结束后肌肉可以保持几秒的收缩。腿可以稍向前、稍向后或垂直上抬。

为了增加训练强度，可以踝部增加负荷、用弹力带或低位拉力器练习。

三种向上抬腿的方式 / 主要锻炼的区域

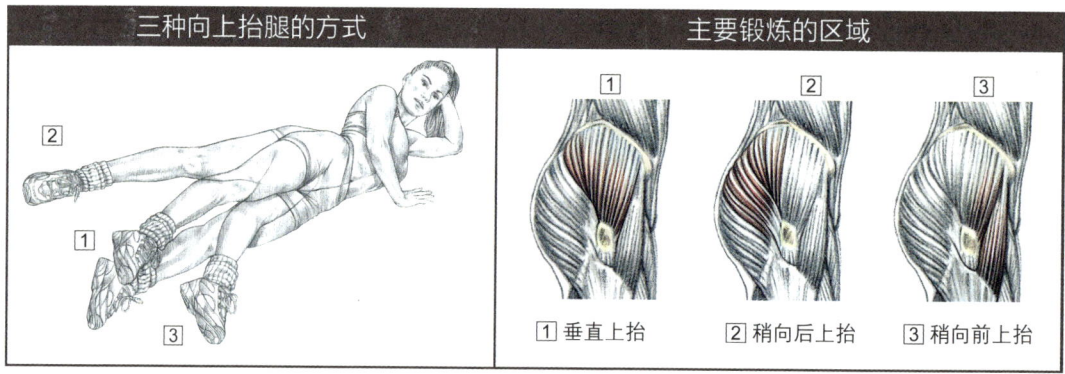

① 垂直上抬　② 稍向后上抬　③ 稍向前上抬

臀部训练

坐姿器械髋外展 13

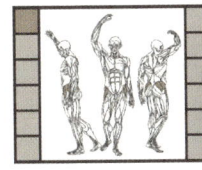

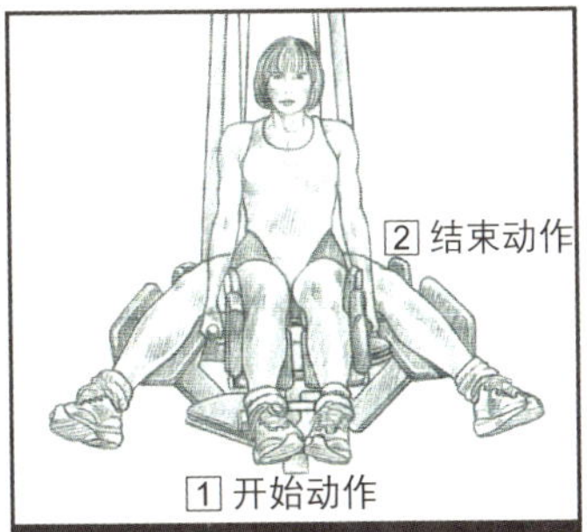

动作示意图
① 开始动作
② 结束动作

腹外斜肌
腹直肌
臀中肌
阔筋膜张肌
大转子
股四头肌
股直肌
股外侧肌
髂胫束(阔筋膜)
臀大肌

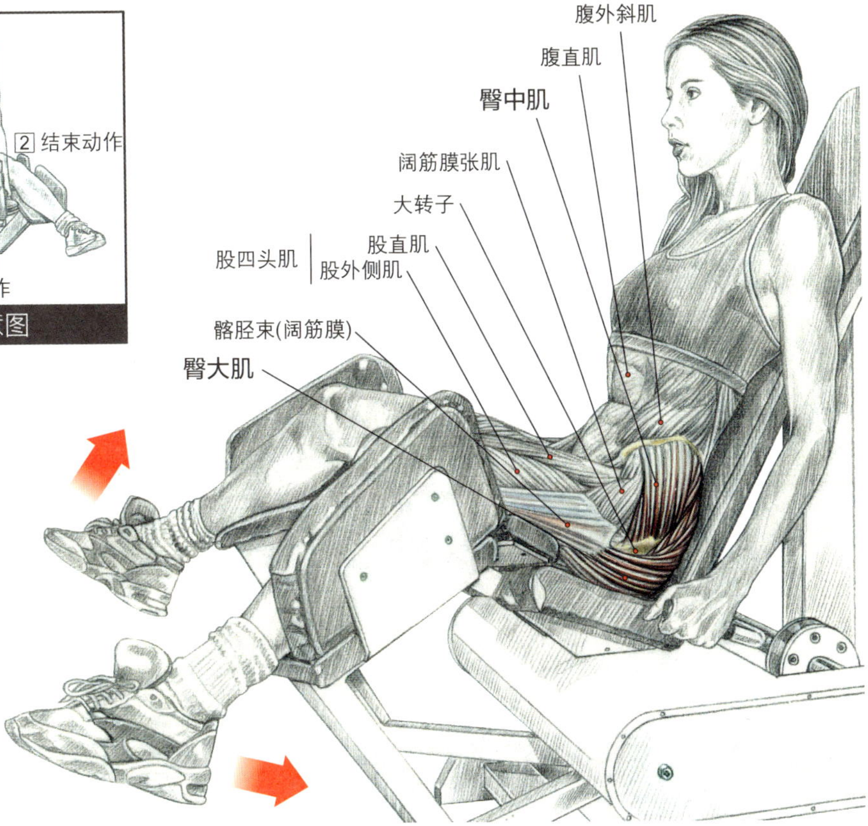

坐在训练机上：
- 双腿用力向外分开。

座椅靠背斜度大，能锻炼臀中肌；座椅靠背斜度小或垂直，能锻炼臀大肌上部。可以在训练时改变靠背倾斜角度来改变身体前倾程度。

比如可以背部紧贴椅背重复10次动作，随后躯干前倾重复10次动作。

该动作很适合女性，可以使髋部上侧更紧实，使腰部显得更加纤细。

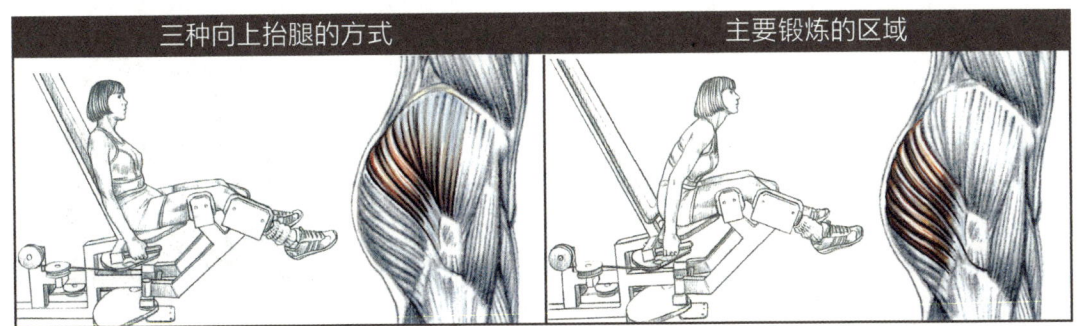

三种向上抬腿的方式　　　　主要锻炼的区域

臀部拉伸

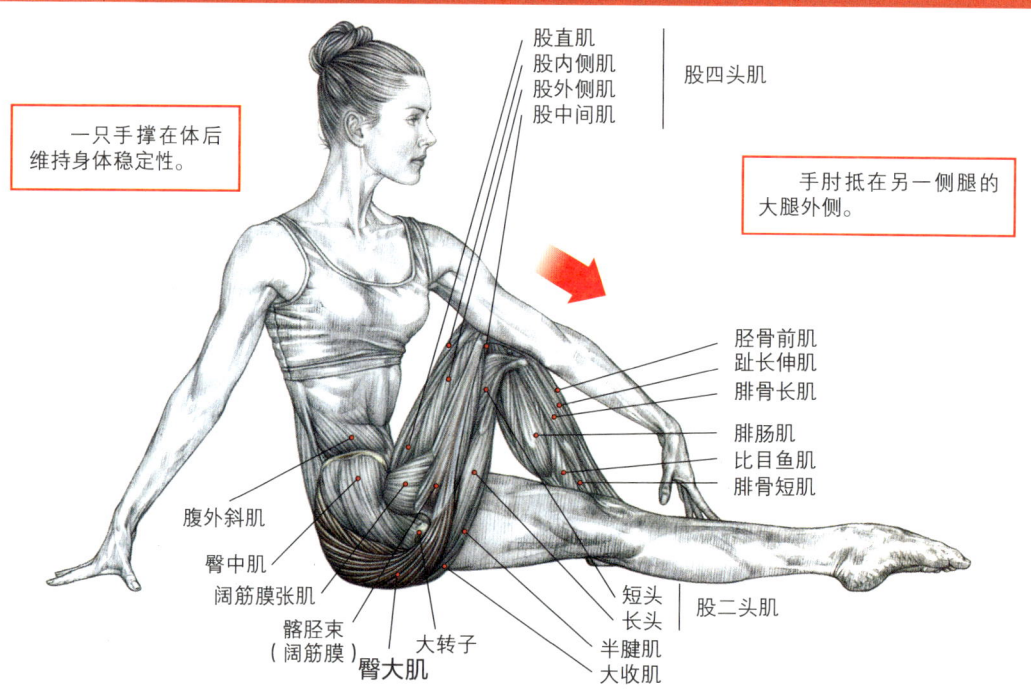

坐在地上，一条腿伸直，另一条腿弯曲，脚跨过伸直的腿踩地：

- 通过手肘给弯曲腿的膝盖外侧一个向内的压力。

该练习主要拉伸臀大肌以及深层的肌肉（梨状肌、腓肠肌、股方肌、闭孔内肌、闭孔外肌）。

变化动作

可以使用双手给弯曲腿膝盖压力。

变化动作 强化腰部拉伸

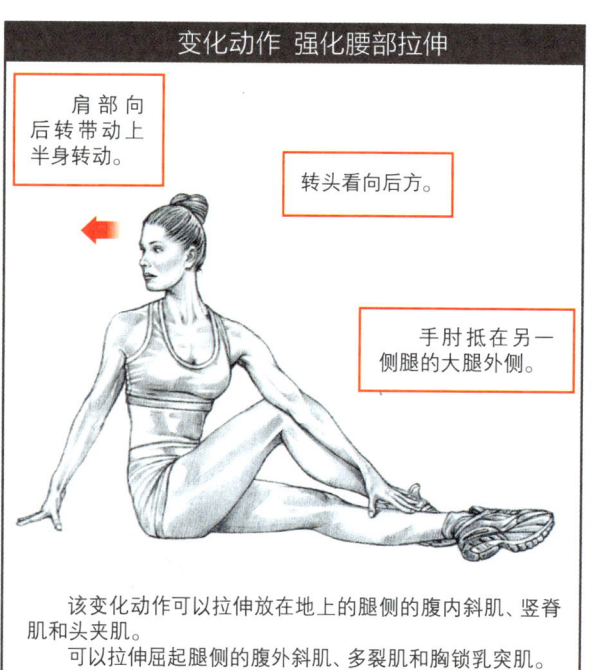

该变化动作可以拉伸放在地上的腿侧的腹内斜肌、竖脊肌和头夹肌。
可以拉伸屈起腿侧的腹外斜肌、多裂肌和胸锁乳突肌。

拉伸的肌肉

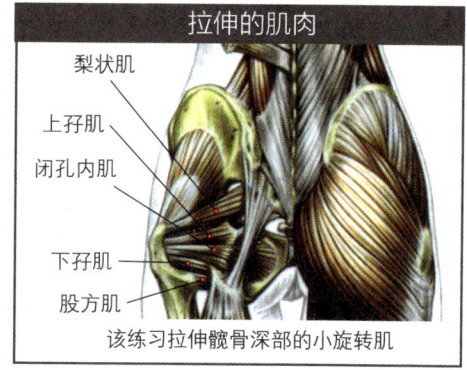

该练习拉伸髋骨深部的小旋转肌

07 腹部训练

01 / 卷腹 225
➕ 腹肌训练的正确姿势 226
02 / 仰卧起坐 227
◤ 仰卧起坐锻炼的肌肉 228
03 / 体操梯仰卧起坐 229
04 / 训练凳仰卧起坐 230
05 / 斜板仰卧起坐 231
06 / 悬空凳仰卧起坐 232
07 / 绳索卷腹 233
08 / 器械卷腹 234

09 / 斜板仰卧举腿 235
↗ 上半身整体拉伸 236
10 / 坐姿屈膝举腿 237
11 / 悬垂屈膝举腿 238
12 / 横杆转体 239
13 / 哑铃体侧屈 240
14 / 罗马椅体侧屈 241
15 / 器械旋转 242
↗ 腹部拉伸 243
◤ 不同的腹肌形态 245

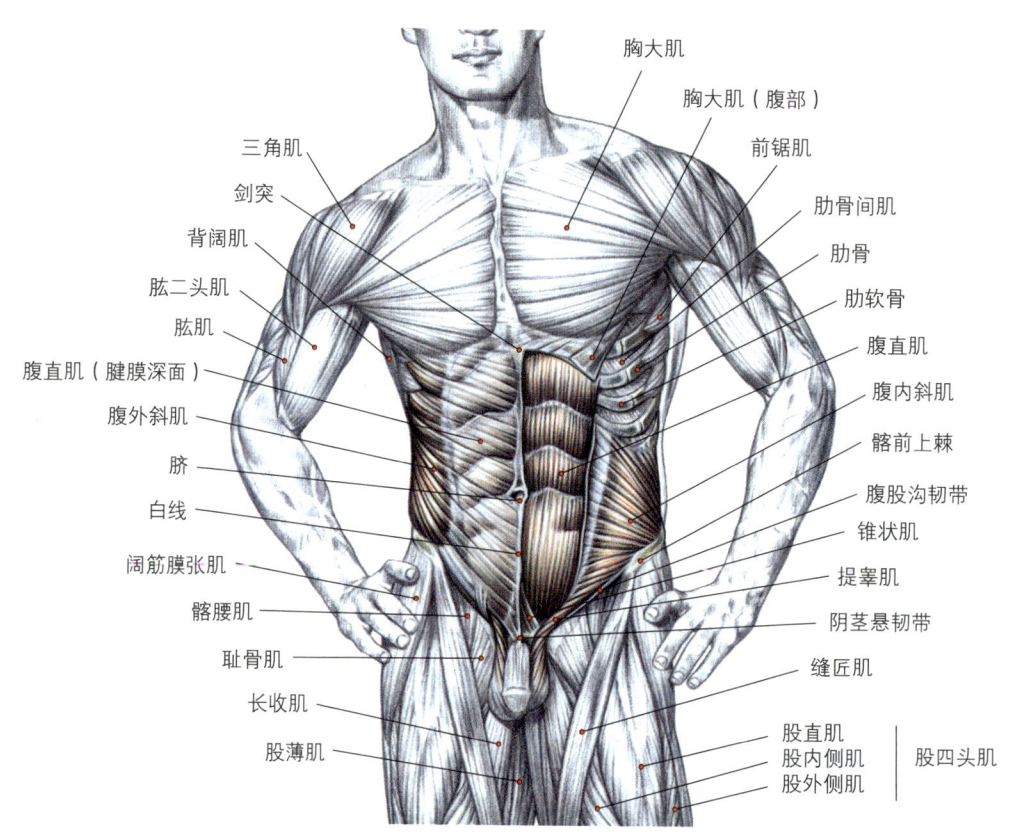

腹部训练

卷腹 01

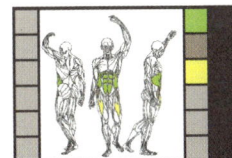

- 胫骨前肌
- 趾长伸肌
- 腓肠肌外侧头
- 股中间肌
- 髌骨
- 股内侧肌
- **腹直肌**
- **腹外斜肌**
- 胸大肌
- 腓骨长肌
- 比目鱼肌
- 股二头肌（短头）
- 股外侧肌
- 股二头肌（长头）
- 髂胫束（阔筋膜）
- **股直肌**
- 大转子
- 臀大肌
- 臀中肌
- 阔筋膜张肌
- 前锯肌
- 背阔肌
- 大圆肌

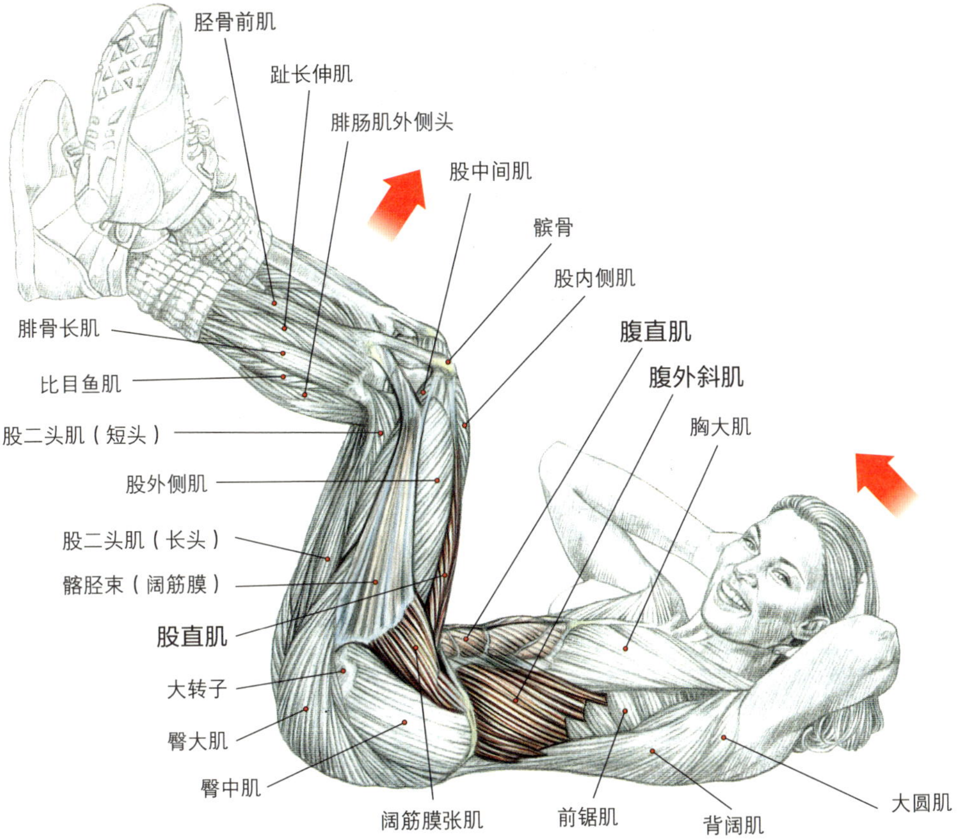

仰卧，背部贴地，双手抱头，大腿垂直，屈膝：
- 吸气，双肩离地，通过弯曲脊柱将头靠近膝盖；
- 动作结束时呼气。

该动作主要锻炼腹直肌。

为了加强对腹斜肌的锻炼，可以弯曲脊柱将右肘靠近左膝，随后将左肘靠近右膝，进行交替练习。

弯曲脊柱，通过自主收缩使耻骨和胸骨相互靠近。

动作示意图

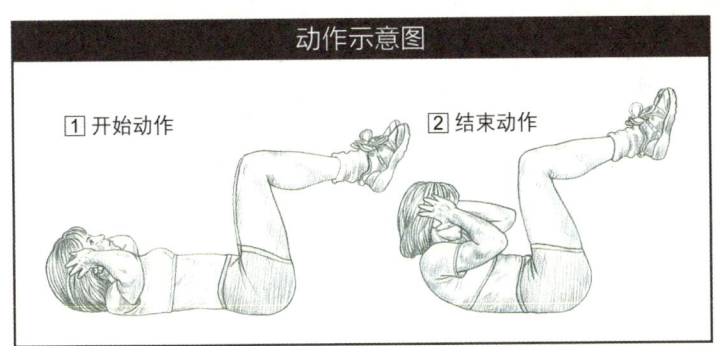

① 开始动作　② 结束动作

变化动作 坐姿卷腹

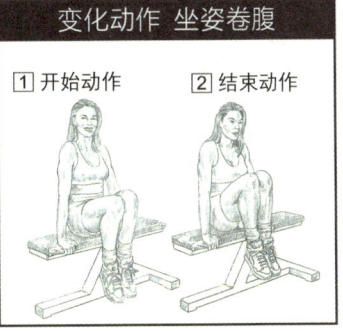

① 开始动作　② 结束动作

腹肌训练的正确姿势

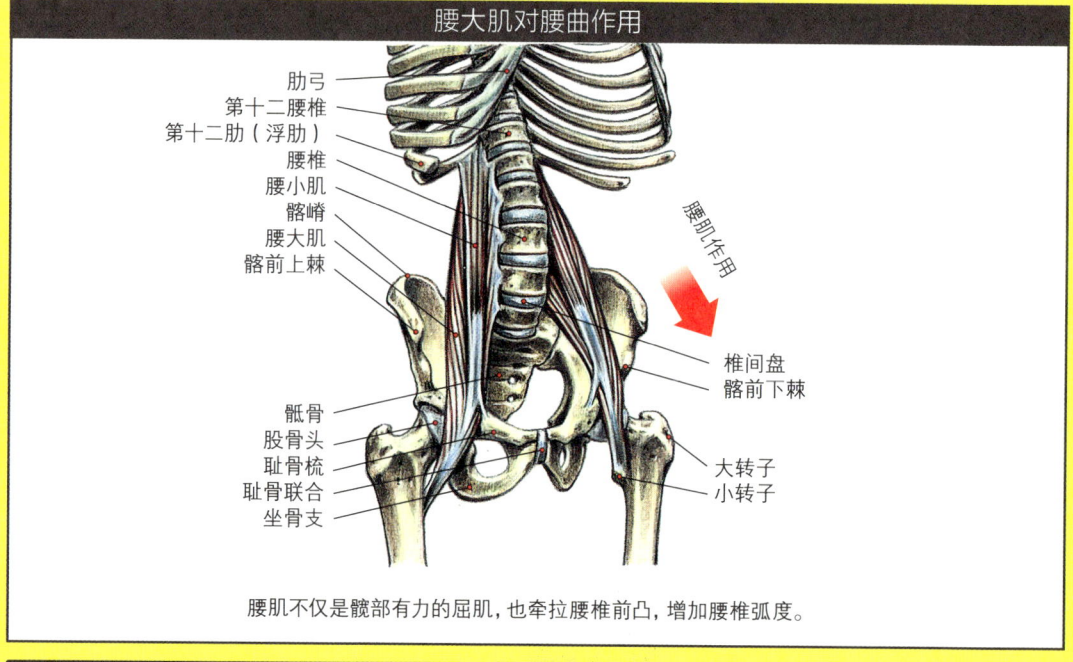

腰大肌对腰曲作用

肋弓
第十二腰椎
第十二肋（浮肋）
腰椎
腰小肌
髂嵴
腰大肌
髂前上棘
骶骨
股骨头
耻骨梳
耻骨联合
坐骨支
椎间盘
髂前下棘
大转子
小转子
腰肌作用

腰肌不仅是髋部有力的屈肌，也牵拉腰椎前凸，增加腰椎弧度。

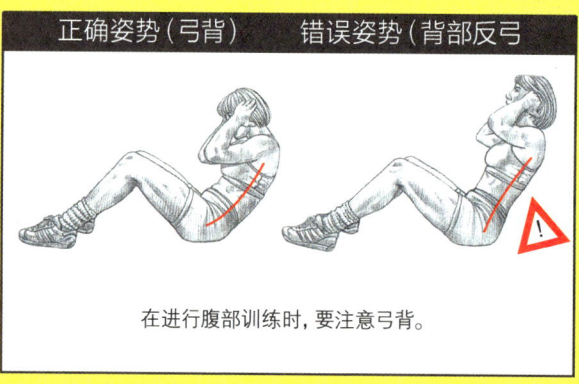

正确姿势（弓背） 错误姿势（背部反弓）

在进行腹部训练时，要注意弓背。

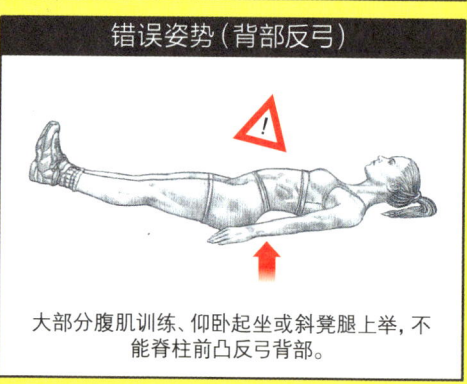

错误姿势（背部反弓）

大部分腹肌训练、仰卧起坐或斜凳腿上举，不能脊柱前凸反弓背部。

与其他肌肉训练不同，腹部肌肉训练，尤其是针对腹直肌的锻炼，需要弯曲脊柱弓背进行。

如果是躺在地上进行腹部肌肉训练，如仰卧起坐，脊柱的姿势与下蹲、硬拉及其它站姿运动是不同的。

在进行深蹲、硬拉、早安式深蹲或其他负重站姿训练时，如果脊柱不是在腰部前凸，那么弓背造成的巨大垂直压力，会使椎间盘的髓核后移，可能压迫神经，导致椎间盘突出和坐骨神经痛。

相反，在进行腹部专项训练时，由于腹直肌和腹斜肌的强力收缩，我们会忘记弓背。腰大肌作为髋部强力有的屈肌会加强腰椎反弓弧度，使得因为垂直压力而不稳定的椎间盘向前移动。

这会导致腰椎关节后侧承担额外压力，可能导致腰痛，更严重的情况下关节会因为压力和剪力而损伤。

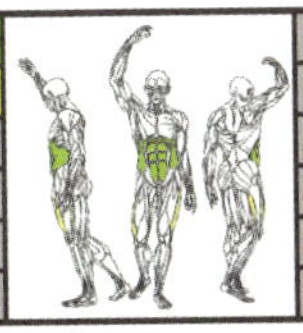

仰卧起坐 02

动作示意图

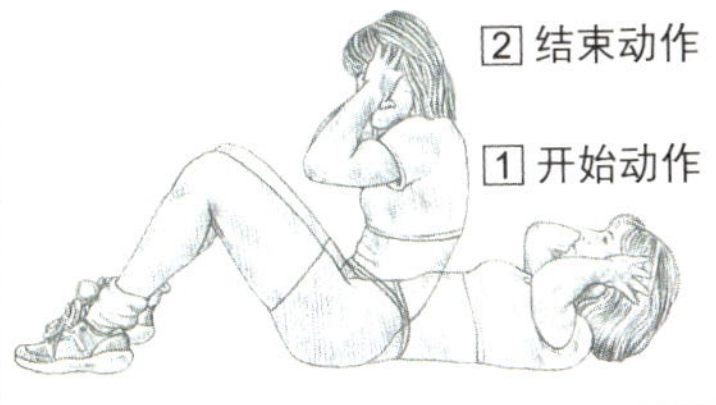

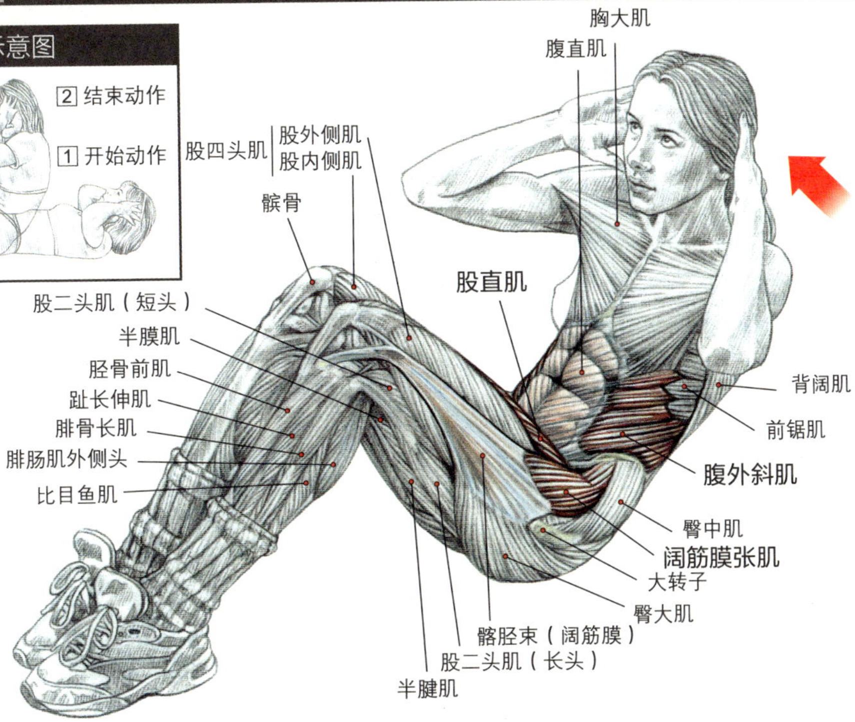

屈膝仰卧，脚放在地上，双手置于耳后：
- 吸气，弓背并抬起上半身；
- 动作结束时呼气；
- 回到起始姿势，但背部不要触地；
- 重复上述动作，直至腹肌产生灼热感。

该练习主要锻炼腹直肌，也锻炼髋部屈肌以及腹斜肌。

变化动作
- 为了方便训练，练习时可以请搭档固定住我们的脚。
- 双臂前伸可以使动作容易完成一些，适合初学者。
- 在斜凳上练习可以增加训练强度。

> 一般来说，女性上半身相对不发达，躯干与腿部从体积比例上来说比男性小。因此女性比男性更容易完成仰卧起坐，在做动作时双脚也不容易离地。

变化动作 直臂练习
伸直手臂练习可以使动作做起来容易一些。

变化动作 搭档保持脚固定

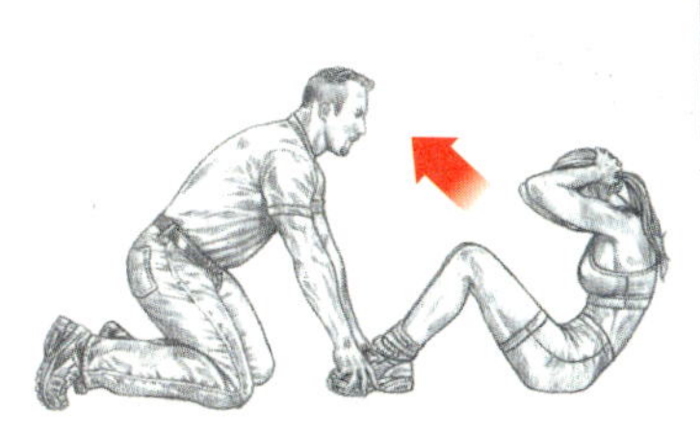

变化动作 斜凳练习
斜凳倾斜角度越大，锻炼强度越大。

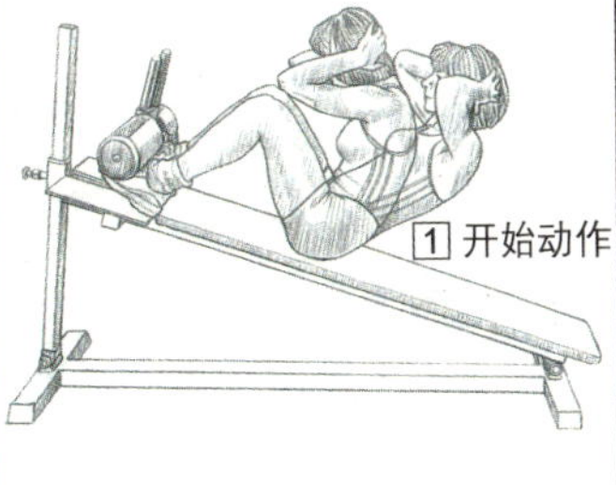

仰卧起坐锻炼的肌肉

髋部屈肌	使胸骨靠近耻骨的腹部肌肉
髂腰肌运动	腹直肌运动
股直肌运动	腹外斜肌运动
阔筋膜张肌运动	腹内斜肌运动

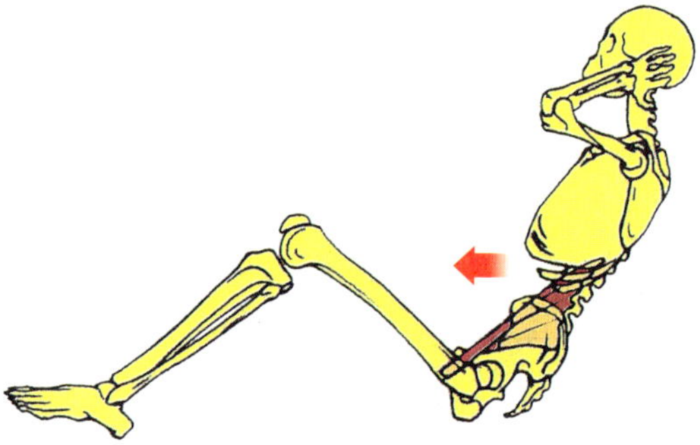

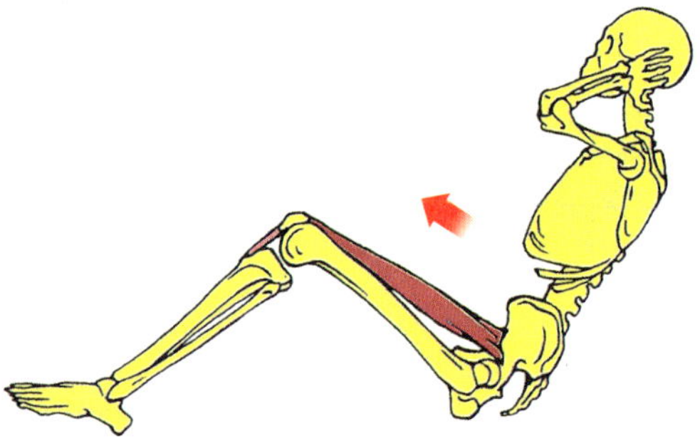

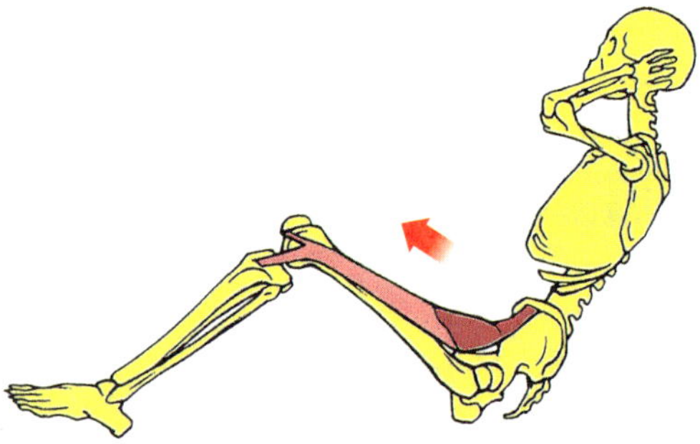

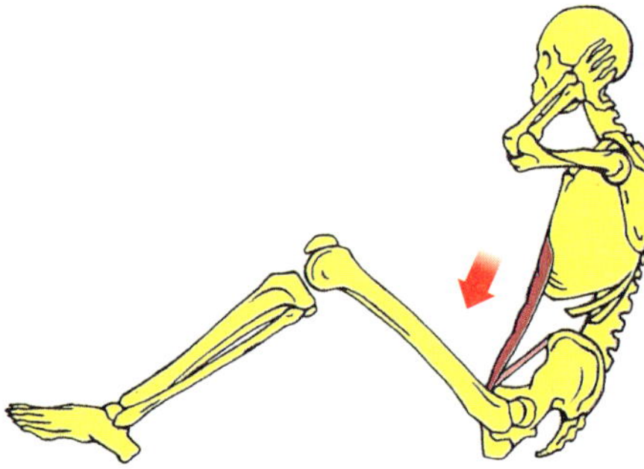

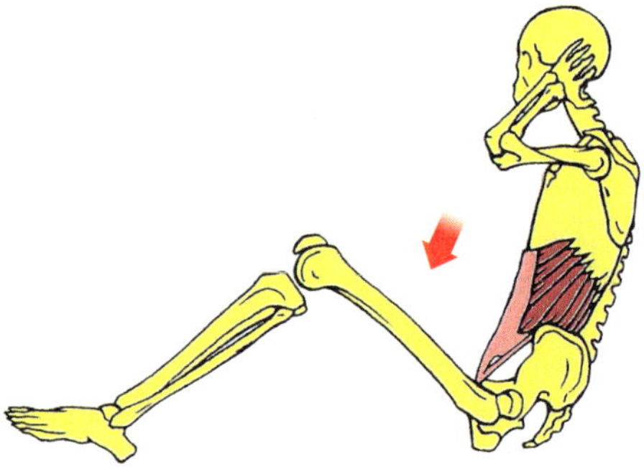

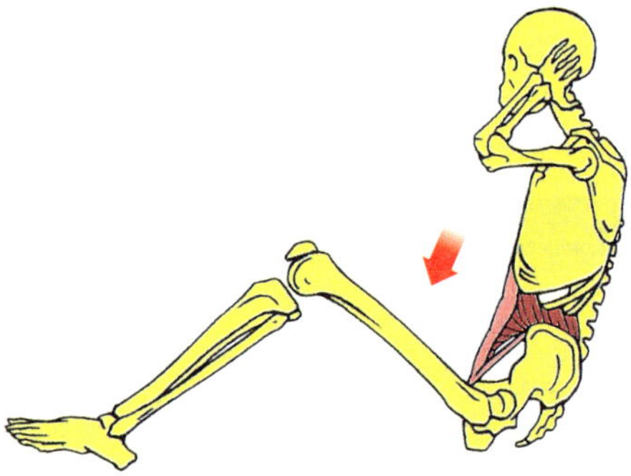

体操梯仰卧起坐 03

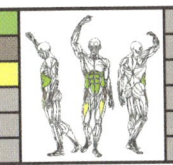

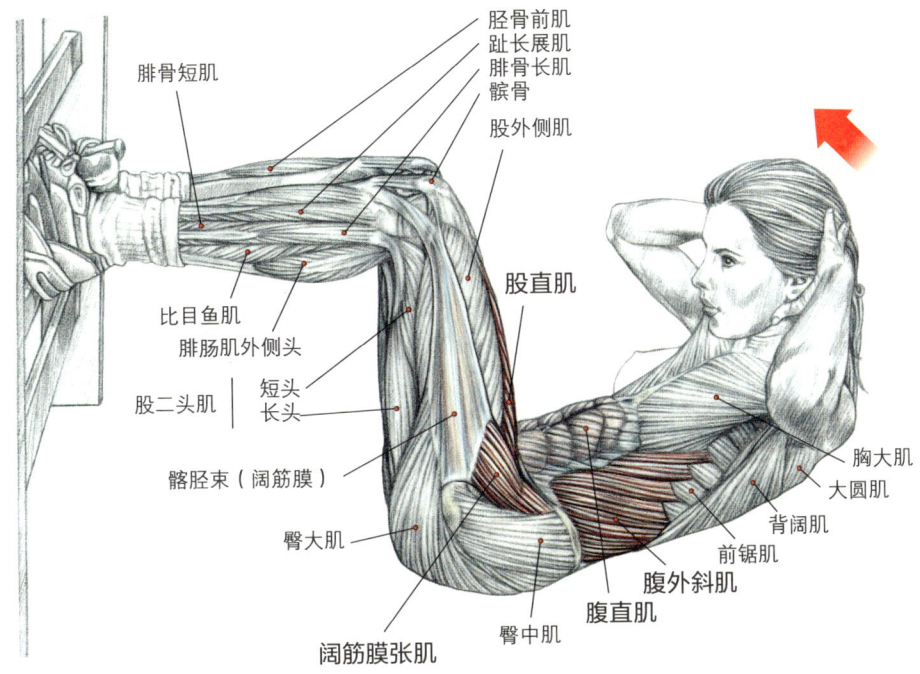

仰卧，双脚固定在体操梯两横杠之间，屈髋90°，双手置于耳后：
- 吸气，弯曲脊柱，使躯干尽量抬高；
- 动作结束时呼气。

该练习锻炼腹直肌，腹外斜肌和腹内斜肌也得到一定锻炼。

降低脚的高度，可以增加骨盆活动度，从而增加肌肉运动幅度，更好地锻炼髋部屈肌（包括髂腰肌、股直肌和阔筋膜张肌）。

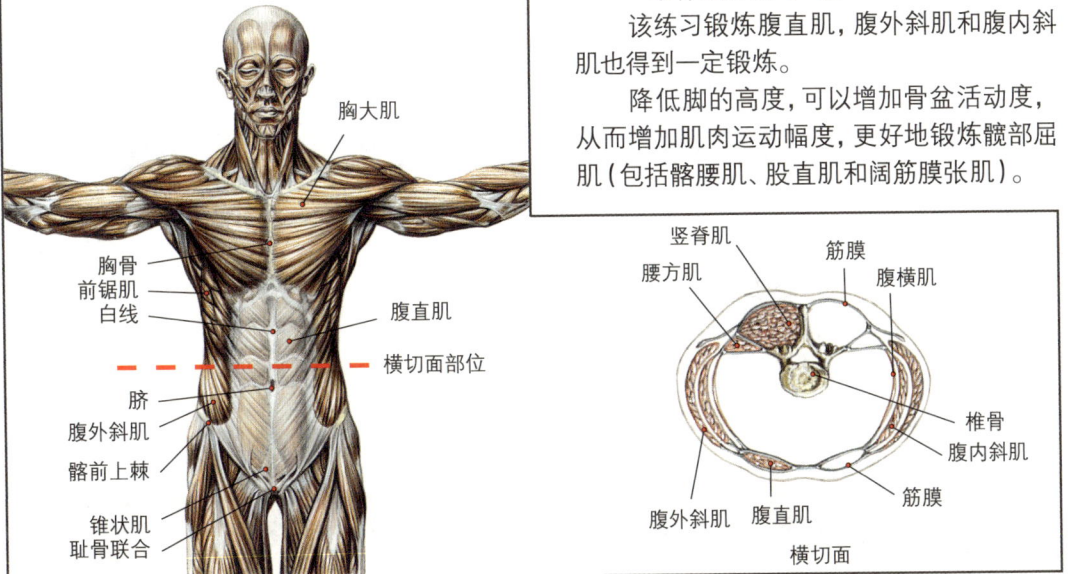

腹部肌肉剖面图

04 训练凳仰卧起坐

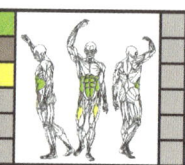

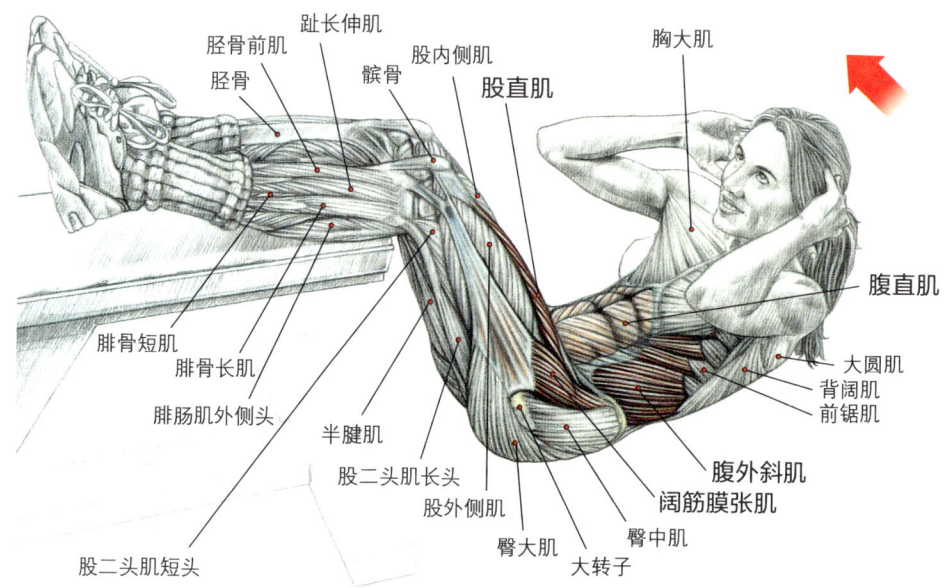

仰卧，小腿放在训练凳上，双手置于耳后：
- 吸气，抬起肩膀并弓背，尝试让头触碰膝盖；
- 动作结束时呼气。

该练习集中锻炼腹直肌，特别是肚脐以上部分。若躯干远离训练凳，可以增加骨盆灵活度。这样通过髂腰肌、阔筋膜张肌和股直肌收缩可以弯曲髋部抬起躯干。

动作示意图

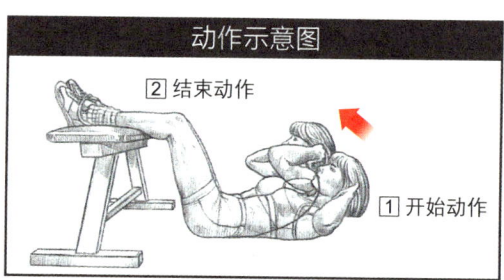

1 开始动作
2 结束动作

双手和双肘的位置

正确姿势　　错误姿势

为了防止颈部过度拉伸，建议不要将双手交叉放在脑后，而是放在耳朵两侧。双肘越张开，运动难度越大。双肘越靠近，越向前倾，运动越容易进行。

腹部训练

斜板仰卧起坐 05

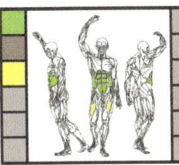
变化动作 旋转躯干

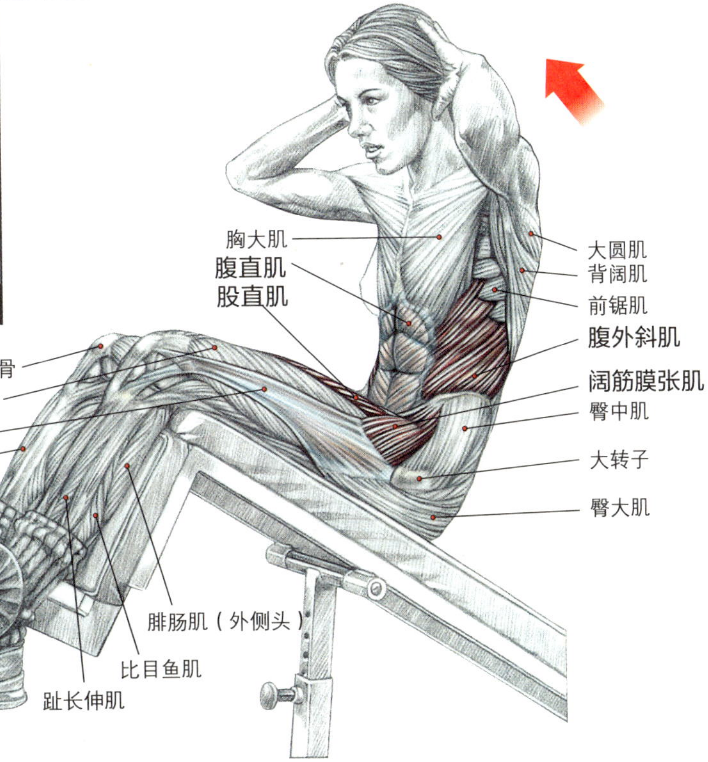

胸大肌
腹直肌
股直肌
髌骨
股外侧肌
髂胫束
胫骨前肌
腓肠肌（外侧头）
比目鱼肌
趾长伸肌

大圆肌
背阔肌
前锯肌
腹外斜肌
阔筋膜张肌
臀中肌
大转子
臀大肌

腹部肌肉运动方向和脏器稳固系统示意图

1 腹直肌　2 腹外斜肌
3 腹内斜肌　4 腹横肌

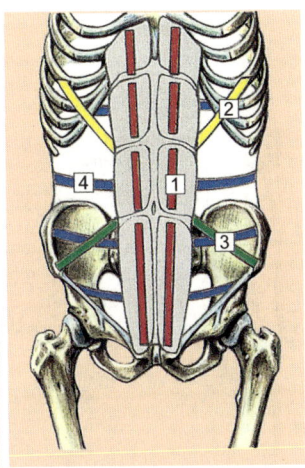

四足动物的腹部肌肉像吊床一样支撑内脏器官，其在运动中的作用相对有限。而由于人类是两足动物，腹部肌肉能在站立时加强骨盆和躯干连结，避免躯干在走路或跑步时过度摆动。因此腹部肌肉能积极保护并固定内脏器官。

坐在斜凳上，两脚固定在海绵滚轴下，双手放在颈后。

吸气，将躯干向后仰，与凳面形成角度不超过20°：

- 抬起躯干，轻微弓背集中锻炼腹直肌；
- 动作结束时呼气。

多组数进行此练习。可以锻炼腹部肌肉、髂腰肌、阔筋膜张肌以及股直肌。后三块肌肉可使骨盆前倾。

变化动作

当挺直躯干时，旋转躯干可以使腹斜肌得到锻炼。

例如：向左转身，可加强对右侧腹外斜肌、左侧腹内斜肌和右侧腹直肌的锻炼。

可以交替转身进行练习或进行单边整组练习后换边。无论哪种练习方式，都应集中感受肌肉发力。无需过度倾斜凳面。

06 悬空凳仰卧起坐

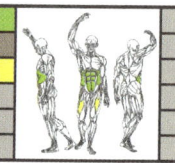

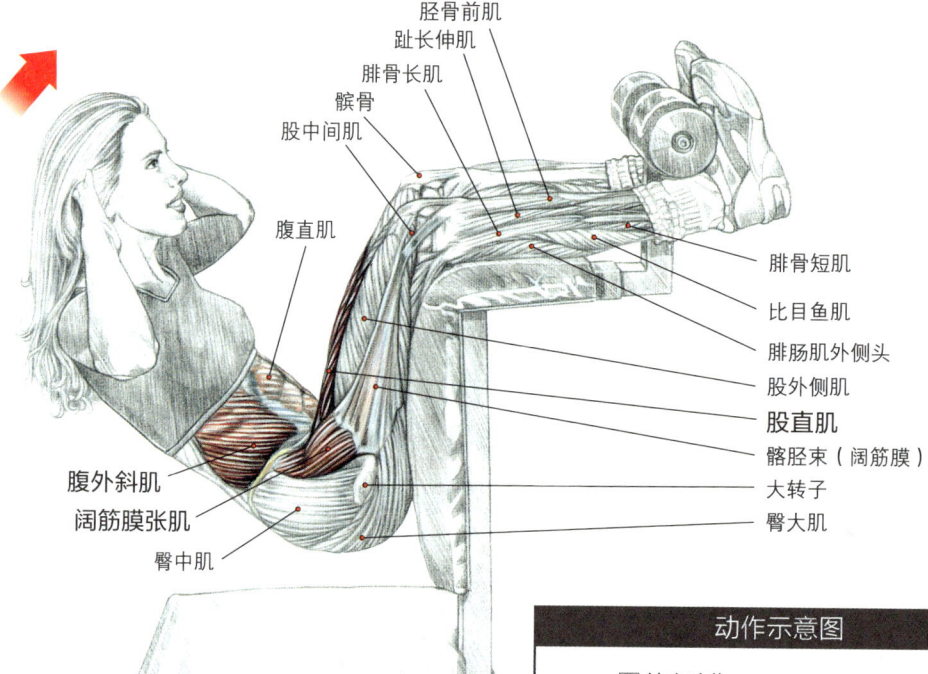

两脚勾住海绵滚轴，躯干悬空，双手置于耳后：
- 吸气，抬起躯干，尝试用头触碰膝盖。注意始终保持脊柱蜷曲；
- 收缩结束时呼气。

该动作主要锻炼腹直肌。腹斜肌也得到一定程度的锻炼。需要注意，骨盆前倾时，股直肌、髂腰肌和阔筋膜张肌发挥重要作用。

> 此项训练强度很大，可以从其他比较容易的训练开始增加腹部力量。

变化动作 手臂前伸

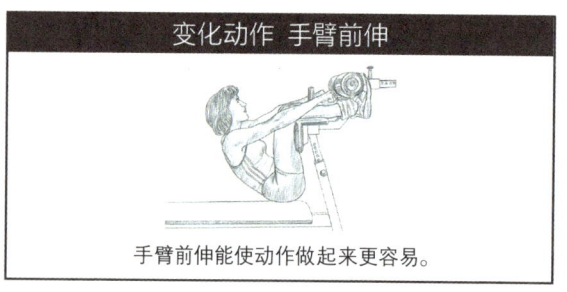

手臂前伸能使动作做起来更容易。

动作示意图 / 髋部屈肌

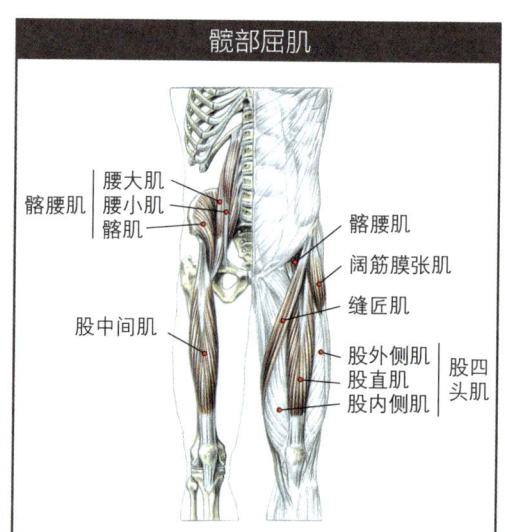

腹部训练

绳索卷腹 07

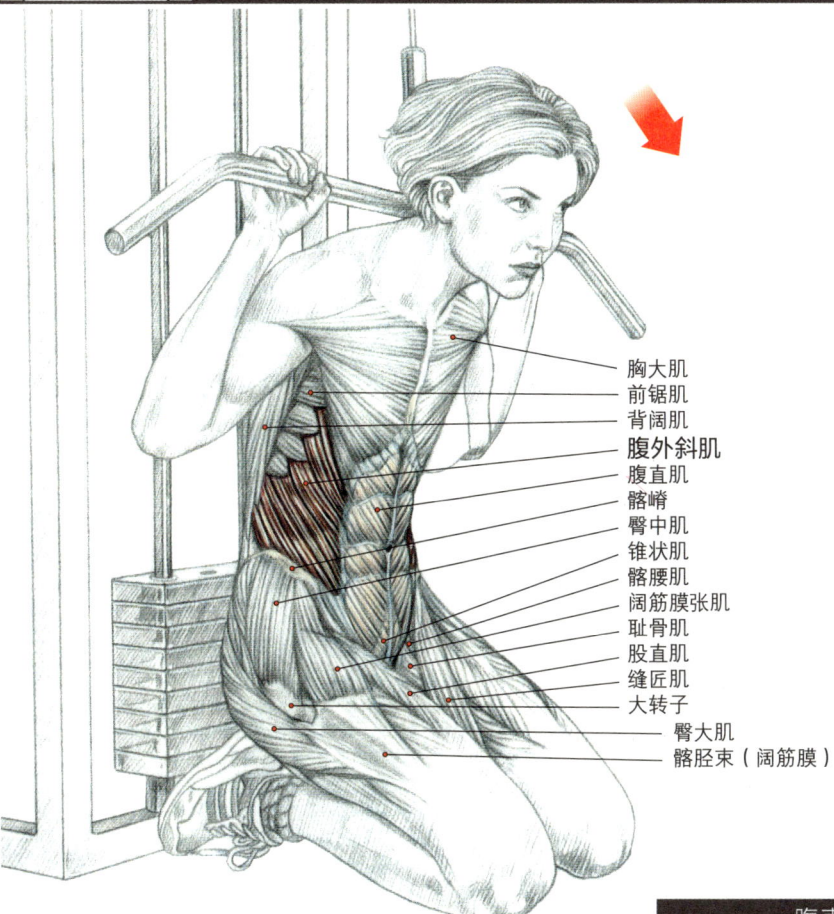

胸大肌
前锯肌
背阔肌
腹外斜肌
腹直肌
髂嵴
臀中肌
锥状肌
髂腰肌
阔筋膜张肌
耻骨肌
股直肌
缝匠肌
大转子
臀大肌
髂胫束（阔筋膜）

呈跪姿，双手握住拉杆置于颈后：
- 吸气，脊柱向前蜷曲，使胸骨尽量向耻骨靠近；
- 动作结束时呼气。

此项训练切忌负重过大，重点是感觉腹部，尤其是腹直肌收缩。

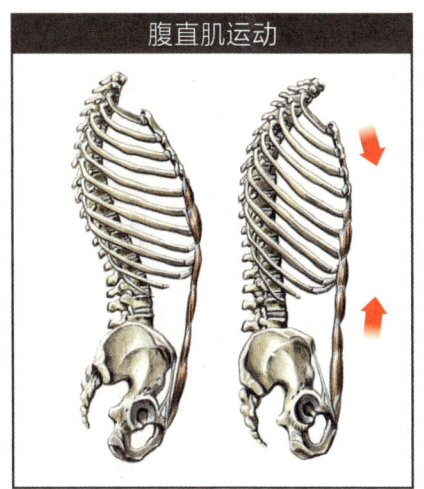

腹直肌运动

08 器械卷腹

腹直肌

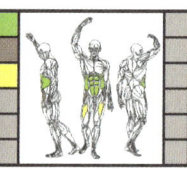

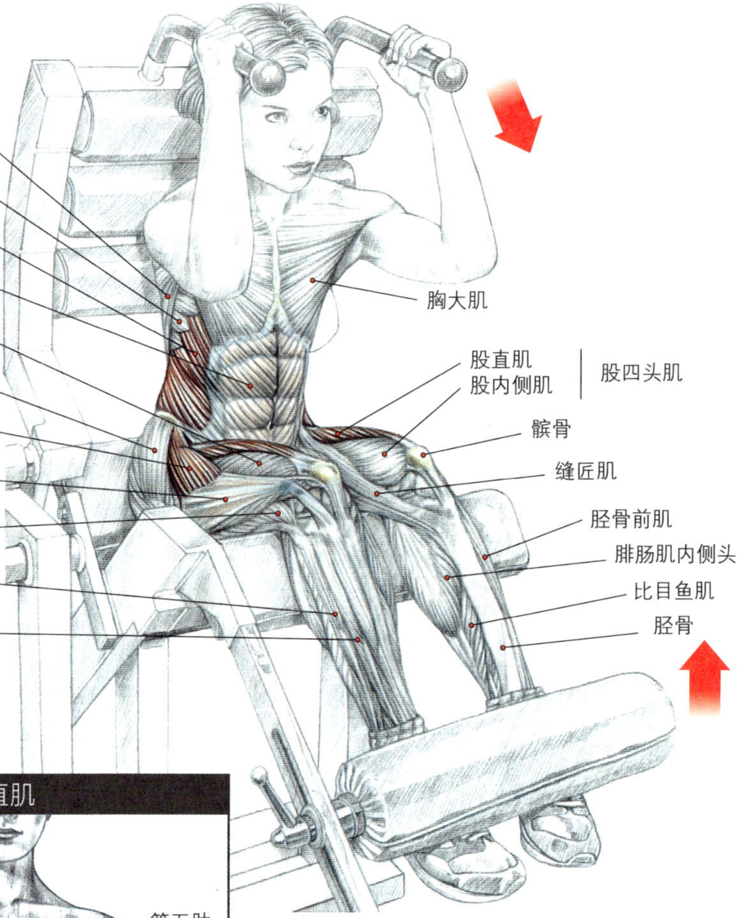

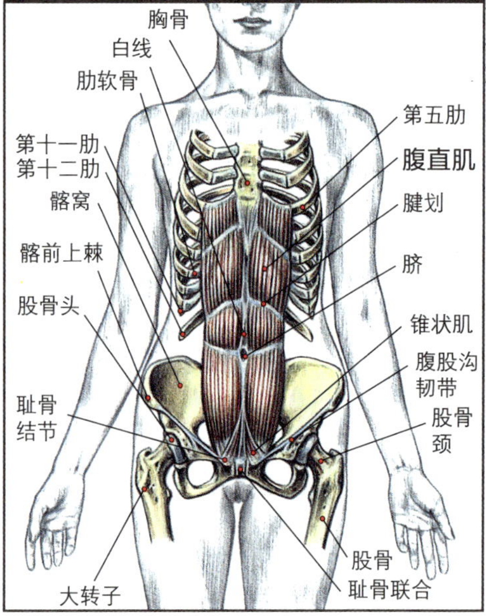

坐在训练机上，双手紧握手柄，两脚固定在海绵轴下：

- 吸气，蜷曲脊柱，使胸骨尽量靠近耻骨；
- 动作结束时呼气。

该练习可根据训练者自身力量调整负重。因此初学者可以使用轻负荷练习，训练有素的运动员可以进行大负荷练习。

腹部训练

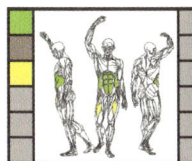

斜板仰卧举腿 09

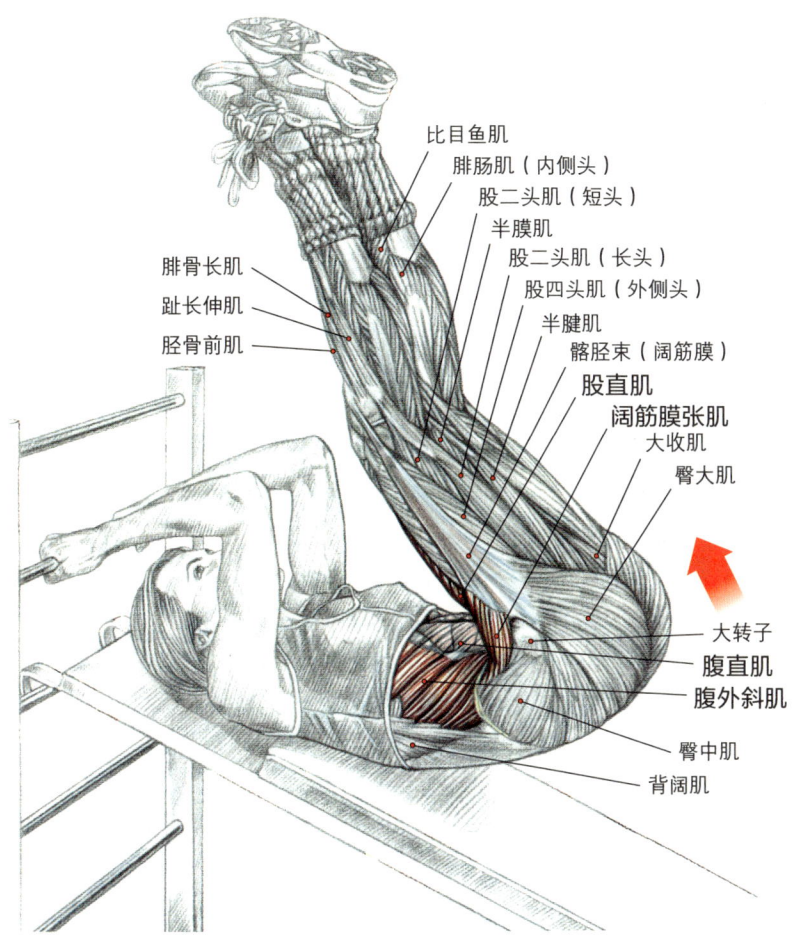

- 比目鱼肌
- 腓肠肌（内侧头）
- 股二头肌（短头）
- 半膜肌
- 股二头肌（长头）
- 股四头肌（外侧头）
- 半腱肌
- 髂胫束（阔筋膜）
- **股直肌**
- **阔筋膜张肌**
- 大收肌
- 臀大肌
- 大转子
- **腹直肌**
- **腹外斜肌**
- 臀中肌
- 背阔肌

- 腓骨长肌
- 趾长伸肌
- 胫骨前肌

斜躺在训练凳上，双手抓握横杆或手柄：
- 两腿上举至水平位；
- 随后抬起骨盆，脊柱蜷曲，尽量用双膝触碰头部。

腿上举时首先锻炼髂腰肌、阔筋膜张肌和股直肌，随后在抬起骨盆和蜷曲脊柱时锻炼腹肌，尤其是腹直肌肚脐以下的部分。

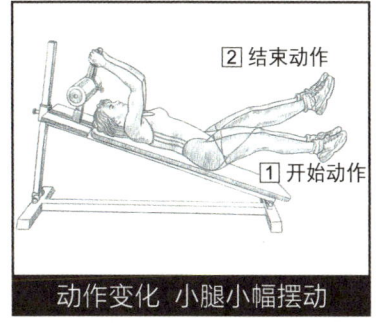

动作变化 小腿小幅摆动

该练习能很好锻炼下腹部，但有一定训练难度，建议初学者调低斜板倾斜角度练习。

上半身整体拉伸

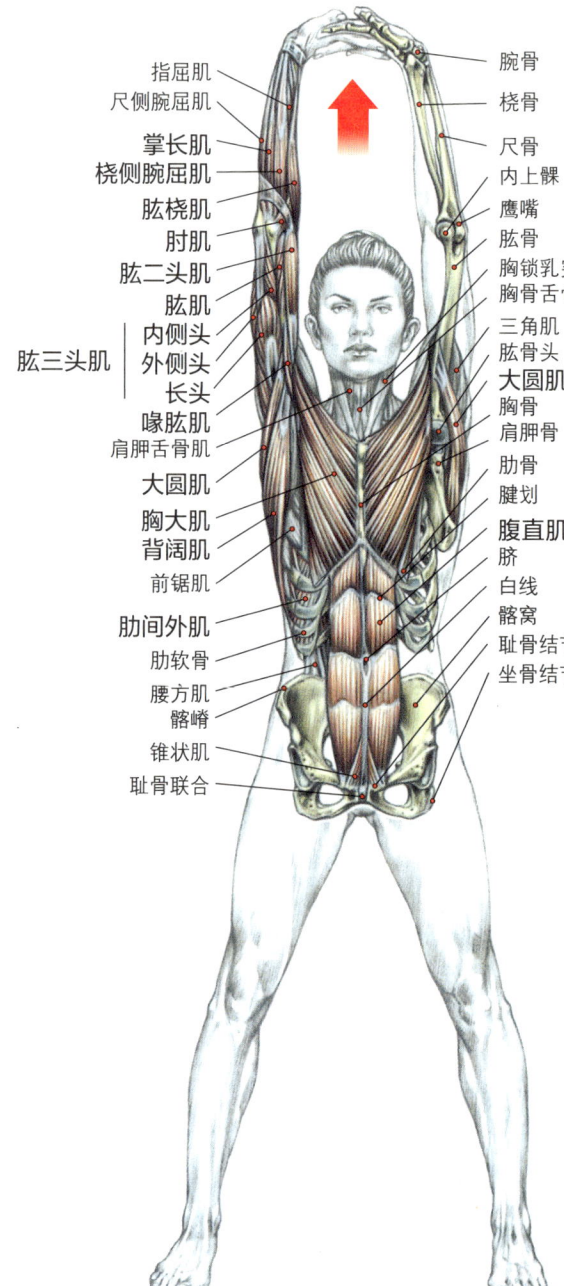

两脚开立,两脚尖距离略大于骨盆宽度,背部挺直:
- 两手垂直上举,十指交叉,掌心向上;
- 吸气并挺胸,拉伸肋间肌,在保持背部和头挺直的状态下向上推;
- 缓缓呼气并放松,重复上述动作。

该上半身整体拉伸练习,主要拉伸肋间肌、腹直肌、背阔肌、大圆肌和三角肌长束。

向侧面倾斜躯干,可以加强对腹外斜肌、腹内斜肌、腰方肌、竖脊肌下部和中部肌肉的拉伸。

> 在高强度的腿举、深蹲、大负荷硬拉等压迫胸廓和脊柱的运动之后,该拉伸有利于放松和平复身体。
> 有时该练习可以代替或补充单杠拉伸来重新平衡椎间关节压力和张力。

变化动作 躯干侧向伸展

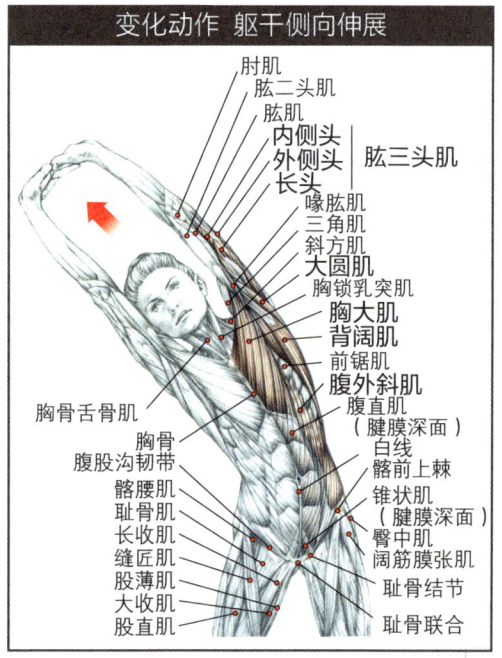

坐姿屈膝举腿 10

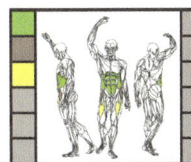
动作示意图

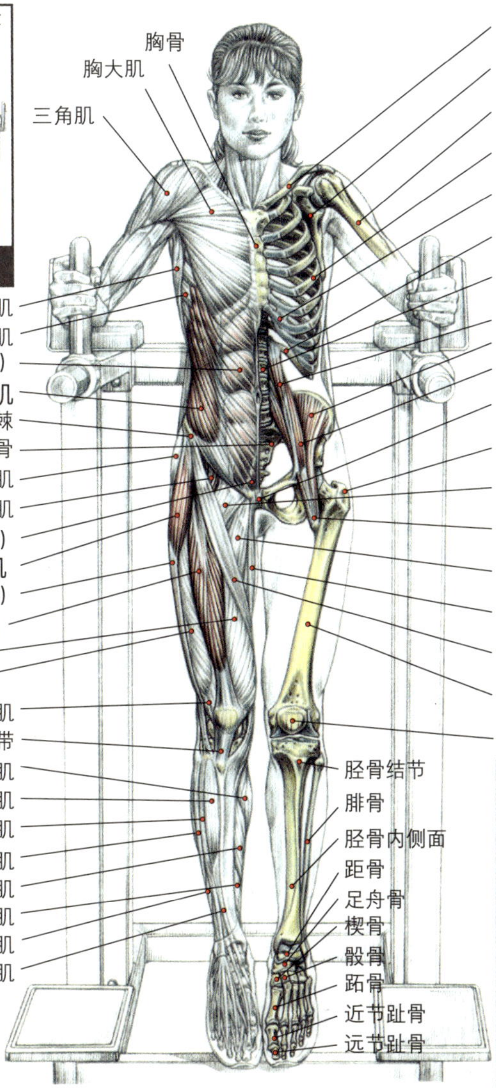

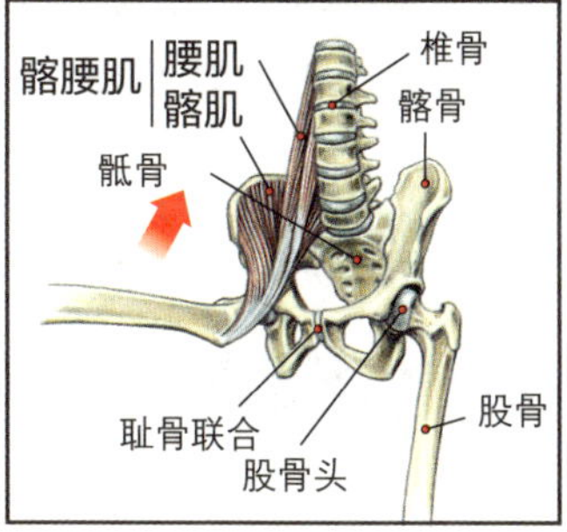

双肘置于支撑垫上支撑身体，背部挺直贴在靠背上：
- 吸气，上举双膝靠近胸部，弓背以便收缩腹部肌肉；
- 动作结束时呼气。

该练习锻炼髋部屈肌，主要是髂腰肌、腹斜肌和腹直肌，尤其锻炼腹直肌下部。

变化动作

- 为了集中锻炼下腹部肌肉，建议在蜷曲脊柱时可以小幅摆动腿部，同时始终保持膝盖不低于水平位。
- 为了强化锻炼，可以将腿伸直进行练习，但这需要有柔韧的腘绳肌。

膝盖靠近胸部后可以保持姿势几秒钟，使肌肉持续收缩。

11 悬垂屈膝举腿

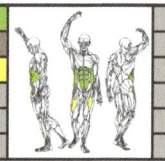

变化动作

左右交替向侧面提膝可以加强对腹斜肌的锻炼。

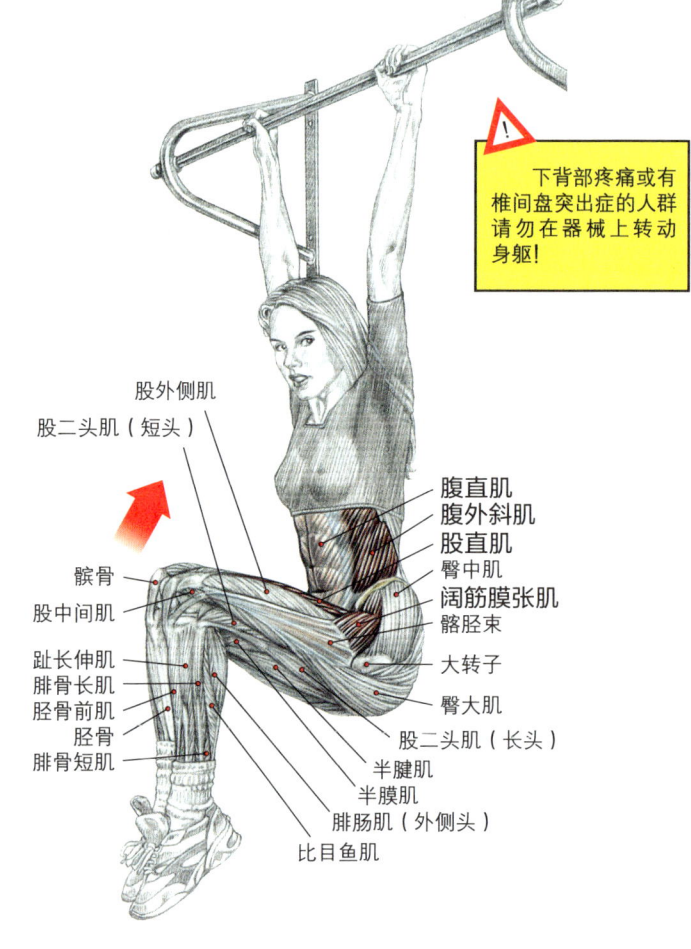

> ⚠ 下背部疼痛或有椎间盘突出症的人群请勿在器械上转动身躯！

身体悬垂于单杠上：
- 吸气，通过脊柱蜷曲尽可能地上提膝盖，使耻骨靠近胸骨；
- 动作结束时呼气。

该动作在向上提腿阶段锻炼髂腰肌、股直肌和阔筋膜张肌，将耻骨靠近胸骨时锻炼腹直肌，并在一定程度上锻炼腹斜肌。

为了集中锻炼腹部核心肌肉，建议可以在保持膝盖不低于水平位的情况下小幅摆腿。

腰腹平衡

竖脊肌张力过大，导致脊柱腰曲过度前凸。

腰部肌肉张力过小可能导致腹部下垂。

驼背（上背部弓起）

竖脊肌张力过小，脊柱腰曲的弧度小。

腹部肌肉张力过大。

需要均等地锻炼腹部核心肌群和背阔肌与竖脊肌。

这两组肌群中任何一组缺乏张力或张力过大都可能导致不良姿势，长期这样可能引发病变。

例如：竖脊肌下部（髂腰肌群）张力过大，腹部张力过小，会导致腰椎过度前凸与腹部下垂。如果花时间加强腹肌锻炼，可使这种不良姿势得到改善。

相反，腹部肌肉张力过大，竖脊肌松弛，尤其是竖脊肌上部（胸棘肌、胸最长肌和胸髂肋肌）张力过小，会导致驼背（上背部弓起）及腰部曲线消失。通过强化竖脊肌的专门训练可使这种不良姿势得到改善。

腹部训练

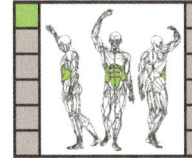

横杆转体 12

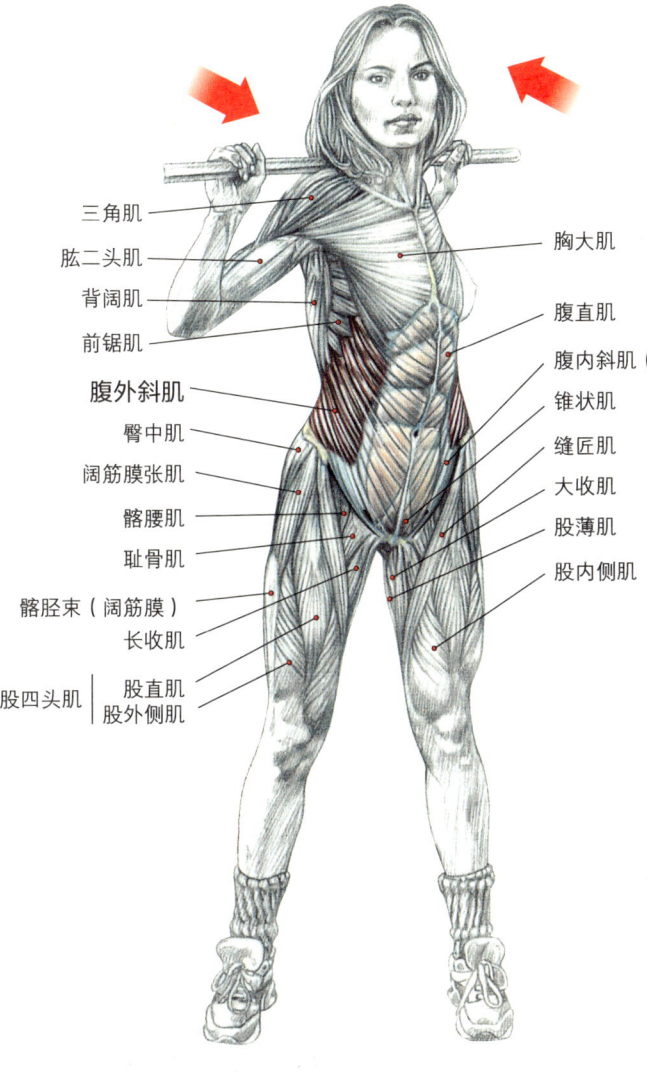

- 三角肌
- 肱二头肌
- 背阔肌
- 前锯肌
- 腹外斜肌
- 臀中肌
- 阔筋膜张肌
- 髂腰肌
- 耻骨肌
- 髂胫束（阔筋膜）
- 长收肌
- 股四头肌
- 股直肌
- 股外侧肌
- 胸大肌
- 腹直肌
- 腹内斜肌（位于深面）
- 锥状肌
- 缝匠肌
- 大收肌
- 股薄肌
- 股内侧肌

> ⚠ 下背部不适或有椎间盘突出症的人群请勿转动躯干，因为这样可能加重伤病或使腰部疾病复发。

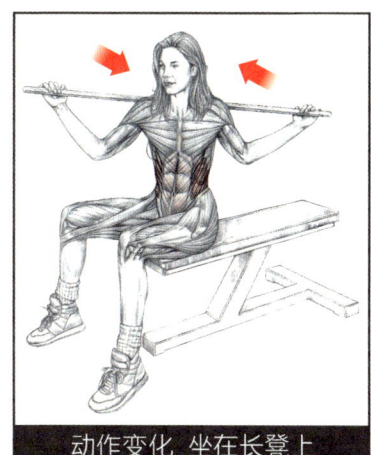

动作变化 坐在长凳上

两脚开立，将横杆置于三角肌后部上方的斜方肌上，手握横杆但不要用力向前推：
- 躯干转向一侧，随后转向另一侧，通过臀肌发力收缩保持骨盆固定不动。

当右肩向前时，锻炼右侧腹外斜肌、左侧位于深层的腹内斜肌，也一定程度上锻炼腹直肌、腰方肌和左侧的脊柱伸肌。

可稍弓背增加锻炼强度。

多组练习效果最佳。

变化动作

可以坐在长凳上进行训练，这样能固定骨盆，集中力量锻炼腹部肌肉。

13 哑铃体侧屈

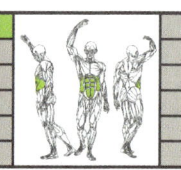

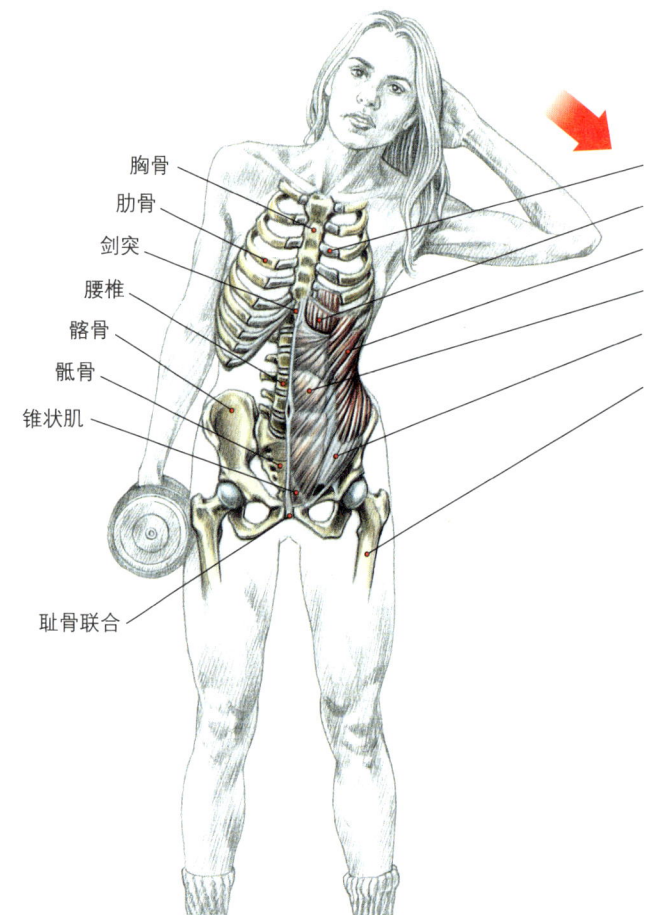

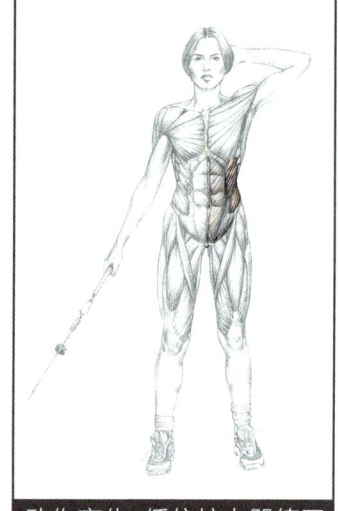

动作变化 低位拉力器练习

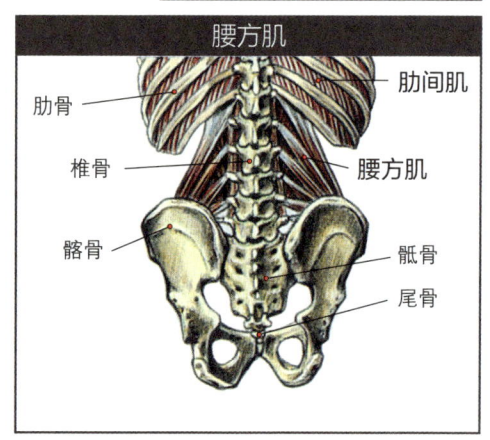

腰方肌

两脚开立，一只手放在耳后，另一只手抓握哑铃：
- 向持哑铃侧反方向侧弯躯干；
- 还原至起始姿势，或躯干顺势屈向另一侧；
- 左右手交替持哑铃训练，中间不要停歇。

躯干侧屈时，主要锻炼屈侧身体的腹斜肌、腹直肌、背部深层肌肉和腰方肌（附着于第十二肋、腰椎横突和髂嵴的背部肌肉）也得到一定锻炼。

腹部训练

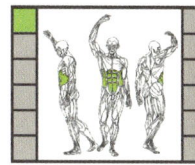

罗马椅体侧屈　14

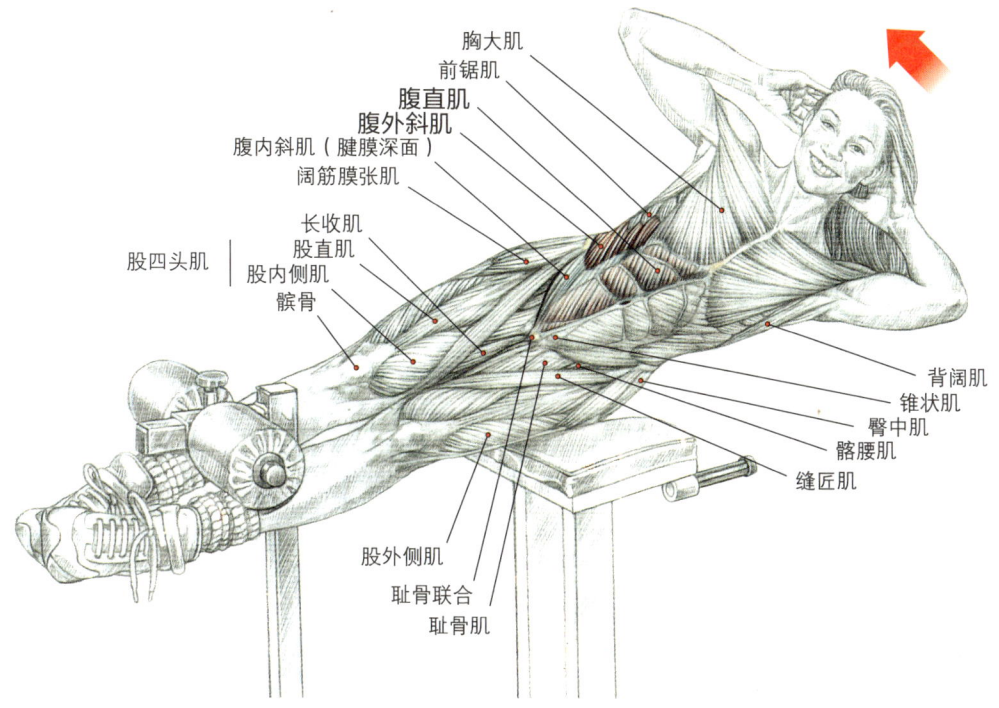

罗马椅最初是为腰部肌肉拉伸设计的。此项训练使用罗马椅进行。

髋部侧卧于罗马椅上，躯干悬空，双手置于耳后或胸前，双脚置于海绵固定轴下：
- 身体向侧面抬起。

该练习主要锻炼身体屈侧的腹斜肌和腹直肌。另一侧的腹直肌因通过收缩防止躯干位置低于水平位，也得到一定锻炼。

> 腰方肌在躯干侧屈时持续得到锻炼。

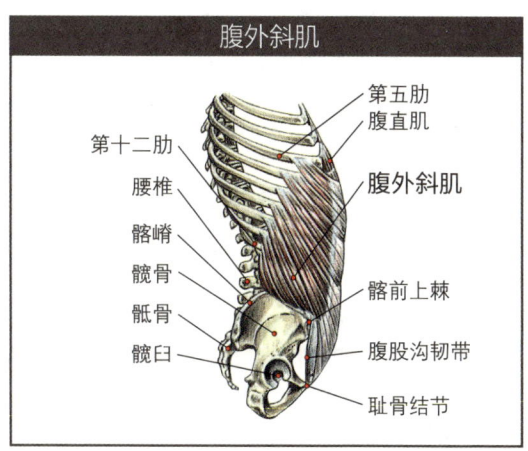

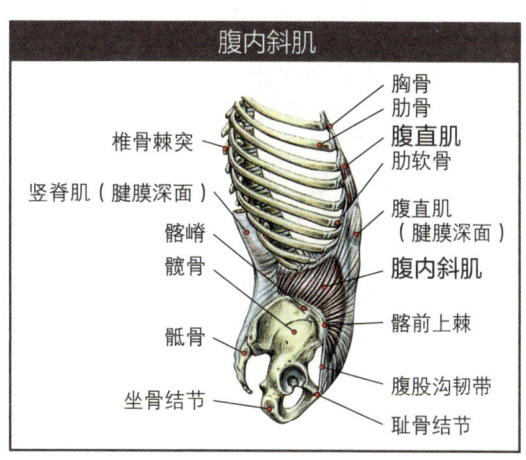

15 器械旋转

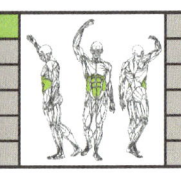

⚠️ 下背部不适或有椎间盘突出症的人群请勿转动躯干,因为这样可能加重伤病或使腰部疾病复发。

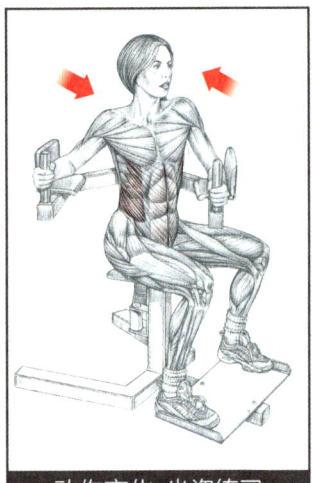

动作变化 坐姿练习

腹部深层肌肉

手握扶柄站在转盘上:

- 骨盆向一侧旋转,然后转向另一侧,肩部保持固定。稍屈膝避免过度拉伸韧带,有控制地进行旋转。

该练习主要锻炼腹外斜肌和腹内斜肌,一定程度上也锻炼腹直肌。想要更明显感受腹外斜肌和腹内斜肌的收缩,可稍弓背。

多组数训练效果最佳。

腹部拉伸

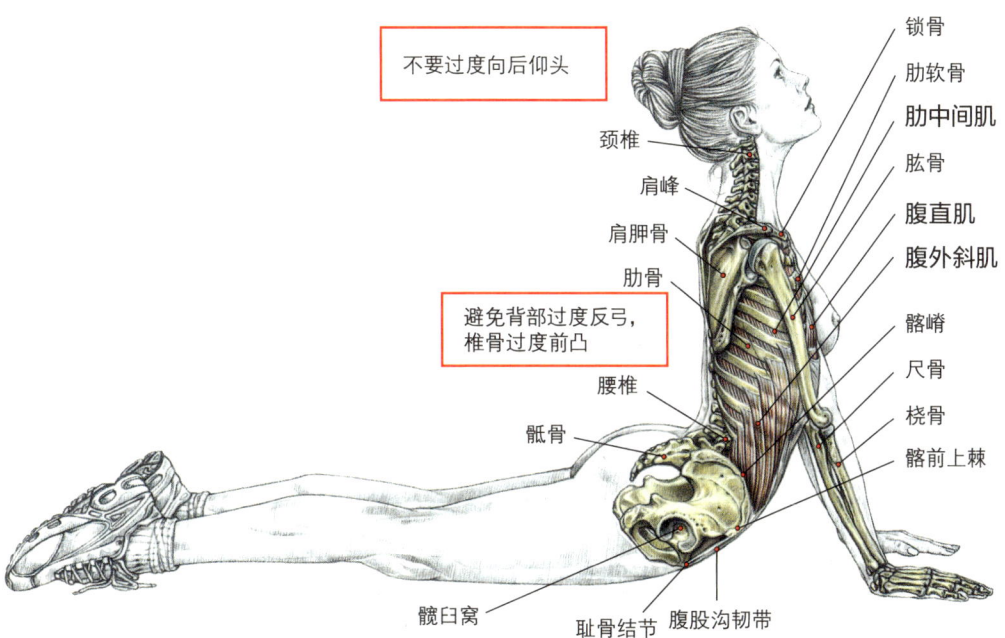

俯卧在地上,以双手为支撑:
- 缓慢撑起身体,头轻微向后仰;
- 保持此姿势一会儿,轻柔地呼吸,感受腹肌前部的拉伸。

 如果患有腰部疾病,请避免拉伸腹部。

变化动作

也可以将手撑在长凳上脚着地,或仰卧在平衡球上进行腹肌拉伸。

在一些运动中,如田径中的投掷运动,尤其是标枪也可以进行腹部拉伸。良好的腹部灵活性和运动幅度对完美完成动作很重要。

腹部训练

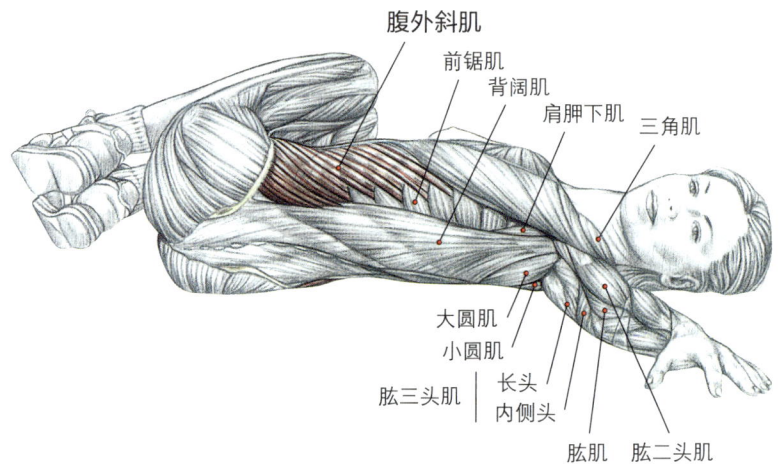

仰卧在地上,手臂向两侧平伸,大腿上举垂直于地面,屈膝:
- 呼气并缓慢将膝盖向侧面下降靠近地面;
- 吸气并回到起始位置;
- 随后向另一侧重复上述动作。

虽然髋部屈肌是以静态方式运动的,但该练习可以锻炼腹外斜肌、腹内斜肌以及腹直肌肚脐下的部分。

每组20~30次完整旋转的多组数慢节奏练习效果最佳。

变化动作
- 大腿后侧柔韧性好的人群,可以通过伸直腿增加练习强度。
- 为了进一步拉伸腹斜肌,每次骨盆旋转时可以同时转头。如,膝盖向左侧下降时,头向右转。

这种变化动作也可以作为腹斜肌和腰部肌肉的拉伸动作。

> 需要保持头部和肩部贴地来正确完成动作,在每次膝盖下降时可以很好拉伸腹斜肌。

不同的腹肌形态

不同腹壁类型切面示意图

通常我们认为平坦的腹部以及较薄的脂肪层是腹部强壮的标志。有些腹部强壮的人想要减肚子的唯一方式就是通过经常锻炼和均衡饮食减少脂肪层的脂肪。

相反,一些没有多余脂肪,身材纤细的人也会因为肌肉缺乏张力和腹肌松弛而腹部凸出。这类人群需要通过专门针对腹壁肌肉的练习来重新平衡体态。

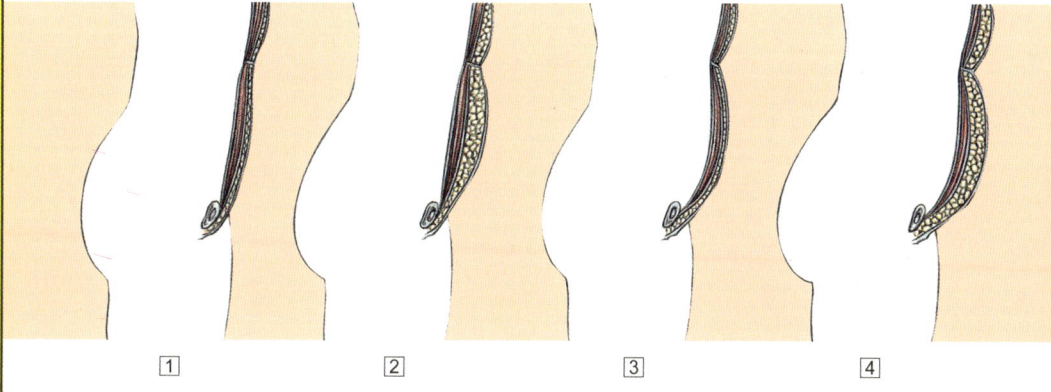

① 腹壁正常,肌肉组织强壮。
② 腹壁正常,肌肉组织强壮且皮下脂肪过多,显得腹部下垂(器官向下移动通常由支持它的结构松弛导致。当腹壁缺乏张力时,就不能继续支持内脏,腹部塌陷形成一个容纳肠段的口袋。)
③ 腹壁由于缺乏肌肉张力下垂,没有过多脂肪。
④ 腹壁由于缺乏肌肉张力下垂,且脂肪过多。

不同的腹直肌形态

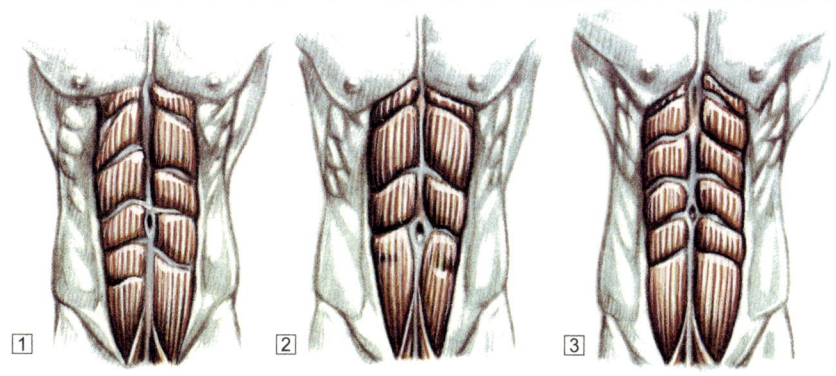

① 不对称
② 肌腱交叉点少
③ 肌腱交叉点多
腹肌块数量与对称情况因人而异。

大力神赫拉克勒斯（正面图）

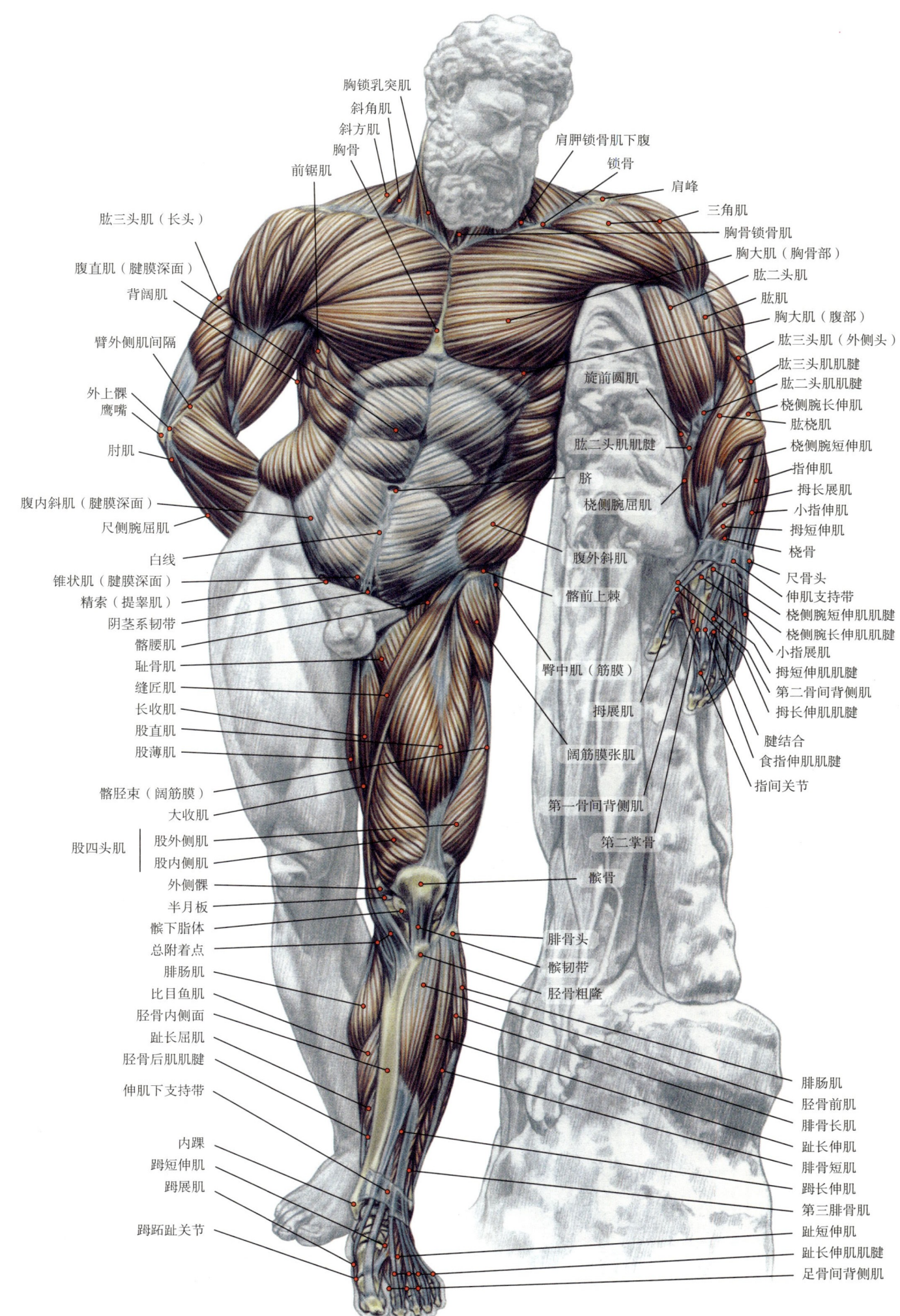

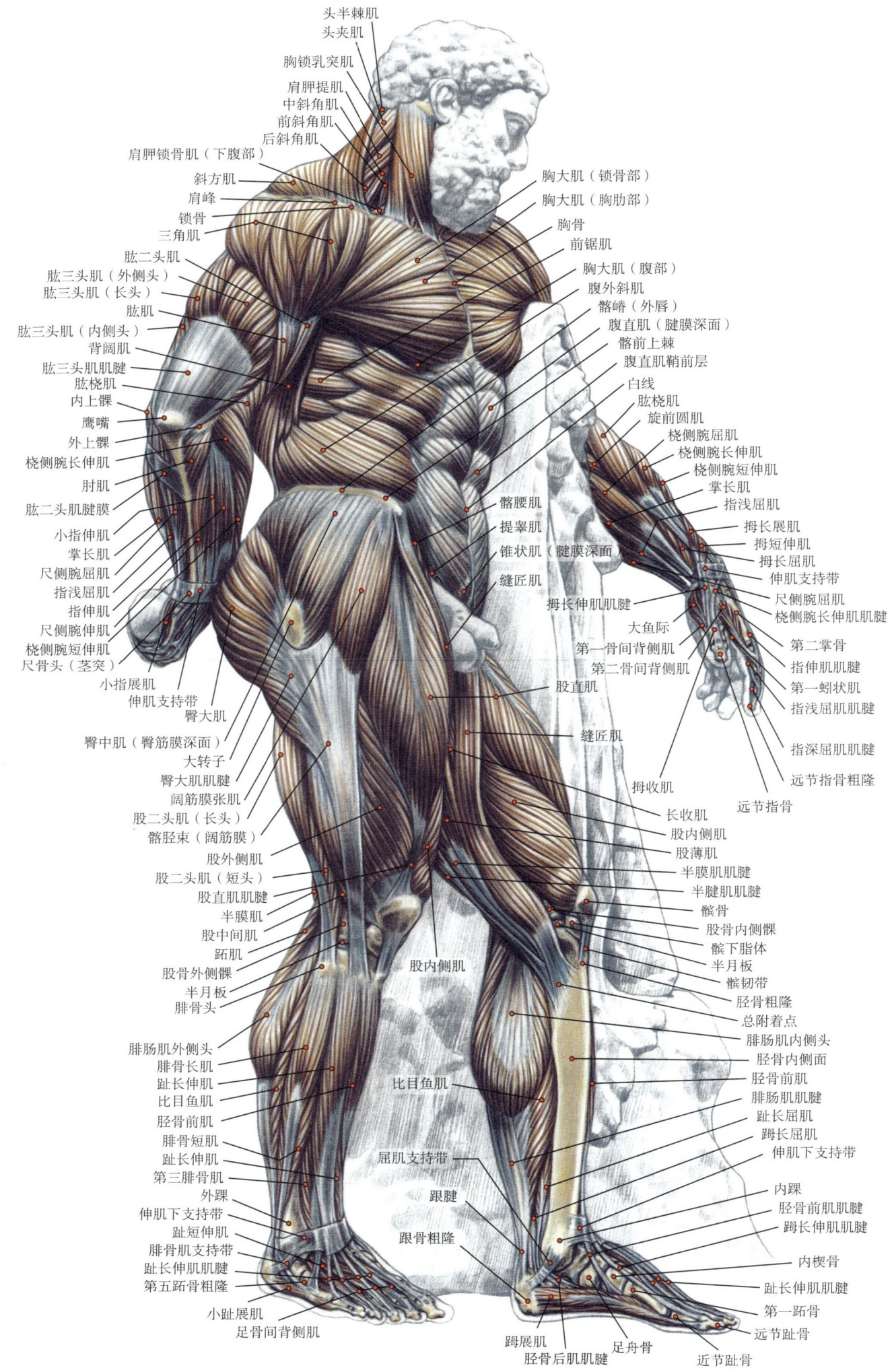

女性深层和浅层肌肉解剖图（正面图）

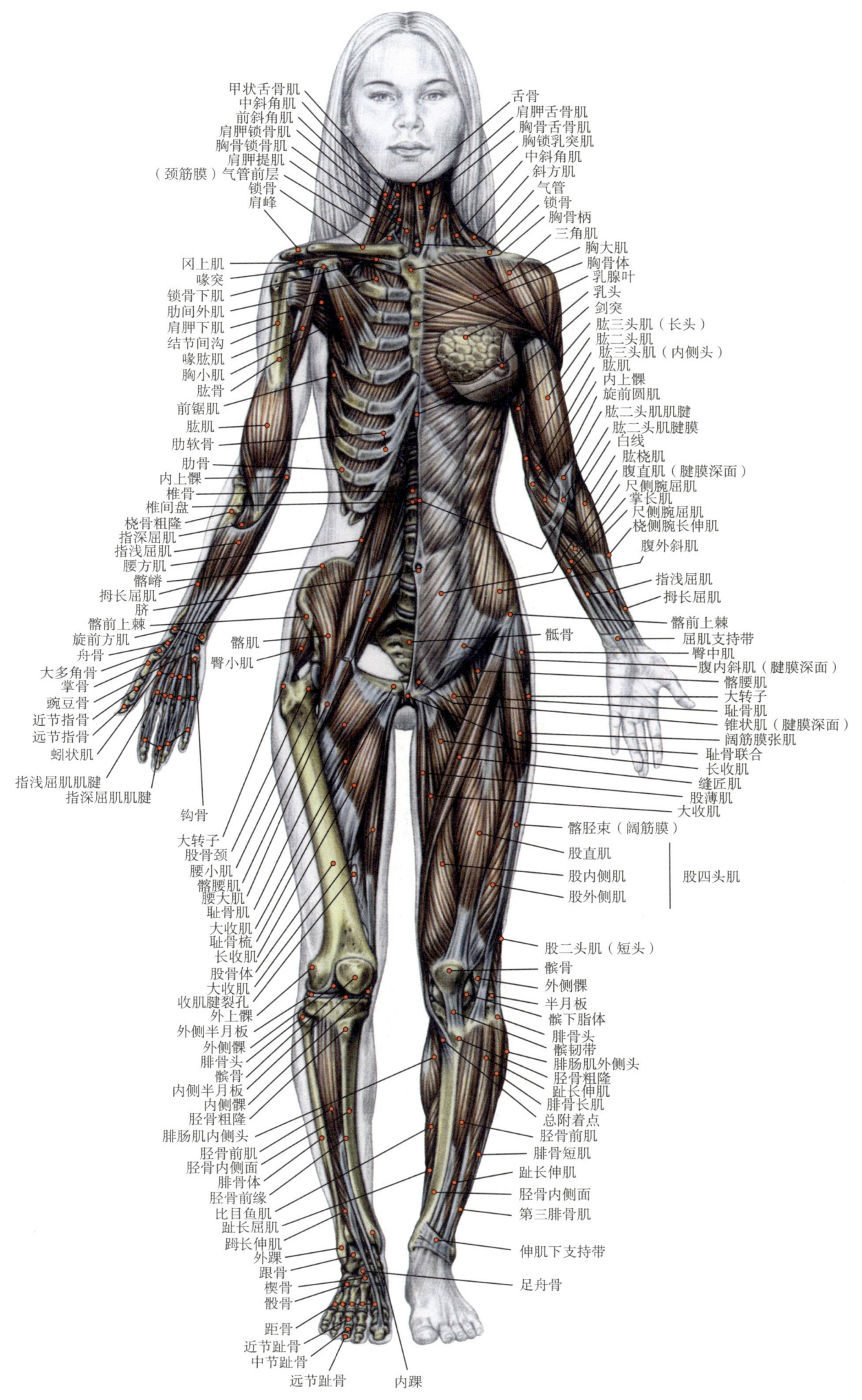

女性深层和浅层肌肉解剖图(背面图)

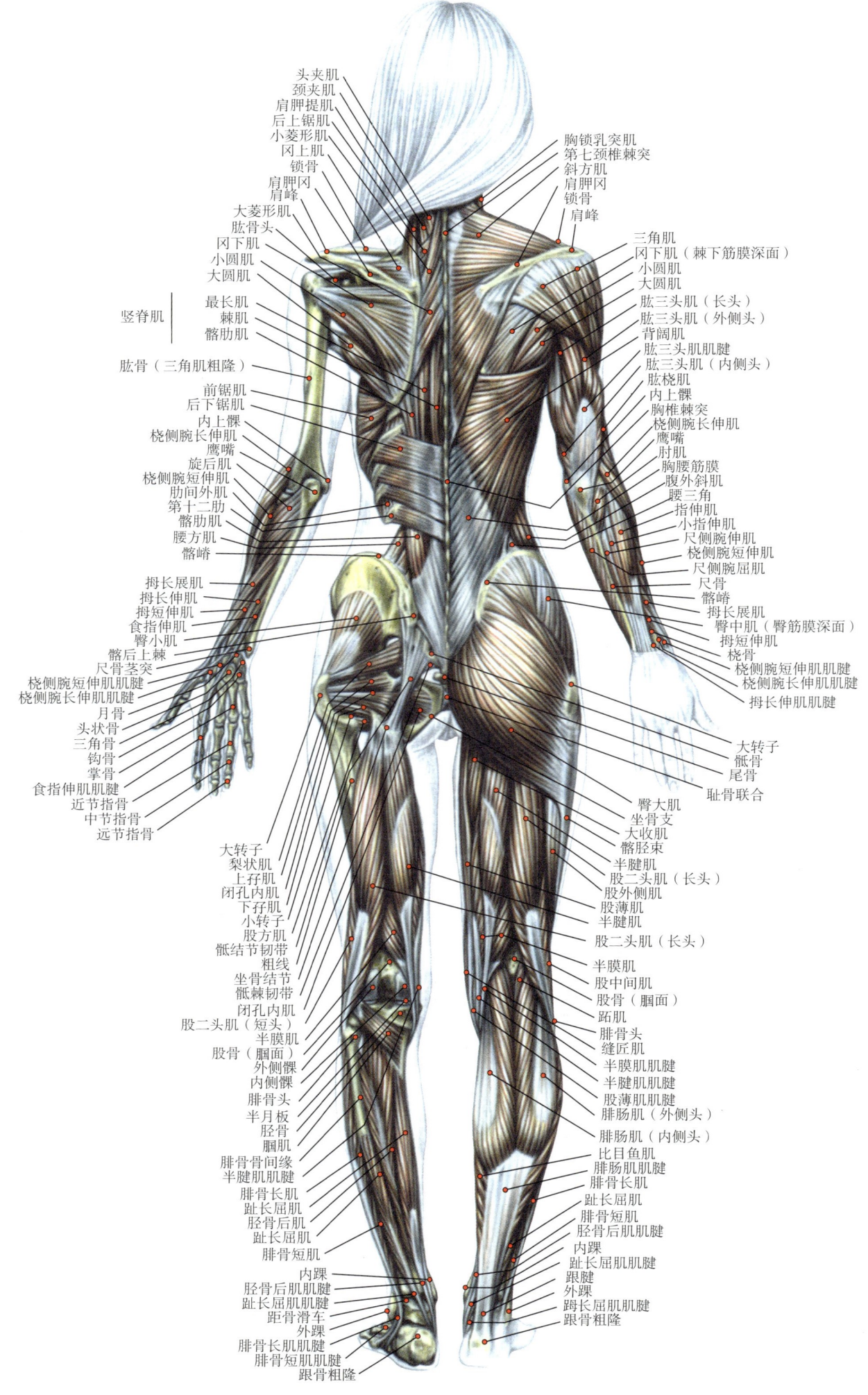

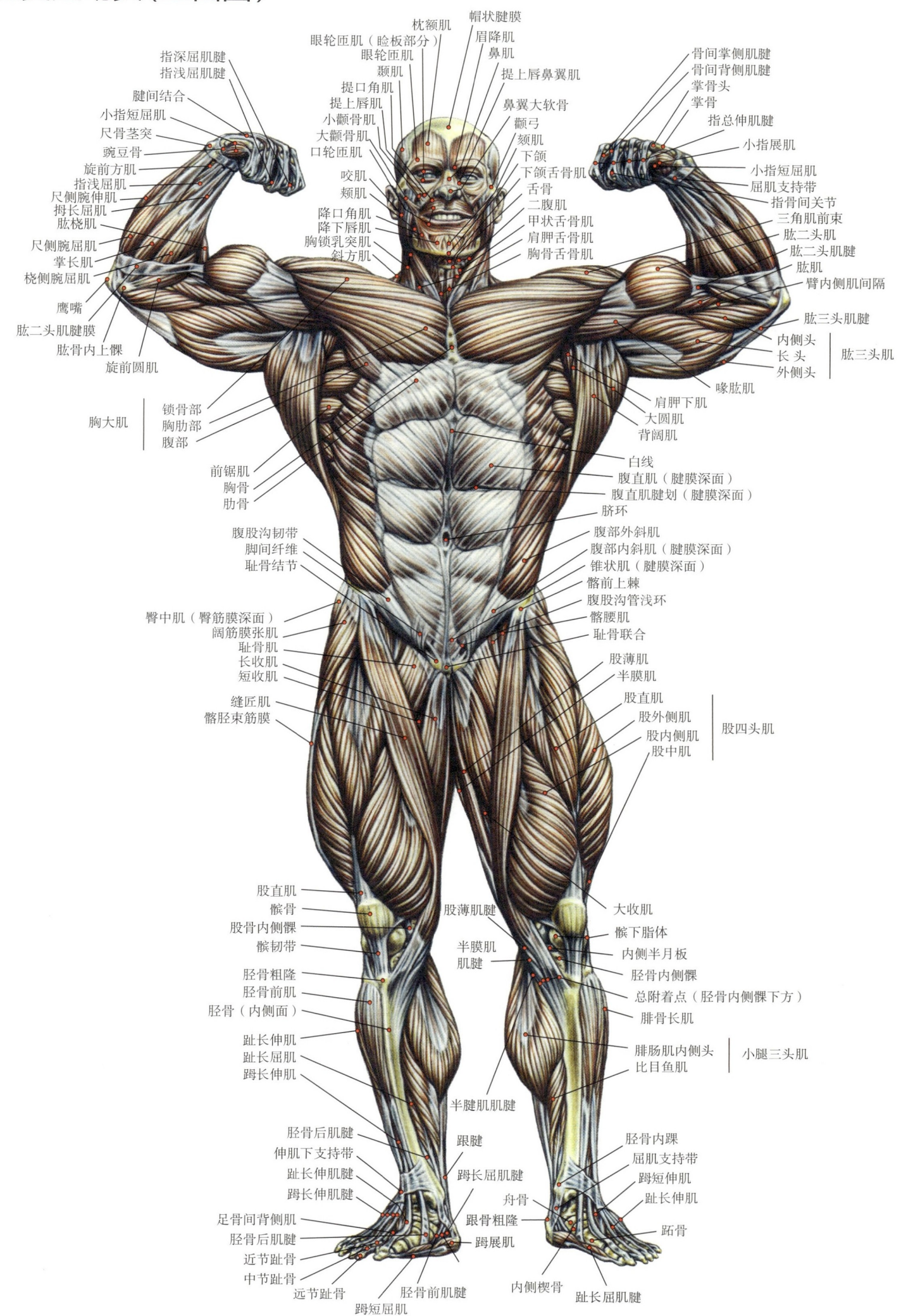

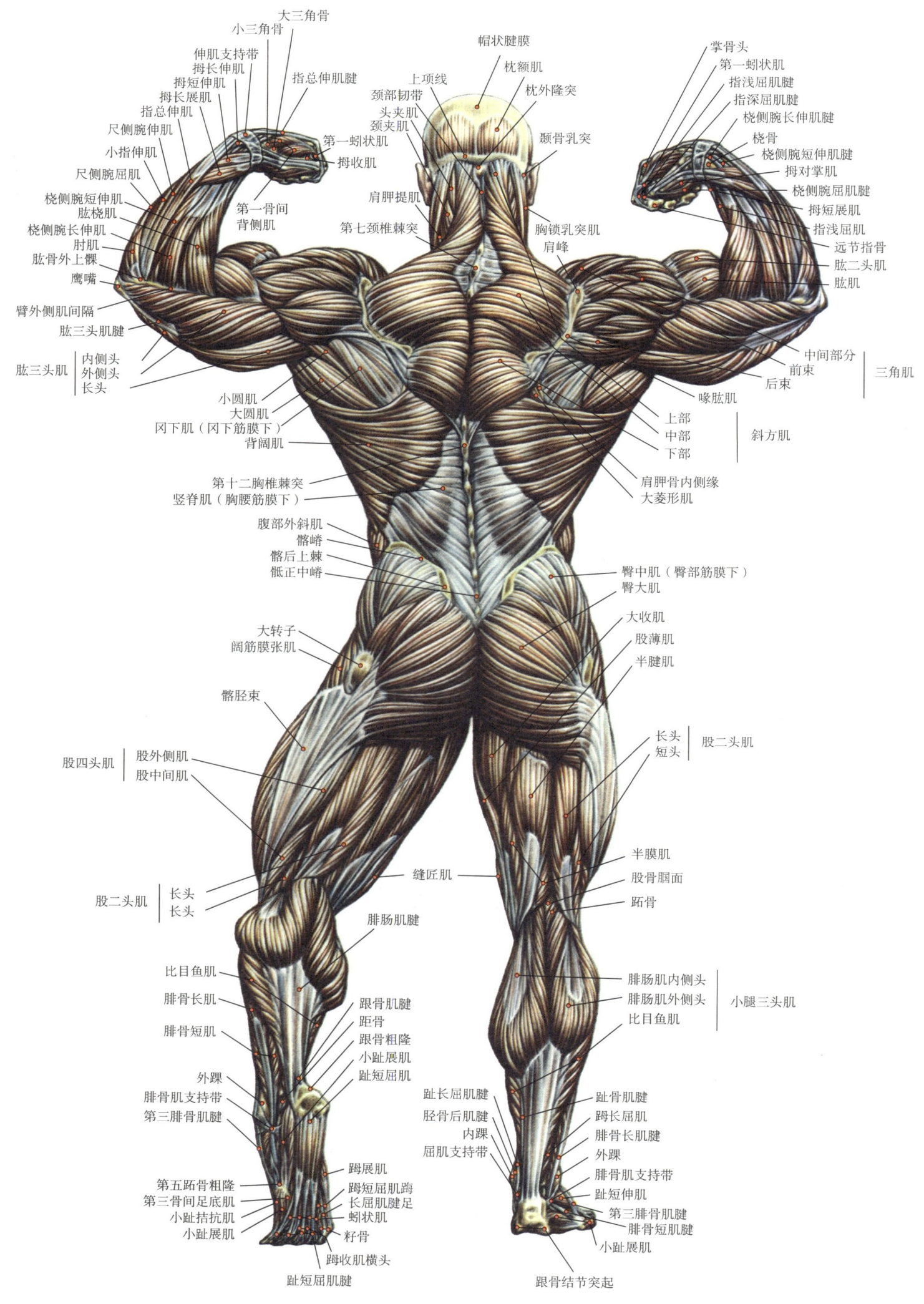

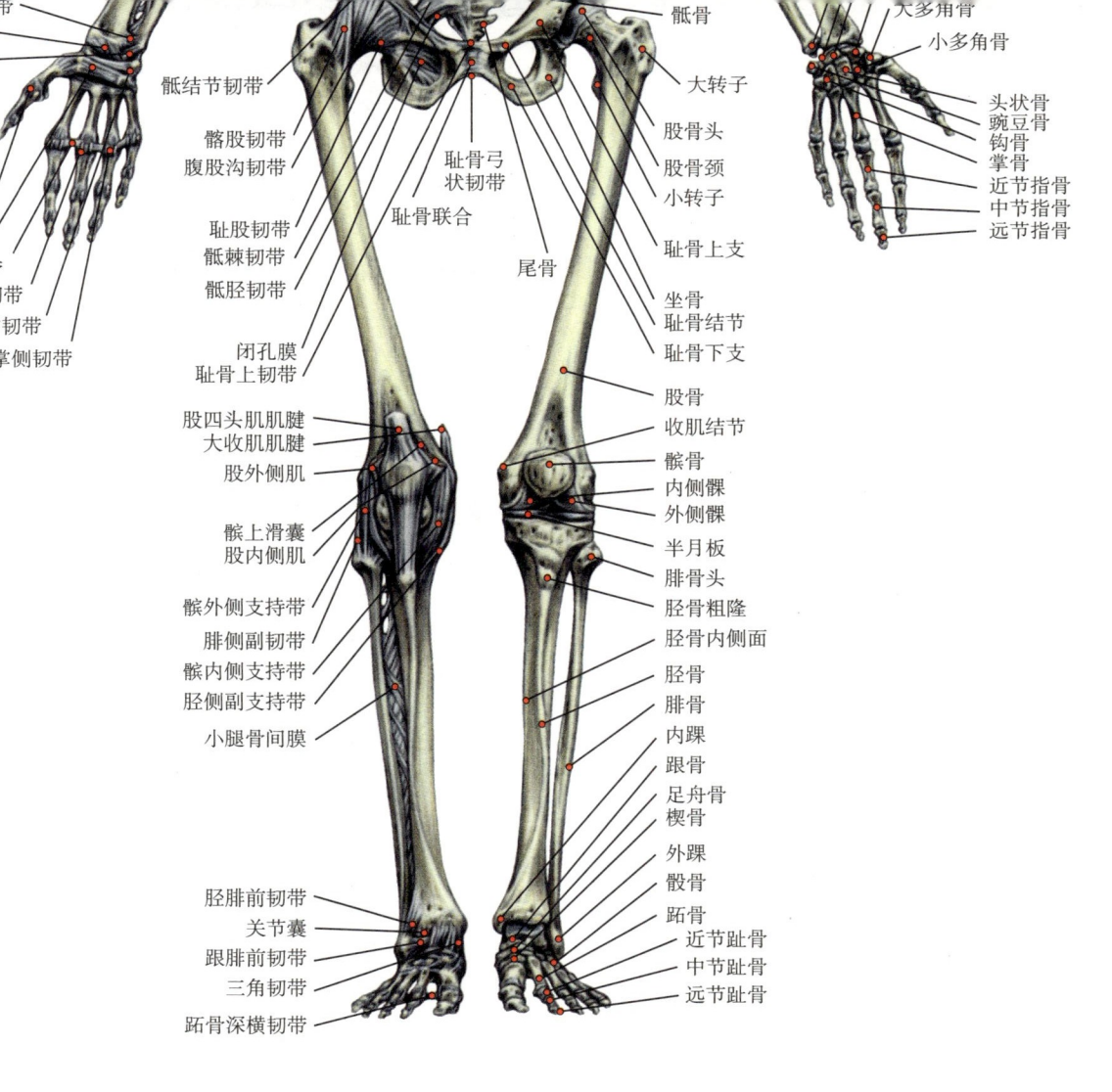

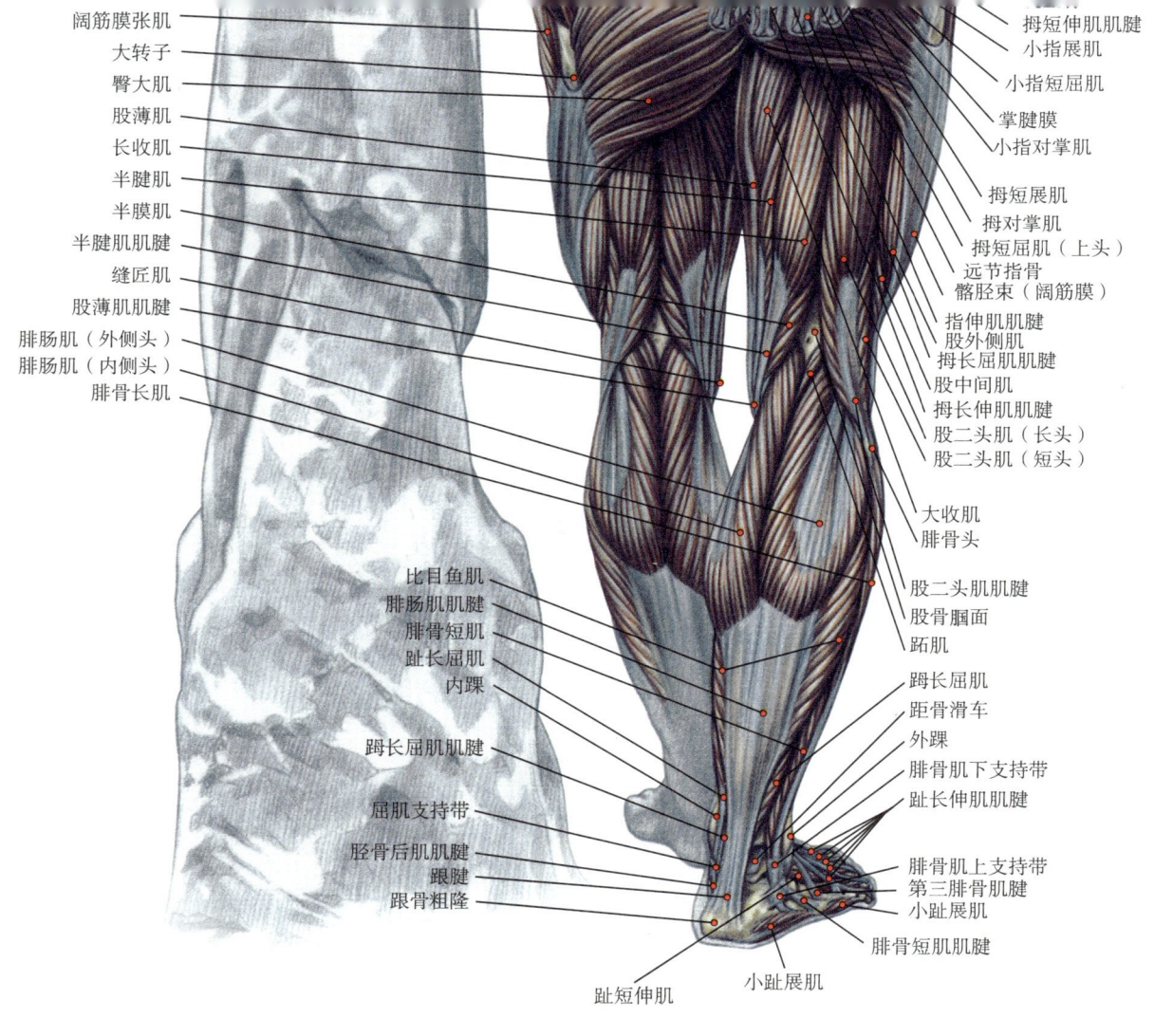

大力神赫拉克勒斯（背面图）

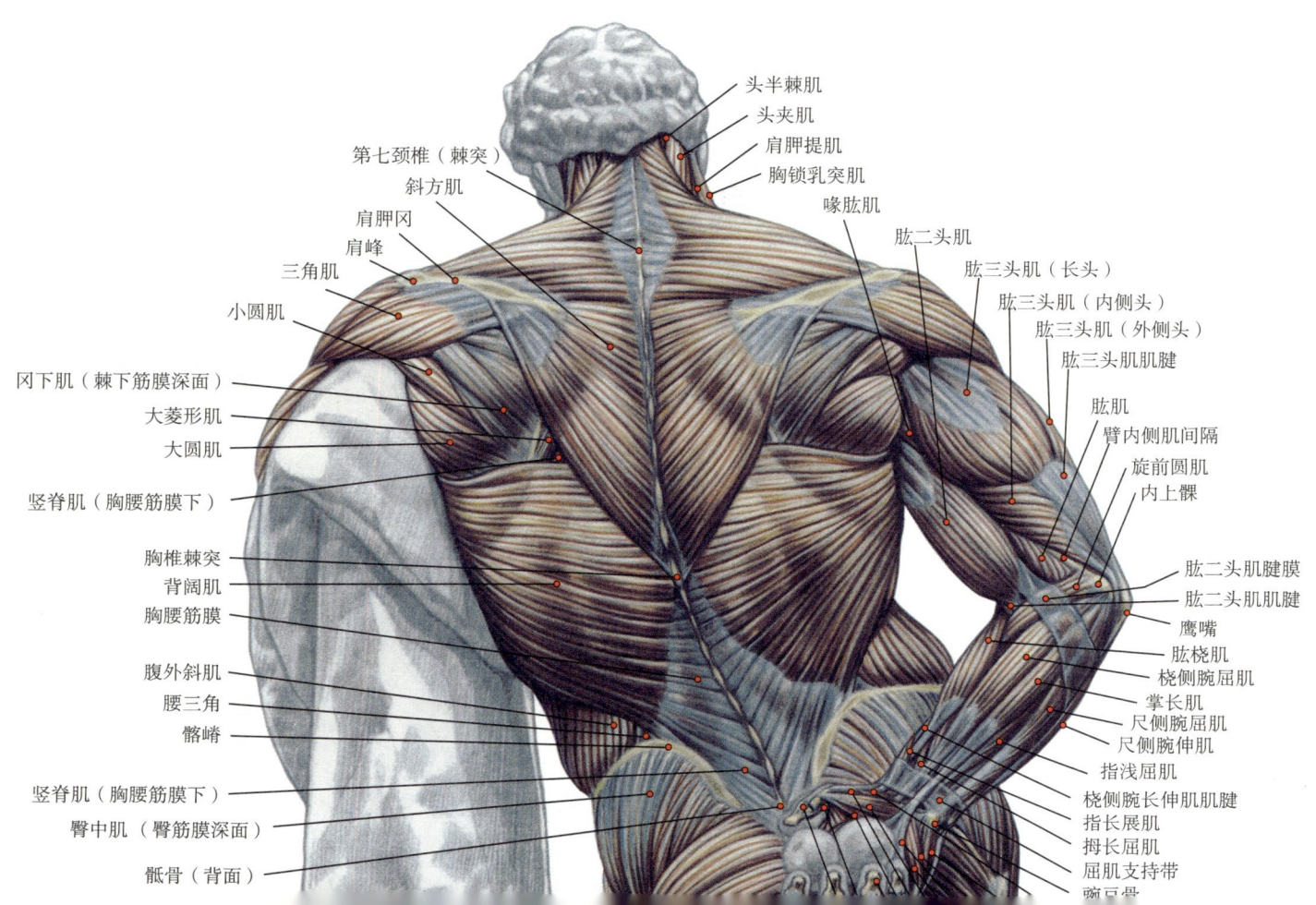

骨架（正面图）

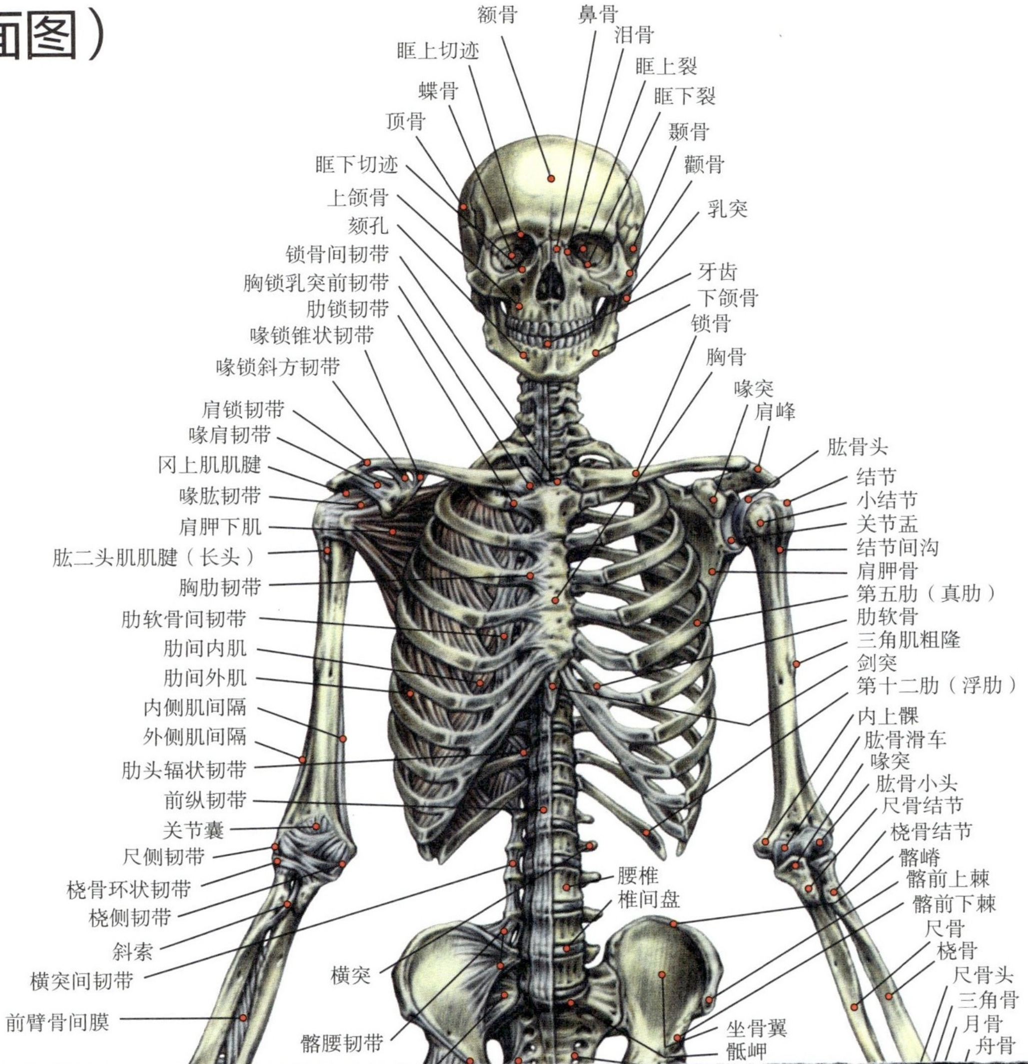

额骨
鼻骨
泪骨
眶上切迹
眶上裂
蝶骨
眶下裂
顶骨
颞骨
眶下切迹
颧骨
上颌骨
乳突
颏孔
锁骨间韧带
牙齿
胸锁乳突前韧带
下颌骨
肋锁韧带
锁骨
喙锁锥状韧带
胸骨
喙锁斜方韧带
喙突
肩峰
肩锁韧带
肱骨头
喙肩韧带
结节
冈上肌肌腱
小结节
喙肱韧带
关节盂
肩胛下肌
结节间沟
肱二头肌肌腱（长头）
肩胛骨
胸肋韧带
第五肋（真肋）
肋软骨间韧带
肋软骨
肋间内肌
三角肌粗隆
肋间外肌
剑突
内侧肌间隔
第十二肋（浮肋）
外侧肌间隔
内上髁
肋头辐状韧带
肱骨滑车
前纵韧带
喙突
关节囊
肱骨小头
尺侧韧带
尺骨结节
桡骨环状韧带
桡骨结节
桡侧韧带
髂嵴
斜索
髂前上棘
横突间韧带
腰椎
髂前下棘
前臂骨间膜
椎间盘
尺骨
横突
桡骨
尺骨头
三角骨
坐骨翼
月骨
髂腰韧带
舟骨
骶岬